万国通史

THE
HISTORY OF
SOUTH AFRICA

南非通史
插图珍藏版

郑家馨／著

上海社会科学院出版社
SHANGHAI ACADEMY OF SOCIAL SCIENCES PRESS

郑家馨教授与夫人郑宜庭教授伉俪情深几十载，郑家馨教授的绝大部分手稿都是由夫人郑宜庭教授逐字逐句，用二十世纪九十年代的586计算机录入一张张磁盘的。此为注。

前　言

中国人在一生中最早知道有南非这样一个国家，可能还是在小学的时候，从课本中看到关于15世纪末发现好望角（Cape of Good Hope）和新航路的叙述。在儿童心目中，达·伽马笔下的好望角，那是一个多么遥远的地方：迷迷蒙蒙、若隐若现于大西洋和印度洋的浩瀚海水中。其实，在中国历史上航海业最辉煌的时代——15世纪初郑和七下西洋的时代，郑和船队曾4次驶抵非洲东海岸，进行友好的外交和贸易活动。距南非只有2 600多海里航程的郑和船队可能从当地人所传递的信息中了解到：从麻林（马林迪，南纬30°）往南没有明朝拟造访的大的王国，只有部落；在索法拉以南的海峡，洋流诡谲难测，风期不定，南航不顺，北返更难。因此郑和船队肯定没有继续南下进入南纬25°的南非的北界林波波河领域。此后，仅仅半个多世纪，世界形势遽变，殖民主义时代到来，整个印度洋逐渐被西来的欧洲殖民主义者控制了。从此，中国与非洲交往的性质就不再是中国人和非洲人（土著人）所能决定的，而是由英国、法国、比利时所决定。中国人大批进入南非是在500年后的1905年。20世纪初的非洲大陆已经全部殖民地化了，而中国也被半殖民地化了。统治南非的英国殖民主义者在英布战争（1899—1902）后急需恢复它的最大的南非金矿生产，以增产黄金，就于1905—1907年从中国输入了7万多名华工。7万多名华工分批在兰德矿区1 000多米深的矿井下面极其艰苦地劳作3年，开采黄金。契约到期，许多华工甚至连矿井所在地区的约翰内斯堡城都没去过，就被装上海轮遣送回国了。中华人民共和国成立后，中国与非洲大陆50多个新独立的国家建立了友好的外交关系，唯独没有与南非建交。南非白人政权对非洲人实施种族歧视和种族隔离制度，遭到世界绝大部分国家的谴责。中国对国际社会对种族主义政权实行制裁的正当要求，一向予以坚决支持，并且不同种族主义政权发生任何关系。1994年4月，南非实行不分种族一人一票制选举，选出了黑人占多数的新南非政府。中国人民将南非结束种族隔离制度视为南非人民解放事业中一个历史性的里程碑。这一胜利不仅使南非人民摆脱了种族主义的压迫，而且为人类文明社会根除种族主义建立了丰功伟绩。1998年1月1日中国与南非建交，从此关系发展顺利。近十几年来中国人前往南非从事商业、投资活动以及中国学生赴南非留学，总人数达数十万人之多。而且，这种发展势头仍未呈消减的趋势。

自20世纪60年代以来，中国人对南非的历史和现状进行了解和研究的兴趣，方兴未艾。尽管有几十年时间，中国大陆人民实际上无法进入南非国土，但中国人对南非的关注和研究兴趣并未减弱。北京大学历史学系自20世纪60年代初杨人楩教授指导几名助教和研究生开辟中国对非洲史的研究以来，南非史和南非现状的研究一直是学科的重点，1998年北京大学成立的非洲史研究中心也是以研究南非现状为重点。

从20世纪80年代初开始，笔者在北京大学历史系讲授《南非史》、《南部非洲史》已有十几次。20年里，历史学系研读非洲史的本科生和硕士、博士研究生中，以南非史和南非现状为研读范围并最终作为毕业论文和学位论文论述方向的，占一半左右，可见中国青年学生和青年研究者对南非的关注程度和兴趣之大。

20多年来笔者在从事南非史教学的同时，搜集南非史料，并利用20世纪90年代初赴英国做访问学者的机会接触和搜集一些国内难以见到的档案材料和研究成果。21世纪初，笔者退出教学一线并完成研究生论文的指导工作后，开始撰写《南非史》。

笔者研究南非的重点侧重于"史"的方面，对"现状"的研究所下功夫相对较少，因此本书最后两章有关"南非现状"的撰写更多借重和吸收其他同辈学者的研究成果，特别是葛佶、夏吉生、杨立华等学者的研究成果，在这里要特别表示感谢。另外，由于我国（除台湾地区）在1994年以前同实行种族壁垒的南非的隔绝，对南非文学的研究几乎处于空白状态，在80年代出版的三卷本《外国名作家传》所收近300名外国名作家中，没有一位南非作家，因此本书第二十四章关于南非文学的简述，基本上是吸收外国学者的研究成果。

2008年3月12日

另外，本书2017年的修订版，作者主要精力放在历史事件的叙述和人物的定性上，力图使文字更为精准。

2017年4月8日
于北大—清华蓝旗营小区寓所

目录

前言 / 1

第一章　荷属南非殖民地的建立 / 1
　　一、从好望角的发现到开普殖民地的建立 / 1
　　二、开普殖民地的土地扩张 / 6
　　三、早期荷兰殖民者的经济结构 / 9
　　四、科伊人的反抗和灭亡 / 11
　　五、殖民土地扩张与桑人的灭绝 / 14
　　六、布尔殖民者东向土地扩张被阻遏，黑人出现于
　　　　南非历史舞台的前沿 / 16

第二章　19世纪以前南非土著民族的社会经济结构 / 19
　　一、南非土地的真正主人 / 19
　　二、科伊桑人的狩猎经济和畜牧经济发展
　　　　缓慢的原因 / 20
　　三、班图人的牧农混合经济的两种类型 / 27
　　四、19世纪前南非社会的经济结构对南非
　　　　历史的影响 / 37

第三章　开普殖民地早期的政治和文化生活 / 41
　　一、开普殖民地早期的行政系统 / 41
　　二、布尔人遗世孑立的宗教文化生活 / 46

第四章　荷兰统治结束，英国接管开普殖民地 / 49
　　一、欧洲商业战争和荷兰东印度公司寿终正寝 / 49
　　二、英国对开普殖民地新旧交替的政策 / 51

第五章　掠夺土地的"卡弗尔战争"和科萨人的挫败 / 57
　　一、科萨人面对殖民主义新对手 / 57
　　二、科萨人失败的原因 / 60

第六章　英国殖民改革和促使布尔人大迁徙的因素 / 64

一、开普殖民地的经济发展和布尔人的阶层分化 / 64
二、英国实行殖民改革 / 68
三、英国改革法令成为促使布尔人大迁徙的因素 / 74

第七章　祖鲁王国的崛起 / 79

一、北恩戈尼人诸部落统一的有利条件 / 79
二、四大酋长国争战中祖鲁王国国势后来居上 / 83
三、恰卡的军事、经济和政治改革 / 86

第八章　姆法肯战争与南部非洲北疆的变动 / 94

一、姆法肯战争和北恩戈尼人的北迁和南下 / 94
二、苏陀—茨瓦纳人和迪法肯战争 / 99
三、巴苏陀王国的形成和莫舒舒一世的励精图治 / 108

第九章　布尔人大迁徙和布尔共和国的形成 / 114

一、布尔人大迁徙从散到聚的过程 / 114
二、祖鲁王国军民为捍卫国土而殊死战斗 / 120
三、布尔人共和国呈现雏形 / 123
四、英布殖民者全面出击兼并土地 / 126
五、德兰士瓦和奥兰治共和国独立 / 128

第十章　富矿发现前的落后南非 / 133

一、白人殖民者抢占南非大部分土地 / 133
二、强迫劳动制背后的种族主义色彩 / 136
三、纳塔尔殖民地和"土著保留地"的试点 / 140
四、南非220年（1652—1872）历史发展的限度 / 143

第十一章　富矿的发现和开采刮起了南非旋风 / 146

一、矿业带动南非经济进入"起飞"状态 / 146
二、矿业开采产生立竿见影的效果 / 150

三、矿业的兴起刺激英布的殖民扩张 / 153

四、英布扩张的聚焦点——祖鲁王国 / 155

五、"有形帝国"在南非的扩大 / 160

六、南非非洲人知识分子的成长 / 164

第十二章 英布矛盾激化走向战争 / 172

一、兰德金矿的发现引发南非经济的跃进和巨变 / 172

二、英布竞相扩张占领殖民地保护国 / 179

三、以南非为基地向林波波河以北的殖民扩张 / 185

第十三章 英布战争（1899—1902）/ 192

一、山雨欲来风满楼——英布紧张关系白热化 / 192

二、英布战争三个阶段 / 198

第十四章 南非联邦的成立 / 209

一、阿非利卡民族的崛起 / 209

二、南非的华工问题及其与南非政治的关系 / 213

三、南非联邦成立的必然趋势 / 221

第十五章 《土著土地法》的出笼和南非土著人国民大会的成立 / 229

一、《土著土地法》出笼的背景及后果 / 229

二、南非土著国民大会的成立 / 235

三、阿非利卡人和英国人关系的新发展 / 238

第十六章 两次大战之间的南非（1919—1945）/ 241

一、战后南非诸方面矛盾的激化 / 241

二、兰德金矿罢工及其启示 / 244

三、史末资下台后赫尔佐格国民党上台执政 / 247

四、20世纪20—40年代南非非洲人民族解放运动和反对种族主义的斗争 / 254

第十七章 第二次世界大战和战后初期的南非 / 260

  一、第二次世界大战与南非 / 260
  二、战后初期南非的新变化 / 265

第十八章 南非错综复杂的30年（1948—1978）/ 272

  一、20世纪50—70年代南非社会的真实面貌 / 272
  二、阿非利卡人的经济实力茁壮成长 / 280
  三、黑人的生活：从乡村进到城市 / 284
  四、20世纪40—70年代国民党历届政府 / 288

第十九章 "班图斯坦（黑人家园）计划"的强制执行和南非政府逐渐陷入困境 / 293

  一、非洲大陆情势发生剧变 / 293
  二、班图斯坦（黑人家园）计划的强制执行 / 297
  三、彼得·博塔政府及其"总体战略"（1978—1989）/ 305

第二十章 南非非洲人日益加强的反抗运动 / 314

  一、非国大领导南非非暴力抗争运动 / 314
  二、非国大领导的暴力斗争 / 320

第二十一章 黑人斗争再掀高潮，白人政府内外交困 / 327

  一、南非经济呈现衰退 / 327
  二、黑人反抗运动再次掀起高潮 / 334
  三、20世纪80年代后期博塔政府的内外交困 / 339
  四、非国大准备进行新形式的斗争 / 344

第二十二章 南非的纷扰局面和黑人取得普选权 / 347

  一、白人黑人两大阵营内派系林立 / 347

二、南非社会三大政治力量各自愿望的冲突 / 349
三、南非种族和解的方向不可扭转 / 353
四、南非进入制宪谈判 / 354
五、历史合力决定南非种族制度的最后结果 / 359

第二十三章　占人口多数的黑人掌权后的南非 / 363
一、成就巨大,问题不少 / 363
二、政党组合多变,社会维持稳定 / 366
三、非国大塔博·姆贝基执政时期的南非 / 370
四、新南非在非洲大陆的重要作用 / 374
五、南非列入"金砖五国"之一 / 380

第二十四章　不同程度反映多种族社会现实的南非各民族文学 / 382
一、17—18世纪的"日记体文学" / 382
二、承前启后的19世纪南非文学 / 383
三、20世纪上半叶的南非文学 / 387
四、第二次世界大战后的南非文学 / 394

附录　南非大事年表（1652—2014年）/ 405

主要参考文献 / 423

第一章
荷属南非殖民地的建立

一、从好望角的发现到开普殖民地的建立

好望角备受冷落的100年 南非开普（好望角）殖民地的建立经历了一个独特的过程。1498年葡萄牙人达·伽马绕过好望角，打开了欧洲直通印度和中国的新航道。然而这条以好望角港口为中心的新航道并没有迅速热闹起来，而是冷清、寂寞了足有100年。1498—1612年，从欧洲绕过好望角开往印度和东亚的海船只有806艘，平均每年只有7艘。而回程经过好望角的船只则更少，只有425艘，因为有285艘船被葡萄牙留在印度洋和太平洋上承担驻守任务，有96艘船回程时尚未绕过好望角就沉没海底了。所以，有100多年的时间，好望角港是备受冷落的。葡萄牙人自从占有非洲东南沿海的莫桑比克港后，为躲过好望角海面令水手们胆战心惊的西风带风暴①，干脆远远绕过好望角直驶莫桑比克。在16世纪90年代前，

荷兰东印度公司船在桌湾

---

① 直到1618年，1 100吨的荷兰船通过好望角时仍是如下情景："看见了陆地即好望角，然而西风极其强劲，我们只得卷缩前桅帆行驶，不敢作登陆的尝试。"

葡萄牙自己不使用好望角港，也不准荷兰、英国和法国等欧洲船舶通过它所发现的新航路进入印度洋。葡萄牙人对新航线的海图严格保密，甚至对泄密和投奔他国的船主、领航员均以"叛徒"治罪。这种严密封锁因欧洲政治版图的变动而变本加厉。直到1580年葡萄牙与西班牙合并成为"一国"，才给在欧洲带头反对西班牙的荷兰以可乘之机。荷兰船员是始作俑者，带头冲击一直被葡萄牙封锁的新航线；接踵而至的英、法船只如法炮制，窜进印度洋。不久，这些来自北大西洋的船舶还打通了直奔巽他群岛的新航线。荷兰人往返于香料群岛的船舶不绝于途，并很快成为亚洲海域最强大的西方贸易力量。经过多条航线的比较，精明的荷兰商人目光都集中到好望角航线上。

荷兰东印度公司进驻好望角 1652年，荷兰联合东印度公司（VOC）决定在好望角建立一个补给站。这并没有引起好望角"最早发现者"葡萄牙的多少对抗。葡萄牙人从来没有在此地逗留过多少时间，更不用说建立什么殖民行政权力。荷兰人在好望角（Cape，此后中文行文凡称此殖民地皆译作"开普"）建立"补给站"，也并非由荷兰政府出面，而是由荷兰富商、大船主等组成的东印度公司直接出面管理。1602年成立的荷兰联合东印度公司（以下简称"东印度公司"）与英国东印度公司（1600年成立）一样，从一开始就与葡萄牙、西班牙由国家组成的"公司"不同，公司的主动权不受政府掌握，而是操纵在私人股东手中。所谓"私人股东"也不是一般商人，而属于商人贵族集团寡头，如荷兰的特里普家族等。公司资金充足，超过英国东印度公司10倍。荷兰商人财富与荷兰国家权力的紧密结合，使荷兰东印度公司成为17世纪欧洲最大的海外垄断贸易公司。公司凭借其实力在短期内就将葡萄牙人从太平洋的香料群岛驱逐出去，并占领了马六甲，控制了印度洋与西太平洋间的交通要冲——马六甲海峡。公司商贸业务迅速扩大到印度、锡兰、波斯、阿拉伯半岛以及日本和中国，形成了庞大的亚非贸易网。驶往亚洲东方的荷兰船舶大量增加。由荷兰船运往欧洲的东方货物如胡椒、香料、纺织品、茶叶、咖啡等越来越多，好望角港口作为中继站的重要性急遽提高。

葡萄牙控制航路时期，往返欧亚途中绕过（不停泊）好望角的船舶年均只有7艘左右；荷兰时期，经过并停泊于好望角桌湾的船舶逐年猛增，尤其在亚洲地区发动殖民战争时期成倍增加。到17世纪50年代，为减少船员死亡率和患病率，荷兰东印度公司深感有必要在开普半岛建立一所海船补给站。当时商船从荷兰特塞尔港开往（印度尼西亚）巴达维亚的航程约需6个月。为避免乘客和船员在漫长航程中因缺少新鲜食品而屡患败血病，造成严重减员，大大增加航行成本,公司认为,在中途设站刻不容缓。其既可为海船补充新鲜肉类、水果和蔬菜,又可安排旅客、船员上岸休整。开普半岛位于南纬31°东经23°,具有地中海气候特征,气温宜人,空气清新,土地肥沃,适宜建立供旅客休憩的疗养地和补给站。东印度公司遭遇海难的船员曾在好望角海边搭棚居住两年,深感此处陆地条件优越,大西洋西风带有此宝地难能可贵。

1652年4月7日,荷兰东印度公司由"单峰驼号"、"白鹭号"和"好望角号"3艘帆船组成的船队在好望角登陆。船队司令官范·里贝克在航海日记中记述了那几日的情景:

"1652年4月5日,感谢上帝,大约下午5古漏(一古漏约半小时),我们望见了好望角。

4月6日太阳落山不久,驶进桌湾,在水深4英寻沙砾海面上抛锚。

4月7日……傍晚我们登岸观察地形,选择构筑要塞的地点。"①

就这样,3艘船驶进桌湾,包含4名妇女(其中一人为范·里贝克夫人)的首批移民落地生根了。

补给站建成后,公司招来一批职员在开普半岛办农场,生产新鲜水果、蔬菜。不久即证明,此类体制农场的经营完全失败:多劳不多得,职员劳动不与经济效益挂钩,缺乏经营积极性。公司便让部分雇员及其家属以"自由市民"身份经营园圃、牧场,自负盈亏。产品则由公司收购,售给商船。"补给站"单纯供应给养的性质,由于"自由市民"人数增加、公司雇员人数锐减,没有维持多少年便发生根本改变。17世纪下半叶,荷兰在亚洲的猛烈殖民扩张,使南非在荷兰殖民体系链条中普通一环的地位也相应发生变化。好望角建站的田园诗式的过程也迅速结束了。

范·里贝克

---

① 《范·里贝克日记》(1652年4月5日、6日、7日),载 Moodie, *The Record, or A Series of Offical Papers Relative to the Condition and Lreatment of Native Tribes of South Africa*, Amsterdam, 1960, p.90。

开普殖民地的建立和早期"牲畜贸易" 好望角"补给站"是怎样演变成开普殖民地的呢？经济利益和实际需求这两股力量推动着它的转变。实际上，新航线上过往海船最需要在开普港补充的食物，越来越多的是鲜肉、活羊和活牛，而不是一般的农产品，因为新鲜蔬菜和水果在热带洋面上极易腐烂而不能多带多贮存，而谷物和酒类等农产品一般是在价格最低廉的口岸采购，轮不到价格相对昂贵的开普港口。到18世纪上半叶，开普港平均每年的泊港商船有77艘，仅活羊一项每年就需要供应商船（不包括战舰）8 600多只。此外，上岸休养的旅客和住在港口的公司人员及居民也消费大量肉类。

范·里贝克抵达开普敦

供应开普市场的大批牛羊从哪里来？最早（17世纪50年代）是由当地经营牧业的黄褐肤色的科伊人（亦译科伊—科伊人）提供的。牲畜和牧养牲畜的土地成为当地土著与欧洲外来人的利害攸关（advantages and disadvantages）的连接点。在欧洲人到来之前，居住在南非次大陆广袤土地上的土著民族有3个：桑人（旧称布须曼人）仍过着原始狩猎生活，散居在大卡鲁高原的南部山区直至奥兰治河北岸高原的广阔地带，人口约4万至5万人，他们只有猎物，不提供任何牲畜。科伊人（旧称霍屯督人），人口约20万人。这两个土著民族在人类学上合称科伊桑人，肤色多呈黄褐色。第三个土著民族南班图人是黑人，最晚17世纪时已居住在加姆图斯河以东和以北直至林波波河流域的广大地区，经营牧业和农业的混合经济，人口增长很快。南班图人按语系又分恩戈尼人和苏陀—茨瓦纳人两大支，其中恩戈尼人按地域又有南支和北支之分。在19世纪30年代以前，与欧洲人接触的主要是南恩戈尼人，尤其是其中的科萨人。科萨人也是沿海补给站牲畜的主要供应者，而且越来越成为重要的供应者。南班图人人口众多，在100万人以上，仅科萨人一支就有10万人之众。

在17世纪下半叶，向开普半岛东印度公司补给站供应牲畜的主要是毗邻开普地区的科伊人，而科萨人只间接供应一小部分。18世纪初期，科伊人的牲畜仍占供应量较大比重,但科萨人供应牲畜的比重逐渐增加。内地土著民族越来越被拉入与世界贸易有着间接关系的贸易圈,他们的社会经济结构也开始发生微小变化。在开普补给站建立以前,开普半岛附近地区的地中海型气候为科伊人的放牧提供了丰茂牧草。有些部落拥有很多牲畜。牲畜数量成为科伊人衡量社会财富的标准,并构成他们社会经济最重要的组成部分。科伊人十分爱惜牲畜,除祭祀用牲外,一般不常宰食,为维持牲畜繁殖,也不愿过多地出售牲口。他们把多出的牲畜同荷兰人交换,只是为了满足生活和生产上最必要的需求(如换取铜、铁金属),因而对荷兰商人所提供的饰物、珠子等日用品的需求量有限。而对荷兰人来说,与科伊人进行牲畜交易是一本万利的生意。他们收购一头羊只需给科伊人1/8磅烟叶和1/2磅铜丝,约值4盾,而转手卖给外船却售价25盾,净赚500%的利润,已接近欺诈性贸易。从建站伊始,东印度公司就垄断了高利润的牲畜贸易,三令五申严禁"自由市民"进行此项贸易。但荷兰移民为利所驱,争相经营,为了厚利,不惜铤而走险,无视公司一切禁令。南非开普殖民地同科伊人的牲畜贸易比起荷兰人在北美殖民地同印第安人进行的毛皮贸易,更典型地暴露出荷兰商业资本确如马克思在《资本论》中所指出的,是"代表着一种掠夺制度"。它的利润几乎完全来自无耻的侵占和欺诈。东印度公司和私商为了最大限度地掠夺科伊人的牲畜,采取一切卑鄙手段。他们以摧残人身心的烈性酒和烟草,诱骗从未接触过烟酒的科伊人上瘾,使烈酒和烟草成为科伊人大批消耗的奢侈品,从而埋下了科伊人被灭绝的最早祸根。荷兰人通过这些"交换手段"从科伊人手中攫得大批牲畜。据记载,有的一次"交换"就拉走了447头牛和1 292只羊。开普半岛附近地区的科伊人部落的牲畜迅速减少。到17世纪末,这种交换"贸易"变成了东印度公司对科伊部落的"索贡"行动。科伊部落想方设法逃避与公司的牲口"交易",比如让向导故意引错路,促使荷兰奸商扑空,头人一见白人到来就将牲口藏匿起来或赶进深山。

科伊人牲畜资源枯竭 荷兰殖民者摧残科伊部落更厉害的手段是暴力劫掠。牲口走私商多由殖民社会的渣滓组成,他们的"经商"行为与劫掠行径毫无二致。从开普出发,携带火器的"牲畜贸易远征队"进入内地山区和草原,摇身一变成了杀人越货的匪帮,烧寨子、抢牲口、奸淫,无恶不作。而公司有时发动的掠牲战争规模比走私商大得多。每当荷兰的回程船队停泊桌湾港口,市面牲畜供不应求,船队无法起锚时,公司远征队往往就会窜入内地,抢劫牲口供应船舶。1702年"牲畜贸易远征队"深入内地抢劫英夸部落,一次掠走

2 000头牛和2 500只羊,并杀害许多英夸人。

东印度公司竭泽而渔的贸易手段,和公司、私商的武力劫掠,双管齐下,吮吸科伊人的牲畜资源。科伊人牲畜资源一年比一年枯竭,以致经常不能留下部分必要的牲畜以备繁衍,从而使简单的再生产也无法维持。牲畜是科伊人维系部落社会结构的重要纽带,牲畜的逐渐丧失既使科伊人日益贫穷,又使部落组织濒于瓦解。当一个部落的牲畜被榨干后,公司和私商就转向另外一些部落。他们进行梳篦式的劫掠。到1699年,开普半岛附近100公里范围内的科伊人部落几乎丧失了全部牲畜。17世纪下半叶,有一些失去牲畜的科伊部落把他们以前用牲畜换来的荷兰人货物,往东贩运到赫鲁特河和加姆图斯河以东的内地去换取科萨人的牲口;或者替荷兰人放牧牛群赚取一些牲畜(代替工资)。几经努力,他们一度在自己牧区恢复了畜群。但从18世纪初以后,随着桌山后面斯克河畔的科伊人牧场被占,荷兰殖民者接二连三地向科伊人最好的牧区猛烈扩张,科伊部落丧失了整片土地,也失去了恢复牧区经济的最后一线希望。

丧失了畜群的科伊人无以为生,日益贫困,逐渐从部落中游离出来。有些部落整体瓦解。青壮男子流落到开普殖民地社会,加入劳动力行列。许多妇女生活无着,被迫成为白人的"泄欲工具"。停泊于好望角港口的远航海船的水手和船员把开普当作"冒险者乐园",狎妓包娼,趋之若鹜,以满足其猎奇的猥亵(licentious)心理。在殖民地娶妾纳婢,另组"小家

驶向桌湾的荷兰船只

庭",成为此处欧裔商人、工匠的时尚。不到100年时间,混血人种便充斥于开普社会。其对后来南非社会的种族构成,形成十分复杂和深远的影响。

二、开普殖民地的土地扩张

殖民地扩张的原因 在最初五六十年,开普移民的土地扩张是缓慢的。从1657年到18世纪初的半个多世纪中,荷兰和法国移民(法国移民多是胡格

诺教徒,约200名)中种植谷物和水果的精明能干的农场主,每户一块45公顷的土地,仅仅从开普平地扩展到斯泰伦博斯,一直处于地中海型气候的地区以内,甚至没有一块移民住地离中心城堡的直线距离超过50英里。但从18世纪初开始,荷兰殖民者中以畜牧为主的农场主(此后渐被称为布尔人,荷兰语Boor〈布尔〉意为农民,早期多指开普地区的荷兰农场主。)猛然加快了土地扩张的速度。这些精力充沛的农场主沿布里厄河谷向东和向北扩张,建立了斯韦伦丹区。在翻过朗厄山后往东进入小卡鲁地带(东经20°),往北进抵罗赫费尔德山东北坡;在沿海地带则越过莫瑟斯湾(即牧牛湾,东经21°),1742年在大布拉克河(东经22°)划界。在不到半个世纪时间内,布尔人竟深入内地300公里,占领了数万平方公里的土地。他们使用直接的政治权力和经济力量,把科伊人的黑塞夸、高里夸和阿塔夸等部落的土地尽数吞并。在18世纪后半叶,这种扩张势头又以更猛烈的程度向东继续(见后述)。

为什么从18世纪初开始,荷兰殖民者在南非次大陆进行前所未有的、猛烈而持久的土地扩张?其与欧洲人16—18世纪在美洲的殖民扩张不同。当年西班牙、葡萄牙、英国和法国的移民蜂拥美洲大陆和加勒比岛屿,形成了人类史上一次最大的跨海移民。但在南非,并没有出现荷兰人(包括法国人)大规模移民的浪潮。荷兰的资本原始积累过程向来不具有英国那样剧烈的性质,它的特点是附着于自己小块土地上的农民缓慢贫困化,而围海造田也减弱了不少缺地的农民出走的动力,因而荷兰基本上没有形成需要迁移到殖民地去的大批农业移民。事实上,荷兰外出移民数量相对来说也不多。往亚洲去的主要是荷兰商人、殖民官吏和驻屯士兵。18世纪初在开普殖民地,荷兰移民仅有1 000多人(其中一部分是法国移民)[1],

荷兰东印度公司士兵

---

[1] 1707年"自由市民"人数为1 622人。

直至18世纪中叶也只有5 000多人。因此,南非殖民地的扩张不能仅以宗主国荷兰的国内经济发展和开普人口的自然增加来解释。那么,土地扩张的动力究竟来自何处?

推动土地扩张的两股动力 分析18世纪开普港船舶停泊数字等统计资料,可以看到一种值得研究的现象:每当绕行好望角的两洋航线上的船舶显著增多,随之而来的就是南非内地土地扩张规模和速度的进一步扩大和加快。它揭示出一种因果关系:停港船舶增多,对肉类和活畜的需求相应增加,价格大涨,于是刺激殖民者更多地占地养羊。由此看来,推动开普内地土地扩张的一个动力是,与资本主义世界市场紧密联系的大西洋—印度洋航线上的船舶对牲畜有越来越大的需求。这种联系提示我们:探讨18世纪南非土地扩张的原因,还必须考察国际的经济关系以及开普港在世界重要交通航线中不断提高的经济作用。南非开普地区在欧洲殖民列强激烈的争夺中,其不可取代的战略地位越来越引人注目。

1713年,荷兰结束了在"西班牙王位继承战争"中同法国的长期作战状态,重新加强东方的殖民事务和商业活动。此后10年,荷兰驶往东方的船舶增加一半,停泊于开普港的船舶从每年平均48艘增至72艘。开普市场对牲畜的需求有增无减。在内地,布尔农场主开始沿着布里厄河向山南、山西地带扩张土地。18世纪40年代爆发第二次大规模战争"奥地利王位继承战争",英法在印度的战争延续4年,英国舰队频繁进驻开普。自1725年以来因禁止向外国船出售肉类而减少的外船数目一下子增加了一倍,牲畜供不应求,开普肉价猛涨,经济生活由衰落转向繁荣。在这40年中,科伊人牲畜资源已被完全榨干,主要靠加姆图斯河以东的科萨人和布尔人供应。一方面饲养牲畜比种植谷物和葡萄利润大得多;另一方面,牲畜市场的垄断经营又使其比谷物市场更稳定可靠,于是许多追逐利润的农场主纷纷改以牧业为主,迁入内地,占地养羊。

推动土地扩张的另一个动力是奴隶制的发展。开普的奴隶主要是黑人奴隶和马来奴隶。另外,科伊人部落的

燃烧一个村庄,并将村民掳为奴隶

瓦解,使众多科伊人沦为牧奴和农奴。到18世纪,开普奴隶数目已超过白人人数。拥有众多奴隶的布尔农场主具备劳动力资源经营更大的牧场。内地广袤的土地引起大小奴隶主对土地的贪婪。斯韦伦丹地区的大部分农场主离开原居住地,迁往内地小卡鲁地带建立牧场,出现了第一次土地扩张的高潮。

三、早期荷兰殖民者的经济结构

落后的经济结构　进入内地的移居人口绝对数量毕竟很少,为什么土地扩张的范围如此广阔,持续的时间如此长久?这与布尔殖民者的经济结构和文化吸取的特点有密切关系。布尔人的经济逐渐形成一种以畜牧业为主的粗放式的奴隶制经济。以下四方面因素使这种落后经济与土地扩张密不可分,并使其文化吸取已经带有与宗主国荷兰人大不相同的特点:

一是荷兰移居开普的"移民"大多不是在国内贫无立锥之地的破产农民,最早一批移民是东印度公司的雇员及其家属。他们与移民加拿大、澳大利亚和美国西部的大部分移民的情况不尽相同。其中影响至深的一点是,他们在开普"补给站"刚建立不到6年,受当时大西洋贩黑奴潮的影响,1658年就引进了奴隶制。从此不仅农场劳动由熟谙农事的西非黑人奴隶担负,甚至高度熟练的手工业技艺也由从东南亚输入的马来奴隶操作。到18世纪末,奴隶人数达到2.5万人以上,超过白人人数。[①]白人移民依赖奴隶劳动,形成一种厌恶和鄙视劳动的恶习,甚至排斥需要体力劳动的任何工作。久而久之,他们以皮肤白皙自傲,几乎丧失了技巧劳动的技能。在开普城镇无以为生或不拥有竞争条件的白人,甚至穷困潦倒的白人,绝大部分进入内地,寻求"冒险"、"投机"的新乐园。随意侵占土地,自建中小农场;稍有资产的,便携财进入内地,使用乃至租赁奴隶经营牧场,很快便成为新兴的农场奴隶主。奴隶制的经济原则促使布尔农场主让奴隶使用极粗笨的工具,实行最粗放的经营。农场主为了向供不应求的开普市场出售最大数量的牲畜,便让奴隶去放牧尽可能多的牲畜,"反正有的是土地"。这种极其粗放的落后的放牧方式对土地产生永无餍足的需求,促使布尔农场主不断扩张土地或迁徙到新地区去占领新牧场。

[①] 纽马克:《南非边区的经济影响》,第10页所引用的1795年的奴隶数字为1.8万人,本书此处系采用《剑桥非洲史》第4卷第448页上所引用数字。

二是进入内地的殖民者大多缺乏充足的资金和精巧的生产技能，而南非高原上的土地无限广阔、连成一片直至天际。粗放经营的大牧场是布尔人利用这些极为廉价的大面积土地的最有利的形式。1714年，东印度公司殖民政府制定"租地农场制度"。按此规定农场主只需要交纳名义"租金"就可以在内地无限制"租地"。这个制度颇适合刚到殖民地的那些厌恶劳动、缺乏资金的殖民者。他们只要携带足以把科伊人或桑人赶走或消灭的火器进入内地，就可以将几千亩土地变成自己实际上的私有财产。由于土地可以随意侵占，一般农场面积均在6 000—7 000英亩以上，有的甚至达到2万—3万英亩。布尔人除了有条件引进荷兰较好的牛种以外，其牧业经济较之科伊人，特点和优势并不明显，主要不是表现在先进的牧业技术和资本的集中（集约经营）上，而是表现在少许资本以极粗放的方式投在更大的牧地面积上。不断扩大土地面积、增加牲畜数量成为布尔农场得以存在和延续的命根子。布尔人无论是为了向开普市场出售更多的牲畜而扩大生产规模，还是为了农场主自身的生产（种族的繁衍——家族规模的膨胀）而扩大生产规模，都主要依靠扩大土地面积。扩大土地面积的捷径是不断深入内地，侵占非洲人土地。早在18世纪初就开始风行的布尔人整个家族的"大牛车迁徙"实质上就是其土地扩张的普遍形式。

三是南非自然地理条件也促使布尔农场主实行以牧为主的粗放经营。自从布尔人越出开普的冬雨地区向东扩张，在塔尔巴赫至布里厄河谷一线以东，他们就进入了干旱的卡鲁地带（"卡鲁"为科伊语，意为无水）。地旷人稀的大卡鲁和小卡鲁地带雨量稀少、水源不足，道路缺乏、交通闭塞，干旱和酸性土壤不宜农耕，只适于养羊。而且，因天时关系，经营牧业需要同时拥有3—4个备用牧场，以适应气候变化和避荒的需求。例如当冬天（7月、8月）斯尼乌山一带（南纬31°）牧场覆盖皑皑白雪的时候，农场主便把畜群赶到卡鲁地带牧场过冬。

四是布尔人农场主家族往东或往北迁徙，离开普中心城镇越来越远，相互联系越来越少，受开普文化熏陶的机会也愈加缺乏。闭塞的家族同邻居之间的地理间隔越拉越大，以致望不见邻居家屋顶的袅袅炊烟。许多孤处荒原的布尔人家居生活极其枯燥，仅有的书籍是一本破旧的《圣经》。家居的祈祷仪式和朗读《圣经》几乎成为他们唯一的宗教表达和文化享受。他们的语言和口音也越来越多地沾染方言的色彩，其中掺杂颇多非洲土著人的词汇，这常使开普城镇居民不大能懂这些千里迢迢来"赶集"的"外地人"的话。这些越来越明显的异地边区牧场文化的特点,加固了布尔人以牧为主的经济结构。

由此可见,布尔人粗放的牧农经济,在南非地理环境和人文条件下,加上内在矛盾的作用,使大规模土地扩张更具恶性膨胀的性质。大部分的土地落入占人口少数的白人手中,无可挽回地导致了社会的不安定状态。

强烈的殖民政策 布尔人牧农经济的掠夺和殖民性质,造成了以后二三百年布尔人经济与当地非洲土著人牧农经济的根本对立。布尔殖民者的生产规模的任何扩大,都要以牺牲当地非洲人的利益为前提——他们不断侵占非洲人的土地以扩大或新建农场,屡屡将被剥夺了土地的非洲人沦为不需要付钱购买的奴隶。在东向和北向扩张的道路上,布尔人首先对科伊人的独立牧业予以摧毁。

在当时南非的生产条件下,不言而喻,布尔农场主摧毁科伊人畜牧经济依靠的不是其畜产品的廉价(布尔人不具备这样的生产力),而是赤裸裸的殖民暴力。火器、马匹和牛车这3件从宗主国带来的"法宝",使殖民者拥有军事上的压倒性优势。布尔人在扩张道路上,越来越热衷于使用暴力,他们的方针是"不失时机地对他们(土著)发动猛烈进攻,如有可能就进行突然袭击……尽可能多地夺走他们的牲畜和人"。在布尔人的扩张行为所到之处,房屋被烧,牲畜被抢,村寨尽毁。

四、科伊人的反抗和灭亡

光荣的反抗史 科伊人是南非第一个作过英勇抵抗而终遭灭亡的民族。他们最早的英勇抵抗曾部分地改写了南非早期历史(西方有个别史学家曾错误地认为科伊人对殖民者"未作什么抵抗就退出历史舞台")。1510年3月1日,葡萄牙首任印度总督阿尔梅达(F. Almeida)卸任返葡途中,经好望角,上岸劫掠,遭到科伊人反击。阿尔梅达被杀,150个随从几乎被全部歼灭。从此,葡萄牙人对好望角视若畏途,这种畏惧心理成为葡萄牙长期未把开普港开辟为葡船停泊点的原因之一。1659—1660年和1673—1677年,科伊人在部落酋长的领导下,同荷兰殖民者进行过两次"科伊—荷兰战争"(史称"霍屯督战争")。科伊人采取山地游击战方式进行骚扰袭击,迫使开普殖民据点的农事陷于停顿。荷兰总督范·里贝克在两年的游击战争中陷入穷于应付的狼狈境地。受到沉重打击的公司雇员和自由市民胆战心惊,有半数人迫不及待地打算搭乘过境船舶回荷兰。但这两次战争中科伊人的牲畜和土地也受到严重损失。此后，由于牲畜贸易和殖民者的不良影响（性病等流行），科伊人的政治经济结构受到严重侵蚀和破坏，部落逐渐瓦解，越来越无法以部落为单位进行有组织的抵抗。那些剩下的科伊人失去了牲畜，重新过上狩猎生活，以小股和单兵的形式，采取打了就跑的游击战术，对公司的"牲畜贸易远征队"和白人农场不断进行袭击和骚扰。这些零星分散的抵抗虽历时甚久，却未能扭转科伊民族衰落瓦解的颓势。

科伊人的历史颓势　单纯游牧经济在南非严酷的自然环境中，迫使科伊人常常赶着牲畜离开原来的部落，投奔牧草丰盛的另一个部落。造成部落结构的极端松散。如果没有外来殖民者的袭扰和干涉，它仍然可能如同过去千百年一样地生活、生存下去，循环反复地间隔一定时期就对自然环境的变化作一次相应的调整。但荷兰人彻底打散了他们的部落结构。以往，某一位部落酋长拥有大量牲畜，他可以用租赁牲畜等方式吸引大批部众归附，以此维系部落的组织。17世纪以后，当酋长由于在贸易中过多销售牲畜和遭受殖民掠夺而彻底失去牲畜和土地时，他们就失去了维系部落组织和东山再起的经济基础。失去了牲畜、土地和部落组织的科伊人到处流浪，衣食无着，给布尔农场主无偿提供了大批劳动力。有一个名叫贾格布斯·奥弗利的布尔农场主竟役使了整个村寨的科伊人。大部分科伊人已一无所有，农场主把失去部落组织、仍生活于故土的科伊人沦为农场终生的稳定劳动力。这些实际上已经变为农奴主的布尔农场主主要依靠超经济强制手段，利用"饥饿的威胁"，把"主仆关系"的枷锁"套在失去生计的科伊人身上"，形成人身依附关系，一般只给他们一些马铃薯和牛羊下水，聊以充饥，维持着不致饿死的生活。在殖民地初建时，布尔人不可能把科伊人整批地沦为牧奴，因为科伊人有自己部落的纽带作为后盾，可以跑回原部落或投靠另一部落。在科伊部落纷纷瓦解以后，18世纪的布尔人依仗殖民地基础业已巩固，便无所顾忌地把失去生计、无依无靠的科伊人沦为牧奴。农场奴隶主把科

准备移居到另一牧场的科伊人

伊牧奴当作会做工的牲畜(极其恶毒地诬称其为"人形牧羊犬"),擅自审讯、毒打,限制人身自由,敲骨吸髓地剥削他们的劳动成果。科伊牧奴在所有奴隶中成为最悲惨的一个阶层。

科伊民族的灭亡　18世纪,残存的科伊人部落不稳定的经济和日渐凋零的人口,又遭到白人移民带来的两大灾祸。1713年,从停泊桌湾的欧洲船舶上传来的天花,袭击了毫无防治经验的科伊人,当时牛痘尚未发明,中国的人痘接种法尚未传入南非。科伊人人口死亡过半,有些部落名称从此湮没无闻。1755年的牛瘟又夺走了科伊人仅剩的牛群,赤贫的科伊人四处逃荒。一部分科伊人逃往东部,与居住在科萨人邻区的科萨—科伊混血部落融合。另一部分科伊人,主要是科伊混血种人——格里夸人渡过奥兰治河迁往北岸地区。只有小部分科伊人早先由酋长率领迁往今日的纳米比亚,在纳马人中保存其残余的部落组织和少许的科伊人文化。在西开普地区幸存的科伊人,部落组织已荡然无存,全部生活于开普镇和白人农场中。到1805年,南非境内科伊人只剩下20 006人。19世纪以后,在南非境内的科伊人已不能称之为民族了,这个南非最古老的民族已经悲惨地消亡了,只在有色人种中留有他们的血脉后裔。

长时期生活、劳动在开普城镇和白人农场中,科伊人仆役、牧奴同黑人奴隶和少数白人大批地混血(白人殖民者强迫或诱使科伊女人非偶同居),形成了今日南非庞大的有色人混血集团的渊源(这个集团的形成极其复杂,此处不拟申论)。这个人种集团基本上采用欧洲人的语言、宗教甚至生活习惯,失去了科伊人的特征。

失去科伊人特征的"科伊人"还陷入更加悲剧性的命运。他们在促使其他科伊人消失的过程中起了"自毁长城"的作用。西方殖民者充分利用科伊人四分五裂的弱点,施展分而治之、各个击破的伎俩,采用远交近攻的策略逐个消灭他们:殖民当局招募"忠诚的"科伊人当兵(或加入民团),让科伊人打科伊人。布尔人在"剿灭"东部非洲人的

民团中的科伊神枪手

民团中往往使用配置了火器的科伊仆役,其人数还超过布尔人。这些既擅长骑乘又熟悉地形的科伊仆役利用火器,在后来与东部科萨人的作战中,成了殖民当局的一支"王牌部队"。

五、殖民土地扩张与桑人的灭绝

"边界"不断向东延伸 随着科伊民族在南非境内逐渐消失,以及布尔人向北、向东扩张,厄运降到了桑人[①]和科萨人头上。第三次商业战争——七年战争(1756—1763)期间,英法在印度展开激战。1758年法国舰队驶进桌湾搜求供给,开普全部库存肉类售罄,大批牲畜以高于定价4倍的价格卖给外船。七年战争终以英国在美洲、印度等多处胜利而告结束。此战成为英国建立海上霸权和殖民帝国的标志。18世纪70年代,停泊开普港的船舶继续猛增,80年代年均泊港船舶达160艘,每年仅供应外船的活羊就需要两万头以上。美国独立战争期间,法国舰队在开普驻扎两年(1781—1783),消耗大量肉类,牲畜贸易成为最赚钱的生意,布尔人牧场的牲畜严重供不应求,早已脱销。18世纪中叶,荷兰商人已越过松达赫斯河,进入大鱼河谷地,搜购科萨人的牲畜;东印度公司也派官员到加姆图斯左岸的科萨人住地采购牲畜。由此看来,开普土地扩张的促进因素既要从开普的经济生活的逻辑来分析,又必须考察当时的国际经济关系。

商队不断带回消息:加姆图斯河以东地带是南非水源最好、牧草最丰茂的土地。于是跟随商队东去的足迹,布尔农场主纷纷涌进加姆图斯河流域及以东地区。

1770—1795年是殖民土地扩张的另一次高潮,也是扩张最猛烈的时期。布尔人农场已散布于从莫瑟斯湾到奥特尼夸山,从朗克拉尔到斯尼乌山一带。这些腰缠子弹带的农场主贪婪觊觎着东边最肥沃的大鱼河谷地,一心想吞并直抵印度洋沿岸的土地。东印度公司殖民政府频繁地通过"地界"延伸和"改划"边界等手段,不断扩大开普殖民地范围,在短短16年中竟五易"边界"。1770年它把边界从大布拉克河移到加姆图斯河,5年以后的1775年又把边界擅移到布须曼河(南界)和大鱼河上游(北界),接着又吞并布须曼河与大鱼河下游之间土地,制造了"楚尔费尔德地区争端"——擅自宣布这块最肥

[①] 桑人原译"萨恩人",为了与"科伊桑人"译名取得一致,改译"桑人"。

沃的土地为东印度公司所有。公司凭借武力驱赶科萨人,强行把多年在当地放牧的科萨人赶到大鱼河对岸(左岸)。1780年公司再一次悍然把南界移至大鱼河下游。1785年正式设立赫拉夫-里内特新边区,建立新殖民政权。1786年又把北界也东移到塔河。至此,布尔殖民地已深深侵入北部桑人和东部科萨人世代居住的土地。

桑人被当作"野兽"灭绝 南非的荷兰人效法他们在美洲同胞的无耻做法,凡是他们在异国他乡侵占的土地都一律宣布为"无主土地"。事实上,在南非,这些所谓的"无主土地",要么是黄肤色的桑人(布须曼人)世代游猎的猎场(北部),要么是黑肤色的科萨人几年一轮的轮牧牧场(东部)。布尔人把桑人狩猎的地盘圈为自己的牧场,不许他们进入,这就断绝了猎人的生计。桑族猎人几百年来一向把猎区土地看作氏族公社的集体财产,只是他们游猎的生活方式未能把土地财产固定下来。按照传统,当他们把某地区认作本族的狩猎地盘,获得公认时,就用弓箭保护它免受其他人侵占,并设法把侵犯者赶走。桑人的弓箭等原

游走的布须曼猎人

始武器在军事上与拥有火器的布尔人相比,悬殊太大,便对侵犯猎场的布尔农场主采取一种特殊的对抗方式:从布尔人牧场(桑人传统的猎场)上,把牲畜当作"猎获的羚羊"劫走。以此作为逼走白人殖民者的一种非常手段。斯泰伦博斯地方官员报告说,桑人明白地告诉布尔人译员,他们劫走牲畜的目的是"要把荷兰人赶出我们的土地……"。"劫畜"事件层出不穷,一度迫使布尔人放弃斯尼乌山和纽沃尔德山及塔卡河一带的牧场,并关闭朗河河谷一带的牲畜收购站。桑人的这种对抗,在18世纪上半叶延缓了布尔人向北部地区扩张达30年之久。18世纪70年代以后,实力增强的布尔农场主为了永远霸占猎区土地,改弦更张,对桑人采取有计划的种族灭绝手段,其目标是消灭整个桑族。布尔农场主组成的民团利用马和火器的优势,漫山遍野地搜寻桑人,把桑人当作"野兽"来追捕、屠杀。

1792年司令官范·魏尔特的战绩报告记载:

"9月27日,进攻1个营地,击毙75名布须曼人,俘虏21名,缴获150只羊,13头牛和1支枪。

10月15日,又发现1个营地,击毙85名布须曼人,俘虏23人,缴获124只羊。

10月20日,发现了第3个营地,击毙11人,俘虏3人。

10月24日,发现了第4个营地,击毙7人,俘虏4人。"[①]

1786—1795年,仅赫拉夫-里内特一个新边区,桑人(布须曼人)被杀2 500多人,被捕669人。残酷无比的民团凡遇见桑族成年人,不分男女一律杀死,只把儿童抓回农场当童奴。为了捕捉桑人儿童当奴隶,布尔各民团争相参与"征剿"桑人的军事行动。"征剿"归来的民团被当作"凯旋的英雄"受到夹道欢迎。有的民团一次"征剿"竟运回满满10牛车的桑族儿童。桑族儿童从小在布尔人农场当童奴,长大成人后名义上是"学徒",实则为不折不扣的奴隶。他们的后裔血统与黑人奴隶或白人混合,构成今日南非有色人种集团的一部分。

布尔民团采取"梳篦法"消灭桑人,逐条山脉"清剿",逐个山洞搜索,把桑人从世代居住的德拉肯斯泰因山区、罗赫费尔德山区、纽沃费尔德山区、斯尼乌山区全部消灭掉。消灭桑人的行动一直延续到19世纪。仅有一小部分桑人逃到博茨瓦纳的卡拉哈里沙漠残存下来。这个在雕绘艺术上表现出突出才能的原始民族,在南非境内基本上被灭绝了,1957年南非全境只剩20名桑人。只有桑人留下的栩栩如生的岩壁画、岩雕,仍在南非多处山崖峭壁上和深邃山洞中熠熠生辉,至今仍被公认为人类原始艺术的瑰宝。马克思曾愤懑地指出:"当我们把自己的目光从资产阶级文明的故乡转向殖民地的时候,资产阶级文明的极端的伪善和它的野蛮本性就赤裸裸地呈现在我们面前,因为它在故乡还装出一副很有体面的样子,而一到殖民地它就丝毫不加掩饰了"。荷兰殖民者灭绝南非桑族就是一个典型例证。

六、布尔殖民者东向土地扩张被阻遏,黑人出现于南非历史舞台的前沿

布尔人的扩张在科萨人面前遇到强有力的抵抗。闯进大鱼河谷地的布尔农场主和牲畜商人徘徊于两岸,觊觎着科萨人的大批畜群和丰茂牧场。但在

[①] Hemrich Jaencke, Die Weiben 300 Jahre Krieg und Gewalt in Südafrika, Hamburg, 1976.

黑人地区，布尔人惯用的以烈酒骗取科伊人牲畜的伎俩，在科萨人身上无法施展。历史学家认为，如果科萨人染上酒瘾，那么，开普东部地区可能会有另一种历史发展过程。布尔人倚仗火器优势以武力夺取牲畜，强占牧场。1775年布尔人擅自把开普殖民地边界南段移到布须曼河，随后又力图把科萨人从布须曼河和大鱼河之间最肥沃的楚尔费尔德地区赶走。18世纪末，科萨人奋起自卫，与布尔人打了3次所谓"卡弗尔战争"。

在头两次战争中（1779—1781年和1789—1793年）科萨人大批牲畜被布尔人掠去，受到较大损失。① 但从1799年开始的第三次"卡弗尔战争"给布尔农场主空前沉重的打击。实际上这是一场科萨人和科伊牧奴联合发动的解放战争。当时东部边区的布尔人农场主役使了1万多名科伊牧奴。这些遭受沉重压迫的科伊牧奴揭竿而起，大批科伊人携带枪械骑着马离开农场，加入科萨人的作战队伍。他们对农场内的情况了如指掌，引领科萨人冲进农场，焚烧房舍，牵走牲畜。有500多户布尔农场主遭到打击。起义波及范围很广，农场受到严重破坏，多年未能恢复，许多农场主一家拥挤在牛车上过日子，大多数人没有商品畜和货物可以输往开普市场。

穿越峡谷的科萨枪手

卡弗尔战争

---

① Stavenisse 号帆船海难幸存者在科萨人中生活近3年，他们对科萨人的习俗、法律作了详细报道。

这场给布尔农场主以沉重打击的战争，成为布尔人殖民扩张史的转折点。布尔人在东部的土地扩张受到科萨人的有力阻遏。他们向印度洋沿岸挺进的梦想被粉碎了，数十年也未能越过大鱼河一步，终于被迫改变扩展的方向，由朝东面的印度洋转向朝北部的奥兰治河方向扩张。转向扩张成为后来（19世纪30年代）布尔人大迁徙的渊薮。慑于科萨人的"剽悍善战"，荷兰东印度公司明令布尔农场主不得雇佣科萨人。

第二章
19世纪以前南非土著民族的社会经济结构

一、南非土地的真正主人

在欧洲殖民者侵入南非以前，南非最古老的3个民族——桑族（布须曼人）、科伊族（霍屯督人）和班图族①在生产力低下的情况下，坚忍不拔地与恶劣的自然环境进行长期斗争，对南非西部、东部和北部的发展作出了不同的贡献。他们都是南非土地的真正主人。但是尽管这3个民族都对入侵的欧洲殖民者进行了英勇顽强的抵抗，结局却迥然不同。桑人在南非境内被完全消灭，遭到种族灭绝的悲惨命运。科伊人不再作为独立的种族和民族存在，只在混血的有色人种中留有他们的后裔。唯有班图族人——虽然白人殖民者在扩张道路上曾企图像消灭北美印第安人一样灭绝他们——不仅未被灭绝，而且一直在南非人口中占绝大多数，成为南非社会财富的主要创造者。为什么在17世纪的历史发展中这3个民族的命运会截然不同？

分析过去3个世纪南非的历史，人们发现当力量对比显然不利于非洲人民（非洲土著人）的时候，南非各族人民的充满悲壮色彩的民族反抗行动，虽然未能改变他们的命运，但每一个民族在殖民扩张时期的最后结局，却主要取决于他们的抵抗力量（包括人口数量），社会的、政治的和军事的组织，以及他们自立于世界民族之林的能力。而这几个因素都与这3个民族的生产力发展水平，特别是与他们的社会经济结构、文化有密切关系。本章拟从这两面方面进行探索：一是在南非的地理环境条件下，3个民族如何形成3种不同的经

---

① 本书主要是从语言学意义上使用"班图"（Bantu）一词。

济结构——桑人的狩猎经济、科伊人的单纯游牧经济，班图人的牧农混合经济；二是3种不同的经济结构如何对南非历史和各民族的历史产生不同的作用和影响。

二、科伊桑人的狩猎经济和畜牧经济发展缓慢的原因

南非境内最早的居民是讲科伊桑语的黄肤色的居民。南非历史著作一般把从事狩猎经济的猎人称为桑人（布须曼人），而把从事畜牧经济的牧人称为科伊人（霍屯督人）。他们在体型上很难精确地区分。17—18世纪，初到南非的欧洲人对两者几乎分辨不出来。他们的肤色都是棕黄色的，有的人类学家因此把他们列为黄种人，但他们又有一些黑种人的特征（卷发、宽鼻）。现在越来越多的史学家在鉴定史料分不清他们时，就使用"科伊桑"这个复合词。

对19世纪以前桑人和科伊人（以及小部分班图人）历史的研究最大的困难是材料极端缺乏，这种状况使得西方有些史学家甚至到1963年还振振有词地说"没有非洲的历史，只有欧洲人在非洲的历史"。他们认为只有人类学家才对这些非洲人感兴趣，而对于历史学家来说"历史的确定内容并不包括消极的野蛮的社会的不足挂齿的发酵现象"。本章正是要从这些"发酵（萌发）现象"来说明19世纪前南非非洲人社会的嬗变。综合近年来的考古发现以及口头传说和文字记载，我们有根据断定，南非社会包括科伊桑人社会在内，在殖民者入侵前已有经济方面的变化，尽管它是缓慢的。

桑人的狩猎采集经济 桑族猎人居住在大卡鲁南部山区直到奥兰治河北岸高原的广阔地带，在瓦尔河、图盖拉河、凯河的河谷地带也有他们的踪迹。桑人生产力十分低下。直到这个最古老的原始民族在南非境内消失时，他们既没有走出原始社会阶段，也没有完成从游猎经济向畜牧经济的过渡。关于桑人的狩猎经济社会发展特别缓慢的原因，西方学者有一些解释，但很多是片面夸大种族特征的差别。如锡尔从解剖学角度加以"论证"，企图以脑容量过小来证明桑人社会发展缓慢的原因。桑人狩猎经济社会的一个显著特征是没有任何社会分工和交换的发展。马克思在《资本论》中关于社会分工的自然基础的一段论述给予我们以启示。"不是土壤的绝对肥力，而是它的自然产品的多样性，形成社会分工的自然基础，并且通过人所处的自然环境的变化，促使他们自己的需要、能力、劳动资料和劳动方式趋于多样化。"在原始社会中，

由于地理环境的差异性而带来的产品的多样性，对促进原始居民的接触和产品交换尤其具有重大意义。但是，辽阔而单调的南非高原为居民所提供生活资料的自然资源是十分单一和雷同的，只有羚羊、野生块根（Veldkas）、浆果、野蜂蜜和鱼等。尤其是相距遥远的氏族公社或是毗邻的氏族公社，在南非高原上能找到的都是拥有大致相同的生产资料和生活资料。因此他们的生产方式、生活方式和产品也基本相同，即使在氏族公社有机会互相接触时也几乎不产生任何交换的需求。后来驰名世界的南非名产：象牙、犀角、珍贵的动物毛皮，对于桑人猎人来说如同废物。利文斯敦在19世纪50年代游历当时还与外界基本隔绝的恩加米湖畔时，发现当地人把成捆的象牙用于修筑篱笆或任其腐烂、烧毁。对于不存在简单的商品生产和交换的公社来说，既然桑人的产品除了满足氏族公社成员的简单消费以外，不能通过交换来满足其他方面的需要，他们当然不会去生产任何多余的产品。狩猎经济本来除了生产直接消费的生活资料外，就没有什么可积累的财富。猎获物随生产随消费，也不可能进行扩大再生产，南非的自然条件更加强了这方面的不利因素。桑人除了晾晒干肉充当几天口粮外，几乎没有任何财富的积累和储存。因此，几乎没有任何因素可以刺激和推动桑族猎人去利用或改造现有的生产工具来提高劳动生产率。不仅如此，桑人即使精心制造他们的主要工具——弓箭，他们所花的时间也并不是为了用来生产消费资料，而是用来满足他们对生产资料的需要，因为超过任何消费需要的生活资料对桑人都是没有意义的。桑人对时间的浪费漠不关心，他们可以如同泰罗在《人类原始历史》中描绘的原始氏族用整整一个月时间来制造一支箭一样，花费大量的时间去收集蛇蝎、甲虫和某些鳞茎的毒液来涂抹石质的或骨质的箭头。

利文斯敦

因此，桑人虽然在南非高原上度过了上万年时间，耗费了大量劳动，却并没有促进生产力的发展、劳动生产率的提高和社会财富的积累。氏族公社成员的再生产一直在原有条件下循环往复，氏族公社本身也照老样子存在下去。简陋的生产工具使单个人的力量过于薄弱，只能在集体劳动基础上进行较大型的狩猎生产，任何分散的个体的劳动形式都无法存在。平均分配猎物的办法仅保证最必需的生活资料。因为不存在任何个体劳动收入和私有财产,所以也不发生贫富分化现象。可见,促使原始公社瓦解的任何因素都还没有在桑人狩猎经济中产生,原始社会的生产方式在悠悠历史岁月中基本上没有发生变化。

桑人狩猎经济延续的时间特别漫长,与南非地理环境缺乏任何适于驯养的哺乳动物也有很大关系。南非羚羊种类繁多、数量极丰,却没有一种羚羊适于驯养。牛羊的野生的祖先,如绵羊的祖先——盘羊都不生存于南非。桑人也没有美洲印第安人可以从狩猎经济直接向种植经济过渡的幸运,因为后者在美洲拥有世界上可种植的农作物中最好的一种——玉米。而在南非,羚羊出没的高草原(从而也是桑人的居住区)上,大多数年雨量低于种植所需要的最低限度雨量,只适宜那些勉强塞饱肚子而营养颇差的野生块根的生长。

南非莽莽荒原使桑人与辽阔非洲其他氏族长期隔绝。南非西北面横亘着使南下移民望而却步的卡拉哈里大沙漠,浩瀚的大西洋和印度洋构成它西面和南面的绝对界限。这一切阻碍了桑人与非洲其他比较先进民族更早的接触。本来这种接触会给后进民族带来经济和文化的进步,比如更早地传来适于驯养和人工种植的动植物。这种与世隔绝使桑人在无比漫长的史前时期一切全靠极少人口的有限才智来发展,实际上任何发明创造都需要从头做起。

不管经过多么漫长的时间,到公元前后期,羊终于被引进南非,一部分猎人逐渐过渡到游牧经济。一部分继续过着狩猎生活的桑人受到逼迫,逐渐退入环境更加恶劣的山区或萃萃蝇滋生的南非东北部低湿的谷地。这些地区完全不适宜畜牧生产,当然不会促使这部分猎人去改变其生活方式。但有一部分与牧人毗邻的桑人虽然具有发展畜牧的一切条件,仍继续过着狩猎生活。[①]19世纪初,有些桑族猎人骑着马去猎取羚羊,但拥有马匹并没有使他们变成牧人。桑人无数世代形成一种游猎习惯:不让动物活着过夜,总是吃掉一切到手的牲畜,而厌恶并摈弃一切饲养活畜或养育幼畜的畜牧方式。这种习惯根深蒂固,使其很难迈出转变的步伐。因此,历史迫使桑人逐渐学会并养成饲养牲畜的习惯需要多出好几倍时间。许多史实证明,在气候适宜的环境中桑人终于逐步缓慢地向游牧经济过渡了。

---

① 埃尔菲克对此作了新的解释,他认为这与牧人的"军事力量较弱"有关系。

桑人过于长久地把生产行为仅限于攫取自然界的现成果实，南非高原的野生动植物给人口稀少的桑人提供了长期勉强维持狩猎经济的可能性，造成他们对自然界太深的依赖。纳塞涅尔·福斯特说："对于一个民族来说，最大的不幸莫过于他们所居住的地方天然就能出产大部分生活资料和食物，而气候又使人几乎不必为穿和住担忧……"正是由于长期维持这种状况，桑人付出了巨大的历史代价：一是他们长时期保持极端落后状况，社会发展十分缓慢。狩猎经济几乎无休止地延续。二是依赖现成的食物使桑人极其稀疏地散居在辽阔地带，造成社会组织极端松散，每个氏族公社不过数十人，少的只有25人；毗邻公社之间也极少往来，往往听不懂彼此的语言。三是桑人没有发展成较大的血缘集团，也没有产生出酋长，只有所谓的"守护人"，权力极小，没有排难解纷、执行仲裁的权力。桑人几乎处于没有组织没有领导的状态。四是桑人人口增长极慢，甚至减少，退入环境恶劣的山区后，实际是依靠人口分布更加稀疏来勉强维持狩猎经济。妇女生育过密，但婴儿产下便处理掉。人口密度小到平均几百平方公里才有一人。埃伦伯格估计桑人总数在任何时候也未超过四五万人。这种情况使桑人后来在抗击殖民者的战争中处于极其不利的地位，当拥有火器装备的荷兰殖民者闯入桑人居住的地区以后，全族灭亡的威胁时刻笼罩着人口日见凋零的桑人。

科伊人的单纯游牧经济　关于历史上科伊人的起源问题，在南非史上众说纷纭，迄今未取得一致意见。过去有些学者认为科伊人是从东非带着牧畜迁到南非来的，但近年来的考古发掘和血清学研究越来越否定这种说法。这个问题涉及科伊人与桑人的关系、南非的畜牧经济始于何时等重大问题。

现在可以大致肯定，南非境内存在畜牧经济已是公元以后的事。考古发掘在西开普沿岸的石器时代晚期遗址中发现了公元一千纪早期的羊骨。一部分与桑人一样讲科伊桑语的黄肤色猎人，大概在不同地区通过与当时还未拥有牛的班图人的接触而获得大尾绵羊。这些猎人可

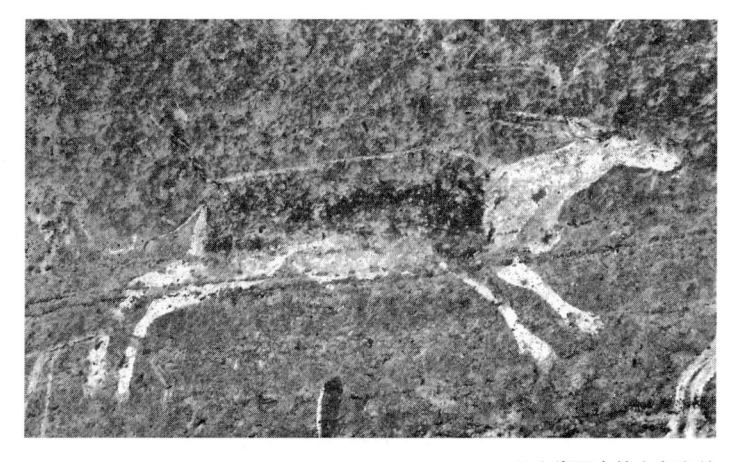

桑人岩画中的大角斑羊

能因追踪羚羊群深入南非极北地区,而与跟随羚羊踪迹南下寻找天然牧场的班图人相遇。牛引入南非的时间可能比羊晚了近1 000年,大约在公元一千纪末或二千纪初。游猎于博茨瓦纳北部的猎人从赞比亚—安哥拉交界地区的班图人那里获得牛。从葡萄牙人航海报道中可以断定,最晚在1497年,骑牛的黄肤色牧人已出现在莫塞尔湾。

　　在南非早期发展史上,牛羊家畜的引进具有重大意义。南非大部分地区是地势高亢、半干旱和荒芜的草原,在不具备灌溉的条件下不适宜于种植业,却较适于畜牧业,特别是饲养耐粗饲的大尾绵羊。在小卡鲁地区,由于气候适宜,又无萃萃蝇的危害,羊群在草原上只要加以看管,防止猛兽袭击,就可以大量繁殖起来。经过漫长的艰辛岁月,尽管有的猎人又完全退回到狩猎生活,但越来越多的猎人慢慢学会饲养和繁殖牲畜的技能(包括阉割、穿鼻、骑乘等),学会利用动物的乳汁,将其当作主食,他们终于过渡到以饲养牲畜为主以狩猎为辅的生活。奶类使黄肤色牧人拥有质量更好的食品。牲畜不断繁殖,食物供应更有保证,牧人孩子的身高显著增加。① 南非黄肤色牧人终于在公元一千纪结束以前完成了非洲多数民族已先后完成的向"生产食物阶段"的过渡,从而结束了仅靠攫取现成天然物的狩猎经济生活,过渡到以自身的生产劳动来增加牲畜的畜牧经济生活。

　　牲畜的繁殖、大规模畜群的形成,促使牧人去寻找新的水源和牧地,他们的生活方式完全服从游牧的需要。在较早时期,部分黄肤色牧人赶着畜群进入德兰士瓦高地和丛林地带的肥沃牧地。而在奥兰治河中游地带长期游牧的牧人,则赶着畜群向两个方向迁徙。一支沿着奥兰治河往西游牧迁徙,进抵大西洋沿岸,由此再向南北扩张,形成后来的纳马人部落。另一支朝东南方向沿着山谷迁徙,越过斯尼乌山隘口,进入松达赫斯河和大鱼河的河谷,并由此折转,与东南海岸平行往西迁徙,形成后来荷兰人在开普地区首先遇到的一系列部落:科乔夸、查因诺夸、黑塞夸、阿塔夸、达马斯夸等部落。有些牧人和猎人一直毗邻而居,经常为争夺水源、牧(猎)场发生冲突。但大部分牧人由于游牧生活和长途迁徙,与猎人的活动地带相距日远,两者之间的语言差别也越

---

① 黄肤色桑族猎人身材矮小,平均身高145公分;黄肤色牧人身材比猎人高。另一个因素是牧人从经验中知道"自然选择"的严酷威力:没有近亲血缘关系的婚姻会创造出更强健的人种。牧人亲属制度的一个显著特点是:兄弟和姐妹之间严守礼节,避免接触。甚至防止他们单独在一起或直接交谈。牧人的生活方式保证此项规定有可能执行。在南非除黄肤色牧人外,此种规定绝无仅有。

来越大。牧人中间形成一种各部落相互大致听得懂的科伊语。这样，经过漫长的岁月，牧人不仅在生活方式而且在语言上也同猎人逐渐分开，他们自称"科萨科伊"——"人中人"的意思。后来荷兰人因其倒吸气的奇特发音而称他们为"霍屯督"（口吃者）。科伊牧人把猎人称为"萨恩"，荷兰人则称之为"布须曼"（丛林人）。

科伊人的畜牧经济显著改善了食物供应。使较多的人口可以聚居在一起。由于人口繁殖，氏族公社的扩大乃至分裂，形成了部落组织，建立了酋长制。它的规模一般比猎人氏族公社大20—50倍。父系氏族包括若干个家长制家庭公社。家畜是科伊人主要的财富，归大家庭所有。由于牧人从猎人中分离出来，南非黄种人的土地上终于出现了两个不同的互不依赖的生产领域。牧人和猎人的产品的不同引起他们之间产品的交换。这种交换是小量的，带有偶然的性质。因为双方的自然产品差异不大——大多是动物产品（毛皮、肉类），这自然影响交换的经常进行和进一步扩大，然而这一种交换总算在非洲最为闭塞的自然经济中打开了小小缺口。

这是最早描绘西开普省原住民科伊族真实生活的素描。顶部的图画显示了一个科伊家庭正带着他们的家畜迁移。图中男人手上拿的拐杖和胳膊上戴着的象牙圆环是用来抵挡敌人攻击的。底部的素描展现了一个科伊人正在牧牛。图片中描绘了科伊人拥有的所有家畜种类：牛、绵羊、山羊和狗

西方一些研究南非史的史学家往往认为科伊人对殖民者"未作什么抵抗就退出历史舞台"，并以此来解释科伊人部落组织的迅速瓦解。他们之所以形成这种看法，一方面固然是因为这些史学家在处理史料时混淆了桑人与科伊人，把原是科伊人对殖民者的抵抗都看作是桑人的抵抗，舒拉·马克思在《十七世纪和十八世纪科萨桑人对荷兰的反抗》一文中对这种混淆作了有益的澄清。但更重要的是因为这些史学家忽视了科伊人社会经济结构的特点。

科伊人从狩猎经济过渡到畜牧经济标志着生产力的进步，但此后生产力发展仍然缓慢。科伊牧人的生产工具与桑族猎人一样仍以石器工具为主。迄今为止的考古发掘证明，科伊人在与南非境内的班图人密切接触而受其影响之前，没有进入使用金属工具的时代。大部分科伊人居住的南非西部地区，小

卡鲁地带,稀少雨量和酸性的土壤严重妨碍了植物的种植。由于气候干燥,蒸发过大,雨量少于500毫米的地方就不适于种植。科伊人一直维持单纯游牧经济,没有从事任何种植业。他们缺乏人工种植提供的淀粉食物,仍以野生块根为主要植物食物。开普山地和卡鲁地带的周期性旱灾经常使畜群遭受严重损失,甚至迫使遭灾严重的科伊人暂时退回到狩猎生活。干旱和土壤贫瘠造成牧场载畜量很低,土地经营粗放,不得不实行长期轮牧。为了避灾度灾,牧人需要同时拥有几个冬季和夏季牧场。这就使得每一个牧人家庭公社需要占有非常广大的牧地面积才能维持生存,从而使科伊人的人口分布一直十分稀疏。据科尔布估计,1652年奥兰治河以南的科伊人总数约为20万人;锡尔估计只有4.5万—5万人(锡尔的估计可能偏低)。科伊人后来的历史发展说明,人口太少给这个民族的命运增添了太多悲惨的色彩。

频繁的旱灾往往使同一部落的各个氏族公社各自迁徙寻找水源,重建适宜的牧场。由此,相距过远的氏族公社常自成一部落,或与其他部落的氏族公社结合。原来的部落联系名存实亡。争夺水源,损坏牧场,劫掠畜群和抢夺妇女(对于人口稀少的民族,妇女意味着人口——劳动力),经常引起科伊人的部落战争。自然灾害使战争更加频繁。战争进行得很残酷。科伊牧人虽然尚未拥有"蛮族的铁剑",但他们使用的毒箭往往造成战争中人口大量死亡。① 出于种族自保的意识,为了尽可能避免这种造成人口大量减少的部落战争,在迁徙中各部落有意在相邻的部落之间隔开广阔的"边境地带"。② 这一切使科伊人氏族之间和部落之间联系的纽带十分松散;部落酋长的权力很小。酋长甚至无权干预他所在的氏族成员的争端,而必须由该氏族头人来解决。氏族成员并不认为自己必须服从部落酋长,后者也不擅称要统治他们。可见,在南

科伊妇女

---

① 各个部落使用各自配制的毒药涂抹的箭矢,并各有不同的解药,因而有中箭即死的传闻。
② 据19世纪人类学家报道:科伊人和桑人最怕他们自己成员之间发生打架事件,因为只要一方在盛怒之下动用毒箭就意味着至少损失两个劳动力。一旦发生打架,全村寨的人就像救火似的跑到现场劝架。

非的自然条件下,科伊人的单纯游牧经济所形成的部落之间和氏族之间联系的极端薄弱,加上僻居荒漠高原所形成的孤立性,是科伊部落组织软弱无力和涣散的根源。

正是科伊族人的这些弱点使他们的部落组织在殖民时期被荷兰殖民者轻易地打散。科伊人很少能以部落为单位对殖民者进行有组织的抵抗,而大多只能进行分散、零星却顽强的抗击。许多史学家因此都把他们误认为是桑人。

公元二千纪上半期,开始朝着奥兰治河方向南下的班图人(其中有苏陀—茨瓦纳人),在一定程度上冲破了南非西部地区科伊人与世隔绝的闭塞状态。班图人带来了炼铁和锻铁技术。西部科伊人主要是与奥兰治河以北的苏陀人接触。他们通过交换从苏陀人那里获得铁器和山羊。最晚到18世纪初,[1] 科伊人已经学会锻铁、炼铁和冶铜术(用炼铁方法冶铜)。大概到这时候,金属工具才在科伊人手中完全代替了石器工具。金属的普遍使用,与班图人贸易的开展,使科伊人社会生产力得到较大发展。有些家长制家庭公社的牲畜财富积累大量增加,贫富分化逐渐出现。在猎物稀少地区,桑人为取得持久的食物供应,往往依附于科伊人公社,充当科伊富人的猎手、牧工和扈从,并学会科伊语,逐渐被吸收到牧人的经济和文化结构中去。在17—18世纪,正当科伊人社会的不平等现象逐渐加强,家庭公社贫富进一步分化,而巩固的部落联盟尚未建立起来的时候,荷兰殖民者闯了进来,侵占科伊人的土地,从此完全中断了科伊人独立发展的进程。

三、班图人的牧农混合经济的两种类型

班图人也是南非境内最早的居民 在很长一段时期,有一些南非历史学家为了淡化荷兰和英国殖民者侵入南非的这段历史,颇费心机地力图"证明"非洲人中的班图人也是"侵略者"。有人公然宣称班图人和欧洲人一样是征服者,是南非的外来者。今天,在时代潮流的冲击下,这种明目张胆的言论渐不多见,但谬论流传,仍时隐时现。有人竟编造荒唐可笑的名词"外来土著"[2] 用以称呼班图人。班图人早在公元2—3世纪就已出现在林波波河沿

---

[1] 科伊人学会锻铁的时间肯定要比18世纪初(科尔布认为的时间)早得多。
[2] 《牛津南非史》第1卷"序言"认为,在所有的词中最惊人的莫过于南非官方文件中使用的"外来土著"(foreign native)一词。

岸,比欧洲人的出现早1 000多年。更为重要的是,两者性质完全不同。荷兰和英国移民是资本主义时代欧洲的殖民扩张。在非洲大陆早期史中,几乎所有非洲民族都处于不断迁徙的过程中,迁徙路线的趋向是自北而南。迁徙往往是民族融合的前奏。班图人南下渡过林波波河与讲科伊桑语的民族(科伊人和桑人)混合,是非洲民族融合中最典型的事例之一。拥有铁器工具的班图农人在德兰士瓦高地同没有铁剑的科伊游牧民族开始了长期的民族融合过程。这两个民族的关系史中最具有特色的是,两个民族的相遇没有重演非洲历史上一再重复的游牧民族征服农业氏族,破坏社会生产的故事,而是导致铁器时代农业经济与石器时代畜牧经济的交融和糅合。两个民族融合的结果是,在南非北部和东部广大地区,形成了南非社会前所未有的牧农混合经济结构,促使南非人口第一次巨大增长。这些变化对南非后来的历史发展具有深远意义。

班图人从东非南下的驱动力 班图人在东非居住过的许多地区都是萃萃蝇流行区。萃萃蝇传染的疾病严重危害牲畜,限制牧业发展。班图人在东非主要从事农业,以低产的非洲蜀黍为主食,只有少量牲畜由家庭小规模圈养。班图人的农田种植采取落后的刀耕火种的方法,在大片火烧垦荒的土地上广种薄收。由于世世代代焚烧大片森林,无数植被被毁坏,引起水土流失,破坏了生态平衡,造成土壤肥力下降,地力耗尽,使得人口密度远远超过了土地承受能力。为防止水土流失,班图人创造了修梯田的方法,但也无法从根本上弥补生态平衡所遭受的破坏。班图人不得不持续地向南方迁徙,而在他们身后留下了一堆堆梯田的废墟。

南下的班图人在赞比西河和林波波河间的草原上创造了铁器时代农业和矿业的高度文明,后续的班图人越过他们的先辈继续南下。大约在公元一千纪上半期,头几批班图人渡过林波波河进入南非境内。从考古发掘中,可以肯定班图人横渡宽阔的林波波河时并没有赶着大批畜群。紧靠林波波河南岸的两个著名遗址:马庞古普韦(Mapungubwe)和班班德亚洛,经考古发掘证明,当时班图人自己并不拥有多少牲畜。

班图人从科伊桑人处学到什么 从公元5世纪班图农人居住的哈特比斯普特(今比勒陀利亚附近)的铁器时代早期遗址中,考古发掘很少发现牛羊遗骸,其他早期遗址也存在类似情况。17世纪班图人已扩展到德班附近,但直到公元二千纪初,班图人的牲口仍然很少,养牛和取奶的知识仍很贫乏。从遗址分布来看,班图人口较稀少。这种状况是在他们与科伊牧人广泛接触融合以后才完全改变过来。班图人勤劳剽悍,善于耕作,与科伊妇女广泛通婚。最初在德兰士瓦高地,以后在东南近海地区,科伊牧人同班图农人互相融合。铁器时代的班图人社会发展程度比石器时代末期的科伊人高,因而前者吸纳融合了后者。这些地区的石器工具逐渐消失。德兰士瓦象池遗址的铁器时代遗物还包含大量石制器物,有力地证明这两种文化的融合。科伊牧人善于饲养牲口和放牧,尤其是牧牛,对班图人畜牧经济的建立和发展作出了重大贡献。在今日东南班图语中,凡是牛、羊、奶和奶制品等畜牧方面的词汇几乎全部来自科伊桑语。这是一个长期令人疑惑不解的问题。我们可以从大量考古所证明的科伊人与班图农人从生产到生活方面的交融关系中得到启发。恩戈尼语(包括祖鲁语、科萨语)中有大量科伊桑语所特有的"倒吸气音",这是班图族与科伊族之间存在十分密切关系的有力佐证。①

班图人农牧混合经济的出现 可能由于南非境内少有萃萃蝇肆虐的地区,公元二千纪上半期,班图社会中出现畜牧业愈益加强的趋势。畜牧业由原来辅助农业的、小规模的家庭圈养,发展成为与农业结合的大规模的草原牧放业。其农业经济逐渐转变成以牧为主的牧农混合经济。这一变化对南非早期社会生产产生了重大影响:一是以拥有牲畜财产为特点的一夫多妻(或一夫一妻)制的家庭公社在班图社会中逐渐取得了优势地位。二是人口大量增加,德兰士瓦中部的一些遗址证明,当地人口从石器时代最高峰时的仅有几百人上千人增加到几万人。三是扩大了班图人居住的地带。在此之前,从事单一农业的班图人选择居住地区时,首先要考虑满足农作物对充沛且稳定的雨量的要求,因而长期以来无法向南非辽阔的但雨量不稳的高草原地带扩展。德兰士瓦西南部、奥兰治和纳塔尔的大部分地区都是面积广袤的高草原和中草原地带,

建造一个家庭公社

---

① 带有"倒吸气音"的语词在科萨语中占 1/6,在祖鲁语中占 1/5。

气候温暖,雨量较多,形成大片丰茂的夏季牧场和全年牧场,十分适于发展牧业。但这片地区的西部,由于雨量不稳,变化很大,严格限制了农作物的种类,使该地区只适宜种植耐旱的非洲蜀黍。兼营农牧业的班图人减轻了顾忌,南下寻找肥沃牧场,终于在南部非洲这些地带定居下来。草原适宜的自然条件巩固了班图人的牧农混合经济。到15世纪末,班图人已扩展到今日奥兰治自由州中部、纳塔尔南部和东开普的一部分。苏陀—茨瓦纳人、北恩戈尼人大多已定居下来,只有南恩戈尼人(科萨人、太姆布人、庞多人)继续朝凯河方向源源不断地南下。

班图人的文化优势　　使用铁器工具的班图人的牧农混合经济比较充分地利用了当地的自然条件以及农牧之间相互依存、相互促进的关系。它比科伊人单纯的游牧经济更适宜生产力发展的要求,而且比较稳定。自从二千纪下半期北恩戈人从东海岸引进容易种植的高产的美洲玉米以后(可能在1635年以前就已开始种植),① 更增加了东部自然条件有利地区的农业潜力。过去曾毁灭无数班图人公社的周期性饥荒显著减少了。南部非洲班图人的人口开始了第二次大增长。据埃伦伯格估计,仅巴苏陀族人口就增加到75万人。农牧业的发展促进了家庭手工业的发展。班图人炼铁和锻铁技术已达到一定水平,铁制工具甚多。他们也炼钢,喜好用铜制作各种装饰品。手工业的分工粗具轮廓。班图人可用来交换的产品品种和数量都比科伊人多很多。牲畜在交换中仍占重要地位,其他商品都用牛羊估价,如8头母牛可换两块十字形铜块。班图人同西部地区的科伊人和桑人之间的交换活动相当活跃。桑人拿野蜂蜜、鸵鸟蛋等制成各种野味和项珠,以换取班图人的牲口、谷物和铁箭头。班图人中出现了专业商人,不从事生产只从事交换。北部地区特尔哈平的商人常趁雨季越过沙漠到达奥兰治河边,运来铜匙、象牙手镯、铁项圈、斧子、带倒钩的长矛、鞣制过的鹿皮、烟草等,同科伊人交换牲畜。

　　班图各部落之间的交换更为活跃。在北部地区,茨瓦纳人和苏陀人开采金、铜、铁矿,矿产品作为财富来源其重要性仅次于牲畜。少数地区还出现了专门制造精美的陶器和多种纺织品的手工业。畜产品、谷物、金属、盐以及各种土特产构成了南非地方内部商业网的基础。尽管在南非各民族中自然经济仍占支配地位,但各族、各部落之间交换的长足发展,促使狩猎、畜牧、农业、手工业几个不同的生产领域发生交换关系,成为互相依赖的部门,这对于促进

---

① 在1635年前玉米可能就已由葡萄牙海难者带到非洲东海岸。

南非社会分工起了有益的作用。猎人、牧人和农人对彼此产品的需要渐渐固定下来,交换经常进行,成为常规。他们各自都有意为交换而生产一部分不供自己消费的产品,产品的品种和花样大大增加,反过来又刺激了各部落群众的交换欲。

　　交换的发展对班图部落社会内部产生深刻的影响。首先,单个生产者的自由交换同历史上形成的部落酋长的垄断交换发生矛盾。按传统习惯,班图人部落之间的交换必须通过部落酋长进行。但随着部落内部经济的发展,酋长对一切交换的垄断逐渐维持不住。家长制家庭公社本是班图部落社会内部的共同生产和共同消费的单位。每一个家庭公社住在一座"克腊尔"(Kraal)里面,家族成员包括同一男性所生数代子孙及其妻子。班图人实行一夫多妻制。家族规模比较庞大,有的拥有20—40个成年男子。这种多妻分房制度极易促成家庭公社内部个体家庭的形成。家庭公社在部落分配的土地上放牧和耕种,产品归大家庭分配和享用。这种家庭劳动是牲畜、谷物等财产积累的基础。随着牲畜大量繁殖、交换的发展,家庭公社私有财富的增加,生产者力图冲破部落酋长对交换的垄断。其次,交换的发展促进班图部落内部贫富分化现象的产生,成为破坏原始经济平等和社会平等的因素。那些拥有大量牲畜的富裕家族往往通过"牲畜借贷"使本部落的穷人在经济上依附自己,并且利用一夫多妻制形成的广泛的亲属联系,日益加强本家族在部落中的支配地位,使之成为"当权家族"。班图人的部落酋长虽然形式上仍由选举产生,但"不属于当权家族的人,只有在例外的情况下才能被选为酋长"。富裕家族成为部落上层以后,其他公社成员就负有为他们放牧、耕地、盖房、修圈的义务。部落酋长拥有的畜群越多,越容易为自己招募更多扈从。由

19世纪典型的克腊尔

不同部落人员组成的扈从队往往成为酋长私人发动掠夺战争的工具。扈从制度后来在南非班图人一些部落中起了促成王权产生的作用。可见，牲畜财产的不平等已使班图部落成员之间的平等互助关系逐渐变成依附和服从的关系。

下面我们把班图人的牧农经济结构按人口的稠密稀疏分成两种类型进行分析。

北部地区（稠密型）的农牧经济结构　由于环境不同，在班图人居住的南非南北两个地区交换的发展产生了截然不同的结果。班图人的牧农混合经济中的农业和牧业的比重是由居住地区的自然条件决定的。乌姆齐姆库卢河和奥兰治河以北的北部地区，是班图人定居较早的地区。经过几百年的垦拓和人口繁殖，这些地区人口密度较大，生产、社会分工和交换的发展程度较高。牧业虽仍占重要地位，但种植业（特别是引进玉米以后）所占的比重比南部地区大得多。农牧混合经济所生产的大批牲畜和玉米提供了可供交换的食物，为北部地区的手工业和商业的发展奠定了比较稳固的基础。德兰士瓦东部的帕拉博鲁瓦地区，萃萃蝇一度流行，土壤贫瘠，但矿产十分丰富。自从有了外地的牲畜、谷物的充分供应，当地居民就以矿业为主，生产大批铜、铁金属用品，用来换牲畜、谷物等。"这里听得见槌声叮当，却听不见牛羊哞哞"。到了17—18世纪，随着德拉戈阿湾（今日莫桑比克的马普托湾）海外贸易的开展，欧洲商人大量收购象牙和贵重毛皮，直接刺激了南非内外贸易的发展。越来越多的部落卷入到商业经济活动中，扩大了商路和市场的规模。聪明的商人从内地收购象牙、毛皮、牲畜运到德拉戈阿湾，又把黄铜、镯子、布匹、珠子等欧洲商品运至内地。佩迪人酋长甚至派遣商队到沿海一带活动。班图族商人开辟了总长1 200公里商路，这些商路从北部马特维人地区往南延伸，经过佩迪人居住的索特潘斯山区和文达人的高草原区，径穿纳塔尔，直到南恩戈尼人地区，形成自北到南的内陆商路。德兰士瓦西部也有一条贯穿整个高原，直到德拉戈阿湾的自西而东通过海口的外贸商路。铜、盐、铁等货物通过这些商路进行长途交换。居住在这些商路要冲的部落酋长，利用地利条件开征商税，作为保护商路和市集的报酬。18世纪末19世纪初德拉戈阿湾市场的象牙供不应求，利市百倍，北部地区许多部落酋长趋之若鹜，力图完全垄断象牙贸易。他们手中拥有大批牲畜、谷物、毛皮和手工制品，经济力量雄厚，能够建立许多猎象和贩运象牙的社会组织（扈从队），严密控制自然资源。在北部地区，欧洲商人无法大批渗入内地直接经商。班图人和欧洲商人的经济交往主要限于沿岸海港。德拉戈阿湾不仅有葡萄牙商人，也常有英、荷、法等国海船停泊。他们的互相竞争，提高了象牙价格，并使非洲人在象牙贸易中处于更加有利的地位。在垄断贸易方面最突出的是丁吉斯瓦约酋长，他在纳塔尔甚至建立起一个有100人做工的皮革加工工场，向葡萄牙商人出口毛皮。这些有利因素使北部地区的酋长能有效维持他们对象牙、毛皮贸易的垄断地位，不断获得巨额商业利润，从而壮大他们的经济实力。

北部地区牧农混合经济生产力的发展，已经达到要求突破部落组织结构的程度。18世纪末，部落间开始了广泛联合的过程，有的通过和平途径，有的通过武力手

抱着象牙的人们

段。为适应部落发展需要而建立起来的"同龄兵团"军事制度，大大促进了班图人从部落过渡到民族的过程。这种打破部落界限、按年龄等级组织起来的作战队伍，成为把各部落联合为国家的重要手段。"同龄兵团"的给养完全依靠"五族领地"。每一个"同龄兵团"都由属于首领所有的牛群供给肉和奶，谷物供应则靠聚居在"领地"内的大批妇女从事农耕得来。首领依靠垄断贸易和征服战争来扩大畜群的来源和规模，因此战士的给养情况与首领拓疆扩土的征服战争有直接的利害关系。这种军事制度还有利于培养来自各部落的战士，建立共同的民族感情和对首领（国王）效忠的信念。单纯的游牧经济在南非自然条件下原本很难形成一个国家的经济基础，但在南非北部地区"有了可靠的农业生产，王族的游动畜群就把各部落臣民紧密地聚集在统治者的周围"。18世纪末以后，在非洲大陆创建起来的几个最突出的民族国家——恰卡的祖鲁王国、莫舒舒的巴苏陀王国和索布虎查的斯威士兰王国——都出现在南非北部地区，并不是偶然的现象。在南非北部地区，班图人无论在人口、经济或社会组织上都拥有比较强大的力量。班图人建立在牧农混合经济基础上的政治制度和国家组织强大有力，使奥兰治河以北的班图各族人民能够在200多年时间内（直到1836年）把欧洲的早期殖民势力限制在南部非洲

的边缘地带。

南部地区（稀疏型）的牧农经济结构　在南部地区，南恩戈尼人所处的历史环境和自然环境与北部地区相比有很大不同。当北恩戈尼人定居下来，南恩戈尼人（科萨人、庞多人、太姆布人）还在从纳塔尔继续南下。这股班图人在公元二千纪中期继续南迁，对南非历史产生了很大影响。这不仅是由于他们在南迁过程中与东开普的科伊人、桑人逐渐互相融合；更重要的是他们比荷兰殖民者早一个多世纪迁入南非最肥沃的东南部地区（大鱼河流域）。南非白人种族主义者歪曲历史，胡编什么最先据有南非（至少是南非大部分）的，是白人而不是班图人（他们根本无视最早的居民桑人和科伊人的存在），根据"占有的先后"，南非是白种人的国家，喧宾夺主的是黑人而不是白人；并提出大鱼河以西没有班图人居住的"论点"。① 现在历史学家一般都不接受这种"论点"，因为不仅考古发现证明西开普一些地区早在殖民时期以前1 000年就有相当数量的非洲人口，而且欧洲人的文字材料也证明大鱼河以东地区早已有班图人居住。②

在南恩戈尼人的牧农混合经济中，种植业所占比重较小，牧场载畜量也少，可以供应的食物比北部地区少得多，所以人口迅速增长成为推动他们不断南下寻找肥沃新牧场的动力。科萨人走在南迁浪潮的最前头，最晚到16世纪他们已经进抵凯河流域地区。这一事实已为16世纪在东海岸遇到海难后得救的葡萄牙水手所提供的证据所证实。1552年、1554年和1593年，葡萄牙海难者在庞多兰、乌姆塔塔河和姆巴谢河地区遇到的黑人都是班图族恩戈尼人。这与班图人的口头传说也是基本一致的。从纳塔尔南部到凯河一带的雨量较为丰富（年降雨量750—1 000毫米），溪流密布，终年长流，全年大部分时间牧草丰茂，纬度较高（南纬31°—34°）却无霜冻，既适于畜牧也颇宜农耕。唯有瘠薄的红壤是较为不利的条件，限制了种植业的迅速发展，使牧业继续维持较大的比重。居住在靠近流水河谷和山坡地带的科萨人人畜兴旺，迅速繁殖起来。据估计，在姆巴谢河以西地区，科萨人人口迅速增长到10万人之众，拥有

---

① 约翰·根室还列举了南非政府高级官员关于白人殖民者没有占领班图人土地的强词夺理的说法。
② 主要是依据15—16世纪葡萄牙人航海纪录。例如葡萄牙人记载，1497年，达·伽马船队沿着开普东海岸航行时，经常看到陆地上一片火光，因而把东开普称为"火地"。这肯定是当地居民在"刀耕火种"，焚烧树木，开辟耕地。而在南非境内所有早期居民只有班图人从事种植业。可见15世纪末，东开普沿岸就有班图人居住。

36万头牛。渡过凯河以后，展现在人畜两旺的科萨人面前的是雨量和植被更加丰饶的南非东南地区。17—18世纪，科萨人继续朝西南方向迁移。越往南方，雨量的季节分配越均匀，冬雨增多形成良好的冬季牧场。至晚到1622年，科萨人已出现在水牛河一带，与居住在开普地区最东边的科伊人相遇。17世纪末，科萨人进抵大鱼河，18世纪科萨人已居住在布须曼河和松达赫斯河之间的楚尔费尔德地区。科萨人居住地最远已进抵加姆图斯河上游的卡里埃加河。科萨人可能还没有越过布伦奇斯胡赫特山和加姆图斯河（东经23.5°）。这个地带成为他们牧牛业的生态边缘，因为由此往西地区的严重酸性土壤不适宜于科萨人的几乎全部由长角牛组成的畜群。与此同时，庞多人、太姆布人也向南向西迁徙。18世纪，南恩戈尼人已分布在南纬30°—40°的广阔地带。这一支班图人仍然以频繁迁徙、扩大牧地来解决人口增长引起的食物紧张。这种传统方法给南恩戈尼人造成的深远后果是：牧业比重进一步加大，人口密度缩小，社会分工发展程度较低，部落之间经济联系的发展仍然缓慢。因此，科萨人对即将面对的南非白人，不占优势。

17—18世纪，科萨人的持续迁徙除经济原因外还有政治原因。科萨人的酋长继承制度使他们的政治结构极易分裂。继承法规定：世袭酋长职位由正妻的嫡子继承，然而酋长一般先娶"右"侧室（第一个妾），所以庶子往往比嫡子年长，而且经常担任"摄政"职务。右侧室庶子常利用这种有利地位，培植羽翼，建立扈从队伍，而后伺机率众分裂，到新区另建部落。如上所述，人口大量增长是部落重新分群的经济原因，但这种继承制度无疑对科萨人当权的沙维家族的分裂起了推动作用。17—18世纪，沙维家族几乎每一代都发生分裂，产生若干新部落。争夺酋长位置的阋墙之争多半兵刃相见。失败者或失意者率众渡河而去，他们往往投入科伊牧人部落寻求避难或以牲畜换取土地，并与科伊人广泛联姻。分布在水牛河的戈纳人混血集团就是两个民族融合的产物。

科萨人世代不断分裂严重削弱了部落联盟最高酋长的权力。到18世纪，首邑设在凯河北岸的"最高酋长"对远居大鱼河的部落鞭长莫及，徒具虚名。最高权力被严重削弱，仲裁权威每况愈下，使科萨人抢夺牧场的争端日益复杂尖锐。对于仍在迁徙的科萨人来说，大鱼河彼岸的土地是以原始的无穷无尽的形式出现的，他们靠畜群生存，把牧地看成部落的集体财产，但又从未把这种财产固定下来。因为对于部落来说，被占有和再生产的，事实上只是畜群而不是土地。在第一块轮牧的牧场上，土地都是被暂时共同使用的，这就产生了矛盾（后来荷兰殖民者完全无视部落使用土地的特点，肆意加以侵占）。当游牧生活方式所发展出来的公社—部落—部落联盟上下级服从关系因不断分裂而被打乱时，这种土地的所有权和使用权的矛盾就变得异常复杂了。此外，科萨人的新区——东南地带的土壤类型和雨量变化很大。毗邻地区往往在一个牧场遭受干旱折磨，草枯泉竭时，另一个牧场可能就在河的对岸，却风调雨顺，牧草丰盛。因此，对邻区牧场的觊觎也平添了土地争端。当一个新来的科萨人部落要把新区土地当成本部落财产，遇到的唯一障碍是宣称已把该土地加以占据的另一个部落。在仲裁权威消失的情况下，部落战争便是科萨人用来保护财产和攫得财产的常用方式。因此，18世纪进入大鱼河流域的荷兰人和接踵而至的英国人见到的科萨人部落，是诸多稀疏散布在广阔地区的小而分散、互相敌视、时而陷入频繁战争的部落，而不是他们在北部地区所见的如同祖鲁人那样强大而巩固的部落联盟和国家。

南部地区的贸易情况更使科萨人处于不利地位。17世纪中叶，南部地区已存在一条把科萨人同奥兰治河中下游沿岸的科伊人及北部矿区的茨瓦纳人联系起来的商路。这条商路后来继续往西南延伸，同开普城连接起来，使贸易范围更加扩大。科萨酋长与北部地区酋长一样，力图垄断各项贸易尤其是牲畜贸易，以增强自己的势力，但他们却无法垄断贸易。在北部地区欧洲商人的活动主要限于海港地区，酋长垄断的主要货物是象牙；而在南部地区，欧洲商人从1702年以后已深入到内陆大鱼河一带。科萨人的土地与欧洲人的活动地带是相连的，"边界"长达100多英里，而科萨人居住地又特别分散，无法把关设卡，每个家庭公社又都拥有贸易的主要货物——牲畜，因此酋长们不仅无法垄断贸易，连商税都难以征收。所以南部地区的大规模牲畜贸易并没有增强科萨酋长的经济力量，也没起到加强权力集中的作用，而是相反，对科萨人的社会起了分解作用。这样的牲畜贸易对家庭公社的贫富分化产生了很大推动作用。马雷在《迈尼厄和第一个布尔共和国》一书中提到的一种值得注意的现象，即荷兰人采取的贸易方式剥夺了某些科萨人的牲口，在东部边区出现了科萨人"流浪者阶级"。另一方面，由于牲畜市场需求的猛烈冲击，促进了个体家庭对牲畜的直接占有。有些科萨人径自渡过大鱼河前来开普地区进行交换。这一切终于使科萨人家庭和个人与欧洲商人的直接贸易迅速取代了传统的氏族首长、酋长对交换的垄断。同时，这种不受部落或公社控制的私人财产（牲畜）的积累和贸易，促使越来越多的家庭公社或个体小家庭渡河自行寻找牧场。有些科萨人散居在欧洲人活动的地带，破坏了部落氏族公社的联系纽带，对部落的结构起了很大的瓦解作用。但是，科萨人部落内部正在萌发的社会矛盾在相当长的时期内被科萨人与白人殖民者的民族矛盾所掩盖。

科萨人在大鱼河遇到了与部落间互市大不相同的贸易对手——白人商人。他们对牲畜的需求毫无限制，远远超过科萨人可能和愿意提供的牲畜数目。科萨人的牧业生产力有限，用于交换的牛羊头数不能超过畜群自然增殖的数目，否则将会缩小畜群规模，并影响自己来年的消费。科萨人的畜牧业是自给性生产，绝大部分畜产品直接用来满足自己的需要，剩余的牲畜用来交换也仅是为了满足直接的生活需求。他们远不具备大规模生产商品牲畜所必备的历史条件。因此，科萨人用牲畜换来的黄铜饰物、铁器、玻璃珠子等物品，在不长的时间内就达到饱和状态，以致供过于求。结果造成牛价上涨，降低了白人商人的利润。1752年进入科萨人地区的荷兰人发现牛价上涨太多，使他们无法购买。同时，科萨人也不愿意把他们主要的社会财富——牲畜大量地拿去交换已经充斥市场的日用品。科萨人不知道从18世纪初开始，他们在毫不知觉的状态下已经逐渐被拖进了世界贸易市场，他们在大鱼河谷地饲养的牲畜早已被用来供应大西洋——印度洋航海线上的水手和旅客，早已成为开普半岛上的两洋航线"海上饭店"的桌上佳肴。白人商人贪得无厌的背后是一个由资本主义生产方式统治的世界市场。这个市场使得科萨人牧畜产品的外销成为白人的"首要利益"。为了这个"首要利益"，荷兰人已经使全世界许多殖民地变得一片荒芜，人烟稀少，多少民族正在从地球上消失。用武力夺取那通过贸易得不到的大批牲畜，仅仅是荷兰殖民者"温和的商业"的另一种形式，而用殖民暴力大规模地侵占饲养牲畜的土地，才是荷兰殖民者正在给南非原住民带来的真正灾祸。第一批荷兰殖民者跟在商人后面，在加姆图斯河和大鱼河之间地带定居下来是一个噩耗，预示着将有一伙掠夺成性的殖民奴隶主贪婪地窥视科萨人在大鱼河沿岸牧草丰茂的土地。就是在大鱼河两岸广大的地区，在此后100年中，面对拥有火器装备的殖民者，科萨人的社会经济结构、部落组织和氏族力量受到了严峻的考验。

四、19世纪前南非社会的经济结构对南非历史的影响

对南非历史发展影响的四个方面 南非早期社会的经济结构对南非历史发展的影响，主要表现在四个方面。

一是南非最古老的桑人民族过长地停滞在狩猎经济阶段，使林波波河以南264万平方公里的南部非洲地区，成为非洲大陆最晚完成向主动生产阶段过渡的地区。长期依赖数量无法控制的、毫无保障的天然的食物，极大地限制了南非早期人口的增长。在19世纪以前，南非次大陆一直是非洲人口分布最稀疏的地区之一。狩猎经济仅能满足最低限度的生活资料，几乎无法积累任何社会财富，不能进行扩大再生产。而南非的这种原始状态延续时间特别漫长，从始至终桑族猎人的原始社会甚至没有出现任何自行瓦解的迹象。

二是南非部分居民主要是科伊人从狩猎经济向畜牧经济过渡，并没有导致定居生活。牧人与猎人一样继续在南非广阔的土地上漂泊。科伊人没有种植任何作物，使他们处于十分不利的地位——既无法离开草原，也无法长期停留在草原上任何一个定居点，只能长年累月地迁徙，过着毫无产品富余的游牧生活。他们保证食物供应的传统方法是不断地迁徙，占有广大土地。长期的迁徙使科伊人的生产力无法提高，人口增长也与桑人一样缓慢。人口密度很小，经济联系发展缓慢，既未产生真正的社会分工，也不可能发展真正的贸易，这些都使科伊人在过渡到单纯游牧经济以后的数百年，直到与班图人接触以前，原始社会的生产方式都没有产生任何重大变化。南非讲科伊桑语的民族居住的广

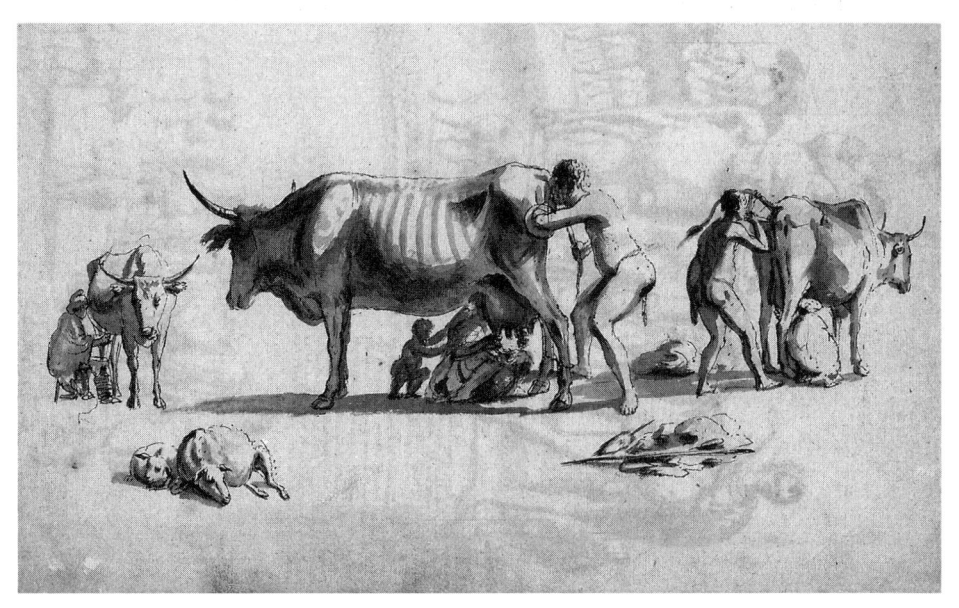

科伊男人和女人正在给体型庞大的非洲奶牛挤奶。牛奶是科伊人的主要食物之一，非洲牧民开发出了特殊的技术，能让一头不驯服的奶牛产奶。科伊人极不情愿屠宰他们的奶牛，因为这些牛既能繁育又能为他们带来牛奶

大地区始终没有出现过国家组织。

三是从公元5世纪最初一批班图人渡过林波波河进入今日南非境内时起,居住在德兰士瓦北部、基本从事单一农业的班图人社会的发展速度也很缓慢,人口也较稀少。只是到了公元二千纪中期(可能不会早于15世纪)班图人在德兰士瓦南部、奥兰治和纳塔尔的北部,与从事牧业的科伊人互相融合,班图人的畜牧业得到较大发展,由单一农业经济过渡到牧农混合经济。此后南非的历史步伐才逐渐加快。农牧业的发展带动了矿业、商业(包括对外贸易)的迅速发展,人口大量增加。牧畜财富的增加使其家长制家庭公社占据优势地位。17世纪美洲玉米被引进,18世纪开始在北部地区普遍种植,推动了牧农经济中种植业的进一步发展,加大了种植业的比重,巩固了部落的定居生活,使班图人口获得第二次增长。班图人口密度增大,牧农经济结构中的多种经营,促进社会分工和交换的发展,终于使班图人的原始社会加速解体。此外,殖民入侵的威胁形成外部刺激,也促进了19世纪初北部地区班图国家组织的出现。从此,南非的历史进入巨大变革的时期。不言而喻,牧农混合经济结构对于提高南非社会生产力,加速社会发展速度,促进人口增长,加强班图黑人社会组织力量等方面都起了很大作用。

四是南非原始社会中的3种不同经济结构对南非3个民族的发展产生显著不同的作用。3个民族在生产力水平、人口数量、社会组织发展程度、民族力量等方面都体显出巨大不平衡。桑人和科伊人民族力量薄弱、人口稀少、组织程度很低,使荷兰殖民者在南非南部地区的殖民扩张活动没有遇到强大对手,比较顺利地扩张了殖民地盘。可以肯定地说,在扩张到大鱼河之前,殖民者基本上没有遇到大规模的、有组织的顽强抵抗。南非南部地区处于大西洋—印度洋新航线的要冲,对于东来的欧洲殖民侵略势力,它首当其冲,而科伊人和桑人的抵抗力量又较弱,因此,它在非洲最早沦为欧洲人的殖民地绝非偶然。在北部地区,不仅葡萄牙人,还有后来的英国人都遇到了班图人强大的、有组织的,甚至是国家力量的抵抗,殖民活动屡次受挫。南非北部地区在1836年以前一直维持着独立。为什么南非早期社会不同的经济结构对南非历史和各民族的发展会产生这样重大的影响?自然环境(地理环境)是人类历史运动中的一个重要因素。生产力越不发达,自然环境对社会发展所产生的影响也越大。地理环境对南非的影响特别巨大。生产力内部结构中具体的经济技术结构(狩猎经济结构、游牧经济结构、牧农混合经济结构等)主要反映生产过程中人与自然之间的关系。因此,当人们在生产过程中所形成的经济结构越能适应自然环境,达到趋利避害的效果,并充分利用自然,减轻自然灾害的危害程度,它就越能促进生产力的提高和社会组织的发展。而各民族在生产过程中形成或变更某种经济结构,则是人们在与自然斗争中,对自己与自然之间关系的一种调整,同时也是人们用不同的方式反转来影响自然环境的一种人类特有的自觉行动和历史创新精神。因此,研究和探索各民族的这些具体经济结构不但有助于阐明人与自然、人与人之间的关系及其变化,而且有助于深入了解各个民族自身的历史特点、民族力量的源泉和不同历史命运的深远原因。这就是本章首先从南非土著民族早期社会的经济结构中追根溯源的目的。

第三章
开普殖民地早期的政治和文化生活

一、开普殖民地早期的行政系统

"政策会议"代行政府职能 开普殖民地的建立和初期发展与荷兰东印度公司在东南亚、南亚的发展密不可分。荷兰人几乎使用同一套官僚系统来统治众多亚非殖民地。如上所述,开普殖民地早期的扩张与来往于东亚和东南亚的船舶数量有密切关系,甚至开普殖民地本身的经济和政治特点也深刻地打上了荷属东印度殖民地的烙印。东印度公司只关心利润,初期只把开普

苏拉特的荷兰东印度公司工厂

殖民地当作保证公司在亚洲商业利润的一个来往船只"歇脚补给站"。这样一个充满了新教教徒宗教狂热的东印度公司,为了省钱很长时期不给开普站派一名牧师,理由是"花费太多"。

但是,南非社会的3种矛盾迅速激化了,使东印度公司再也保持不住"田园式"的赚钱生活。一是自由公民与公司的矛盾。自由公民经营的农业产值第二年便超过了公司自营的农业产值,既增加了收入,又增长了经营自信。1659年,14名自由公民的代表向公司的司令官提出废除公司专卖制度、制定合理收购价格的要求,并以若不接受此项要求,就要全盘停业相威胁。二是公司和自由公民同当地土著科伊人等的矛盾。公司既需要与土著人"和睦相处",又不断和自由公民一道夺取他们的土地,并压价收购甚至强迫收购他们的畜产品。三是奴隶主与奴隶的矛盾。奴隶数目短时间内便超过自由公民的数目。奴隶能否驯顺地服从主人的意志,成了悬在自由公民和公司头上的达摩克利斯剑。这三方面矛盾的存在和部分矛盾的急遽激化加速着殖民国家机器的出现。

公司的这个好望角"补给站"很快就演变为一个具有基层政权性质的机构,经常需要变通处理带有政策性的事项,例如在战争或和平时期如何对待荷兰以外的如英国、法国的过境商船和军舰;如何处理与当地土著科伊人的经济和政治关系;如何限制自由公民侵犯公司利益的行动。首任司令官(1672年改称总督)范·里贝克上任伊始就感到当务之急是要建立某种形式的政府。公司迅速对这个简单的政权形式作了规定:名称叫"政策会议"(The Council of Policy)。实际上,政策会议就是开普殖民地的政府,由总督(司令官)主持,主要任务是保护公司的一切利益。它既是行政机关,又是制定法令的立法机关,也是审理所有民事和刑事案件的司法机构,身兼三任。会议成员由公司高级官员和军事长官组成,在开普港停泊的船长亦可参加政策会议的扩大会议。政策会议所制定的政策,实施对象主要是公司雇员、自由公民和奴隶,后来也逐渐施法于当地非洲人(主要是科伊人和混血种人)。这是一个颇具特色的亦官亦商的机构:既向居民征税,也替居民出售的产品作价,甚至自行经商谋利。

初期,自由公民完全被排除在"政策会议"之外,既无权出席会议,更不能进入司法系统。自由公民的子弟和后裔长期无缘跨入官员集团的门槛。据1779年统计,开普94名行政官员中,有48名是在开普出生,但清一色是东印度公司官员子弟,无一出于自由公民门庭。充当官员的世胄家族几代定居于开普,他们根植于公司上层,托庇祖荫,效忠阿姆斯特丹,不愿降格跻身市民行列,高级官员尤其如此。因而在开普殖民地社会形成公司官员与自由公民泾渭分明的现象，后者属于无权阶层。有的史学家认为，东印度公司对自由公民（后称布尔人）的刻薄寡恩种下了世代布尔人对荷兰母国感情纽带脆弱的种子。

东印度公司这些专制的做法遭到自由公民的激烈反对。到1675年，3个"布尔公民"获得出席政策会议的权利。这些颇感压抑的布尔公民一开始获得出席政策会议的机会就为维护自身利益同公司展开斗争。他们在自由购买科伊人牲畜、自由获得土地、参与牲畜等价格的制定等诸方面提出符合自己利益的要求。公司极力维护其垄断利益，非到万不得已不肯让利。布尔公民对不完全按自己意志办事的政权机构经常不买账，特别是在对待土著居民政策上。他们捉拿科伊人首领却迟迟不送交殖民当局，甚至自己组织"民团"来"征剿"科伊人。公司为防止过分激化同土著人的矛盾，也为了节省财政开支，不愿轻易采取军事行动。多数情况下，它宁愿采取"隔离"做法，从地理和经济上将"自由公民"同科伊人隔开。范·里贝克甚至派人在开普半岛树起一道篱栅。然而"边界"太长，公司仍然力不从心。

公司对待土著科伊人和桑人完全是一副殖民主义者态度，在遭受两次激烈的军事抵抗后，对毗邻而居的科伊人改行"绥靖"政策。对科伊人维护自身生存的要求，虚与委蛇，或更多采取分化、收买手段。如将一个会讲"洋泾浜外语"的科伊人首领哈里收买为公司雇员，充当翻译，用他从中缓和矛盾。对以游猎为生，进入已被殖民者圈占的猎场的桑人则格杀勿论（见后述）。

从地方法庭到区长的设置　东印度公司设立的开普地方法庭经历了一段演变过程，后来终于成为侵入内地的殖民政权的滥觞。随着自由公民向内地持续迁徙，布尔居民住地离沿海政权机构所在地越来越远，设在斯泰伦博斯和斯韦伦丹等内地的调解法庭逐渐发展成为地方法庭，公司不得不将民事审判案件划归当地的地方委员会审理。后来荷兰派遣的高官巡视内地时规定了地方委员的权限，使之一身而二任：既充当法官，又担任地方行政长官的职务。为理顺他们与公司的隶属关系并保持其合法地位，1682年首次任命内地的区长作为地方委员会的首长。从此，区长制长期存在于内地，直到1902年，都是南非地方政治体制的一大特色。在漫长的殖民扩张过程中，无论各地区长的权限是大是小，对当地的控制力是强是弱，边区面积是增是减，在广阔的南非内地，区长始终是殖民政权的象征，手握大权，专横无比，特别是对非白人尤其如此。

国家机器的另一重要设施——民团　开普殖民地国家机器的另一部分——军事力量也很有特点。军事力量由两部分组成：一是公司的正规军，用来防备其他欧洲国家（首先是英国）的侵犯，装备较好，由公司提供；二是民团，其任务有二：第一，用于驱逐和剿灭当地土著民族，17世纪主要对付桑人（布须曼人）和科伊人（霍屯督人）；18世纪及其后主要是讨伐南班图的恩戈尼人，以及镇压奴隶和科伊农奴的反抗。第二，防止边民哗变和越境扩张。民团起初是"官助民办"，由东印度公司提供武器弹药。18世纪中叶以后随着殖民者深入内地，越迁越远，公司难以控制，以致后来连武器弹药都由移民自己购买，公司的指挥权也备受削弱。民团愈益成为殖民地最重要的武装力量。因此，布尔人的军队长期保持"非正规形式"，这既成为其特点，也构成其优点和弱点（特别是越往后的年代）。其优点是机动灵活，人人皆兵，寓兵于农（牧）；缺点是自由散漫，我行我素，组织性、纪律性颇差。民团军官由士兵推选产生，官兵比较一致。战士，有战事招之即来，来之能战；战事结束回归农（牧）场，继续经营农牧业。因而，这支队伍游击散漫习气甚浓，但骑术、射击颇精，为夺取土地或保卫自己家园的既得利益，作战勇敢，剽悍善战。民团与只拥有冷兵器的非洲人相比，军事上的优势在于：拥有火器、由马匹和犍牛拉的牛车，以及欧洲的较为成熟的军事技术，善于设置"牛车阵"，能守善攻，常以很少伤亡（与非洲人比）取胜，保持旺盛士气。直至19世纪80年代，布尔人在南非大部分地区维持统治权230多年，主要靠军事优势——殖民暴力。

至于牧业生产力和牧放饲养的技术，布尔人的水平并不比黑人高出多少，许多方面（如牧场单位面积载畜量）不相上下。可以说，布尔殖民者越是在生产力和牧放技术方面不具有优势，他们越是需要依靠殖民暴力。在这种情况下，诚如马克思所说，暴力也成为一种经济力。

巡阅使的派遣 荷兰东印度公司阿姆斯特丹总部从全球殖民战略上考虑，对开普殖民地越来越重视，不仅因为后者作为两洋——大西洋和印度洋航线的枢纽，具有举足轻重的作用，而且对于维护荷兰最重要的殖民地——印度尼西亚群岛也具有生命线的价值。因此公司对这块远离非洲南端的殖民地一向控制甚严，从一开始便实行严格的"双重领导"。开普殖民地民地司令官或总督由设在阿姆斯特丹的公司董事会任命，总督受制于"17人董事会"和设在印度尼西亚首府巴达维亚的公司亚洲总部。总督对上级的任何请示报告均须一式两份呈报：一份由返程欧洲的船舶送往荷兰，一份由东驶船舶送到爪哇岛。尽管阿姆斯特丹和巴达维亚一直不放松对开普殖民地的严格控制和管理，但毕竟距离遥远，有鞭长莫及之感：漏洞不少，事故频生。公司的上下腐败更加剧了开普殖民地的离心倾向。公司通常采取的补救措施是派遣"巡阅使"（也译"专员"）到开普等地视察，传达"双重领导"的指示，"现场"指导

南非政区

比例尺 1:7 500 000

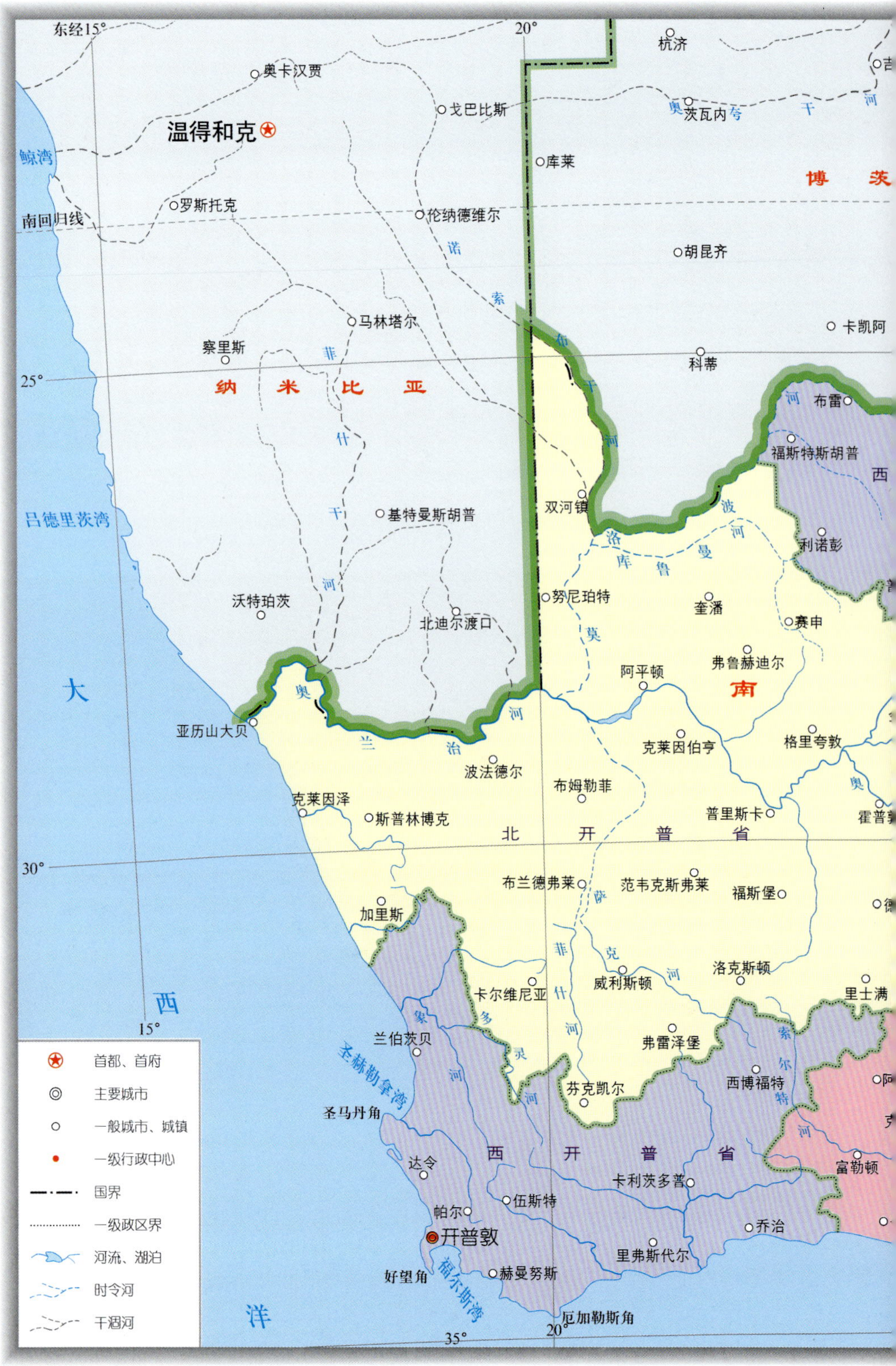

本地图由中华地图学社提供 审图号：GS(2016)1688号

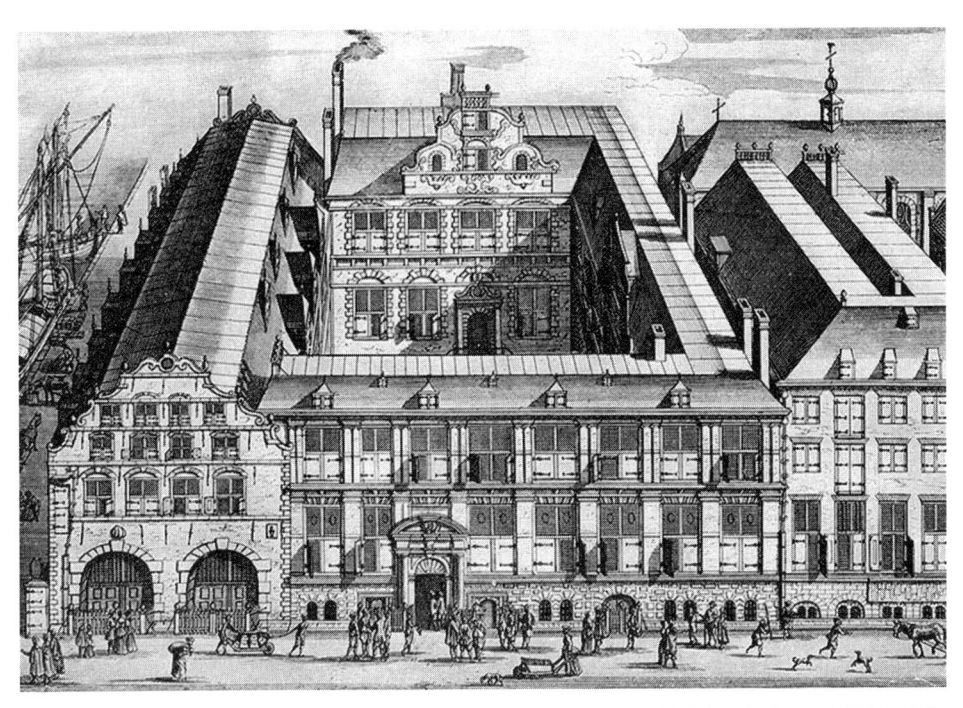

荷兰东印度公司阿姆斯特丹总部

巴达维亚的荷兰人教堂

工作并向公司汇报。但公司为了省钱,往往并不专门派遣巡阅使,而由董事会派往亚洲任职的"路过"开普的官员担任。这些"钦差大臣"并不熟谙当地情况,临时受命,下车伊始,胡乱发布指示,往往与董事会或巴达维亚的指示相抵牾,造成混乱,引起开普当局不满。到18世纪,这一派遣制度名存实亡,90多年中仅派过9名。

二、布尔人遗世孑立的宗教文化生活

阿菲利卡文化的萌生 上文提到1687年从流亡地荷兰迁来的200多人的法国胡格诺新教徒移居南非。这批法国新教徒坚持拥有自己的宗教团体和牧师,公司不得不作出让步。法国人基本保持了自己的姓(只在拼法上略有变动),在白人南非史上留下了著名的姓氏如雷蒂夫(Retitf)、克隆日(Conje)、马兰(Malan)、儒贝尔(Joubert)、德维利埃(de Villiers)、迪普莱西斯(du Plessis)、德马雷(de Marais)等。其他方面法国移民并不矜持,很快就与荷兰人通婚,没有保持其语言。但在长期共同生活中,他们与荷兰人一起以荷兰语为部分基础,吸收了法语、德语和当地土著语言的许多词汇,共同"创造"了阿菲利卡语。法国人的不少文化习俗也留存在布尔人中间。但到18世纪末,原来建立在布尔人、胡格诺教徒的法国人和日耳曼德国退役军人基础上的文化差别日渐减少。而在南非特定环境中逐渐形成了一种独特的殖民地文化——阿菲利卡文化,统一使用阿菲利卡语,统一信仰(或皈依)荷兰正教会。后来,阿菲利卡人成为荷裔白人(布尔人)的代称。

边区和城镇的不同文化生活 许多欧洲人包括少量的亚洲马来人移民南非,看中它是个自由自在无拘无束的天地。在开普附近很容易找到各式各样的工作,如加入远洋船舶的海员队伍、充当牲畜收购商贩,但更多的移民是进入南非内地。那里有广阔无垠的土地供他们开辟牧场,以逃脱农业繁重的体力劳动。靠近开普中心地区的"空地"越来越少,移民向更远的边区如赫拉夫-里内特新边区迁徙。离中心区越远,移民(此后更多地称布尔人)越感到"自由",他们与东印度公司政权的政治关系,一般仅体现在定期到边区政权所在地缴纳赋税。而社会联系的主要内容是一年一次或两次赶着几辆大篷车长途跋涉到开普港,主要是销售成群牲畜、大批采购日常用品,或让没有见过世面的妻儿子女观光市容,参加宗教朝拜。

住在开普城里或附近地区的布尔公民一般较为富裕,他们住在优雅的欧式房子里,享受当时欧洲某些城市居民的舒适生活。但在18世纪七八十年代以前,开普地区仅有几所教会办的简陋学校,教员均由神职人员兼任;仅有一所公共图书馆,没有报纸、杂志,仅陈列些旧书;没有任何供娱乐的剧院,居民的娱乐活动主要是玩纸牌、饮酒聊天,间或跳舞自娱。没有出现文学、绘画和音乐等艺术,整个文化生活极其贫乏。唯一刺激的活动是骑马进入内地打猎,猎获各种羊或大型动物。很长时期开普殖民地在欧洲社会中默默无闻。

开普中心地区的布尔公民与公司的政治关系相对比较密切,矛盾则日趋尖锐:如当与桑人矛盾尖锐化(因"盗畜"问题),布尔公民就集体上告要求公司军队出兵"征剿";公民个人则多上访,控告公司官员贪污受贿、滥用职权;社团多出面反对公司侵占土地以自肥。1705年,斯泰伦博斯区60名农民因联名控告总督小范德斯坦尔枉法肥私,被诬为密谋"叛乱",关进监狱,遭受冤狱之灾。这场历时两年的政治事件,最终以总督小范德斯坦尔和斯泰伦博斯区长于1709年被公司罢免而告结束。布尔公民取得了令其后代子孙永世难忘的一次胜利。

加尔文教对早期布尔人影响的估计　生活在遥远边区的布尔农(牧)场主颟顸闭塞,就连一点政治积极性都没有。他们过着日出而牧,日落而息的悠闲生活,不关心政治,把自己全部注意力集中在自己的小家庭和土地上,与距离最近的邻居(即使"距离最近"也望不见邻家的炊烟)老死不相往来。他们的精神生活沉浸于加尔文教中。开普殖民地设有5座教堂,成为他们的"圣地"。每逢教堂举行圣典,乡居的布尔人当作一年中的盛事,不惮路途遥远,乘坐牛车从四面八方赶来参加。在他们家徒四壁的房舍中,几乎没有什么像样的家具,只在孤零零的简易木架上摆放着唯一的书籍——《圣经》。布尔人从开始向"边界"迁徙起直至19世纪30年代,就从没有像美洲大陆新英格兰清教徒那样成群结队或以村镇为单位进行迁徙,而是单枪匹马地以家族为行动单位。他们既不定居于整个集体中间,也没有对其各个集团实施政府方式的管理。实际上他们还是一盘散沙。在早期,布尔农场主对白人和非白人的区分根据,并不是种族肤色,而是基督徒与异教徒。Kaffir(卡弗尔,Kaffir一词本是异教人的通称)一词在南非流行起来首先不是出于肤色,而是由于宗教,它被用来称呼异教人。它甚至不是一种蔑称,君子兰是源于南非的一种美丽端庄的花卉,就被命名为Kaffir lily(直译为"卡弗尔百合")。接受洗礼的非洲人一般能够被接纳进入布尔人的社团。布尔人全家在举行祈祷时,让非白人仆役站在后面一起祈祷。

但是，布尔人早期对加尔文教只是当作一般的宗教信仰。跟随范·里贝克迁徙到南非的移民是荷兰社会的下层群众，用范·里贝克的话来说，是一些"技术非常糟糕"的木匠、泥瓦匠、农夫、铁匠等，只有"50—60人左右可以使用"。当时荷兰人还侵占着中国的台湾岛、印度尼西亚的爪哇岛等。范·里贝克迫切希望"得到一些能干的中国人"。以后陆续来的一些移民，情况与此相似。这些是社会下层群众，并非像有的史学家渲染的"社会精英"。早期定居者数量少，在殖民地开拓时期要建房修屋、种菜植树、看守牧场、树航标领航，工作繁多，劳动繁重，精神生活颇为贫乏。因而思想条件和资源都十分有限，没有什么可以确认的神学影响，只有几个随船的早期教士执行最简单的牧师职责。当一部分移民迁徙到内地边疆地区，就脱离了或超越了教会的经常有效的影响范围。在这种情况下谈不上有任何意义上的神学传统，更不可能"创造"出像加尔文那样系统化的复杂理论。所谓"上帝的神圣拣选和先定论思想是'阿非利卡人的加尔文教传统'"，并将它与后来的"阿非利卡人是被选民族"的信仰联系起来，都是20世纪种族主义意识形态的臆造和附会。这就是最早向内地迁徙的布尔农场主的历史和文化背景。

第四章
荷兰统治结束，英国接管开普殖民地

一、欧洲商业战争和荷兰东印度公司寿终正寝

荷兰东印度公司在南非的最后日子 18世纪欧洲的几次商业战争给荷兰开普殖民地带来巨大的直接影响：外国的商船和军舰停泊开普港的艘次大大增加，尤其是非荷兰的商船和军舰。船员和军人上岸休养的人数激增，给开普市场和饭店、旅社等消费带来异常繁荣。远洋船舶特别是军舰对鲜肉和活畜的需求大量增加，牲畜收购站供不应求，促使内地牲畜市场空前活跃。而其间接影响更为深刻：布尔农场主加速向内地扩张土地，建立新牧场。

每次商业战争停息以后，由于战争所开拓的东方殖民地面积遽增，东方货物西运成倍增长，来往和停泊开普港的商船艘次增加的势头历久不减，开普殖民地日趋繁荣。作为两洋航线中心的地位更显重要。18世纪国际贸易份额节节上升的英国，在争夺海上霸权的斗争中，一直将开普殖民地视为大英帝国通往印度和东亚的不可或缺的"中转站"。它觊觎着开普的海运中心和战略地位，等待时机，想取而代之。美国独立战争和法国大革命为英国提供了绝好的时机。

另一方面，随着开普港的开放，其与外界联系日益增多，对居住在开普地区的"自由公民"也不无影响。1776年，美国独立战争的信息传到开普，自由公民发起一场爱国运动，要求公司改革行政管理，施行更加自由的贸易，扩大公民权，让他们在政府机构中拥有更广泛的代表权。然而法国却率先下手，于1781年乘机进占开普。这些迹象表明，18世纪末的南非已成为欧洲强国角逐的场所。

在国际争夺日益加剧的同时，荷兰东印度公司的腐败程度日益加深，终于

走到自己历史的尽头。开普殖民地的公司统治集团监守自盗,奢侈挥霍,日盛一日。1785—1791年时任总督的范德赫拉夫生活奢侈,酷爱排场,一人拥有12辆马车和124匹骏马。上有所好,下必甚焉,各级官员竞相仿效。开普财政入不敷出:收入仅及支出的1/5,捉襟见肘,财政濒于崩盘。公司总部也曾试图改革,但其深入骨髓的殖民主义性质以及日益恶化的财政、越拉越大的亏空额,挡住了任何彻底的改革。公司不可挽回的衰落,突出体现在荷兰属爪哇、锡兰、孟加拉……和开普殖民地。1780年12月20日,英国向荷兰宣战。第四次荷兰—英国战争(1789—1784年)给予荷兰东印度公司以致命打击。只是由于法国舰队的"帮助"——1781年荷兰邀请法国抢在英国远征军之前进占开普——好望角才没有落入英国人手中,但荷兰人几乎损失了所有从东方返航经好望角回国的船舶。这场战争使受到严重削弱的荷兰政府对挽救东印度公司完全绝望了。公司赤字直线上升:1789年增至9 600万盾。1787年恢复荷兰最高行政长官地位的威廉五世(奥兰治王子)想解救公司,也无能为力。法国大革命期间,1795年法国军队进犯荷兰,亲英的威廉五世逃到英国,训令东印度公司将财产交到英国人手中,以免落入法国人之手。

1795年6月,英国人借口保护"盟国"的海外殖民地,进军开普。9月14日,英军在开普登陆,驻守海港的荷兰正规军不战而逃,布尔民团也只进行了一般性抵抗。9月15日,英军便顺利实现占领,"名正言顺"地接管了开普殖民地的管辖权。

荷兰国内无休止的动乱使布尔人对荷兰宗主国更加离心离德。1795年,最边远的赫拉夫-里内特边区布尔人发动骚乱,反对公司统治,赶走区长迈尼厄,并自选代表,成立赫拉夫-里内特共和国。骚乱影响甚远,离开普城较近的斯韦伦丹的布尔人也被卷入,成立斯韦伦丹共和国。此风以后一发不可收,荷裔布尔人动辄就成立"共和国"。英国占领军要求"共和国"做的第一件事,便是面对英国米字旗向英王陛下宣誓效忠。孪生"共和国"的"独立"虽很快(1797年7月)遭到失败,但对于布尔人萌生离弃荷兰宗主国和一切欧洲宗主国的思想,却产生了深远的影响。边区布尔人的反抗精神受到了颇大的激励。荷兰在东方的贸易站和殖民地几乎全落入英国人手中。1798年,公司董事会机构被荷兰政府取消,公司业务结束,公司的债务和财产由政府接管。1799年12月31日特许期满,荷兰东印度公司结束了它在法律上的存在。其实3年前,东印度公司对南非的统治权就已被英国人接管,在它寿终正寝时,已经不掌握任何统治权,只是静静地等着自己不光彩的咽气。

行走在赫拉夫-里内特

二、英国对开普殖民地新旧交替的政策

英军对开普殖民地的两次占领 英军对开普的第一次占领历时8年,虽然名义上是保护"盟国",但在实际操作中体验到开普极其优越的海军基地条件后,心怀叵测的英国殖民当局筹划"英国化"的长期打算:第一,英国当局取消加尔文教作为南非殖民地"国教"的地位,确立"宗教自由"的政策。这个做法深深伤了布尔人孤傲的心,埋下了对英国人的不信任。第二,1799年英国传教会到达南非,1802年便在贝瑟尔斯建立了一所英国传教团。英国一反布尔人加尔文教团基本上不向土著人传教的做法,而将传教重点放在土著民族身上,因而在一些当地人身上迅速产生了某种亲英的影响。

1802年3月27日,英法签订了《亚眠和约》,维持了14个月的停战。1803年2月20日英国不情愿地撤出它统治了8年的开普殖民地,由荷兰政府接管。同年5月英法再度交战。1805年7月,英舰逼近开普。1806年1月10日,英国第二次占领开普。为了实现英国梦寐以求的锻接海上霸权的链条,这次占领英国便不肯把它交还给荷兰了。1814年维也纳会议上,英国迫使荷兰政府正式将开普殖民地移交给英国。在1869年苏伊士运河通航以前的70多年风云变幻中,开普殖民地是英国从大西洋通向印度洋航线上最重要的军事基地。英国在好望角港口驻扎重兵和舰队,拱卫它在两洋航线上的两翼。

19世纪是世界海军装备发生重大变化的世纪,也是英国海外殖民扩张力度最大的时期。开普殖民地的获取和永久占领,无论对于英国维持海军优势或对于它在东方市场的开拓来说,都具有重大的意义。这条大英帝国"生命线"的连接,为英国利用皇家海军推行"两个霸权"(军事霸权和殖民霸权)的国家政策提供了极其有利的条件。19世纪30年代以后,英国军舰和远洋商船从使用风帆改成利用蒸汽动力,赢得了海洋上的"行动自由",大大减轻了海员对好望角航路的畏惧心理。南非盛产的煤炭资源,在轮船时代使开普从两个世纪以来的海上食物供应站又成为更具重要性的加煤站。开普殖民地在大英帝国系统中的地位更显重要。

英国新殖民政策引起的动乱　英国早期(包括两次占领期间)统治开普殖民地的政策,政治上多异于荷兰。一是除上述宗教政策的开放外,在英国第二次占领即长期占领后,贝瑟尔斯多普传教团建立了教会农场,把脱离部落的科伊人和混血种人召集到农场,"分给"他们土地,形成自耕农式小农场,取得经验后又将此类农场拓展到松达赫斯河一带,形成"军屯"式的混血科伊人农场,以对付科萨人。二是为维护殖民统治,除驻扎正规军外,组织一支较大的武装警察队伍,引用英国在所有殖民地特别是印度招募土著当警察的传统,英国在印度招募锡克人、廓尔喀人当警察和士兵,是英国殖民主义者得心应手的手法。在上海英租界,戴红头巾的锡克人警察曾被称为

桌湾附近的科伊人聚居地

"红头阿三",是中国人熟悉的殖民地现象。同时也是为了省钱,招募大批科伊人(俗称纳马人)当警察,这一措施的实行引起布尔人很大的愤怒。三是在种族问题上实行两面政策:1809年颁布《霍屯督法令》,一方面宣告科伊人在法律上享有平等权利,享受一般法律待遇;另一方面为了控制科伊人,不开罪布尔人,又规定限制科伊人的迁徙自由,凡离开住所所在区域必须携带通行证。后来有的史学家批评英国人是南非通行证的始作俑者。

法院制度的改革最触痛布尔人。过去法院多设在较大的城镇,对远徙边区的布尔人鞭长莫及。受布尔人虐待、殴打的仆役、雇工哭诉无门。1812年,英国改革法院制度的措施之一是设立流动法庭,每年巡回在边远地区,审理该地区积累下来的案件。以前,科伊人仆役受主人虐待只有忍气吞声,自从有了巡回法庭,纷纷上告。案例之一:在赫拉夫-里内特边区,科伊人仆役以斯控告其主人弗·贝佐伊登霍特。后者对法庭传讯置之不理。法庭派科伊警察传他到庭。他逃进山洞,拒捕时被击毙。死者弟弟扬·贝佐伊登霍特在桀骜不驯的布尔人面前煽情,表示要为兄报仇。这件事被布尔人中"共和国"分子加以利用,酿成叛乱事件。英国出动正规军镇压,布尔叛乱分子在斯拉格特斯内克(Slagtersnek)投降。英国把被捕的布尔人送上法庭,判处死刑。行刑时虽绞刑架折断倒塌,英国人仍把布尔犯人再度吊起来处死。这就是南非历史上著名的"斯拉格特斯内克事件"。有的史学家过分夸大这一事件的意义,认为此一事件使内地边区布尔人从此对英国当局恨之入骨,成为后来(19世纪30年代)布尔人大迁徙的历史原因。其实这不过是老谋深算的"英国佬"作秀而已。

伦敦传教会的积极活动产生颇大的影响:直接的影响是,使尔农场主丧失了一大批廉价劳动力及后备军,间接的则是对开普殖民地北部政治边界(南纬29°)形成深远影响。坎贝尔传教士让亚当·科克领导下的一部分科伊混血种人(称格里夸人)从奥兰治河流域迁到格里夸兰。此后格里夸人分裂成三部分,分别住在:格里夸斯塔德(Griekwastad)、坎贝尔(Campbell)、菲利波利斯(Philippolis),形成3个效法布尔人传统的"半国家"性质的组织,从西到东绵延北疆,铸成了挡住布尔人向北扩张的屏障,为以后南非的种族政治地图画下了更加复杂的背景。

开普港补给站的作用不减反增　英国在统治开普殖民地初期,经济政策和土地政策与荷兰基本相同。对两洋航线船舶的鲜货供应一直维持着开普市场的繁荣。在法国军队占领埃及期间(1798—1801年)英国通往印度的海峡联运道路受到严重威胁,英国不惜力量保障好望角航路的畅通,调遣舰队,驻军倍增。拿破仑战争期间,英国在开普的驻军始终维持在4 000人以上规模。英国船队频繁进出开普港,消费大量食物。1807年,英国总督卡勒登伯爵致信英国陆军兼殖民大臣卡斯尔雷(Castlereagh)就指出"驻军数目庞大和泊港船舶增多,对农产品需求日益增长",开普市场对内地牲畜的需求有增无减。1815年欧洲战争结束,驻军规模虽渐趋缩小,但在1815—1821年离开普海上距离最近的圣赫勒拿岛成为囚禁拿破仑的场所,为防止1815年"厄尔巴岛拿破仑逃逸事件"重演,该岛驻屯相当规模的军队和船舰。圣赫勒拿岛仅122平方公里,为火山岛,不产食物,这些军事人员和行政人员以及拿破仑身边一大帮人所消费的大量肉类全靠开普市场供应。

更为重要的是,随着英国工业革命迅猛发展,东方殖民地如印度越来越成为原料产地和工业品销售市场。印度棉花输往英国从1800年的506包激增至1818年的127 124包;英国棉纱、纬纱和布匹(从加尔各答运进)输入印度在19世纪初年接近于零,到1828年(或1829年)分别猛增至149 076磅,918 646磅,价值296 177英镑。航行于两洋航线而停泊于开普港的船舶数目直线上升,满载着纺织品驶往印度和中国的英国船舶,以及从印度、中国等地回航欧洲的满载生丝、棉花、茶叶、瓷器等货物的货船,都在开普港停泊,补充给养,船员上岸休养。泊港帆船,舳舻蔽水,云帆遮天,盛极一时。

开普成为英国新的羊毛原料供应地 1829年,停泊开普港和伊丽莎白港的船舶增至301艘,以英船为多。每年仅供应这些船舶的活羊就超过3.4万只。1835年船舶继续增加到569艘,需供应活羊约6.4万只。开普市场牲畜贸易连获厚利,历久不衰;加上绵羊还可供应羊毛原料,又辟新径。饲养牛羊数目直线上升,成倍增长,以前所未见的巨大动力,持续推动着内地的土地扩张。尤其从19世纪20年代起,开普殖民地饲养牲畜头数增长飞快:1821年绵羊总数为185万只,1828年增至218万只,1833年再增至294万只。山羊数量也大量增加,1834年达到162万只。随着欧洲工业革命后毛纺业的发展,开普殖民地市场的需求出现新现象:在对羊肉的供求关系继续增长的同时,对羊毛需求量更是前所未有地显著增长。英国毛纺业需要殖民地供应大量优质羊毛。作为英国羊毛的第一供应地的澳大利亚已有供应不敷之虞,开普殖民地畜牧业重点开始转向生产羊毛。改进饲养技术的结果证明:西班牙美利奴羊颇能适应南非环境。1810年以后,南非美利奴羊毛输出逐年增加:1822年向英国出口羊毛2万磅,1838年增至49万磅,1851年再增至544万磅。29年间增加272倍。总之,在1867年南非发现金刚石矿前,供应过往船舶肉类和生产羊毛原料的畜牧业出口量一直超过种植业

美利奴羊

出口量（虽然驰名世界的南非葡萄酒出口量亦很多），形成南非殖民地的经济基础，同时也构成殖民地土地扩张的基本特征：在单位面积载畜量基本不变的情况下，欧洲殖民者为扩展畜牧业（增加牛羊数目）而掀起的土地扩张运动方兴未艾。

英国新移民引起的扩张 在南非积累了20多年统治经验的英国殖民政府，深感英国人在开普殖民地白人社会中"势单力薄"，缺乏社会基础，难以抗衡土生土长的布尔人社会。英国政府需要一支效忠英国的白人力量。同时，要在南非实行"英国化"也需要英国人在白人人口中占一定的比例，使南非社会力量能为英国人所掌握。拿破仑战争结束后，英国国内为缓和因30万复员士兵而加剧的国内

最早的美利奴羊图片

失业问题的压力，也出现越来越高涨的呼吁从英国移民南非的呼声。1820年，英国殖民政府拨款5万英镑资助从国内移民5 000人进入南非。这批移民原计划定居在土地最肥沃、雨水充沛的楚尔费尔德地区，英国设想建立一批拥有技术自耕农的农场。此后英国移民持续不断进入南非：1844—1847年继续移民4 300人；1851—1862年1.2万名英裔和德裔移民进入南非。

然而，19世纪20—60年代陆续迁入南非的英国移民，相当一部分后来都逐渐迁入城市如开普港、伊丽莎白港、东伦敦等居住。开普英裔人口短期内增加一倍。具有英国文化特征的城市文明从开普向内陆城镇辐射。零售商店、赛马、板球比赛、报纸、辩论组织等英国特色文化点缀着沿海港口城市和内陆城镇。英裔移民文化水平较布尔人要高，他们后来在南非建立南非文学、创立学校和图书馆及争取新闻自由等方面都作出了显著的贡献，也给南非各地建筑涂染上了英国色彩。

从1795年英国第一次占领开普时起，英国大小商人先后成群地随军进入南非。这些善于经商的英国人很快就把开普城的生意经营得红火和多样。初时，富裕的商人阶层像候鸟一样，赚了一笔钱就"飞"回伦敦，过一两年又采办一批货再"飞"过来。但也有些商人渐渐就定居下来，或举家迁来。定居的单身

商人渐同荷兰人通婚。一批西欧精明商人组成的殷实的中产阶级在南非崛起。1820年，开普城成为自由港，在提供信贷、供应贸易商品、金融咨询和服务方面同当时世界贸易中心伦敦紧密联系起来，迅速促进了开普城的工商业发展。

然而，生活在南非的自然和人文环境中，一批英国乡居的新移民，如同其前辈荷兰和法国的移民一样，很快变成经营粗放牧业的农场主。他们如法炮制布尔农场主的"生产规模的扩大就是土地的扩大"这种无限扩张土地的逻辑。在土地扩张和剥削非洲人劳动力上，英国人和布尔人渐渐有了相同的利益。但毕竟英国移民在经济、文化上都没有掐断同英伦诸岛的脐带，因而同英国国内市场联系较为密切。由于英国农场主生产的羊毛商品性质更强，投入劳动力更多，英国移民逐渐产生需要采取与布尔人不同的剥削非洲劳动力的新方法——雇佣劳动的想法。同时又因受到国际条件的制约：19世纪上半叶国际关系主流已渐受自由资本主义的支配，1807年英国议会决定：禁止奴隶贸易，1834年后要在英帝国范围内废除奴隶制度。因此，英国移民的殖民活动除了有与布尔人相同方面外，又形成新特点。随着资本主义关系的发展，这种特点愈益突出。尤其是反映在对待非洲人（土著）的态度和政策上，既保持与布尔殖民者一致的方面，又存在矛盾和分歧。在初期，一致方面是主要的。

按照英国殖民政府的计划，英国移民需要建立集约式的农场，以生产美利奴羊的羊毛，或种植葡萄酿造葡萄酒，这两种产品主要输往欧洲。先由殖民政府将其手中控制的土地，低价分配给移民，每人（户）20英亩。但殖民政府不切实际的计划很快就落空了，在南非当时的历史和地理条件下，集约经营是难以成功的。南非牧场土地的载畜量，受干旱气候、稀少雨量和酸性瘠薄土壤的限制，单位产量很难有较大幅度的提高。畜产品的增加仍主要靠绵羊和山羊数量的增加。但牲畜头数增加意味着牧地面积需要相应的扩大。这在南非高原几乎成为铁的法则。而南非生态环境中能生长牲口爱吃的"甜牧草"的地带毕竟有限，于是英国农场主几乎不到一代时间就变得与布尔人一样，成为对土地极度贪婪的殖民者。

布尔人经过100多年的掠夺侵占，已经把加姆图斯河以西的好地都从科伊人、桑人手中强占过来，继续向东扩张受到科萨人的阻挡。英国人要扩大土地不可能把布尔人从科伊人、桑人手中抢来的土地再抢过来。英国军队在第一次占领开普殖民地时期（1795—1803年）就曾站在布尔人后头面对强悍的科萨人。到19世纪初，这两支从欧洲迁来的白人殖民者终于在大鱼河畔同时面对着部落组织保持完好的强悍的黑人——科萨人。

第五章
掠夺土地的"卡弗尔战争"和科萨人的挫败

一、科萨人面对殖民主义新对手

1806年以后,科萨人发现他们在大鱼河畔面对的主要敌手已经不是力量较弱的布尔民团,而是武器精良的英国正规军。英国正挟其拿破仑战争的胜利势头,热衷于在殖民地扩张中使用武力。19世纪上半叶和中叶,英国在殖民地扩张中无论侧重建立"有形帝国"(formal empire)或强调建立"无形帝国"(informal empire),均坚定地认为"如果可能就用非正式手段(即无形帝国),如果必要,就正式吞并",总之,不惜使用武力。英国人在印度次大陆正对马拉提人发动多次战争,兼并大片土地;在中国发动了两次"鸦片战争",割去香港、九龙等地。在南非的大鱼河和凯河河畔,它竟对只拥有原始冷兵器的科萨人发动了6次所谓"卡弗尔战争":1811—1812年、1818—1819年、1834—1835年、1846—1847年、1850—1853年和1877—1879年。这些战争的深刻原因是英国人贪婪地掠夺土地,实行所谓武装的"有组织的移民"侵占非洲人土地。然而每次战争的起因却往往是英国人寻衅挑战,找一个荒唐的借口,如因"一把斧子事件"引发战争,而这样的战争便被史学家命名为"斧子战争",等等。

"无人区"与"中立地带" 1811—1812年英国出动正规军将科萨族两万多人的恩得兰比部落从极其肥沃的楚尔费尔德地区赶到拥挤不堪的大鱼河以东(左岸)。此后,英军利用科伊混血人在沿河地带建立一系列军事据点(哨所)。大鱼河左岸本已很拥挤的土地骤然增加两万人口,使牧地的使用变得极度紧张。盖卡领导的部落认为恩得兰比部落挤占了他的部落土地,遂使双方土地关系更趋尖锐。失去大鱼河右岸(西岸)土地的恩得兰比部落面临生死关头。在屡遭挫折、极度失望情绪的支配下,部落群众便企求超自然力量的保护,以弥补实力的劣势,并把它作为重新组织反殖民战争的手段。西科萨人中有一位名叫马卡纳(外号"左撇子")的公社成员,自称是上天派他下凡来帮助科萨人驱逐欧洲白人。他宣传只要科萨人能够遵守严格的道德纪律,部落先辈的英雄将乘万能之风回到人间帮助他们把白人从祖先的土地上赶走。马卡纳号召全体西科萨人在恩得兰比领导下联合起来。遭受丧失家园痛苦的西科萨人受到宣传的鼓舞。他们蜂拥加入恩得兰比队伍,等待恢复失地的时机。

1818年由于严重旱灾,争夺极度拥挤的大鱼河左岸土地的斗争更趋激烈。恩得兰比部众同有亲英倾向的盖卡酋长的部众发生冲突。1818年11月在阿马林德(今东伦敦附近)战役中,盖卡部众遭受严重失败。1819年,英国发动第五次卡弗尔战争,派军队越过大鱼河"界河"进入左岸,击退恩得兰比部队,抢走2.3万多头牲畜,扶持盖卡复位。但一待英军撤退,恩得兰比再次打败盖卡,并勇渡大鱼河,回到右岸老家,进入"开普殖民地境内",围攻格雷厄姆斯敦,但未能攻下。英军再次侵入大鱼河左岸,蹂躏大鱼河与凯河之间的广大地区,烧杀掳掠,囚禁马卡纳。马卡纳被囚死于1820年,他给科萨人留下了救世主思想。英国人把盖卡扶为西科萨人"最高酋长"。1819年,盖卡同意割让大鱼河与凯斯卡马河(凯河)之间的土地,英国擅自宣布这块地区为"无人区",是"中立地带";对于一直居住在该地的科萨人,肆意划为"不具有固定土地使用权"的居民,可以随时予以驱赶。

英国这种靠强行割走非洲人土地作为"中立地带",把白人与黑人"隔离"的野蛮做法是不可能持久的。大鱼河左岸地区科萨人住地本来已是过分拥挤,"隔离"的做法把他们从大鱼河和凯斯卡马河之间大片土地上赶走,无异于火上加油,使局势更加恶化。

英国发动多次"卡弗尔战争" 1819年的战争让英国对科萨人口的优势更感畏惧,促使英国殖民政府采取两大措施:科伊人的军屯"守边",从英国国内移民垦边。后一措施规定要给每个移民40公顷好地,每带来一个劳力还另加20公顷。这需要大片土地,楚尔费尔德地区的沃土很快就不够使用,白人移民向"边界"外突进,占领土地。

1830年英国殖民当局下令将居住在凯斯卡马河岸的盖卡之子马科莫的部众予以驱逐,局势又顿时紧张。1834年12月,长期紧张的局势摩擦加剧,终于爆发为第六次"卡弗尔战争"。马科莫领导下的科萨人担心白人重施"楚尔费尔德地区"故伎,夺走"中立地带"的其余土地,认为当前摆脱生存绝境的唯一可行办法是收回失地。1834年12月25日,1.2万名科萨人在马科莫率领下渡大鱼河进入右岸地带。当时,连英国议会都承认"科萨人进犯是由于布尔人一系列不公正行为所引起的"。1835年英军侵入科萨人住区。科萨人鉴于英军武器的明显优势,巧妙地避免在开阔地与英军作战,而利用崖岩和丛林作掩护进行游击战,从而基本保存了实力。但科萨人住地的庄稼悉数被焚毁,生活受到威胁。1835年4月,英国当局与科萨人最高酋长欣察(凯河左岸酋长)举行谈判,以武力迫使他接受苛刻的条件:开普殖民地边界更向东扩展,在凯河和大鱼河之间土地建立所谓英属阿德莱德省,并入开普殖民地;提供5万头牲畜作为"赔款"。英国将欣察扣作人质,强迫其答应上述条件。科萨人为保卫家园拼死作战,一步不退,坚守大鱼河与凯河之间土地,并袭击悍然进驻的殖民者住区。英国政府考虑到当时兼并这大片地区已超出开普殖民政府的军事力量,1836年不得不退出这一地区,并下令已进驻的布尔人也一起撤出。这一决定让一直梦想

行进中的卡弗尔人

卡弗尔人的村庄

强占科萨人这块水源绝佳又邻沿海地区土地的布尔人农场主大失所望。

当时英国不过是"缓兵之计",10年后的1847年,英国在南非羽翼已丰,终于兼并了这块土地,改名为英属卡弗拉里亚(Kaffraria)。由英国任命的酋长来统治。

1853年英国把边界进一步推进到姆巴谢河,又兼并了600平方公里的土地。科萨人在凯河以西的其余土地也被并入开普殖民地,只剩下最贫瘠的牧地和耕地归科萨人使用。英国在卡弗拉里亚这块南非东南地区最肥沃的土地上继续大批移民。1855年把参加克里米亚战役的英军"德国军团"复员军人安置在凯河和凯斯卡马河之间的土地上。凯河以西大部分土地遂为白人农场主侵占,其中一部分土地由英国人扶植的科伊等混血种人实行军屯。从此,这一地区成为南非人口最拥挤,生态平衡破坏最厉害,非洲人遭受贫困折磨最严重的地区,也是英国一手安排的德裔殖民者与黑人矛盾极其尖锐的地区。

二、科萨人失败的原因

科萨人面对的是一个比布尔人强大得多的殖民集团,也是19世纪末以前整个非洲大陆非洲人所曾抗击过的最强大的殖民军队(也许要将1798年埃及人所抗击的3万余法军除外)。从力量对比来看,局势绝对有利于欧洲殖民者。仍处于南下迁徙过程中的包括科萨人在内的南恩戈尼人诸部落,在奥兰治河以南地区未能像北方地区的祖鲁各族人民一样(见后文)形成一个黑人国家。这就使得南恩戈尼黑人诸部落在被迫同英国殖民者进行力量悬殊的斗争中仍处于一盘散沙状态(指部落星散未形成国家)。从凯河流域到大鱼河流域的肥沃土地上,零散地分布着讲同一种语言的南恩戈尼人(包括科萨人、太姆布人、庞多人、芬果人等)诸部落。他们内部分裂、互相斗争,甚至未能形成南恩戈尼人的部落联盟。进入19世纪科萨人虽有类似"部落联盟"组织,而最高酋长有名无实,形同虚设,未能起到仲裁和消除争端的作用。两个最强大的部落首领:恩得兰比与他的侄子盖卡酋长势不两立,互相攻讦,争夺"最高酋长"权威和大鱼河谷地最肥沃地带。

英国的"分而治之"策略 1806年以后英国建立的开普殖民地政府,既不同于荷兰东印度公司,也不同于英国在印度的机构,是由英国政府直接派总督和各级殖民官员进行治理的。这些受过严格殖民统治训练的英国官员,熟谙罗马的分而治之、各个击破的统治术和策略。他们利用南恩戈尼人特别是科萨人内部分裂的弱点,蓄意挑起或加剧科萨人与太姆人、庞多人和芬果人之间的争端,加深科萨人诸敌对部落之间的仇恨,拉拢收买一部分酋长,培植"亲英势力",威胁打击另一部分酋长,并削弱其力量。如上所述,英国殖民军侵占楚尔费尔德地区,把恩得兰比部落赶到大鱼河左岸的做法就加剧了他与盖卡部落的矛盾,给本已尖锐的牧场争端火上加油,使两部落的对立关系更趋白热化。英国在挑起两部落阋墙之战以后,又支持盖卡打败恩得兰比,越发加深了双方的裂痕,此裂痕历经多年也未能愈合。1853年,科萨人最有才干的酋长马科莫采取和好手腕团结各部落,逐渐缓和并化解了部落间的敌意,终于将所有科萨人联合起来,组成抗英联盟。英国殖民当局又暗中破坏,唆使太姆布人和庞多人反对科萨人,让南恩戈尼人内耗,终于使马科莫的联合抗英事业功败垂成。1857年,已故的最高酋长欣察之子萨里利再次谋求建立科萨人抗英联盟,也遭英国人破坏,未能成功。

科萨民族何以惨败 为什么南非东南部最强的黑人部落科萨人,为保卫家园组建、巩固的抗英部落联盟屡遭失败,其原因究竟何在?如上所述,1806年英国第二次占领开普后,屡次增兵南非,军事力量相当强大;为建立强大的海军基地,打通陆上从大西洋到印度洋西岸的通道,英国下定决心要征服横亘通道中心的最强悍的科萨人。英国殖民政府富有殖民政治经验,吸取了荷兰人154年(1652—1806)统治南非的教训,"分而治之"策略实施得十分奏效。

从内因看,科萨人虽比科伊人强大,但与北部地区的北恩戈尼人(祖鲁人)相比,南恩戈尼人缺少祖鲁人那样强有力的核心,各部落存在严重的离心倾向,分裂势力逐渐坐大。这种状况的形成,固然与南部地区许多酋长未能独占牲畜贸易以壮大自己的经济力量,以及酋长的"嫡子继承制度"本身包含分裂因素有密切的关系;但更深层的原因是,正在南下西迁的南恩戈尼诸部落仍处于游牧生活向半定居农业生活过渡之中,牧农混合经济中的农业比重尚小,不利于定居。加上加姆图斯河(东经25°)以西肥沃辽阔的土地及其特殊

卡弗尔人牛队

地貌，吸引着渡过凯河的科萨人各部落和家族公社，为了占有更大的牧场，他们过早地稀疏分散于新迁徙的广大地区。而在土地特别肥美、抗旱条件上好的一些地区，如楚尔费尔德地区，各家族又蜂拥而至，人口过于集中，从而造成黑人内部为争夺最佳牧场频发部落战争。许多部落乍到新地，见异思迁，过于频繁地迁徙，漂泊不定，又造成部落间联系纽带的松弛。而南方各部落力量的相对平衡，又使得没有任何一个部落拥有足够的力量成为统一的核心。

在南非所有说班图语的黑人中，科萨人虽然聪慧精干、人才济济，却是最早因内部分裂而付出惨痛代价的。然而，创巨痛深，又使这个人丁兴旺、生命力奇强的部族在与自然环境和殖民主义的严酷斗争中最先觉醒，英才辈出，涌现出许多先知先觉的人物，半个世纪后，南非许多杰出的黑人领袖都出自科萨人，如贾巴武、曼德拉、坦博等。

反殖民主义斗争的惨痛教训首先是由科萨人来承当的。由于科萨人多次联合抗英未能成功，失去太多的土地和畜群，疆土日蹙，生计维艰，部落生活中的蒙昧主义力量抬头。被挫折感搅得晕头转向的科萨人又把收复失地的希望寄托于上天的冥冥力量（超自然力量），重犯40年前马卡纳的错误。1857年，部落"祭司"预言：如果科萨人宰光自己的牲口，已经逝世的部落前辈英雄将借万能之风复活，把所有白人赶进大海，从西边升起的太阳将给科萨人带来肥羊和丰盛的粮食。屡遭白人殖民者欺凌而又屡战屡败的科萨人，在绝望的心态下，轻信了"祭司"的预言，宰牲之风迅速蔓延，几天之内杀了7万多头牲畜。科萨人历来以牧为主，粮食储存有限，宰杀后遍野腐烂的牲畜只剩下一张张坏毛皮。科萨人遂陷入大饥荒，饿死了2/3的人口，幸存者囷空窖罄，赤贫如洗。

数以千计的科萨人和其他南恩戈尼人陆续被饥饿赶进白人农场当雇工。近一个世纪以来，开普东部地区因布尔人和英国殖民者的土地扩张而造成的土地短缺的紧张状态，竟然通过非洲人口的大量死亡而暂时缓和下来，它使英国殖民当局得以着手实行遗祸无穷的"土著保留地制度"。

第六章
英国殖民改革和促使布尔人大迁徙的因素

一、开普殖民地的经济发展和布尔人的阶层分化

经济的多样化发展 南非的经济随着世界贸易的向东发展而不可抑制地成长起来。南非的战略位置吸引了多国的战舰和商船纷至沓来。开普港和南非其他口岸成为两洋航运的真正中心。英国上万移民的到来给南非的经济发展增加了动力。移民主要安排在楚尔费尔德地区安家，运送的船舶直接在伊丽莎白港停泊登陆。数以万计的移民及其家属定居南非，急遽增加了当地对航运业和进口消费品的需求。1812年，由科斯腾航运公司为运输咸牛肉专门开辟的从开普至阿尔戈阿湾的沿海航运业勃兴。货运激增，运价下降，大大促进了沿海和内地贸易路线的发展。从东部边区首邑赫拉夫-里内特到开普敦的600公里路程，当时已不必全程使用牛车。南下的牛车货物到伊丽莎白港便可由海路转运，既省时又加大了运载量。从而形成了一条以伊丽莎白港为起点，经赫拉夫-里内特北向奥兰治河地区延伸的新商路。内地出产的大批黄油、鲜肉和活畜等货物不必转道开普港，便可直接由伊丽莎白港直航毛里求斯。1830年停泊于新商港的远航船已多达50艘。

19世纪欧洲资本主义经济繁荣兴盛，英国和欧洲大陆的富裕阶级对奢侈品的需求猛增。以象牙制作刀叉和各式餐具的柄、台球和钢琴琴键，以象牙作为仕女折扇的骨柄成为风尚；以鸵鸟羽毛装饰帽子，以珍贵毛皮作服饰，成为欧洲中、上层妇女的流行服装。因此，南非生产的象牙、鸵鸟羽毛、珍贵毛皮、犀牛角供不应求，泊船等货，价格上涨，直接刺激着狩猎业和珍稀产品出口。开普的象牙出口值从1813年的3英镑猛增至1825年的1.65万英镑，需求势头

维多利亚女王一家

未减。虽然开普西南地区的小麦、葡萄酒的价格长期疲软,但东开普的畜产品价格一直看涨。嗜好牛肉的英国移民增加(荷兰人爱吃猪肉),使鲜、咸牛肉销路大增。作为肥皂原料的油脂销路虽一时受进口的廉价肥皂冲击,但很快便瞄准欧洲社会燃点蜡烛成风(维多利亚女王结婚时,用来照明的主要是蜡烛,后成为一种风气),转而用于生产蜡烛,由伊丽莎白港出口,迅速打开了新销路。美利奴羊的饲养改进成功,使羊毛出口值在4年内几乎翻了两番,从1834年的14.01万英镑,猛增至1838年的49.1万英镑;1848年更增至295万英镑,超过肉类出口值;1860年输出羊毛值2 500万英镑。

开普东区的崛起 畜牧业的长期繁荣,不断吸引开普西区人口向东部边区迁移。东部边区的地方市场也随之蓬勃发展起来。1823年,赫拉夫-里内特已成为拥有1 800人的市镇;楚尔费尔德地区的格雷厄姆斯敦从军事据点发展为拥有2 500名居民的东南重镇;距奥兰治河边仅20公里的科尔斯伯格和克拉多克也成为新的地方市场中心。形成中的地方市场大大增加了对进口的生产资料和消费资料的需求:兵器和弹药、牛车及其零部件、茶叶、咖啡、大米、白糖、白兰地酒、亚麻布制品和节日服装成为抢手的畅销货。行商的活动地盘也越来越广阔。行商多为犹太人和苏格兰人。他们集资三四百英镑,以地方市场为基地,装载两三辆牛车的货物,走乡串村,深入到最偏远的农场,出售各种衣料、杂货以至武器弹药;或按老主顾订货单送货上门。销售完货物回返基地的牛车从不空车返回,同时收购各种畜产品、象牙和鸵鸟羽毛等。尽管道路遥远,路途多艰,在傍晚空寂的草原上,小车队时常邂逅黄昏出来觅食的狮子,但行商不畏险阻,成为内陆农场主与沿海港口之间的经济中介人,打开了商途末梢。经济史家纽马克曾指出,若无行商维系着迁徙者与沿海诸港口的联系,就不可能出现布尔人大迁徙。确为不易之论。

经济边区向纵深发展 开普殖民地的这些经济变化,意味着殖民地的经济格局已由单一经济中心逐渐向多个经济中心转变。开普敦在南非"一统天下"的局面正在改变。随着东南沿海航运的发展和新贸易中心的形成,北部地区的居住条件日益便利,越来越多的布尔农场主迁入北部地区。1824年,英国殖民政府规定以奥兰治河为开普殖民地的北界,不许布尔人越界居住。1825年,许多布尔农场主不顾英国禁令,以躲避蝗灾和旱灾为名,赶着畜群涉渡奥兰治河浅滩。至19世纪30年代初,已有数以百计的布尔农场主赶着满载家具、农具的大篷车举家搬到北岸地区定居。以科尔斯伯格镇为基地的犹太人和苏格兰人行商车队,尾随着向北岸迁徙的布尔农场主。一根根无形的纽带维系着他们与开普殖民地商业网间的联系。新形式的贸易中心成为开辟北部地区和向北扩张的经济据点。但是,最早几批到奥兰治河北岸定居的布尔农场主并没有任何显示要脱离开普殖民地管辖的迹象,他们仍然认为自己是英国臣民,要求殖民政府给予他们新占领的土地以法律上的承认。每年他们都定期从北岸骑马涉河,到离南岸颇远的科尔斯伯格镇来缴税,从不欠税、逃税。

布尔农场主分化为不同阶层 随着开普殖民地经济的发展和变化,布尔农场主逐渐分化成不同阶层:已有富裕、中等富裕、较穷和赤贫之分,并出现不同利益的追求。

富裕农场主拥有较多黑人奴隶和少数马来人奴隶以及大批科伊仆役(或称有色人仆役),资金充足。其中住在开普西区的,多经营蔬菜、水果,还从事酿酒和谷物生产;住在东部边区的,主要从事畜牧业,也兼营种植业,一般拥有6 000—10 000头羊。

中等富裕农场主多住在东部边区,拥有足够使用的科伊仆役,主要经营畜牧业,一般拥有3 000—6 000头羊,有的也向城镇奴隶主租赁黑人奴隶或马来

布尔人农场

人奴隶,经营少量种植业。

较穷农场主大多住在北部边区(新区)和东部边区,没有也不使用奴隶,只拥有几个科伊仆役,缺乏土地尤其是好地,一般只有500头羊或50头牛。

赤贫农场主大多是刚从西区流入东区或北部地区的退伍军人和逃亡水手,或因刚分家迁徙新区的庶子以下的诸子,尚未占有土地。他们住在没有窗户的简陋茅屋,缺少家具,衣衫褴褛,但没有丧失获得最主要生产资料——土地的可能性,并未沦为雇佣劳动力。

18世纪英国著名地理学家巴罗曾生动描述过赤贫的布尔人如何终于"发家"当上农场主的过程:

"他开始自己谋生时一无所有,通常是由他妻子的朋友①借给他几头牛羊去饲养,每年下的羊羔和牛崽的一半,要作为利息还给债主。除衣服、茶以外,他的大部分生活必需品须靠自给。活茬都让霍屯督人(科伊人)去干。霍屯督人除了肉(大多是羚羊肉)、马铃薯和毛皮外,不消费主人任何东西。他的房子和家具都是自造的。他不需要各种农具。他唯一需要购置的最昂贵的东西是一辆价值400里克斯达勒(荷币)的牛车。他还需要购买一枝毛瑟枪和少量火

---

① 有不少是好的"外遇"。

药、铅粒,这将给他全家(包括仆役)提供足够的野味。殖民地边区的南非小羚羊十分丰富,极易捕捉。"①

南非的广阔土地可以随意占领,又有科伊人可供奴役,因而没有任何白人移民(包括穷途潦倒的退伍军人和流亡水手)愿意去充当雇佣工人。这就是南非布尔人和其他白人内部阶级分化长期延缓,将近200年没有分化出适量的雇佣工人的奥秘。然而,这种任何白人(殖民者)均有机会当地主的状况,只是有利于不断再生产出前资本主义的生产方式,而十分不利于开普殖民地资本主义的发展。它延误了南非17世纪中叶至19世纪中叶的历史发展,并为后来的种族隔离制度埋下了伏笔。

布尔人农场内

二、英国实行殖民改革

"文明改革"的背后　19世纪20—30年代,英国工业革命高歌猛进。英国工业资产阶级需要扩大海外的商品市场和占有更多的原料产地。几十年来,南非殖民地作为英国市场和原料产地所起的作用很小,以致英国有的工厂主发牢骚:我们都不记得还有这样一块殖民地。1830—1834年,英国从海外进口羊毛为3 520万磅,其中从开普殖民地进口的羊毛仅49万磅,只占1.3%,少得无法与人口很少的澳大利亚相比拟。英国对南非的重视侧重点的排序,从占领之初起就是先战略后经济。首先它是作为拱卫两洋航线的海军基地。从经济需求来看,开普殖民政府本来并不急于在开普进行旨在开拓市场和原料产地的自由主义式改革。但1807年议会禁止奴隶贸易后,这股风也刮到南非。英国传教会先行一步。而且,既然为适应资本主义工业发展的需求,英国已经在帝国范围内撬动了禁止奴隶贸易和限期废除奴隶制这两块巨石,那么,

---

① Barrow, G., A Voyage to Cocinchina in the Years 1792 and 1793, London, 1806, p.123.

英国任何一党就不能止住斜坡上滚动的巨石会带动或推动别的石头顺坡滚动的惯性。两党制的议会选举都把"废奴"作为捞取选票的手段，任何一党都身不由己争抢这面"旗帜"。政客们敏锐地感觉到在大选中南非大有文章可做。1819年，伦敦会（LMS）派遣约翰·菲利普到南非向异教徒地区和"未开化民族"传教。但在布尔人的遏制下，科伊人和有色人种所处的奴隶、农奴或半牧奴的地位大大阻碍了伦敦会传教工作的进展。菲里普困难重重。1828年，菲利普出版《南非调查》一书，揭露开普殖民地现行法律和社会制度十分不利于有色人种的基本权利和利益。他尖锐指出，科伊人和有色人的不平等地位，不仅影响了伦敦会的传教工作，而且影响了英国移民自由雇佣科伊人和有色人劳动力。此书出版后，菲利普作为人道主义者的声名大噪。而英国下议院也乘机大哗，接连通过几个有关南非的法令。1828年的"关于改善霍屯督人以及开普其他自由的有色人种处境的法令"（简称"50号法令"）给予科伊人、有色人土地所有权，实际上是使他们占有土地合法化。

英国为什么先从"改善霍屯督人（科伊人）"处境迈开改革第一步？19世纪20年代，劳动力状况及其引起的劳动力极端缺乏已成为殖民地社会经济发展的严重障碍。荷兰殖民者170多年来对非洲人实行的各种强制劳动的体制弊端百出，明显阻碍了南非社会的进步。科伊人仆役制度形同奴隶制：科伊人及混血人毫无人身自由，遭受百般虐待，申告无门。他们的怨恨情绪没有正当渠道得以宣泄，便通过怠工、偷窃、破坏工具和财产、逃亡等方式尽情发泄；恶劣的人身状况还促使许多科伊人走上酗酒、斗殴、偷盗……的道路；劳动力的素质越来越差，以致有些白人殖民者一谈起科伊人就"色变"的地步。生活在边区的科伊人听说自己同胞处在白人控制下的苦情，宁愿在干旱贫瘠的高原上继续过极端贫困甚至面临死亡威胁的生活，也不愿离开故土去为白人做工。

1820年，5 000名英国人及其后的多批欧洲人移居南非，并没有改善殖民地的劳动力紧缺状况，反而加剧了劳动力人手紧

被射杀的土著人

张的程度。威克菲尔德的"提高地价、密集移民,立法制造雇佣工人"的系统殖民理论,在南非脱离实际,完全不能付诸实践。伦敦葡萄酒商迪亚森带来的67名工人,一到南非就不辞而别自谋生计——南非有的是土地。此类事例不胫而走,起了连锁反应。开普殖民地价低,1812—1840年出让给移民的土地共3 100万英亩,缴纳地价税4.6万英镑,平均3 000英亩地只收5镑。落地的白人无不想当雇主,自主经营农场或作坊。他们反而成为从原雇主手中争夺劳动力的竞争者。留在开普东区(如沃尔巴尼等地区)创业的英国移民当了农场主后,没有见到一艘贩卖黑人奴隶的船舶驶抵南非,伦敦方面禁止移民使用奴隶。现有的黑人奴隶、马来人奴隶都掌握在布尔奴隶主手中,不具有奴隶法律身份的科伊仆役也都在布尔农场主掌握之中。从现实情况看,新移民获取廉价劳动力的最可行的途径就是将招工之手伸进布尔人的农场和家庭,打破其对"劳动力资源的垄断"。其实,这种"垄断"在法律上的形成,也是世纪之交刚至南非立足未稳的英国殖民当局颁布1809年的《霍屯督法令》一手造成的。法令规定:科伊人必须有"固定的住所","未经地方当局的批准,一律不得擅自离开",外出"必须随身携带通行证",这些规定禁锢了所有科伊人仆役,他们在任何情况下都不能离开布尔主人。仅仅十几年,到19世纪20年代,英国人开始尝到作茧自缚的苦果了。

"50号法令"对劳动力性质的影响　19世纪20—30年代,蓬勃发展的英国本土的人道主义运动,从开普殖民地英国移民中的商业资产阶级和农场主中找到了盟友,撑起了反对强迫劳动力制度的旗帜,为科伊人发出呐喊。

英国人面临的开普殖民地的劳动力问题之所以变得更为复杂,是因为直到19世纪30年代,在世界上几乎所有白人移民的殖民地中,只有南非布尔人一直没有分化出雇佣劳动者。南非劳动力队伍几乎全由非白人(有色人种)组成。这种劳动力的构成情况对当时南非社会造成两方面影响。

第一,南非白人移民如果离开非洲人的劳动力,几乎无法维持其经济运转。这种劳动力大部分是非自由劳动力,殖民地除拥有4万多名1807年以前进口的黑人奴隶、马来人奴隶,以及若干"自由黑人"(获释奴隶,仍在原主人家干活)以外,还有数目庞大的科伊人和混血种人劳动力。由于存在大量非洲人组成的非自由劳动力,拥有白人特权的贫困布尔农场主即使买不起奴隶,也能役使几个"霍屯督仆役"(科伊人)。因此,布尔人可以不从事劳动,久而久之养成蔑视体力劳动的恶习,把田野劳动和一切艰苦的体力劳动都看作是"下等种族干的贱活"。经过几代以后,布尔人失去了从事艰苦劳动的习惯和能力，只在嬉戏狩猎活动中显示他们娴熟的射击本领和骑术。所以，黑人奴隶、马来人奴隶和科伊人仆役构成了布尔人农场不可缺少的劳动力。

第二，布尔人为了在南非国土永远保持其"白人老爷"地位，统治非洲人，必须让非洲人对白人世代代处于人身依附的从属地位，并通过立法将这种从属关系固定化和深化，以达到容许白人对非洲人进行任何形式的奴役和剥削的目的。在布尔殖民者本身生产力处于很低水平的情况下，17—18世纪对科伊人的征服便导致以人身依附为特征的农奴制。19世纪又增加了"学徒制"。这令人信服地证明：人类史上农奴制和依附关系并不是某种特有的中世纪封建形式，凡在征服者迫使当地居民为其耕种

掳获黑人奴隶

土地和放牧牲畜的地方，几乎到处可见这种奴役形式。南非科伊人的遭遇就是一种典型。布尔人农场主采取超经济强制①迫使科伊人为其劳动，把具有人身依附性质的"主仆关系"这一枷锁套在他们身上，于是，连其子孙后代也都将沦为"世代奴仆"。他们的地位除了不能被随意买卖（个别的也被买卖），相当于奴隶。布尔人的农场制度正是建立在这种人身依附的"主仆关系"基石上的。

由于这种关系不是建立在如同奴隶制的买卖关系上，它就需要一种"更严酷的形式"——绝对的不平等地位。1809年英国人颁布的《霍屯督人法》对布尔人垄断科伊人劳动力的使用极为有利：它剥夺了科伊人的迁徙自由，没有当局的批准不得擅自离开固定的住所，凡外出"替主人办事或从事法定营生"的人均需随身携带通行证；凡替白人干活的霍屯督人只有获地方当局

---

① 超经济强制又称"经济外强制"或"非经济强制"，它是相对于"经济强制"而言，指地主阶级施于农民的一种以人身依附关系为特征的经济之外的强制形式。经济强制则是指利用纯粹的经济手段实行其对劳动者统治和剥削的强制形式。

批准方能投靠别的主人,实际上它使成年科伊人沦为白人终身奴隶。而该法规引起布尔人最大不满的是,宣布霍屯督人与布尔人在法律面前是平等的,虽说这一规定有名无实;受虐待的科伊人敢于去控告布尔人的仅是孤例,但布尔人认为它打破了土著人的"绝对不平等地位",是不能接受的。

1820年后,布尔人正是由于拥有大量具有人身依附性质的劳动力,才得以在英国移民资本主义农场的竞争下,长时期维持他们这种极端落后的农场制度。其奥秘是对"人的占有"的垄断。尽管英国收购商将畜产品的收购价格压得很低,布尔人农场由于不必支付任何工资,其产品成本极低,竟然也可以不被压垮。显然,在布尔人生产力依旧保持十分低下的条件下,如果废除这种劳动力的人身依附制度,那么布尔人的整个社会制度和经济结构就将随之坍塌。

1828年,英国政府制定并颁布"50号法令":废除了对科伊人的一些歧视性限制。如取消通行证制,废除限制科伊人"流浪"的规定;改革"学徒制";规定科伊人占有土地合法化;并重申在法律上取得与白人"平等的地位"。"50号法令"触动了布尔人农场主的经济和政治的根本利益。100多年来科伊人是布尔人农场的重要劳动力,他们充当羊工、牛工、车把式和家庭仆役。人身依附制下的科伊人是既廉价又稳定的劳动力,既不需布尔人花钱从市场上购买,又如同奴隶一样永远从属于主人。"50号法令"将这一切都推翻了:既然废除了科伊仆役对主人的人身依附关系,也就解除了科伊人所受的"主仆关系"的束缚。富裕的农场主担心他们农场的大批科伊仆役将远走高飞,受英国农业资本家较高工资的吸引,"自由流动"到英国人的农场中去;更担心科伊人取得与白人一样的"平等地位"后,将不允许布尔人农场主继续对其采取农奴制形式的剥削。贫穷农场主从西开普城镇个别发生的布尔人阶级分化中,不安地意识到随着科伊仆役(哪怕只有一两个)的失去,他们自己也将失去"主人"的地位,随之而来的进一步的贫困化终会将他们排挤出农场主的行列,沦为一无所有的"贫穷白人"。因此,布尔农场主不论贫富一致反对"50号法令",并采取可能的措施来阻挠该法令的实施,但收效甚微。布尔人得出了结论:继续在自己的农场保持人身依附制的唯一可行办法,是带着科伊仆役脱离开普殖民地,在"边界"以外的广大地区"不受英国的干预",重新确立"主人和奴仆之间的适当关系"。由于英国当局含糊地表示在某些地区将推迟施行"50号法令",布尔人农场主又在犹豫中度过了几年忐忑不安的日子。

英国改变殖民地政策的几项措施　荷兰在南非推行100多年的殖民土地政策,积习很深,弊病丛生。这些过时的政策培植了为数不少的大土地占有者(大农场主),阻碍了农牧生产力和资本主义的发展,已到了非改不可的时候。好几代布尔人农场主都从1707年荷兰东印度公司制定的《租借土地法》中得到过多利益。这项法令实际上对所有殖民者的土地扩张不加任何限制。每一个殖民者都可以圈占一片6 000英亩以上的土地,例行的占有手续不过是向殖民当局登记备案,缴纳象征性的"租金"。一时缴不出的还可以拖欠,有些农场主积欠了60—70年的租金未缴。《租借土地法》使布尔人实际上可以无限制地占有土地。被英国占领后的最初30多年,对布尔人的占领制度是实行保护的,对其土地扩张也不加限制。英国几次出动正规军打败科萨人,兼并布须曼河和凯河之间数万平方公里土地,其中部分土地也是让给布尔人无偿占有的。

到了19世纪30年代,与英国国内改革相呼应,英国殖民政府逐步实行资本主义的土地政策。根据威克菲尔德的系统殖民理论,为了提高地价,增加地税收入,减轻行政负担,同时为了能在白人移民中产生较多雇佣工人,英国当局在南非土地政策方面作出几项规定:一是将传统的租用农场土地使用权改为土地世袭所有权。按此项规定,凡取得土地者均需付款纳税。1832年,英国宣布开普殖民地内皇家土地今后不再随便分发,停止给予"自由土地",改为公开拍卖。二是不许布尔人越出开普殖民地边界随意占领土地。1824年殖民当局就已规定北部地区以奥兰治河为界,禁止布尔人农场主越界定居。三是在东部地区新占领的凯河地带实行"土地自由让与",规定只有英国人和为英国当局服军役的科伊人才有权取得土地(作为军屯)。1836年10月,为了缓和当时科萨人的拼死抵抗,节省军事占领和行政管理的巨大开支,英国政府下令所有农场主都必须从1835年兼并的阿德莱德地区撤出。这些新规定遭到了布尔人农场主的强烈反对。在布尔人看来,新土地政策意味着剥夺了"他们子孙后代获得土地的天赋权利",并使他们今后在英国统治区取得任何土地将受到严格限制。

英国颁布新土地政策的时间与布尔人开始大迁徙的时间(1836年)大致是衔接的,有的历史学家认为这一新政策直接导致了布尔人大迁徙。关于新土地政策究竟在哪个关键点上和多大程度上促使布尔人进行大迁徙,国内外史学界看法不一,颇有争论。一般认为,由于取得边界以内土地(所谓皇家土地)需要付款纳税,而边界以外则可以随意取得,是布尔人离开殖民地进行大迁徙的重要原因。基维特直截了当地认为"大迁徙是受官方边界以外有大片好地的消息所推动"。这些看法都接触到原因的边缘,但似乎都不够深入。本书拟在后文继续深入探讨这个问题。

三、英国改革法令成为促使布尔人大迁徙的因素

释奴法令对开普劳动力供应的影响 1833年英国议会通过一项重要法案,废除大英帝国范围内的奴隶制,这是1807年英国禁止奴隶贸易法案实施以来水到渠成的结果。但是对于南非的布尔殖民者来说,这仍然是一声晴天霹雳。虽然1807年英国禁止奴隶贸易的决定使布尔人无法再从马达加斯加岛补充奴隶劳动力,但1809年英国人的《霍屯督人法》使布尔人仍能从科伊人已瓦解的部落里源源不断地取得主要劳动力,以取代来源渐趋枯竭的黑人奴隶。1812年英国又颁布补充法令,规定布尔农场主要将其农场院出生的年满8岁的科伊儿童收容,充当10年"学徒"。这是此后几十年南非斩除不尽的"学徒奴隶制"这根枯枝老藤的根本。因此,布尔人并未感到劳动力供应的拮据。直到1828年颁布的50号法令才使他们感到情况的严重。但当局允许某些地方可缓行几年,这又使布尔人如释重负。1833年法令的下达及随之缓缓而来的释奴补偿金的拨付,使布尔农场主面临释奴势在必行的严峻形势,然而,究竟释奴法令对布尔农场主作出离开开普殖民地的决定产生了怎样的影响?研究者看法也不一致。

科利特、威尔莫特、蔡斯等都认为奴隶制的废除是大迁徙的主要原因之一。利文斯敦、莫法特等传教士干脆认为,大迁徙就是"由于荷兰殖民者反释放奴隶引起的"。科里在《南非的兴起》一书中更直截了当地指出,布尔农场主携带奴隶越出边界,事实上是大迁徙的开始。因为"农场主为了保存他们的奴隶,蓄意迁离殖民地,以脱离英国政府的管辖范围"。但这类看法,早在19世纪末就有史学家表示异议。锡尔在《19

利文斯敦马车上布道

世纪南非史》一书中不赞成这种看法,理由是占参加大迁徙总人数98%的东部和北部边区的布尔农场主,仅仅拥有整个开普殖民地奴隶总数的16%,可见释奴法令不大可能成为大迁徙的主因。这个论据是颇有分量的。

要深入论证这个问题,还需要分析奴隶劳动力究竟在东部边区经济中起多大作用。东部边区的大鱼河流域,河流较多,牧草丰盛,甜草居多,布尔农场主以饲养牲畜为主。但在水源和土壤条件较好的谷地,他们也重视种植谷物、烟草和葡萄。这些农产品除家庭和农场自身消费外也大批供应地方市场,如通过行商供给不能生长谷物的北部干旱地区。据统计,1831年赫拉夫-里内特区共耕种土地3 637英亩。兼营种植业的多是富裕的农场主,他们对劳动力的需求比单纯经营牧业的农场主显然要大得多。大凡种植业都需要使用黑人奴隶(马来奴隶已越来越少),因科伊人是放牧能手却不谙农事。1823年,东部边区白人人口共20 906人,奴隶人数为4 794人,其后随着地方市场、种植业和集约经营的发展,东部边区奴隶数逐年增多。

埃滕哈赫地区,1828年,1 086人;1830—1831年,1 251人;1833—1834年,1 298人。阿尔伯克地区,1828年,96人;1830—1831年,126人;1833—1834年,144人。东萨默特地区,1828年,1 346人;1830—1831年,1 393人;1833—1834年,1 441人。赫拉夫-里内特地区,1828年,2 266人;1830—1831年,2 704人;1833—1834年,2 449人。

1828—1831年的3年内东部边区奴隶数目从4 794人增至5 474人。1834年,因赫拉夫-里内特一些农场主首批携带若干奴隶越出边界,渡奥兰治河北去,奴隶数目稍有减少。东部边区奴隶数目约占开普殖民地奴隶总数39 021人的1/7,可见,奴隶劳动力在东部边区经济中起的作用比一般估计的要大。19世纪30年代,东部边区已成为供应开普殖民地黄油、油脂、肥皂、羊尾脂,供应北部地区谷物、蔬菜等的主要产地之一了。而生产这些产品是需要很多劳动力的。

其次,不宜一概而论,需要弄清楚英国政府释放奴隶的政策究竟对布尔农场主中哪些阶层影响较大。显然,释奴对没有奴隶和不使用奴隶的贫穷农场主,以及一部分中等农场院主,直接影响很小。但对边区富裕农场主的影响到底有多大,研究者的看法就很不一致了。有些研究布尔人大迁徙的著作,仅仅注意到释放奴隶使布尔农场主遭到财产方面的损失。例如,一般都提到"释奴补偿金"应支付的总额为2 824 244英镑,而英国政府只支付了1 247 401英镑,这使布尔农场主蒙受巨大的财产损失。有的研究者据此作出推断：既然东部边区许多农场主只是奴隶的租赁者和使用者，而不是奴隶的所有者，释奴并未使他们在财产上蒙受多大损失；而那些实际上遭受财产损失的城镇奴隶所有者（出租奴隶的奴隶主）却并没有参加大迁徙。因此，英国释奴政策并不构成布尔人大迁徙的原因。这样的逻辑推断，表面上似乎是有道理的。然而，纽马克在《1652—1836年南非东部边区所受的经济影响》一书中提出，要把释奴措施对东部边区经济的影响，分成财产损失和劳动力损失两个方面。应该说，这个提示是有启发性的，这样的分析也比较符合当时的历史实际。

解剖几只麻雀（大迁徙首领），分析影响因素　有些领导大迁徙的布尔人首领是拥有奴隶的富裕农场主，例如，彼得·马里茨（Maritz）拥有12个奴隶，价值1 540英镑；路易·特里加特（Trichardt Louis）拥有10个奴隶，价值1 283英镑。还有一些农场主也与释奴之举有利害关系。释奴使这一部分富裕农场主在财产和劳动力两方面都遭受损失，这无疑对他们参加并领导大迁徙起了决定作用。路易·特里加特率队到了德拉戈阿湾后，对葡萄牙人说，他参加大迁徙有三个原因，其一就是因为英国人释放奴隶。至于那些自己没有奴隶而是向赫拉夫-里内特城镇奴隶主租赁黑人奴隶的富裕农场主和少数中等富裕农场主，他们虽然表面上未蒙受财产损失，但却面临即将丧失种植业劳动力的困境。在布尔农场主自己不事劳动，科伊仆役又不谙农事的情况下，不能租赁奴隶就意味着失去种植业劳动力，也就意味着种植业农场主无法照样经营。因为东部边区的其他性质劳动力原本一向就很缺乏，雇佣劳动力基本尚未形成。从当时档案可查出，开普政府的土地和林地视察员经常这样报告："政府规定在新申请的土地上必须使用自由劳动力，但殖民地并不具备这些土地所需要的自由劳动力"。1828年以后开始"解放"科伊人仆役（农奴），各阶层布尔农场主已渐渐感到劳动力短缺的威胁，农场内劳动力安排捉襟见肘。1834年落实释奴政策更可能使富裕农场主的园田劳动力陷于枯竭。大迁徙首领比勒陀利乌斯（Pretorius Andries）承认，"迁徙的主要诱因，是对解放奴隶的不满。殖民地的农业和其他经营都是靠奴隶劳动力，（英国政府）给予他们的主人和所有者的赔偿是远远不够的"。他把劳动力问题摆在第一位，反映出农场劳动力问题确是引发大迁徙的重要因素。有的史学家提出质疑：西印度群岛释放的奴隶比南非多得多，然而基本上并没有影响该群岛的劳动力供应，何况英国政府还规定，开普殖民地被释放的奴隶应作为自由劳动力就雇于原主人。所以，布尔人农场主不会立即面临劳动力"枯竭"的形势，何至于非要离开开普殖民地不可！他们问道，释放奴隶和"解放"科伊仆役究竟是在哪一方面严重影响了东部边区的劳动力"供应"？这个疑问确实触及问题的关键，涉及19世纪南非种族主义制度形成的一个核心问题。

以"不平等的法律地位"保证强制劳动力的供应 布尔农场主一心只愿意使用带有超经济强制的、具有从属关系的劳动力。这在开普殖民地建立初期，布尔人开始脱离劳动、使用大量奴隶和科伊仆役时就埋下了祸根。正是在这个"祸根"之上滋生了后来的"种族隔离制度"。布尔迁徙者留学生传下的许多文字材料都提到，不是解放奴隶本身而是"解放方式"伤害了他们。大迁徙的著名首领雷蒂夫的胞妹安娜·斯廷康布的一段话透露了布尔人的真正想法。她说，我们反对的"与其说是给予奴隶自由，不如说是让奴隶同基督教徒处于平等地位"。布尔人坚决反对非洲人与白人拥有"平等地位"。这是南非史上白人与非洲人关系最根本的问题，而且是后来延续了100多年的种族歧视泛滥的历史渊源。布尔人为什么越来越强调非洲人不可同他们"地位平等"？综观南非殖民地的土著政策史，研究者发现，从1809年《霍屯督人法》开始，布尔人就利用其中的通行证的规定将非洲人不具有"平等地位"问题与劳动力问题紧紧拴在一起；后来（19世纪下半叶）又把它与选举权问题联系在一起；最后（20世纪初）更将其编织成严酷的"种族隔离制度"。布尔人后来以加尔文教臆想出来的非洲人（论及种族歧视时主要是指黑人）是所谓哈姆的子孙，只配替白人"劈柴挑水"做奴隶为依据，①咬定非洲人天生不能同白人处于"平等地位"，其后斯泰伦博斯白人大学将它系统地编造成一套种族主义隔离理论。实际上这个过程反映了布尔殖民者在南非追求经济和政治利益的需求。布尔人坚持实行的极其落后的经济制度，以非洲人（先是科伊人，后扩至班图黑人）对农场主的人身依附为前提。只有实行超经济强制，白人农场主对非洲人才拥有直接支配权，才能强制非洲人为白人做工。看到多次"卡弗尔战争"中黑人的英勇表现，布尔人越来越认识到能够驱使黑人生产者的已"不是鞭子"而是法律：一切都必须建立于白人与非洲人在法律上绝对"不平等地位"的基础上。尽管英国在1828年的50号法令上仅仅是加上了多少带有花边点缀性质的"自由、平等"等词，布尔人农场主都已绝对不能容忍。

19世纪30年代，在欧洲废奴运动日益汹涌的潮流冲击下，布尔农场主虽然受到美国南部仍然保持奴隶制的鼓舞，但也明知在大英帝国统治范围内已

---

① 《圣经》中《约书亚记》。

不可能原封不动地维持奴隶制。他们坚持的底线是,现存的"不平等地位"(实际上的人身依附制)不能改革。布尔人在1836年发布的《大迁徙声明》中,一方面假惺惺地声称"无论迁到哪里,我们都决心坚持公正合理的自由原则……一定不使任何人沦为奴隶",另一方面又表示绝对不能容忍被释放的奴隶和科伊仆役(按50号法令)享有与白人一样的"平等地位"。安娜·斯廷康布明白地表示,如果让"奴隶享有与基督徒平等的地位","我们宁愿离开"。后来,在布尔人迁徙到德兰士瓦高原,掌握了"独立的共和国"大权后,于1854年制定的第一部宪法,就开宗明义地宣称:"无论在教会或在国家中,有色人种(包括科伊仆役)与白人之间绝对没有平等可言"。布尔人在废奴运动的冲击下,表面上可以让奴隶不再是"奴隶身份",但被释放的奴隶必须与科伊仆役一样,实际上对布尔农场主保持人身依附关系。在这一前提下,奴隶的名称可改为"学徒",奴隶的子女也可按1812年补充条令,称为"学徒",但他们都必须无条件地留在农场内长期为主人无偿做工。在农场的"独立王国"内,所有非洲人劳动力都必须受布尔农场主家长式的专制统治,处于奴仆地位。可见,在布尔人看来,只有非洲人与布尔人的"地位不平等"才能维持人身依附制度,前者是后者的支柱。而"通行证制度"则是维持"地位不平等"和"人身依附"的关键。

布尔人为什么需要脱离开普殖民地? 显然,脱离开普殖民地进行大迁徙的决裂性行动,不会使奴隶所有者在财产方面得到更多补偿(这可以解释为什么几乎所有靠出租奴隶营利的城镇奴隶主都没有参加大迁徙)。但脱离了英国的统治范围,却能够按照布尔农场主的种族不平等意愿解决其劳动力的稳定供应问题。在边界外面,他们脱离了英国的管辖,将不受英国任何"限制使用非自由劳动力"政策的约束,可以无所顾忌地实行"种族差别"待遇,保持或重新建立布尔人与非洲人之间所谓"主仆适当关系",推行一套超经济强制的办法,从而在一代人的时间里彻底解决其土地和劳动力问题。

第七章
祖鲁王国的崛起

一、北恩戈尼人诸部落统一的有利条件

得天独厚的祖鲁兰 北恩戈尼人栖居的纳塔尔是南非得天独厚的富庶地区。它地处南非的东高原斜坡地带,其北部地表低平,河谷开阔;南部地区崎岖狭窄,河流动辄形成峡谷,水势湍急。全区雨量丰富,常年温差不大。由于地形复杂多变,在不大范围内就含有甜维尔区、酸维尔区和混交禾草区等多种类型草原。维尔(veld)为"草原"之意,特指既未耕种过又无密林的开阔地。甜维尔(Sweetveld)区生长着全年甚至干旱时期都有营养的禾草如红草,适于饲养牲畜。酸维尔(Sourveld)区的禾草在生长的早期富含营养,但生长3个月以后所含蛋白质和矿物质急剧减少,木质素和纤维素含量升高,牲畜吃了不好消化,因此不爱吃。祖鲁牧人擅长放牧。他们让牲畜先吃酸维尔区的细嫩牧草,3个月后进入甜维尔区,牛羊吃得腰肥体壮,繁殖率很高。祖鲁人的畜牛业特别兴旺发达,祖鲁语中有100多个专有名词,分别表示不同品种、毛色和角形的牛。

除了适牧以外,比起高原斜坡带的其他地区,祖鲁兰又是适宜农耕之地,既温暖多雨,水源条件优越,又无危害人畜的萃萃蝇,是理想的发展农牧经济的地带。居住在祖鲁兰的恩戈尼人主要部落有恩德万德韦、恩瓜内、姆塞思瓦和夸比。这些黑人部落善于利用自然条件,充分发展农牧混合经济。16—17世纪,从东海岸葡萄牙海难者手中引进高产的美洲玉米以后,更增强了祖鲁兰雨量充沛地区的农业潜力,遇上好年成,玉米加上非洲蜀黍可使谷物产量倍增。以祖鲁人为代表的北恩戈尼人人口迅速增加。农牧业的发展促进了家庭手工业的发展。北恩戈尼人的炼铁技术达到了相当高的水平,铁制工具甚多。

专业铁匠技术严格由家族传承。他们也善炼铜,喜好用铜制作各种装饰品。另有专事生产草篮、草席的工匠。木雕工艺也得到发展,生产的牛奶盘、木制长柄勺、羹匙、枕头等远销各地。手工业分工初具规模。恩戈尼人可用来交换的产品数量和品种比其邻居科伊桑人多得多。这促进了商品经济迅猛发展,使地区财富急遽增多。

靠近德拉戈阿湾的南班图诸部落,兼得地理之利,长期控制德拉戈阿湾贸易。这里在1794年以前由聪加人控制,其后控制权曾短期转入马普托人之手。居住在主要通道之一的蓬戈拉河西岸的恩瓜内人和恩德万德韦人,也力图控制此类贸易。于是,争夺长途贸易控制权成为刺激南恩戈尼人各部落建立强大军事力量的动力。乌姆福洛济河下游的姆塞思瓦部落的酋长丁吉斯瓦约在1809年前曾多次到德拉戈阿湾一带旅行,眼见贸易繁盛和欧商咄咄逼人的情景,深感加强武力控制贸易通道的重要。他在1809年即位后组织商队运输象牙、牲畜和毛皮向葡萄牙出口,他曾贩运100头公牛和大批象牙,到德拉戈阿湾去换取串珠和毛毯。诸种有利因素使北恩戈尼人酋长能够有效维持其对象牙、毛皮贸易的垄断地位,获得巨利,从而壮大其经济实力。

18世纪末生态环境的变化改变了祖鲁兰经济发展的方向和政治实力的变动。德拉戈阿湾的象牙贸易因大象被滥杀而骤减,牲畜出口猛增。贸易上对牲畜需求的增加(葡属莫桑比克港口同样是印度洋帆船的供给站),以及牛群是社会和家庭财富唯一标志的传统,刺激着北恩戈尼人想方设法扩大畜群的规模。

生态环境变化促进了从部落到国家的发展过程。恩瓜内、恩德万德韦和姆塞思瓦诸部落的中心地均位于雨量丰沛、土壤肥沃的分水岭地带,靠近甜维尔和酸维尔地区,全年均可放牧,饲养牛群最多。但是,各部落出现的长期过分放牧的现象,一度破坏祖鲁兰的生态平衡,特别是甜维尔地区受到的破坏最大。这些优良牧场一旦植被覆盖面减少,表土流失,就会滋生牲畜不爱吃的灌木刺林。根据树木年轮研究,18世纪90年代纳塔尔地区的降水跌至历史最低点,引发了1801—1802年的大灾荒。祖鲁兰各部落酋长竞相向所剩无几的牧场储备资源扩张,占领新资源。扩张土地的行动引起了激烈的部落战争(迪法肯战争的前奏),战争减少了人口,但并未从根本上解决生态危机和人口膨胀所产生的严重问题。

18世纪末,此地的非洲人开始了部落广泛联合、从部落过渡到民族的过程,有的通过和平途径,有的通过武力征服。游牧经济在南非自然条件下本来很难形成一个国家的经济基础,但在南非南纬30°以北地区,可靠的农业生产和不断扩大的畜群却提供了形成国家的有利条件。

大约在16世纪中叶,北恩戈尼人的恩瓜内黑人部落已居住在蓬戈拉河下游两岸平坦的沼泽地带(今莫桑比克南界内),当时叫伦吉尼人,其创造者称德拉米尼一世。伦吉尼部落成为聪加人的滕布王国的一部分。从北伦吉尼部落分出来的新氏族往南迁徙,渡姆库泽河进入纳塔尔。新氏族恩瓜内后来又分成德拉米尼和恩德万德韦两个氏族。而留在北方的伦吉尼部落属其中的伦加氏族,从中又分出赫卢比和斯威兹两部。大约在1720—1730年,赫卢比继承其父伦加为酋长后,可能因在滕布内战中失地,遂率伦加氏族延林波波河丘陵南迁,定居于蓬戈拉河南岸,成为恩德万德韦的臣属。后来,伦加氏族分别由赫卢比及其兄弟德拉米尼三世率领。德拉米尼三世率领的氏族定居于蓬戈拉河上游南岸(后来的斯威士兰国南界)那片十分适宜农牧混合经济的地带。一直到德拉米尼三世之子恩戈瓦尼三世即位后,他才率众从南岸回渡北岸。无论如何,斯威士人终于定居在蓬戈拉河上游北岸这片适宜农牧混合经济的肥沃地带了。恩戈瓦尼三世(约1750—1770年在位)充分利用有利的自然条件发展生产,奠定了斯威士民族的融合基础,建立了斯威士兰王国。斯威士人自称恩瓜内人,就是从几个自称为(巴卡)恩戈瓦尼家族的名称沿袭而来的。恩瓜内人不断扩张领土范围,逐渐征服或吞并蓬戈拉河上游北岸的几个小酋长国,包括其中的苏陀人酋长国,因此,恩瓜内人文化中也糅进了属于苏陀-茨瓦纳语系的苏陀人文化成分。有意思的是,北恩戈尼人实行严格的族外婚制,而同样属于恩戈尼语系的恩瓜内人却宁愿实行姑表和舅表婚制,斯威士人中皇太后的崇高地位与其说是恩戈尼人的传统,毋宁说是苏陀人遗风。

两强之对峙——恩德万德韦和姆塞思瓦 定居于蓬戈拉河南岸的恩德万德韦人力量强大,雄踞一方。18世纪90年代,亚卡酋长传位于其子兹威德。兹威德精明强干,他乘德拉戈阿湾附近的滕布王国衰亡及其继承国马普托王国力量不济之机,控制了沿海和高地之间的东西方贸易商道,聚敛财富,征服了当地酋长国库马洛、恩瓜勒尼、布塞勒齐等,威势大振。远至纳塔尔北部和斯威士南部的许多酋长国和王国赫卢比、恩瓜内等,都不得不向他称臣纳贡。在恩德万德韦人的统治下,一些臣属国如索尚加的加扎国和兹旺曾达巴的恩克万曾尼国仍保持自治地位。

位于乌姆福洛济河下游的姆塞思瓦酋长国,境内多河谷低地,既有适于农耕的丘陵地带,也有滋生大量猎物(尤其是大象)的低地。18世纪中叶以后,德拉戈阿湾的猎象业向乌姆福洛济河低地扩展，姆塞思瓦酋长国控制了低地的各个要道，从而既垄断了猎象活动，又控制了地方贸易。18世纪90年代，丁吉斯瓦约同其酋长父亲乔伯闹翻，愤而出走，游历各地。关于此段游历，恩戈尼民间故事有许多传说。有说他曾到过开普殖民地，回乡时骑马挎枪，引人注目。这些都缺乏可信的证据，但他见多识广，眼光远大却是可信的。1809年他倦游思归时，其父已传位于其弟马韦韦。丁吉斯瓦约夺回酋长宝座后，知人善用，勇于革新，在他统治期间，国力迅速增强。他与马普托王国结盟，进一步控制了北方贸易；并向西扩张，将祖鲁、布塞勒齐等酋长国均置于其控制之下。

19世纪初，在北恩戈尼人部落战争中，越来越多地出现了部落联合和集中的现象。昔日一个酋长国击败另一个酋长国，一般并不吞并后者，而只让其认输，而后撤兵。如今，恩德万德韦人和姆塞思瓦人一改前例，不断通过战争征服和吞并别国，扩大疆土，为统一造势。

同龄兵团制度的出现 为适应这种拓疆扩土统一军队的需求，他们率先建立起一种同龄兵团的军事制度，打破部落界限，按年龄等级将各部落男青年混编在兵团中。这种同龄兵团制度几乎同时出现在班图黑人几个不同民族（恩戈尼人、苏陀人、茨瓦纳人）中，这一现象说明它是适应内外环境压力的产物。

南班图黑人早就盛行割礼入会的习俗。① 这种颇具神秘色彩的习俗演进为部落的政治生活赖以存在的基础，其实质是建立一种身份依附制度。酋长们为了便于控制各自部落的同一年龄段的青年，每当酋长的一个儿子施行割礼时，部落中同年龄的青年便一起去施行割礼。这些青年便自然成为酋长之子未来扈从的核心和最亲近的伙伴，一生效忠于他们的首领。实行多妻制的酋长一般子嗣众多，部落的青年便按年龄段参加割礼，分属于酋长诸子，自然形成若干个年龄集团。

到19世纪初，随着部落的广泛联合，沿袭已久的割礼制度同部落联合、集中趋势及其带来的频繁的战争生活发生了严重冲突。割礼仪式繁复冗长，年轻小伙子集中关闭一地，在四五个月内受到严酷的肉体折磨，筋疲力尽。敌对部落常乘对方在割礼期间无力自卫而发动突袭。此外这种入会仪式使部落的同龄青年只忠于年轻的酋长继承人，十分不利于部落的合并和统一国家的形

---

① 一种把男性少年生殖器前端包皮割去的仪式。按照这种习俗，施行割礼后的少年便步入成年人社会，并为后者所接受。

成。改革这种过时的、弊端丛生的旧制度已势在必行。

北恩戈尼人的同龄兵团制度废除了传统的割礼和入会仪式,而以加入同龄兵团、服役、参加战斗作为少年步入社会的标志。按祖鲁人的程序,允许他们戴头圈（一种成年的光荣标志）。同龄兵团不再以部落划界线,而以同一年龄段作为唯一标准。被征服部落的同龄青年也以平等地位编入各年龄段兵团。兵团成员只对国王或最高酋长效忠,而与原属部落酋长脱离隶属关系。各同龄兵团的给养完全仰靠王室领地的收成或战利品。例如,由属于国王或最高首领所有的牛群供给其肉食和奶制品;谷物供应则靠各领地大批妇女的农耕所获或靠国王向各个家族征募的剩余劳动力所生产的粮食。国王或首领依靠垄断贸易或征战来聚敛财富和扩大畜群。战士的给养与军事行动的成败息息相关。这种新军事制度有利于促使来自各部落的战士形成共同的民族感情和对首领（国王）效忠的信念。北恩戈尼人的四大酋长国恩德万德韦、恩瓜内、姆塞思瓦和后来居上的祖鲁小酋长国都将该制度作为联合部落以逐步形成国家的重要手段。

二、四大酋长国争战中祖鲁王国国势后来居上

斯威士兰王国脱颖而出　争夺土地和控制商道的斗争频频发生。恩瓜内人与恩德万德韦人为争夺蓬戈拉河南岸的盛产玉米地带而爆发战争。兹威德率恩德万德韦军队侵入恩瓜内领土,打败索布扎的军队,几乎消灭了恩瓜内酋长国。1815年刚即位的索布扎率残众退往北方。此后,兹威德接二连三的攻击迫使索布扎躲进群山岩洞中避难,最后不得不退让至后来的斯威士兰中心地带——因科马蒂河沿岸,并在此建国。索布扎初败不馁,勤于学习,知人善用,善于吸收各方长处,他既仿效丁吉斯瓦约同龄兵团制度,也采用归附于他的苏陀人的一些政治制度,如国王与太后的两宫分权制、个人扈从制等,建立起一套较为灵活的中央集权与地方分权相结合的制度。中央在加强集权的同时,允许各地臣民有广泛的政治参与权（参加国民会议）。索布扎组织的同龄兵团征服了当地讲恩戈尼语和讲苏陀语的小酋长国马塞科、佩迪等,奠定了斯威士兰王国疆土。

在强邻窥伺下,为巩固新王国的政权,索布扎执行灵活的外交政策。1817年他娶兹威德之女为正妻,避免与强邻恩德万德韦再次发生冲突。后来他同更强大的祖鲁王国交往时,也同样谨小慎微,避免冲突。依靠外交途径,

避免同潜在的强大敌国发生冲突,成为斯威士兰王国的立国之道。此后历代君主也将此道奉为圭臬。但对弱邻,它毫不犹豫地发动进攻。到1820年左右,斯威士兰进入和平建国时期,索布扎迁都于乌苏河谷地的诺克万,仿照祖鲁人的军事原则进一步加强同龄兵团。其四邻成为它的进贡国,包括位于高维尔地区的佩迪国、低维尔地区的聪加酋长国和中维尔地区的恩戈尼人诸酋长国。① 索布扎在位21年(1815—1836),把斯威士兰建成一个巩固的较强大的王国。

祖鲁小酋长国在纷争中获得机会 在祖鲁兰南方,姆塞思瓦酋长国的土王丁吉斯瓦约首先要对付的是强大的夸比酋长国。夸比人统治着姆赫拉图泽河之间的地盘,在库兹瓦约统治时期国势日强,控制了整个恩戈耶地区,迫使其主要对手塞列人和图利人移居图盖拉河以南,其威势远及恩戈耶以西地区,祖鲁小酋长国也在其卵翼之下。1815年夸比大酋长憎恶崛起于乌姆福洛济河间的姆塞思瓦国日益侵入其权力范围,遂故意庇护刚被丁吉斯瓦约赶下台的其弟马韦韦。丁吉斯瓦约借用马普托王国的火枪兵,击败并吞并夸比酋长国,统一了乌姆福洛济河流域,祖鲁人从此成为它名副其实的附属国。因此,姆塞思瓦一跃成为南方最强大的国家。

祖鲁部落

---

① 高维尔(Highveld)是指草地或海拔1 200米以上的高地;低维尔(Lowveld)指灌木地或海拔在500米以下的地表;中维尔(Middleveld)介于两者之间。

恩德万德韦人自从把恩瓜内人赶到因科马蒂河以北,称雄蓬戈拉河以南地区后,逐渐往南向乌姆福洛济河甜维尔地区扩展,与姆塞思瓦人发生冲突。由于姆塞思瓦人有马普托王国火枪兵的支持,兹威德始终未能切断姆塞思瓦与马普托之间沿海平原的商道。1817年北恩戈尼人的两雄发生全面冲突,双方都动员了主力。初期丁吉斯瓦约取得了一系列胜利,直逼兹威德首府。1818年冬,双方在首府附近的姆齐山丘进行决战,均布下了著名的公牛角阵。①会战前夕,丁吉斯瓦约带一小批随从爬上一座小山俯瞰战场,观察地形。不幸陷入计谋多端的兹威德设下的埋伏,被擒处死。姆塞思瓦军队临阵痛失主帅,陷入混乱。兹威德不战而胜,把姆塞思瓦人赶过乌姆福洛济河,几乎逼近图盖拉河。

恰卡的才干和历史机遇 历史给姆塞思瓦军队中一位普通指挥官恰卡提供了难得的机遇。恰卡出身于一个默默无闻的小氏族——祖鲁。其父森赞康纳是位只管辖2 000人的小酋长。童年时期,恰卡因父母的婚变而寄居于母方氏族兰吉尼。寄人篱下的牧童生活和坎坷的境遇使他炼就了坚强勇猛的性格。他身材魁梧(身高1.9米以上),胆略过人。1803年,成年后的他离开本部落投奔姆塞思瓦酋长国,1809年应召入伍。他勇敢善战,卓具指挥才能,屡建战功,深得丁吉斯瓦约的赏识,②获得"勇士"称号,升任指挥官。1816年恰卡父亲森赞康纳亡故,其庶子西古贾纳继位为酋长,恰卡借得丁吉斯瓦约的一支军队杀回部落,从其异母兄弟手中夺回酋长宝座。恰卡以本氏族青年为主,建立一支剽悍善战的军队。毗邻部落慑于其武力纷纷归附。一年之内,恰卡统辖的地盘从100平方英里扩大到400平方英里,军队由500人增至2 000人,并兼并了6个部落。丁吉斯瓦约将恰卡所统辖

恰卡

---

① 据传公牛角阵最早是罗兹维人和伦加人采用的阵势,北恩戈尼人是从他们那里学来而加以发展的。
② 据库普曼考证,丁吉斯瓦约在流落兰吉尼部落时,就认识年轻的恰卡。

的祖鲁军队提升为姆塞思瓦禁卫军。1818年年初丁吉斯瓦约被俘遭戮后,姆塞思瓦国群龙无首,失地大半,濒于瓦解。恰卡斩杀新酋长,取而代之,任命亲信为姆塞思瓦各级指挥官,重建权力中枢。

兹威德乘恰卡立足未稳,兴兵讨伐。1818年4月兹威德率1万大军侵入乌姆福洛济河南岸。恰卡指挥祖鲁5 000名精兵,在格夸科列山丘击败恩德万德韦军队,但自己的军队也是伤亡严重。这一战役使恰卡声威大振,成为姆塞思瓦公认的国王。他乘胜出兵攻打夸比,吞并这个祖鲁人的前宗主国。由此,祖鲁王国疆域往北扩至乌姆福洛济河,西抵恩康得拉森林,面积达7 000平方英里,共辖30个部落。1818年年末,兹威德派全部人马约1.8万人再犯祖鲁。面对优势敌军,恰卡率军先行撤退,烧毁沿途粮草,实行坚壁清野,诱敌深入,不断以小股部队夜袭侵扰敌军。当恩德万德韦军队孤军深入到图盖拉河时,因粮草不济发生饥荒,被迫仓促退兵,抢渡姆拉图彻河。以逸待劳的恰卡抓住战机,率精兵半渡而击,疲惫不堪的敌军溃散四逃。恰卡乘胜追击,摧毁了恩德万德韦的后方基地。兹威德仅以身免,率众远逃北方。

战胜北方残敌之后,恰卡又向富饶的图盖拉谷地和东海之滨扩展,征服了姆博、恩科洛西、列塞、图利等酋长国。祖鲁王国的版图扩大到1.15万平方英里(近3万平方公里),北至蓬戈拉河,南至图盖拉河,西抵德拉肯斯山,兵员总数跃增至5万人,是当时南部非洲空前强大的军队。恰卡部队连年出征,击败一个又一个酋长国和王国,100多个部落被并入祖鲁王国。在这片原来星罗棋布分散着北恩戈尼人众多酋长国的地带,崛起了一个统一的王国,辖区内的数十万居民都被(欧洲人)称为祖鲁人。恰卡应运而起的军事行动促进了南非北半部一个新民族的形成。

三、恰卡的军事、经济和政治改革

继续革新"同龄军团"等军事制度 在姆塞思瓦国力鼎盛时期,丁吉斯瓦约曾对氏族社会制度中许多早已过时的旧形式进行初步改革,使王国面目一新,但他"出师未捷身先死"。恰卡继承了他的未竟事业,掌权伊始便着手进行大规模的改革。

首先,恰卡将同龄兵团制度在丁吉斯瓦约改革的基础上继续进行更大程度的革新,一方面使它成为与班图黑人传统制度颇不相同的崭新的军事制度;另一方面又使之成为奠定王国经济基础的重要的经济制度。恰卡彻底打

祖鲁人的军事舞蹈

破了部落界限,把所有具备战斗力的男性居民按年龄段,每600—1 000人组成一个兵团(ibutbo,"依布道")。

每团战士均持同一色彩和装饰的盾牌。各团分别用黑牛、白牛、花牛、黄牛的皮革制造盾牌,以示区别。祖鲁战士的服饰更别具一格,极富色彩,凸显当地民族风情。成年男子头上缠一块水獭皮头巾(里边填满了灯芯草草籽或干牛粪),头巾前方插着一根3英尺长的羽翎,两块猴皮从头巾下垂到两颊,其上部缀满剥去羽管的羽毛,显得既轻盈又明亮。脖子上挂一串由小木片缀成的项圈,就是勇敢者的标志:凡在战场上杀死一个敌人则串上一块木片,串满为止。战士的手臂和腿上缠绕着公牛或母牛的尾巴。胸前交叉着两根绳子,绳子用6英寸长半英寸宽的香猫皮和猴皮精巧地拧在一起(没解过此绳的人会误以为这是从动物身上割下的、抽去椎骨的尾巴)。围在腰间的服饰是用同样方式制作的,只是长可及膝。一件战士服饰通常要用上15—20张皮,有的甚至要用上50—60张皮,以显示其价值之贵和穿着者地位之高。由此也可见祖鲁王国"军服"生产能力之巨大。祖鲁男人服饰的尚武元素,在东南非洲各部落、王国中首屈一指,呈现极其鲜明的民族特色,流传至今。

各同龄兵团分别驻屯在特定的军区"埃开达"。战士在兵团中须连续服役,直至被允许离队结婚为止。服役期间,来自各部落的战士只许说以祖鲁方言为基础的北恩戈尼语。恰卡将军人分成新兵、战士、老兵三类。[1] 士兵是从12岁起便接受准军事训练,如侦察、运输等项目训练,18岁成为新兵接受正式军事训练,在35岁成为退伍老兵以前不允许结婚。恰卡亲自训练一个由20岁年龄段青年组成的同龄兵团,命名其为"乌巴辛巴"(意为烟雾),采取斯巴达式[2]的训练方式。经受严格磨炼的战士个个骁勇善战,成为他的嫡系特种部队。

经过强化、革新的新军事制度,更有利于培养各部落战士共同的民族感情和对恰卡的忠心,从而增强了中央集权。地方统治者被剥夺了传统上属于他们的军队的大部分,而剩下的军队是由已婚的老兵组成的,与国王统帅的精兵相比,战斗力悬殊甚大。这使地方势力既无法以劣势兵力与中央抗衡,更难兴兵作乱或率部叛离。新军事制度成为恰卡统一所征服的部落、形成集权国家的有效手段。

恰卡改进了武器装备和战术。南班图黑人长期以投掷长标枪为基础的传统作战方式。只适于小规模的短时战斗,不能以密集战斗队形进行真正的决战。恰卡首先训练同龄兵团采用新的武器装备,每个战士配备一根短刺矛"阿撒加"和椭圆形大盾牌。便于进行面对面白刃肉搏战。战斗展开后,战士排成密集队形,以盾牌作掩护,抵御敌方的箭矢和标枪,同时执短矛冲锋进行白刃战。任何战士不许将短矛当标枪投掷,凡在战斗中失去短矛者一律处死。其次,恰卡根据主要武器配置的变更,创造了新的战斗队形,充分发挥他布设的公牛阵短兵相接的威力:中央队列为主力攻击力量,排成若干密集方阵;左右两翼辅攻,排列成向内弯曲的扩散队形。与敌接触时,中央主力部队放慢步伐,让两翼迅速从两侧进攻,或突入敌后施行包抄,而后中央主力跑步冲锋,以刺矛摧毁已经投尽标枪、陷入两角夹击之中的敌人。训练有素、体魄健壮的祖鲁战士个个怀有决一死战的勇气,加上行之有效的作战方法,祖鲁的同龄兵团在历次战斗中几乎无往不胜,令敌方闻风丧胆。

恰卡对传统政治制度的未完成的改革 恰卡对传统的政治制度悉心进行改革。他削弱各部落酋长和地方首领的权力,把这部分权力交给他任命的"因杜纳"(大臣)手中。

---

[1] 老兵按祖鲁语称为"阿马温贝"(amawombe);战士称为"乌杜宾德杜古"(udubintlangu)或伊津波赫洛(izimbohlo);新兵称为"伊津蒂兹瓦"(izintizwa)。
[2] 古代与雅典人对峙的斯巴达人训练其部队的极其严格的方式。

因杜纳可以由中央(恰卡一人做主)任免，还可异地调任。派往边远地区的因杜纳不负责管辖在军屯区服役的同龄兵团战士，只受命管辖那些已经年迈退伍或尚不及丁的仍生活在家宅中的部落成员。因纳杜多出身于普通家族，极少贵胄子弟，他们既无王裔的传统势力，也缺少贵胄的纽带，不可能率部自立为公社或部落首领，只听命于恰卡。恰卡集最高的行政、司法、军事和祭司权力于一身。正是在这种初步成型的政治制度基础上，出现了权力集中的军事国家的雏形。恰卡主持改革的初步威力已渐次发挥出来，但由于恰卡的英年早逝，时断时续的改革影响其全部威力的发挥。

祖鲁王国社会经济的变革 祖鲁人国家的经济基础建立在家长制家庭公社和同龄兵团之上。家长制家庭公社是南班图黑人部落社会内的一种共同生产、共同消费的共同体。每一个家庭公社聚居于一个略呈圆形排列的"克腊尔"(Kraal，村寨)内。家族成员包括同一父系所繁衍的数代子孙及其众多妻室。南班图黑人实行一夫多妻制，家族规模比较庞大，有的包括数十个成年男子。随着生产力的发展和私有财富的增加，这种多妻分房制度极易促成家庭公社内部个体家庭(家宅，homestead)的形成。家庭公社成员在一块由国王

祖鲁人的村庄

或最高酋长分配的土地上放牧和耕种。

祖鲁的男子一般在婚后就建立自己的家庭，娶妻的数目取决于他拥有牲畜的多少。一般正妻是由共同体（家庭公社）出彩礼娶的，其余妻妾则由他自己出牲畜购买。每个已婚男子一旦建立自己家宅，就成了"间接生产者"。每房妻妾及其子女组成一个生产单位，由家长分配给每房奶牛、农业份地供其使用，并给一库房供存储之用。各房内部有性别分工：农活几乎全由妇女包揽，妻妾是重要劳动力；男人放牧，男童挤奶，成年男子还负责生产的管理、监督或担负兽医、屠宰等职责。各房自给食物，剩余产品的一部分归家长所有，其大部分由家长在各房中再分配，或被用来换取更多的妻子。待到各房的儿子长大成人时，便在各房长子率领下从原家宅中分出，另立新宅。

生产和交换的发展加剧了北恩戈尼人部落内部的贫富悬殊，成为破坏原始经济平等和社会平等的因素。那些拥有大量牲畜的富裕家庭公社往往通过牲畜借贷，使本部落的穷人在经济上依附自己，并且利用一夫多妻制的广泛亲属联系，在部落中树立家族绝对支配地位，形成当权家族。北恩戈尼人的部落酋长虽然形式上仍由选举产生，但不属当权家族的人只有在十分例外的情况下才能当选酋长。富裕家族成为部落上层后，其他公社成员就负有为他们放牧、耕地、盖房、修圈的义务。部落酋长拥有的畜群越多，越容易为自己招募更多的扈从。由不同部落成员组成的扈从队，往往成为酋长私人发动掠夺战争的工具。扈从制度不仅在恩戈尼人部落，而且在所有南班图黑人部落中都起了促成王权产生的作用。到18世纪末，牲畜财产的差距使恩戈尼部落成员之间的平等关系、互助关系逐渐变成依附和从属的关系。

由于南班图黑人特殊的社会习俗，牲畜（牛群）的繁衍对社会发展具有特殊意义。在班图黑人中被视为社会财富主要标志的牲畜，不仅在经济生活中而且在政治权利兴替中也起着举足轻重的作用，因为牲畜财富在恩戈尼人社会的两种再生产（生活资料的再生产和人类自身的再生产）中起着奇异的沟通作用：人自身生产的再生育率可以直接转化为牲畜繁殖率（男劳动力多，牧养牲畜就多；生女多，换取的妻子也多，多妻则又多子女），进而提高生活资料的生产率。只要生态环境不受严重破坏，这种良性循环可以成为祖鲁王国具有强大和韧性生命力的深刻原因。祖鲁王国通过兼并行动来控制或恢复甜维尔地带的生态环境，可能也是这种良性循环机制的关键一环。

祖鲁王国权力的经济基础存在于从每个家宅征收的剩余劳动，特别是劳动力。经过恰卡进一步革新的同龄兵团，如今既是军事组织，也是劳动组织。

所有祖鲁成年男子都是国家军队的成员,适龄青年从入伍到国王允许其退伍结婚,长达15—20年时间都是为国王服务的。在王国早期(恰卡统治时期),军队的主要任务是对敌部落劫掠:越界劫富,劫走畜群、邻国的剩余产品乃至必要的生活资料;在王国中后期,同龄兵团的主要力量用于牧放王家越来越多的牲畜。通过这项军事制度,王室能够征收每一个劳动力1/3的生产时间。此外,国王征收到的贡献也包括直接征收牲畜和兽皮等实物。许多女子隶属于王府,[①] 她们被当作一种"供奉"送到国王宫廷,从事农业生产或家务劳动。这些征调来的剩余产品或剩余劳动力由国王通过权力渠道进行再分配。它既巩固了王权,又增加了国王官吏的权力,起着维护国家体制的作用。王国最显要的官员是"伊齐克胡卢"(izikhulu,封疆酋长),他们一般由王裔担任,拥有大批牲畜,富甲全国,有权从其治下区域收取贡赋。

恰卡的兼并战争与生态环境之关系 祖鲁王国不断的领土扩张,使恰卡获得越来越多的贡赋和兵员,各权力集团得到了他们梦寐以求的最优良的牧地和耕地。同龄兵团的战士也分得了更多的畜群和种种给养。大量虏获品缓解了部落内部的贫富分化。贫民(特别是参战的贫民)往往能够得到从其他部落掳掠来的财物,发家致富。因此,祖鲁人乃至整个北恩戈尼人所使用的奴隶基本上是来自外族的俘虏,尤其是女奴。这些共同的利益后面,可能还有更深刻的原因在起作用:通过兼并战争来控制和集中管理更大面积的土地,可能是恩戈尼人在同生态环境恶化的斗争中调整人与自然关系的一种另类手段,也是他们用不同方式影响自然环境的一种自觉行动。

显然,在幅员辽阔的土地上从事生产活动,可以避免那种在狭窄的、有限的土地上过分放牧所造成的资源破坏(载畜量过大损毁的牧草难以更新复壮),也可以更有效地利用季节性或备用的牧场,以安全度过地方性的旱灾。革新后的同龄兵团制度,由于对男女青年结婚年龄(成家)作了严格规定(恰卡规定将要嫁给同龄兵团退役战士的女子,严禁与人私通,恰卡曾以此罪名一次处死上百名女子),实际上起到了控制人口增长和促进正常开发的作用,其效果是,对18世纪以来祖鲁兰因人口增加和滥事开发而造成的南非生态环境恶化形成制约。因此,19世纪初祖鲁王国的形成、扩张及其各项革新,不啻是南非北恩戈尼社会中人与人斗争以及人与自然斗争的历史产物。

---

① 关于祖鲁王国是否存在奴隶制,学者有不同的意见。本书作者的意见是:家内奴隶恐怕是有的,王府的这些女子可能就是家内奴隶。

恰卡的历史眼光及其突遭刺杀　在统一、兼并各酋长国的过程中，恰卡努力发展各部落、各地区之间的经济联系，鼓励贸易，互通有无，保护商路，开征商税。他主要控制两条商路：一条是通往德拉戈阿湾的东北商路，沿途各酋长国相继被征服。马普托国因善于经商并拥有熟练的铁匠，能制造精致的铁矛头，备受优待，其原有商业联系也受到保护，并跻身纳贡的盟国之列。这条商路的象牙贸易为恰卡积累了大量财富。另一条是通往纳塔尔港（今德班港）的东西向商路。纳塔尔港云集英商及其商船。19世纪20年代英国人欧文船长勘探纳塔尔湾沿海一带后，英、荷殖民者竞相觊觎这块濒临印度洋连接南北海岸的宝地。

1824年英国商人和医生亨利·法因、詹姆士·金、法朗西斯·法韦尔等进驻纳塔尔港，深入内地收购象牙，雇黑人当搬运工。恰卡对新鲜事物很敏感，对欧洲先进技术如火器、医术尤感兴趣，乐于同欧洲人交谈，以广见闻。当时印度洋上英国货的品种和质量都大大超过了葡萄牙的，颇受恰卡及其臣属的青睐。不久，祖鲁人同纳塔尔港的贸易额超过了他们同德拉戈阿湾葡人的贸易额，而祖鲁兰的沿海口岸也渐渐繁荣起来。

1827—1828年，恰卡兵分两路，北路进攻索尚加，南路主力进攻乌姆齐姆库卢河的庞多人。英国急派萨默斯特上校率兵北上。随祖鲁军南下的英商亨利·弗朗西斯·法因劝告恰卡不要去攻打受开普殖民政府保护的南恩戈尼人诸酋长国，以免引起英国的报复。恰卡从英国殖民军不断攻击、兼并开普殖民地边界内外的科萨人部落的军事行动中，开始认识到白人殖民者手中的火器同样是对祖鲁王国的最可怕的威胁。

1828年9月24日，正当恰卡军队北征未归之时，恰卡的两个同父异母兄弟丁刚和姆兰加尼发动宫廷政变，刺死恰卡。据说，恰卡临终最后一句话是"白人就要来了"。

丁刚既是弑君者又是恰卡事业和政策的继承者　丁刚在杀死同谋者姆兰加尼及北征归来的大将姆德拉卡之后，终于坐稳王座。他虽然是弑君者，但又是恰卡事业及其政策的继承者。他继位后面临的国外形势十分严峻。10多年来兵连祸结，对纳塔尔的农牧业生产破坏甚巨，土地荒芜，人丁减少。部落民众对兵燹连年、颠沛流离的生活以及繁重不堪的军役感到不满，人心思定。丁刚适应当时的形势，及时宣布化干戈为玉帛，以月夜舞蹈代替过于频繁的军事操练和演习，不再实行青年全脱产服役的制度，以便让各部落人民安居村寨，休养生息。最初几年，战事稍有减少，王国各部落的民力得到一些恢复。但祖鲁王国建立伊始，远未巩固。姆法肯战争正在德拉肯斯山以西激烈地展开

（详见后文）。一些酋长国首领不服祖鲁王国统治，伺机率部离去。夸比人乘机叛离，南下进入庞多兰。1830年，索尚加的加扎王国也自行独立。丁刚为阻止祖鲁分崩离析，重新部署兵力，在要地驻屯重兵，保持恰卡所建立的一套军政制度，维持一支强大的军队。他对叛离者和拒纳贡赋的氏族贵胄严惩不贷，3次派军远征德兰士瓦，讨伐叛离的恩德贝莱人，追击并诛灭夸比人首脑奎索。他忧心忡忡，担心其众多异母兄弟弑君篡位，于是便滥杀无辜，其兄弟中只有姆潘达和格奎得以幸免。

穿常服和舞蹈服的丁刚

19世纪30年代，丁刚面临更严重的形势。从开普殖民地北上的布尔殖民者的土地扩张，暗地里正逼近祖鲁边境，而东部沿海纳塔尔港一带，英国殖民者所建立的"商业据点"也日益扩大，已擅自管辖2 500名非洲人并收容叛离祖鲁的部落，形成对祖鲁王国主权的威胁。1831年，作为一种威慑，丁刚发兵进攻纳塔尔港。1834年，在开普殖民地总督科尔派去的史密斯的怂恿下，纳塔尔英裔上书英政府，要求兼并纳塔尔沿海长200英里宽100英里的地带。同年，由厄伊斯率领的布尔农场主先遣队，竟从开普殖民地东部边区窜入纳塔尔，踏勘土地，寻觅沃土，策划移民屯垦。

早在1831年前，丁刚从恩格韦尼人（又称阿芒韦尼人）在乌姆塔塔河畔被英军轻易击败一事就已领悟到，恰卡创立的一套作战方式和所采用的武器对付持冷兵器的非洲部落可稳操胜券，却难以抗击骑马挎枪的白人殖民者。因此他千方百计地从各个渠道取得火器和马匹以装备祖鲁军队。为了从纳塔尔港英商手中购买武器并学会使用枪支，丁刚对英人一忍再忍，极力同英商和传教士保持良好关系。1835年，丁刚任命英国传教士加德纳为纳塔尔港酋长。加德纳心怀叵测，歪曲原意，把此项任命当作土地所有权的转让，并劝说当时开普总督德班把这块"让与地"变更成英国殖民地。当地白人移民擅自把纳塔尔港更名为德班港，以纪念殖民大吏德班，力图造成既成事实。殖民大军未动，纳塔尔港已是"山雨欲来风满楼"了。

第八章
姆法肯战争与南部非洲北疆的变动

一、姆法肯战争和北恩戈尼人的北迁和南下

姆法肯战争的"多米诺效应" 曾经被南非旧史学家大肆渲染为"血腥残杀"的姆法肯战争（Mfecane）或迪法肯战争（Difaqane），实质上是南部非洲国家形成过程中的部落兼并战争，具有一定的进步意义，是氏族部落社会走向民族国家的必然过程，即所谓先乱后治的过程。

姆法肯战争的发源地（所谓第一推力）在祖鲁兰。如上所述，1819年恰卡军队击败了恩德万德韦的兹威德军队。后者在北撤的过程中攻击了恩格韦尼人（又称阿芒韦尼人）的马蒂旺（马图昂）部落。这次攻击所产生的冲击波，后来在德拉肯斯山以西数百公里之地竟引发了"多米诺效应"：受到攻击的马图昂部落又去进攻赫卢比人；赫卢比人被迫翻越德拉肯斯山，并挟其祖鲁模式的军队横冲直撞，在此山以西地区成为强者。它在1821年进攻苏陀人的军事行动，在德兰士瓦高原上吹响了"迪法肯战争"的号角。北恩戈尼语的"姆法肯"发音到了德拉肯斯山的西麓，按苏陀—茨瓦纳语的发音变成了"迪法肯"。

法库与庞多兰酋长国 在德拉肯斯山以东地区，1819年姆法肯战争已从祖鲁兰地区，基本上按与海岸平行的线向南北方向蔓延。在南方，被恰卡军队驱赶的北坦布人，穿过纳塔尔平原渡乌姆齐姆库卢河，进入庞多兰，又遭到庞多人酋长法库的攻击。坦布人被打散，一部分重新返回祖鲁兰，一部分被并入庞多人社会；其余人在马迪康酋长领导下组成难民集团，在紧挨庞多兰的地方，又建起一个巴萨酋长国。

在兵荒马乱时期庞多人自顾不暇，1824年和1828年两次遭到祖鲁军的劫掠。在后一次攻击中，祖鲁军几乎荡平了庞多人在乌姆齐姆库卢河两岸的居

住地。在法库酋长的有力领导下,庞多兰酋长国终于得到恢复,畜群也靠掠夺得到了补充,许多无家可归的难民纷纷归附。法库领导的部众成为祖鲁南邻最引人注目的一股势力,它对稳定特兰斯凯以北地区的秩序起了重大作用,为南恩戈尼人保留了一块相对稳定的地区。

"芬果兰"的出现 往南迁徙的最大的北恩戈尼人难民集团是芬果人(意为"乞讨者"),由赫卢比人、布赫莱人、齐齐人等多个部落难民组成。他们三五成群、零零散散渡过乌姆齐姆库卢河,进入南恩戈尼人居住区。起初芬果人进入格卡利卡兰,向当地小酋长和头人乞讨食物和住所;后来通过多种途径归附了科萨人,有的通过婚姻融入科萨人社会,有的成为科萨人扈从,获得小块土地和一些牲畜,向科萨人服役或缴纳贡赋。1836年,不满足于寄人篱下的1.7万名芬果人涌入开普殖民地东部地区。英国殖民当局安置他们居住的地方实际上是在"卡弗尔战争"中被英国抢占的科萨人土地,这又加剧了东部边区土地关系的紧张和复杂化。芬果人充当英国农场主雇工或雇佣军,改信基督教。

索尚加建立加扎国 兹威德率领的恩德万德韦部落在因科马蒂河上游河谷(德兰士瓦与斯威士兰交界处)暂时定居下来。1818年末惨败于恰卡,引

姆法肯战争中迁移的芬果人

起内讧，兹旺根达巴和索尚加两员大将率部叛离兹威德，向因科马蒂河下游进军。这两人所率领的脱离恩德万德韦部落往北迁徙的恩戈尼人（Nguni）后来被称为恩哥尼人（Ngoni）。他们一路征服了滕布人，并把恩亚卡人赶到德拉戈阿湾的海岛上，仅马普托得以幸免。马普托人向恩哥尼人购买象牙，付给他们铁矛头和舶来品。恩哥尼人一度控制了德拉戈阿湾贸易。到1821年，恩哥尼人继续征服德拉戈阿湾以北的许多酋长国，1822年其势力已远抵伊尼扬巴内湾。那些后来陆续脱离兹威德的恩戈尼人在恩哈巴的率领下也不断北上，加入伊尼扬巴内湾的恩哥尼人队伍。

1823年恰卡派军北上，夺走了恩哥尼人对德拉戈阿湾的贸易控制权。但在德拉戈阿湾以北的索尚加的生意未被扼死。他仍能通过姆富莫酋长国与葡萄牙人贸易。索尚加还将龙加人俘虏卖给葡萄牙人充当奴隶，输往巴西或留尼旺岛的甘蔗种植园。这可能是最靠近林波波河北岸的奴隶贩卖事件，也是南非罕见的奴隶贸易的底线。1828年，恰卡派遣其生前最后一支祖鲁军队再次进攻索尚加。索尚加率众北逸，与兹旺根达巴、恩哈巴的部众一起在萨韦河口落脚。不久，恩哥尼人的领袖发生分裂，互相火并。在1831年战争中，索尚加获得胜利，兹旺根达和恩哈巴逸入内地。索尚加采用祖鲁的军事制度，仿效其战术，力量更强，

穿异域服饰的祖鲁舞女

他在林波波河以北建立了一个类似祖鲁王国的加扎王国。他的部众在今莫桑比克南部逐渐形成尚加内民族。这个民族男子可能因广泛迎娶聪加女子为妻，其后嗣多讲当地聪加语而不讲恩戈尼语。加扎王国包括恩哥尼人、聪加人、乔皮人等，基本上按恰卡模式建国，以王族领地作为军政组织的中心和同龄兵团的营地；同龄兵团容纳被征服部落的青年，只是身份略低于恩哥尼人。臣服的酋长国承认索尚加的宗主权，仍保持内部自治权。索尚加于1834年在伊尼扬巴内、1838年在索法拉两次击败葡萄牙人。葡萄牙人设在太特和塞纳的商站慑于其力量强大，曾有20年时间每年向加扎国缴纳贡赋。只是在索尚加死后（1858年）王国发生内讧时期，葡萄牙殖民者通过支持一派打走另一派的手法，

才再次扩大了它的殖民势力范围。从祖鲁兰衍生出的加扎王国堵住葡萄牙殖民势力向林波波河口以南右岸地区扩张达30多年之久。

从祖鲁兰北上扩展的恩哥尼人历史作用 兹威德的恩德万德韦王国另一员叛将兹旺根达巴,比索尚加迁徙得更远。他率领部众往西北迁徙,1832年进入赞比西河以南的罗兹维王国境内,在布拉瓦约停留一个时期。1834年恩戈尼人在塔巴扎卡曼阻击了罗兹维军队,劫掠了洛米来和德赫洛两个城镇。女将尼亚玛朱玛杀死罗兹维末代国王曼博。据一种说法,津巴布韦石墙文明即毁于此时。1835年11月20日,① 正赶上日全食,兹旺根达巴率众在卢安瓜河与赞比西河汇流处的宗博渡过赞比西河北上,经马拉维湖西部地区,直到坦噶尼喀湖南岸菲帕人居住区。1845年兹旺根达巴死于附近的马普坡。此后,恩哥尼人分裂:一支由塔韦尼率领继续北上,向维多尼亚湖方向推进,到达尼亚姆韦齐,与当地融合,被人称为土塔人,控制东非内陆商路;一支由祖卢·加马率领向东推进,袭击鲁伍马河流域广大地区,最后在松盖河以北和以南定居,建立姆肖佩王国和恩杰卢王国;第三支在蒙贝拉率领下在马拉维湖以西高原和谷地(后命名为恩哥尼兰)定居下来,形成今日马拉维的恩哥尼人。另一支由兹旺根达巴女婿恩瓜内率领的恩哥尼人,在渡赞比西河以前就分裂出来,他们在太特和塞纳之内渡过赞比西河,又东渡希雷河,在马拉维湖以东绕一个大圈,最后在恩瓜内的继承人姆普塔率领下北上,进入坦桑尼亚,在桑盖地区建立王国。

1831年败于索尚加的恩哈巴率领部众离开罗兹维地区后,沿赞比西河西移,深入巴罗策兰(今赞比亚南部),在那里同科洛洛人塞贝通冲突,恩哈巴淹死,部众被打散(见后文)。一部分恩哥尼人跟随兹旺根达巴的合法继承人姆佩泽尼又绕回来,定居在今赞比亚的东部地区詹姆森堡和马拉维的姆钦吉。今日从维多利亚湖南岸沿坦噶尼喀湖到马拉维湖南岸广大地区仍散居着许多恩哥尼人,就是当年迁徙的结果。这批北上迁徙的恩哥尼人虽为数不多,但军事力量很强,从卢安瓜河到马拉维湖广阔地区的众多当地人都在他们控制之下。

19世纪上半叶,从祖鲁兰向外辐射的恩哥尼人行程数千公里、历时数十年的北上迁徙,对赞比西河以北广大地区带来了有益的影响。恩哥尼人有坚强的社会组织和军事组织以及较发达的畜牧业。他们的迁徙和定居行动客观上

---

① 据口述史学,兹旺根达巴率众北渡赞比西河那一天,刹那天昏黑,却不见乌云,正赶上日全食。据此推算出其渡河的准确日期为1835年11月20日(时差关系,英国时间为11月19日),成为当地历史的准确标志日。

祖鲁勇士

起了"播种机"作用，成为将强者和胜利者的成就及其独特文化传授给那些弱者和落伍者的一种手段。马拉维湖滨许多弱小氏族如唐加族，在恩哥尼人军事行动刺激下联合起来建立酋长国，就是明显的例子。以畜牧为主的恩哥尼人与当地务农为主的居民建立了互利的交换关系，唤起了恩哥尼（恩戈尼）人基因中潜藏的农牧混合机构的经营理念，促进了内陆生产力的发展。幸运的是，恩哥尼人没有贩卖奴隶的传统，在长期迁徙过程中基本上没有参与奴隶贸易。他们比奴隶贩子先到达马拉维湖以西地区，成为从东面渗入马拉维的瑶族奴隶贩子的难以渗透的障碍。应当说，这是恩哥尼人的一种历史功绩。与军事征服的后果相反，在文化上恩哥尼人一般接受了居住地的语言（如马拉维语）。恩哥尼战士一般都娶当地部落的女子为妻，儿童从小说母语，反倒把恩哥尼语丢了，因而出现了恩哥尼人同当地人融合后形成的更具生命力的文化。当地人口比奴隶贸易肆虐地区有多达数位的增长便是其生命力的一种表现。以上是双恩哥尼人（恩戈尼—恩哥尼人）在南非历史上所起的进步作用。

二、苏陀—茨瓦纳人和迪法肯战争

南班图黑人另一大支系——苏陀—茨瓦纳人 居住在德拉肯斯山以西直至卡拉哈里沙漠东缘的苏陀—茨瓦纳人，是南班图黑人的另一重要支系。按居住的地域划分，他们可分为三个部分：居住在威特沃德斯兰德（简称兰德）及其以北的称北苏陀人，以佩迪人为代表；居住在兰德以西至卡拉哈里沙漠边缘的茨瓦纳人称西苏陀人，以赫鲁策人为代表；居住在卡勒登河一带和巴苏陀高地的称南苏陀人，以魁纳、福肯人为代表。

苏陀—茨瓦纳人居住的地区，尤其是西苏陀人居住的西部地区均属高维尔，地势高亢，居民点分布相隔遥远，居民点人口相对集中，雨量不稳、水源缺乏等自然条件严格限制了一些农作物品种的种植和四季牧草的旺盛成长，使这一广袤地带不少地区只适宜种植耐旱低产的非洲蜀黍，只够放牧数量有限的牲畜。尽管如此，德拉肯斯山以西的德兰士瓦和奥兰治一些地区仍有大片宜农宜牧的肥沃地带。农业仍是生产的两大部门之一，主要种植玉米、烟叶和各种瓜果（南瓜、甜瓜等）。研究南部非洲早期大历史的斯托曾指出："茨瓦纳人以挚爱农业而著称"，"早期旅行家看到他们的巨大城镇周围环绕着大片耕地，显示出（手）工业的雄厚基础，都感到惊讶和赞佩"。与东部沿海地带不同，德拉肯斯山以西地区矿产十分丰富，铜、铁、金等矿分布很广。北苏陀人熟谙开采矿藏，拥有金属财富，其经济价值仅次于牲畜财富。在德兰士瓦北部帕拉博鲁瓦地区，当地居民（佩迪人）以矿业为主，熟谙手工业制作，生产大批铜铁和金属制品，用来换取牲畜、谷物等。少数地区已出现制造精美陶器、金属器皿和纺织品的手工业。西苏陀人中的特哈平商人经常趁雨季到来前越过沙漠到达奥兰治河边，运来铜匙、象牙手镯、铁项圈、斧子、带倒钩的长矛、鞣熟的鹿皮、精制烟草等，同科伊人交换牲畜。从德兰士瓦西部有一条自西向东穿越整个高原直到德拉戈阿湾海口的贸易商路。从西苏陀人居住区还有一条直达开普敦的商路。铜、铁、盐、烟草、象牙、牲畜和一些欧洲商品通过这些商路得以长途贩运。苏陀—茨瓦纳人通过两条商路同欧洲人进行直接或间接贸易。伦巴商人在其中起着重要作用。各地酋长乘机在通商要道或集市上开征路捐和商税，中饱私囊。

佩迪王国兴起 在苏陀—茨瓦纳人中，佩迪人是最早建立集权王国的民族。他们居住在斯蒂尔普特河谷地带。这里是连接几个商路网的重要地段。颇善经商的聪加人也汇集于此，用从内地收购来的象牙、牲畜和皮革等换取欧洲商人的玻璃珠子、黄铜和衣服。佩迪人也派遣自己的商队到沿海去,与德拉戈阿湾的欧洲商人直接联系,除象牙交易外,他们还用其特产帕拉博鲁瓦出产的金属物品换取高维尔的农畜产品。对贸易商道的控制以及由此积攒起来的巨大财富,促进了佩迪社会权力的集中和国家的形成。18世纪末,以马拉顿家族为核心的佩迪王国已基本建成,它拥有庞大的中央权力机构。其下包括若干臣属于马拉顿家族的酋长国。佩迪国王对所属国拥有广泛权力,国王法庭是各酋长国的最高上诉法庭。国王处理土地纠纷,判断划界标志,通过婚姻纽带(国王的姐妹和女儿嫁给各臣属酋长)加强君臣关系。酋长国下面一般包括若干规模不一的村社:村社以下又包含若干拥有自治权的家族公社;正在茁壮成长的个体家庭则构成了部落社会的最小细胞。在这一系列阶梯之上高踞着佩迪国王。依靠层层隶属的牢固纽带和中央统一机构,佩迪王国在图累国王统治时期政局稳定,国防巩固,在后来的迪法肯战争中成为中流砥柱,越战越强。

与佩迪王国毗邻的文达王国,位于索特潘斯山北麓,濒临林波波河,曾被视为恩戈尼人和苏陀人的"化外之邦"。文达人与津巴布韦的绍纳人有深远的历史联系,但在语言和文化上受苏陀人的强烈影响。文达人开采墨西拿铜矿和索特潘斯山南坡的铁矿,但冶炼和贩运金属制品的任务则由伦巴人承担。伦巴人没有自己的社会政治组织,大多生活于文达人或绍纳人社会里,曾受穆斯林文化的熏陶。

迪法肯战争前夕南苏陀人的散沙状态 南苏陀人主要包括福肯人、特洛夸人和昆纳人,分别居住在卡勒登河的东南、东北和上游河谷。这些地区原系科伊桑人住地,所以南苏陀人同科伊桑人素有交往,语言上也颇受对方影响,吸收了不少倒吸气音。近来考古发现证明,南苏陀人可能晚至17世纪才迁入高维尔草原的南缘。其社会政治结构的特点是高度分散。苏陀人抵达卡勒登河流域后,迁徙群体便星散分布各地定居,有的结合成自治村社,有的成立较大的酋长国(较少),50—100人的村社是它的主要形式。酋长、头人及其亲属构成村社的核心,村社允许收容一些非亲非故的成员。酋长有权从掳获物中提成和收取贡品。其主要财产大半体现在畜群上,将牲畜贷给境况欠佳的村社社员或外来户,进而把他们收为扈从。酋长在宗教祭祀上也起主要作用。干旱气候使酋长注定扮演举足轻重的祈雨师角色,但在农事上他们也负责延请能人指导生产。村社头人遇上要事,都必须同家族的长者或老人相商,召开村民大会,村社民主制由此得以保持。各酋长国之间依强弱或规模大小,形成各式各样的隶属和依附关系。19世纪初最大的酋长国是特洛夸,拥有数千部众,其他酋长国多半很小,苏陀人喜欢分家独居,动辄率众脱离,因此小国林立,各树一帜。19世纪初,由于连年旱灾,①生态环境受到破坏,草场衰退,部落多在偏远之地开辟牧场。酋长的年轻儿子经常受命去管理这些牧场,他们便借此机会另建新村社。新村社远离中心,原部落鞭长莫及,新酋长大半成为独立首领。南苏陀人社会喜分立,只要有剩余土地可以扩张、占用,就会不断发生分立,随着生态环境的恶化,其社会结构分散现象益趋严重,离心力普遍增强,因而一直未出现集权国家。到迪法肯战争期间,分散的南苏陀人部落成为最易遭受攻击的对象。

西苏陀人(茨瓦纳人)的特哈平国的建立 西苏陀人(茨瓦纳人)主要由赫鲁策人、北昆纳人和卡特拉人、罗朗人等组成。赫鲁策人的基地在齐勒斯特附近,18世纪初曾是最强大的茨瓦纳酋长国,疆土从今日齐勒斯特到皮拉内斯特贝赫。居住在赫鲁策人东北的北昆纳人于18世纪形成两个较大的酋长国——恩戈瓦基齐和恩戈瓦托。恩戈瓦基齐酋长国在莫勒塔统治时期(1770—1790)国势强盛,建都于石头城坎耶,18世纪与赫鲁策人不断发生冲突。恩戈瓦托酋长国在马西巴统治时期(18世纪80年代)与昆纳王国发生战争,失败后迁往北方,在肖雄建都,18世纪90年代塔瓦纳即位后又继续北迁,在恩格米兰建立新酋长国。卡特拉人分裂现象更为严重,其中一支东迁成为佩迪人(属北苏陀人),另一支为特洛夸人分布在南高维尔和西高维尔各地区。

罗朗人是茨瓦纳人的西支,17—18世纪在开普的西北和德兰士瓦的西南建国,兴建了许多著名的石头城,如塔翁(首府)、迪赛康。18世纪初在塔乌统治下国势强盛。塔乌专横残暴,许多部民纷纷逃离,他们在18世纪末另建特哈平酋长国。罗朗王国本身终于分裂成4个酋长国。

特哈平酋长国与周围的科伊人部落如科拉、巴拉拉有许多往来,科伊人向特哈平提供劳动力,后者则向他们提供牲畜,以重建畜群。西茨瓦纳人的社会结构具有一些显著的特点:酋长拥有很大的权力,集行政、立法和司法权于一身,又操分配土地、安排每年轮茬农活、对外贸易等大权。由若干家庭公社组成的村社(沃德,Ward)是单独行政单位,占有乡镇的一部分或单独形成乡镇,但它不是地理单位,其居民点、耕地、牧场并非互相毗连。村社头人拥有广泛的权力,身份高贵,但最高权力仍握在酋长手中。酋长通过敕命部属,使村社头人臣属于己,并征收贡赋。B·桑塞姆把这种酋长国说成是一种"部落庄

---

① 1790—1810年南部非洲受全球气候变动影响,连年干旱,迫使南班图黑人居民变动住地,进行大规模迁徙。

园",实际上它们仍是一种非洲型的村社。

苏陀人酋长国受自然环境的限制,都是小国寡民。德兰士瓦西部高原辽阔,单调而贫瘠,虽然地下矿藏极其丰富,后来在世界黄金生产中独占鳌头的兰德金矿就静静地躺在其脚下深处地层,然而,受19世纪上半叶生产力水平限制,能为居民提供生活资料的自然资源却十分稀少而且雷同。茨瓦纳人只好集中居住在一些仅能养活有限人口的小块土地上。因此,不但各酋长国规模受到限制,而且彼此相距遥远。这些都阻碍了大王国的形成,给后来布尔人北上迁徙抢占土地提供了便利。

迪法肯战争的"雪球开始滚动" 1790—1810年,南部非洲连年干旱,造成耕地和牧地的严重短缺和土地争夺、水源争夺的加剧。到1820年,几乎所有西茨瓦纳人的酋长国都卷入连年不断的战争中。正在此时,来自德拉肯斯山以东的冲击波在苏陀—茨瓦纳人的众多酋长国中引起了一连串反应。如前所述,1821年恩德万德韦军队进攻居住在纳塔尔西北部的恩格韦尼人的马蒂旺酋长,迫使他率众涌向居住在德拉肯斯山麓的赫卢比人住地。赫卢比人曾替恩格韦尼人看管大批牲畜群,见恩格韦尼人败逃,便企图吞没他们的畜群。恩格韦尼人发动进攻,击败赫卢比人,杀其酋长姆蒂姆克胡卢。赫卢比余众一部分南逃进入南恩戈尼人的地区,加入芬果难民队伍;一部分留在原地,在迁往纳塔尔西部以前,一度并入祖鲁王国;另一部分则在姆彭加齐塔率领下,翻越德拉肯斯山进入德兰士瓦的高维尔。1822年恩格韦尼人尾随赫卢比人之后一度占领赫卢比原居住地区。但不久他们发现自己成为祖鲁军的主要攻击目标,便也相继翻越德拉肯斯山,进入高维尔地区。

局部极度混战的迪法肯战争 与此同时,另一团"雪球"也在形成中。1821年恩德贝莱人在姆齐利卡齐率领下也越过德拉肯斯山,冲下山进入德兰士瓦东部。姆齐利卡齐是兹威德的外孙,属克胡马洛氏族,能征善战。当恩德万德韦与祖鲁人交战时,他叛逃到祖鲁,成为恰

土著人画像

卡手下一员战将，立过战功，熟悉恰卡的训练方法和战术。其后，他因未按规定上缴足够的战利品而惹怒了恰卡，为免受惩罚，便率部叛离，翻越德拉肯斯山西逸（尽管如此，姆齐利卡齐和恩德贝莱人一直称自己为"祖鲁人"）。

这时，德拉肯斯山以西地带聚集了3支最富进攻性的力量：首先遭到赫卢比人进攻的是特洛夸人。居住在德拉肯斯山西麓重要隘口（今哈里史密斯一带）的特洛夸人本身也是一支进攻性力量，它在能干的女酋长曼撒蒂西的统治之下。她名义上代其幼子塞康耶拉摄政。赫卢比人将特洛夸人赶走，鸠占鹊巢。曼撒蒂西率众西迁，开始过流浪和征服的生活。在此后两年中（1823—1824年），这两支敌对队伍不时相遇鏖战一番，但他们更多的是轮番劫掠卡勒登河上游的苏陀人公社。1823—1824年特洛夸人两次攻击莫舒舒统领下的苏陀人村寨。1823年第一次进攻，抢走了大部分牲畜，却未能攻下由饥民死守的坚固的山寨堡垒，遂继续南下，直到奥兰治河畔，因河水上涨而受阻。1824年特洛夸人回师北上，再次围攻莫舒舒的布塔布泰堡垒，长达两个月，仍未能攻下。特洛夸人在迁徙中过着双重生活。他们带上少量财物，赶着畜群，既收容沿途无家可归的流民，又不时打家劫舍，以补充给养的不足。1824年，特洛夸人在卡勒登河北岸的马拉本山筑石头城定居，塞康耶拉从其母曼撒蒂西手中接管权力。安定的生活和牢固的防御工事，吸引了不少流离失所的难民前来归附。到19世纪30年代中期，塞康耶拉酋长国已拥有1.4万名苏陀人、2 000—3 000名恩戈尼人，[①]其疆土远抵卡勒登河。特洛夸人在迪法肯战争中不但顶住了战争毁灭的浪潮，而且因势利导，巩固和扩大了酋长国。特洛夸酋长国和后文要分析的莫舒舒的巴苏陀王国都是迪法肯战争中从乱到治，从"部落走向国家"的典型例子，两者可以恰当地说明迪法肯战争的真实性质。

另外两支队伍都遭到不幸的结局。赫卢比人再次翻越德拉肯斯山，被马蒂旺的部队追踪。1825年，经过5天激战，赫卢比人兵败，姆彭加齐塔被杀。赫卢比主要部落从此分别归附于恩格韦尼人、恩德贝莱人和莫舒舒。马蒂旺在卡勒登地区称雄两年，直到1827年受到祖鲁军队再次攻击而南撤。1828年马蒂旺率恩格韦尼部众进入南恩戈尼人地区，坦布人吁请开普殖民当局支援。恩格韦尼人受到坦布人、科萨人和殖民军组成的联军的进攻，在乌姆塔塔河附近的姆布霍隆波被打散：残众一部分归附莫舒舒；一部分成为芬果难民；一部分由马蒂旺率领返回祖鲁兰。不久，马蒂旺被杀，最后一部分残众逃往斯威士兰。

---

① Edgecombe, R.认为，到1833年塞康耶拉的部民已达2.4万人。

迪法肯战争的后果 以"迪法肯"为表现形式的部落兼并战争具有原始的残酷性和破坏性。赫卢比人、恩格韦尼人、特洛夸人和恩德贝莱人的劫掠队伍所经之处,造成相当大的破坏。居住在奥兰治河和法尔河之间的苏陀人公社几乎无一幸免。数以万计的居民四处逃散:或向北渡法尔河;或向西南在格里夸人(科伊人与白人的混血种)土地上暂获栖身之地;或进入南恩戈尼人酋长国;或迫不得已进入开普殖民地为白人农场主做工。民族地图重新组合。在广大草原上,大半居民点化为废墟,畜群消失,耕地荒芜,不少地方白骨遍野。

几支劫掠队伍的进攻和反攻,打乱了王国、酋长国的政治分布图,迫使德拉肯斯山以西广大地区许多酋长国的居民逃离原住地,汇入流浪、迁徙的人流。在流动的过程中,他们往往既是被攻击者,同时也是攻击者。每个部落的流浪队伍,都按照攻击者和被攻击者力量对比的强弱,变换地扮演强者和弱者的角色。各部落卷入迪法肯战争的最终结局不外乎3种:或者酋长国一败涂地,彻底瓦解,部民各奔东西,归附新的部落;或者促进了社会政治机构的巩固和集中,在原酋长国基础上形成了比较强大的王国;或者跋涉长途,迁到遥远异域重建酋长国或王国,或无声无息地湮没在漫长征途中,在历史上消失。

茨瓦纳人(西苏陀人)在迪法肯战争中历遭磨难,创伤深重,大多数落到第一种结局。腊策布率领的富信人和恩克哈拉汉耶率领的拉科纳人,是最早一批遭到赫卢比攻击的酋长国之一,他们渡过法尔河后又去攻击茨瓦纳人,富信人依次攻击丁塞勒卡—罗朗人、克加特拉人、昆纳人、赫鲁策人和恩戈瓦基齐人。拉科纳人接踵而至,同样又把这些茨瓦纳酋长国轮流蹂躏一遍。1823年,富信人和拉科纳人联合对南茨瓦纳的特哈平酋长国的繁荣首府迪赛康发动攻击。格里夸人骑兵出动支援特哈平人,赶走了联军。拉科纳人抢渡法尔河,淹死许多人,拉科纳酋长国从此湮没无闻。富信人继续北撤,被恩德贝莱人击败。

分居在高维尔东部的塞贝通的福肯酋长国和莫勒粲的巴通酋长国,在1822年分别遭到特洛夸人和赫卢比人的攻击。两国结成同盟联袂北渡法尔河,进攻茨瓦纳诸酋长国(赫鲁策人、恩戈瓦基齐人等)。1824年莫勒粲率部一直在莫洛河北岸劫掠。1829年,鲁莽的莫勒粲攻击恩德贝莱人,屡遭败北,从此失去了军事强国地位,暂栖菲利普波利斯,后返回故土。塞贝通率领的福肯人(此后以科洛洛人而著称),也屡败于恩德贝莱人。为暂避其锋,福肯人(科洛洛人)于1826年径直北上,进入博茨瓦纳,1827—1828年劫掠了北茨瓦纳的恩戈瓦托人和塔瓦纳人。其后,为了追踪恩戈瓦托人,他们又进入博泰迪河地区,被当地饲养的大批长角牛所吸引,遂定都于达乌湖(1829—1831年)。1831年,他们向恩加米湖进军,征服了塔瓦纳王国。1831—1835年在恩加米湖畔定居。虽然最强悍的苏陀人已引兵西去,但茨瓦纳人诸酋长国仍未得安宁。

1823年威名显赫的恩德贝莱人进抵法尔河建立基地后,开始显示其能征善战的威力和可怕的劫掠本领。首先进攻昆纳人和茨瓦纳诸酋长国,迫其西迁。1825—1826年年初,其劫掠范围远至西北的莫洛波河,分裂的罗朗人首当其冲。1827年,恩德贝莱人放弃法尔河基地,北上窜犯马加利斯堡山,进攻西部的茨瓦纳人酋长国克加特拉。1830年赫鲁策沦为进贡国,一部分部落并入恩德贝莱人的社会。1832年恩德贝莱人基地西迁到德兰士瓦西部的马里科河谷地,继续进攻茨瓦纳诸酋长国。昆纳人、恩戈瓦基齐人和罗朗人步赫鲁策人后尘。先后称臣纳贡,替恩德贝莱人服役,牧放畜群。茨瓦纳人的社会组织松散无力,各酋长国规模很小,散布在广袤荒漠上,几乎未作任何努力去建立防御性的军事同盟。大部分茨瓦纳酋长国虽在迪法肯战争中幸存下来,但都衰弱不堪,几年后被北上的殖民主义势力轻而易举地征服了。

佩迪王国得以幸存 北苏陀的佩迪人拥有比较强大的中央集权国家,在迪法肯战争中经受危机,越战越强。1820年图累尔国王去世后,佩迪王国9个王子争位,内讧迭起,防务松弛。1822年姆齐利卡齐率领的恩德贝莱军队在攻击富信人之后,进入斯蒂尔普特河流域,击败因内讧正乱作一团的佩迪王国。姆齐利卡齐的众多人马盘踞佩迪国土达一年之久,耗尽当地食物和牲畜资源,严重破坏了佩迪人的经济基础。诸酋长国竞相争夺日渐稀少的资源,使佩迪王国的政治机构趋于解体。受命于危难之时的图累尔幼子塞奎蒂,目睹山河残破、民生凋敝,毅然于1826年率众离别故土,迁居他乡,重建王国。其后两年,塞奎蒂采取远交近攻策略,或攻击弱邻,或广结盟国,收罗部众,扩大队伍。他将掠夺来的大批畜群分配给新近归附的部落,收揽人心。他与南方的莫舒舒国王一样,不贪恋武力征服,重视基地建设,集中修筑山堡,巩固生产基地,吸引难民归附。1828年在恢复了王国元气后,塞奎蒂又率领安土重迁的部众重返斯蒂尔普特河地区,并向索特潘斯山及其以西地区扩展,重归佩迪王国在北部地区的领先地位。到19世纪30—40年代,佩迪王国的力量和声威已超过迪法肯战争前,使北上的殖民主义势力不敢对它轻举妄动。

恩德贝莱"流动王国"所起的作用 恩德贝莱人在迪法肯战争中主要扮

演攻击者的角色。姆齐利卡齐按恰卡军事制度建立的同龄兵团勇猛善战，苏陀—茨瓦纳人望风披靡。姆齐利卡齐部队几乎到处无敌手，唯独惧怕格里夸人和科拉人以火枪和骏马装备起来的骑兵。每次交锋，恩德贝莱人在火力上均居劣势，死伤众多，被夺走不少畜群。姆齐利卡齐只有乘夜幕降临，敌方带着战利品撤走时，才敢发动反击，夺回畜群。

1836年年初，恩德贝莱人在法尔河与侵入德兰士瓦的布尔殖民者的大迁徙队伍相遇交战。此战争性质不再是"从部落到国家"的进化过程，而是反殖民主义的斗争。在以后两年中，姆齐利卡齐为捍卫黑人土地，与布尔人发生多次战斗（见后文），互有胜负。1837年11月12日，缺少火器装备的恩德贝莱人受到布尔人越来越大的军事压力，被迫退出马里科谷地，分两股向北撤退。这次撤退可能一定程度上改变了德兰士瓦地区的近百年史。第一股由首相贡德瓦纳率领的主力进入津巴布韦的马托波山附近的布拉瓦纳一带，从此改称马塔贝莱人。姆齐利卡齐率领另一股取道西路，预计经恩加米湖到达赞比西河南岸，而后折返南下，于1839年到达布拉瓦约与贡德瓦纳会师。贡德瓦纳扎营于通巴尔山丘，等候姆齐利卡齐两个夏天，仍未见国王踪影，遂立其长子恩库马纳为嗣君。姆齐利卡齐到布拉瓦约后闻讯大怒，杀贡德瓦纳和五大臣（"因杜纳"）。王子恩库马纳从此销声匿迹，其下落成为与明朝初年建文帝失踪相似的历史疑案（一说是被秘密处死）。

姆齐利卡齐在伊尼亚蒂建都，重建马塔贝莱王国。他发现马绍纳兰地区恩戈尼人的影响颇大，兹旺根达巴迁往赞比西流域后，其女将尼亚玛朱玛留在当地继续统治。姆齐利卡齐娶尼亚玛朱玛为妻，双方军队合并，两支恩戈尼人队伍又融为一体，王国疆土扩大。姆齐利卡齐对毗邻地区恩威并重。他与东邻尚加人和睦相处，对绍纳人则无情吞并，将其适龄青年悉数纳入同龄兵团。各被征服民族融入北恩戈尼人集团后，逐渐形成马塔贝莱族。它包括3个有不同语言和文化的居民集团：从祖鲁兰带出来的北恩戈尼人，从德兰士瓦高原吸收的苏陀—茨瓦纳人，王国强大后兼并的绍纳人。

由于马塔贝莱人国家的产生是征服外域广大疆土的直接结果。这3个集团便逐渐形成具有不同身份的阶层：赞西集团主要由讲恩戈尼语的人组成，武士和几乎全部朝廷官吏均从该集团选任；恩赫拉集团主要由讲苏陀—茨瓦纳语的人组成，属于中层；霍拉集团主要由绍纳人组成，属社会底层，有的成员身份接近奴隶。3个等级之间严禁通婚。赞西集团的显赫地位使其他两个集团竭力模仿其语言和文化，终于使整个马塔贝莱王国采用恩戈尼的语言和文化，包括绍纳人在内的臣民都把自己看作马塔贝莱人。而恩戈尼统治者虽然自称是祖鲁人（大概出于仰慕祖鲁王国余风）①也都接受其被征服的文化。

姆齐利卡齐效法祖鲁军事制度并加以发展。在马塔贝莱王国，军事组织就是国家组织，同龄兵团所在城镇既是军事中心，也是全体居民的行政首府。也就是说，公社既是居民的一个生产组织，也是一个军事组织，而这样的组织正是公社以所有者资格而存

河谷边的土著人村庄

在的条件之一。同龄兵团的成员有严格等级，既从事征伐，也从事生产。适龄入伍青年属"马采采"级，主要从事放牧畜群；在战斗中未立显著战功的战士属"马卡卡"级；已立战功并被恩准结婚的战士属"曼多多"级。但曼多多级的战士结婚退役后，继续与兵团驻屯的城镇保持联系，仍负有随时应招，再服兵役的义务。不仅如此，他们的儿子也成为该城镇的同龄兵团成员。于是，兵团成员逐渐成为世袭，同龄兵团制度从原先以年龄为准绳的制度，逐渐朝着类似地方酋长制的方向演化。不过，适龄青年在同龄兵团中仍处于因杜纳管辖之下，而不是在传统酋长管理之下，他们从小经受严格训练，在没有证明他们已血染枪头以前不准结婚。马塔贝莱战士与祖鲁战士一样剽悍善战，他们将祖鲁人的军事文化传统几乎原封不动地带到马绍纳兰，赞比西流域的河水似乎也没冲淡掉什么。马塔贝莱战士穿一身戎装：黑鸵鸟毛披肩，猴皮短裙，肘部、膝部和踝部都缚着白色牛尾，颈部插戴翎毛，手持木柄标枪、圆头棒和牛皮盾。这支军队是林波波河以北赞比西河以南最强大、最能攻善战的军队，在19世纪末以前一直卓有成效地捍卫津巴布韦一带土地免遭殖民势力的入侵。

苏陀人在林波波河以北的活动　塞贝通率领的科洛洛人（原南苏陀的福肯人）在恩加米湖短暂定居后，1835年一度企图往西海岸进发，据传说，塞

---

① 19世纪中叶有些初来马塔贝莱王国的西方旅行家和猎人常感到困惑，以为此地是纳塔尔祖鲁王国疆土的北沿。

贝通要到大西洋岸的鲸湾向欧洲商人购枪,但遇阻未成,便北上迁移,1835—1836年他们在利扬蒂(卡普里维)逗留两年,于1836年渡赞比西河,定居于卡富埃河与赞比西河汇合处。不久,遭马塔贝莱人进攻。科洛洛人击败马塔贝莱人后向西迁,沿赞比西河上游左岸上溯,进入巴罗策兰的洛兹王国地区。在新故乡,科洛洛人两次遭到尾随而来的马塔贝莱人的进攻,一次受到盘踞该地的原兹威德旧部恩哈巴部队(恩德万德韦人)的攻击。塞贝通教导科洛洛人在河水泛滥的平原、沼泽地区迅速学会驾驭独木舟的技术和熟悉水乡地形的本领。依靠这两项技术优势,他们击退了不悉水性的恩戈尼人的所有进攻。塞贝通曾将恩哈巴部队诱入河心一座孤岛,把敌方人马饿得骨瘦如柴,不战而胜。这些从纳塔尔出来的恩戈尼人是"旱鸭子",不识水性,名将恩哈巴也中计淹死于赞比西河中。

1838年,塞贝通乘今赞比亚境内的洛兹王国老国王穆兰布瓦去世,诸子争位内讧时机,轻而易举地征服该国。洛兹人一部分酋长逃往北部。塞贝通统治洛兹王国(巴罗策兰王国),施行民族和睦政策,获得很大成功。他娶洛兹妇女为妻,遇事同洛兹长老协商,保留洛兹人的比苏陀人更高级的社会组织。科洛洛文化与洛兹文化由此互相融合。塞贝通引进躯体庞大的南方牛取代赞比西地区的劣种牛,促进了畜牧业的发展。洛兹王国疆土扩展到整个汤加高原,东边远至今维多利亚瀑布。1851年利文斯敦到达洛兹王国,看到的是一个井井有条的社会。同年,塞贝通因伤致死,其子塞克莱图继位。他放弃了民族和睦政策,导致民族矛盾趋向尖锐。1864年塞克莱图死后,爆发了争夺王位的内战。1838年以后苟全于北方的洛兹王朝后裔乘机在北部起事,推翻了科洛洛人的统治,恢复了旧王朝。然而,苏陀人的文化潜在力量却显现出来。"洛兹"的名称反倒消失,出现的是"巴罗策王朝",居民仍讲苏陀语方言。科洛洛人近30年的统治在赞比西西南部留下了显著的痕迹。家内奴隶制仍是洛兹社会的突出特点。科洛洛人的武士一般不劳动,而役使奴隶从事农业劳动和家务劳动。奴隶大多数来自进贡或战争中掳掠的他族人民。这种落后的社会制度一直维持到19世纪末。

三、巴苏陀王国的形成和莫舒舒一世的励精图治

苏陀人智慧的体现者——莫舒舒 在林波波河以南地区,在迪法肯战争中崛起的最强大、屹立最长久的国家是巴苏陀王国。它的创立者是莫舒舒

（1786—1870）。战前，他是昆纳人在莫科特利的一个村社头人。据说，年轻时他就具有远见卓识和领袖的性格，曾受到莫纳亨人著名酋长莫洛米的直接教诲，立志要当伟大的酋长。莫洛米教导他，要想成为伟大的酋长，一是权力不能靠法术得到，勇气才是真正的法术；二是解救危难中人；三要多与各部落妇女通婚，以扩大影响，争取奥援。莫舒舒所具备的素质使他在群雄逐鹿中最能适应国家形成时期苏陀人社会的需求。

莫舒舒在迪法肯战争中以善于选择地形、坚持防御、屡屡化险为夷而闻名；并因审时度势、运用妥协和斗争相结合的策略、团结广大苏陀人而赢得声望。1823—1824年，莫舒舒在布塔布泰两次击退了特洛夸人的进攻，但攻守之中他也看清了该地区的弱点：地域狭窄，缺乏回旋之地；难以屯粮，致使坐

莫舒舒

受围困的部民缺粮挨饿。1824年莫舒舒毅然率众南下，迁往卡勒登谷地的塔巴博修。该区山顶平坦广阔，宽约两英里，牧草优良，雨量适中；周围峭壁耸立，易守难攻，是极佳的天然防御堡垒。莫舒舒在此屯兵养民，凭借天险与敌周旋，其守备固若金汤，从未被攻破。

莫舒舒多谋善断，对于来自德拉肯斯山以东的强悍尚武的北恩戈尼人，他极力避其锋芒，保全自己力量，并充分利用敌方矛盾，从中谋利。1826年马蒂旺在卡勒登河谷地称雄，对莫舒舒勒索不已。莫舒舒熟练地施展远交近攻，以敌制敌的策略，向远方的恰卡进贡称臣，引为奥援，并挑唆说，马蒂旺从中作梗，阻碍其向祖鲁王国纳贡。1827年恰卡发兵惩罚马蒂旺，击溃其主力。同年7月，莫舒舒乘马蒂旺兵败之际，发动进攻，取得决定性胜利，从此消除了这一盘踞在卡勒登的心腹之患。莫舒舒还善于避免多方树敌，以争取更多的和平时间发展力量。恩德贝莱人是最令苏陀诸部落望而生畏的强敌。1831年3月姆齐利卡齐率饥饿之师攻塔巴博修，目的是劫掠畜群以解枵腹之危。莫舒舒率军坚决阻击，苏陀人以雪崩似的落石和阵雨般的投枪，击退了恩德贝莱人的数次猛攻。损失惨重的恩德贝莱人被迫撤退。退军刚刚启动，莫舒舒派遣使者带来几头肥硕的公牛到阵前慰问。使者不卑不亢对恩德贝莱人说："莫舒舒向你们致意。他料想是饥饿把你们领到敝土，敬送贵军几头牛，聊供

回程充饥"。他"一笑泯恩仇"的慷慨行为，感动了恩德贝莱军队，此后这股蛮勇之师再也没有光临莫舒舒国土。

莫舒舒凭借天险和巧妙的斗争策略，多次避免强敌袭扰，赢得宝贵时间，在塔巴博修基地发展农业生产，增加玉米产量，繁殖牲畜，积储余粮，大大增强其经济实力。在苏陀—茨瓦纳10多个酋长国中，只有巴苏陀酋长国在战乱中不仅保存了畜群，而且大大增加了牲畜繁殖数量，因此它对饱受战乱之苦的南班图难民产生了越来越大的吸引力。

苏陀王国成为吸引四方难民的中心　在群雄割据初期，军事力量远比莫舒舒强大的苏陀人酋长国数以十计，但他们都未能以武力统一诸部落。在灾荒不断、兵连祸结的年代，许多拥有实力的苏陀人酋长国都蜕变成掠夺成性的团伙，失去民族凝聚力。唯有莫舒舒领导的莫科特利酋长国举起苏陀民族团结的旗帜，坚决打击那些劫掠成性、以此为生的部落。在击垮这些部落，清理畜群时，凡从烙印发现有夺自其他部落的牲畜，他们便立即挑出奉还原主。莫舒舒还严饬部下不得无端掠夺邻部牲畜，一有发现立即严令交还，不得隐匿。1829年以后，莫舒舒连惩罚性的劫掠也停止了，他把主要力量放在内政改革和发展生产上。这样，他在塔巴博修附近地区整顿了迪法肯战争所造成的混乱不堪的社会秩序，创造了一个基本上可以进行生产和生活的和平环境。

巴苏陀人剪羊毛

当群雄沉湎于报复性的互相征伐和劫掠之时，莫舒舒广施怀柔政策，收容难民，招来了大量部民。有一个名声不好的酋长马卡勒来投奔莫舒舒，莫舒舒的部下大多反对接纳他。莫舒舒力排众议，主张收留他，并说："谁也不得欺侮一个无家可归的过路人，即使他以前犯有错误"。

莫舒舒胸怀宽广，不记前仇。昆纳人一个老酋长马基瑟曾同莫舒舒为敌，屡有冒犯，后在困境中被莫舒舒庇护的酋长国俘获。莫舒舒惩事不惩人，自己拿出18头牛把马基瑟赎回。1824年卡勒登流域大饥荒，曾出现人食人惨象。莫舒舒老祖父皮特在从布塔布泰向塔巴博修转移时，因年迈掉队而被腊科仑饥民掠食。后来这群饥民被莫舒舒部下俘获，部民要为老皮特报仇，主张将他们全部杀死以祭奠老酋长,完成"洁墓"礼仪。莫舒舒考虑到苏陀人口因战乱、饥荒已经猛减,所以反对滥杀;但他又不能违背习俗,于是便想出主意,下令杀一头牛,把牛肉剁碎贴在腊科仓人身上,算是替老皮特"洁墓"。这样这些人方得以免除一死,而苏陀人又保存下一批劳动力。莫舒舒这些宽容、明智的做法,给当时仇杀成性的地区氛围,注入了清新文明的空气。他的声望也因此更隆,各地难民络绎不绝前来塔巴博修投靠他。巴苏陀酋长国上升为王国,人口从19世纪20年代初的几百人增加到1834年的2.5万人,其中仅1833—1834年就有1.2万人从西部地区前来归附。到1848年增至9万人,1865年已达15万人。这种人口不断上升的现象,在19世纪中叶苏陀—茨瓦纳人因连年灾荒和战乱人口锐减的总趋势下,是个特例或者奇迹。卡勒登流域的十几个酋长国纷纷归附莫舒舒,承认其最高宗主权。到19世纪30年代,巴苏陀酋长国已发展为名副其实的巴苏陀王国,建都塔巴博修,其疆土北自卡勒登河源头,南迄北阿利瓦尔,西起塔巴恩丘,东部囊括整个莱索托高地。它所管辖的酋长国有昆纳、福肯、巴通、卡特拉、富锡、罗朗、科拉、格里夸等10多个。在迪法肯战争和灾荒造成的极端混乱局势中,巴苏陀王国俨然是中流砥柱。

奇特的"马菲萨文化"现象　巴苏陀王国与各酋长国的关系建立在一种独特的"马菲萨制度"(Mafisa)之上。原始的马菲萨制曾盛行于南班图黑人中,它最初是原始公社制度与贫富分化现象的一种表现,同时也是公社制度对贫富分化现象自我抑制的一种手段。富人(酋长等)把马菲萨牲畜租给或贷给公社贫穷社员使用(可随时收回),条件是使用者必须对拥有者效忠。莫舒舒王族拥有大量牲畜和卡勒登河畔大片沃土是实行马菲萨制的经济基础。莫舒舒按马菲萨制向各酋长国提供苏陀社会的基本生活资料和生产资料——牲畜和土地,各酋长则依附和效忠于莫舒舒国王,并缴纳贡赋。酋长国若要解除其对苏陀王国的隶属关系,则必须交回所借的马菲萨牲畜和耕地。由于迪法肯战争打散了许多按血缘关系组合的旧部落格局,新酋长国多是来自各部落的难民依地缘关系重新组合而成,因而莫舒舒建立的马菲萨纽带是异常牢固的。与此同时,莫舒舒还不断以新的联姻来扩大自己的势力,以婚姻纽带来加固诸酋长国同他个人的关系,以扩大个人影响。他娶各酋长之女为妻。1833年他拥有33个妻子;随着王国版图的扩大,到1864年他的妻子已多达150个。实际上,众多妻子既是婚姻纽带的承载者,又是劳动力。

莫舒舒和他的部下

莫舒舒的系列改革 19世纪30年代中期以后，布尔殖民者和英国殖民者相继侵入卡勒登流域。巴苏陀王国既要消除群雄割据势力，又要抵抗外来殖民侵略，为此莫舒舒进行了一系列内部改革。

他首先巩固国防，加强中央集权。当时特洛夸的塞康耶拉仍雄踞西北，不时劫掠，威胁着王国安全。1853年，莫舒舒调集军队，彻底打垮特洛夸酋长国。为加强中央集权，控制要害地区，莫舒舒把王国分成三大区，派王族子弟驻藩治理。1833年他派长子莱蔡和莫拉波偕巴黎传教士（顾问）驻守莫里贾；派其兄弟波苏里、莫哈勒镇守南边奥兰治区；自己驻守塔巴博修区，掌握中央全权。对于鞭长莫及的边远移民区，他则给予充分的自治权。为削弱地方酋长势力，莫舒舒打击其羽翼——巫师势力，制定《惩治巫术法》，规定将以巫术杀人者处死，从而使酋长无法通过巫师借刀杀人，滥施权势。

1859年9月6日，莫舒舒公布《贸易法》，其施用范围远远超出一般贸易，实际上是一部涉外土地法。它除规定外商需经莫舒舒批准方准入境以外，明确规定禁止外国人在巴苏陀王国从事农耕和占有土地。法令庄严宣称："凡我土地无寸土属白人所有，我亦不欲授寸土予白人，无论口头上抑或见诸条约。"在法律上明确禁止外国人（殖民者）占有本国土地，这在整个南部非洲亦属开天辟地第一桩。巴苏陀王国严格执行以上规定，杜绝白人在王国境内占有任何土地。这使巴苏陀王国成为早期白人未在其国内占有任何土地的唯一非洲王国①。

其次，莫舒舒大力加强军事力量，他为此而进行的军事改革比恰卡更为彻底。他对苏陀战士的武器进行更新，把旧式的标枪、刺矛和棍棒等冷兵器换成近代火器。1830年，莫舒舒从科纳人手中获得第一批枪支，深知其威力。为

---

① 但白人（见后文）将他们占有的巴苏陀的成片土地划到"境外"，成为"非巴苏陀领土"的土地。

获得大批枪支弹药,他让大批苏陀青年到开普殖民地做短工,用工资购买枪支带回本土。为打破殖民者1851年禁令(英国禁止在奥兰治管辖区内向当地土著居民出售武器弹药),他鼓励武器走私,从私商那里购得大批枪支。他聘请欧洲工匠,帮助修理枪支和生产武器弹药。这几项有效的军备措施使巴苏陀王国火器数量在短期内大幅增加,部队装备甚至基本上接近近代化。为建立骑兵部队,莫舒舒引进马匹,带头勤奋学习骑射,[①] 迅速训练出一批善于骑射的苏陀骑兵。为解决马匹来源不足,莫舒舒又主持试验、培养出一种适于山地作战和运输的巴苏陀良种马。为配合骑兵作战,莫舒舒还实行战术革新。在1852年抗英战争中,巴苏陀王国仅骑兵就出动6 000名。1858年同布尔人作战时,莫舒舒麾下已拥有1万名配备滑膛枪和来复枪的战士。

渴求知识的莫舒舒通过法国传教士,把欧洲文化引进巴苏陀王国。1833年,首批3名法国传教士来到巴苏陀,帮助建立欧式学校,创造了以拉丁字母拼写的苏陀书面语,许多苏陀人学会了读和写。1836年,第一部用苏陀语书写的书籍出版。传教士教苏陀人缝制棉布衣服,建造欧式石房,种植新农作物、采用欧洲耕作方法和人工灌溉方法等,农业生产由此获得显著发展,巴苏陀王国农民成为出口小麦和玉米的生产者。国内仓廪充实,存粮可供数年食用。

莫舒舒励精图治的改革在南部非洲大陆具有重大意义。它在短期内增强了巴苏陀王国的经济和军事力量,加速了它形成一个统一民族国家的进程,并使一个蕞尔小国成为南部非洲一颗颇有光彩的明珠,影响深远。

---

① 南部非洲无野马。野马只生存于中国新疆等少数地区。非洲斑马虽属马科,产于开普山地,但绝不可能驯服以供骑乘或役使。因此,苏陀人在1828年前尚未见过马。他们第一次见到人骑马,视为怪物,大为惊诧。

第九章
布尔人大迁徙和布尔共和国的形成

一、布尔人大迁徙从散到聚的过程

为大迁徙做准备的勘察先遣队 布尔人大迁徙是一次殖民土地扩张的远征。促使布尔人大迁徙的因素是多方面的,每一因素或先或后可能都起了促使布尔人迈出最初几步的作用。在1836年"正式出发"前几年,住在不同地区的布尔人已经为大迁徙作了多年的勘察或其他准备工作。1834—1835年布尔人曾先后派出3支勘察队和至少两支试探性的先遣队。

在选择迁徙路径上,他们不约而同地有意避开那块穿过科伊混血种人居住的格里夸敦、库鲁曼地径直进入林波波河源头的西线地区,因为在那一地块,英国殖民政府派遣的史密斯中非探险队已经同当地首长建立了联系。布尔人的第一支勘察队由比勒陀利乌斯率领,往西进入纳米比亚;第二支由斯乔尔兹率领,经由卫斯里教会在西卡勒登谷地建立的移民地,而后越过东高维尔进入索特潘斯山;第三支由彼得·厄伊斯率领沿旧商道进入祖鲁人的纳塔尔。3支勘察队跋涉数百里,获得第一手资料,返回开普殖民地东区后,在秘密会议中汇报了北方情况:适于种植庄稼的最肥沃的土地是在纳塔尔;最好的牧场则在南部和东部的高维尔地区;通往纳塔尔的最好走的牛车道是通过高维尔翻越德拉肯斯山中段山脉;最北部的索特潘斯是林波波河谷地最佳猎象区,象牙可通过葡萄牙港口伊尼扬巴内或洛伦索马贵斯出口。勘察队蓄意夸大的北部有大片"闲置土地"和"无人地带"以及绝佳的猎象区的报告和暗示,激起了布尔农场主对北部黑人土地的贪欲。

土地问题后面更深刻的因素 关于19世纪30年代初英国新土地政策在多大程度上促使布尔人下决心进行大迁徙,史学界颇有争论。一般认为,由于

穿过克拉多克

实行新政策取得边界以内土地（先列为所谓皇家土地）需要付款纳税，而边界以外，实际上可以随便取得无须付款纳税的大片"空地"，是布尔人离开殖民地边界进行大迁徙的重要原因。基维特也认为，"大迁徙是受官方边界以外有大片好地的消息所推动"。艾加-汉密尔顿在《大迁徙者对土著的政策》一书中甚至认为，边界外面有大片肥沃土地"这个现象说明了全部迁徙史"。这些脍炙人口的说法不足之处是：

第一，仅指出布尔农场主需要不断扩展土地，而没有进一步剖析他们当时为什么需要不断扩展土地，因而既未把殖民土地扩张与开普地区牲畜贸易的发展联系起来，也未指出不断扩张土地是布尔人落后农场制度的生存规律。这种"生存规律"表现为，布尔农场主使用大批农奴（牧奴），以最简单的劳动经营最粗放的牧业，因而这种牧业经济只有在不断扩张土地、更新牧场草地的条件下，才能继续存在和发展。

第二，上述看法没有把土地扩张与布尔人保持殖民集团的稳定性联系起来。因而未能阐明下述内在联系：布尔人为了在非洲人的汪洋大海中维持其殖民者地位和集团稳定性，阻止内部阶级分化和"贫穷白人"的产生，需要不断地扩张土地，以使农场主家庭分家后，所有儿子都能得到一块不小于6 000英亩的农场。据统计，由于分家重分土地和地产集中，如果布尔人社会，具体到家庭，得不到新土地和新的非雇佣劳动力，这样一个农场三四代时间就会产生100个"贫穷白人"。布尔人在南非100多年的殖民扩张经验是，只有持续地进行夺取新土地的殖民远征（大迁徙运动是其重要形式），才能调和其内部无地的贫穷农场主阶层与富裕农场主阶层之间的利益矛盾，把贫穷阶层期望成为新农场主的欲望，引导到殖民远征中，并且用"所有布尔人都会在远征的目的地成为新农场主"的允诺和期望来笼络缺地和无地的白人贫穷阶层。

第三，艾加-汉密尔顿等人的看法是就整个布尔农场主阶级说的，没有分析各阶层的态度，难免笼统失实。实际上，英国殖民当局关于限制扩张土地和取得边界内皇家土地需要付款纳税的规定，对于贫穷阶层或富裕阶层农场主的影响大不一样。对于已拥有大片好地的富裕农场主，新土地政策确实并未构成"现实的威胁"，而对于缺乏土地或好地的贫穷农场主的年轻一代来说，这些规定影响很大，确是促使他们参加大迁徙的决定性的因素。特别是那些已经迁徙到奥兰治左岸河畔地区的布尔农场主，他们只需渡河，进入今日奥兰治自由州中部地区，便可以完全摆脱英国新土地政策的限制，随意占有北恩戈尼黑人和苏陀—茨瓦纳黑人在部落战争中暂时遗弃的大片土地，开辟自己的新农场。

东部边区有许多从开普西区迁来不久的中等富裕农场主，英国当局起先允许他们在被赶走的科萨人土地上建立农场。第六次卡弗尔战事结束后，1835年凯河右岸阿德莱德地区被兼并曾使他们大喜过望，以为从此能沿着水源良好的印度洋沿海走廊地带定居。有些农场主已经迫不及待地进驻该地区。1836年英国迫于当时黑人不满的形势，下达退出该地区的命令，使布尔人向东扩张进抵印度洋沿海地区的希望成了泡影，特别是英国当局让科萨人收回几块已被布尔人进占的沃土，更使他们感到"奇耻大辱"。撤退令下达后，1836年最后几个月大批布尔农场主在雷蒂夫率领下发表声明，涌出开普殖民地边界，渡过奥兰治河向北方迁徙。

土地问题对富裕农场主作出参加大迁徙决定的影响更为复杂。不同于缺地的贫穷阶层和东迁不久的中等阶层，他们多是定居边区多年，已拥有大片好地,又担任地方官职,既富有资产又拥有实权的头面人物。取得"皇家土地"必须付款纳税的新规定,只可能对他们的下一代产生影响,因而不可能成为促使他们参加大迁徙的决定因素。仅仅"边界外面有大片空地"的诱惑也吸引不了他们抛弃田园脱离开普殖民地。因为离开已经定居多年的殖民地,他们需要放弃大批固定资产,如几处大片牧场(包括备用的)、修盖多年的宅第、畜舍和惨淡经营的园圃。边界外面得有什么样的地理环境才能对富裕农场主产生难以舍弃的吸引力?显然,只有那些可以同世界市场直接联系的纳塔尔港和德拉戈阿湾附近的富饶土地,才会使他们权衡利弊后心甘情愿地放弃故土。因为从先遣勘察队带回来的消息,新地区有如下特点:可以重建原东部边区更为优越的商品市场经济;可使他们的下一代分家后完全不受英国人管辖而得到一个或几个6 000英亩的农场;更重要的是可以实现他们梦寐以求的直通海洋,同荷兰商人或法国商人直接交易的目标,使他们不必受制于或依赖于英国的殖民地商业网或"狡猾的英国商人",摆脱英国人的一统天下的商业控制,建立更为自由和赢利丰厚的经济生活。

最早几批大迁徙队伍 1835年,富裕农场主特里卡特打着猎象队的旗号,率领30多名布尔人离开大鱼河踏上征途,跋涉千里向德拉戈阿湾进发之时,就

象牙商的帐篷

是抱着这种虚幻的希望离开开普殖民地的。另一支由范伦斯堡率领的49人"猎象"队伍几乎同时出发。两支队伍在奥兰治河畔会合后,分别向北进发。1836年他们在法尔河畔又会合一次。范伦斯堡决定前往伊尼扬巴内,后在林波波河下游谷地圈占土地,被北恩戈尼人索尚加部消灭。特里卡特的队伍在北部盘桓经年,于1837—1838年由会操英语的聪加商人作向导,向洛伦索马贵斯进发。

1835年年末,另外一支由波特吉特和塞里尔率领的60个布尔人家庭,从塔卡和科尔斯伯格出发,渡奥兰治河北上。1836年中,他们一度定居在塔巴恩丘以北、由苏陀族巴通人酋长马夸纳管辖的土地上。波特吉特玩弄欺诈手段,以49头牛的低价从马夸纳酋长手中买到今奥兰治自由州北半部的土地。而后波特吉特独自带几个人骑马北上索特潘斯山,探寻前往德拉戈阿湾的道路,无功而返。在波特吉特北上之时,恩德贝莱国王姆齐利卡齐发现白人未经允许已窜入其辖区,滥捕猎物,虐待居民并擅自占地。1836年8月,他派兵赶走并消灭了两小股布尔人。波特吉特自北南返时,发现其下属两个小分队已被恩德贝莱人消灭。10月16日在维格科普,姆齐利卡齐派部将凯利皮率军围攻布尔人牛车阵,波特吉特击退了恩德贝莱人,但丧失了所有拖挽公牛。他得到罗朗人的帮助,莫诺卡酋长赶来一批公牛把他们拉到塔巴恩丘。在这里,波特吉特与新近从赫拉夫-里内特来的马里茨的队伍汇合。1836年12月,两股队伍举行会议,选举波特吉特为民团司令,马里茨为人民会议主席和法庭审判长。波特吉特利用苏陀—茨瓦纳人同北恩戈尼人之间的矛盾,并得到了格里夸人和罗朗人的支持,决定对恩德贝莱人实行报复性掠夺。1837年1月17日破晓,以罗朗人为向导,布尔人和格里夸人等组成联合骑兵队,沿着未设防的库鲁曼路线,偷袭恩德贝莱王国首府莫塞加。当时,恩德贝莱人大军远征在外,城寨只剩老弱妇孺。波特吉特纵火烧城,屠杀居民,夺走所有牲畜。当时刚到达莫塞加设传教站的美国传教士目睹了这一切。波特吉特同马里茨因分赃发生争执,又为争夺牧师职位而生龃龉,濒临分裂。这一切显示大迁徙早期:布尔人大迁徙队伍缺乏统一指挥,各行其是,纪律无存,并非南班图黑人绝对难以战胜的对手。然而当时正值北恩科尼人及苏陀—茨瓦纳人处于"从部落到国家"的部落战争时期,一时难以实现民族团结共同抗敌。加上其地方首领、酋长缺乏一致对付和抵抗布尔迁徙者索地、占地行为的经验,导致他们中有的被骗,低价或无偿让予大片土地,有的孤军作战以求自保,有的远逸他乡避免与白人接触。而布尔人随着大迁徙队伍向北伸展,面临所谓"生存的挑战"越来越严峻,却出现了加强团结的趋势。虽然初期这种"团结"的迹象不是表现于布尔人都同意向同一方向迁徙,而仅是表现在,当任何迁徙队伍遭到进攻,其他迁徙队伍迅速驰援。

大迁徙的主力队伍 1836年10月英国宣布英军撤出科萨人地区阿德莱德,在布尔人中颇具声望的雷蒂夫辞去阿尔伯尼区的民团司令职务,率领400名布尔人加入大迁徙队伍。雷蒂夫率领的这支大迁徙队伍不仅人数最多,而且影响最大。1837年2月2日,雷蒂夫发表"迁徙的农场主宣言",代表所有参加大迁徙的布尔农场主宣告他们为什么要离开居住多年的富饶的土地;控诉英国政府解放奴隶的政策给他们造成的"严重损失",不满意英国当局对待土著部落的一些做法,以及英国偏信英国传教士偏袒当地土著的证词;宣告他们将迁往长久居住的国土,坚决维护布尔人与科伊奴隶、黑奴之间的"主仆合适的关系"。

越来越多的布尔农场主参加了大迁徙,有上千辆牛车和四五百名布尔战士汇聚于塔巴恩丘。经过几个月的筹备(4—6月),1837年6月6日,各路迁徙队伍聚会温堡,决定成立一个新国家——新荷兰,并通过九条宪章,计划在大迁徙队伍到达纳塔尔以后请求荷兰国王重新接纳他们为臣民。会议选举雷蒂夫为总督和民团司令。但这个"新荷兰"国家成立不到4个月就发生裂痕。波特吉特和厄伊斯不满雷蒂夫派和马里茨派占据了几乎所有高级职位,并在今后去向问题上发生争执:雷蒂夫主张迁往尚有大片无主土地和濒临印度洋港口的纳塔尔,波特吉特则打算北进德兰士瓦;厄伊斯背弃宪章团结的精神,要把自己一伙人马独自带进纳塔尔。1837年10月,雷蒂夫带领自己的队伍朝着进入纳塔尔的必经之道——德拉肯斯山隘口进发。波特吉特则率领一队民团进入德兰士瓦,去进攻恩德贝莱人。此时,姆齐利卡齐正遭受来自几方面的进攻:丁刚发动对他的第二次讨伐;拥有火器装备的格里夸人又与布尔人合作,几次掠走其畜群。终于,姆齐利卡齐最害怕的事情发生了:布尔人与他的众多敌手结成一系列联盟劫掠他的畜群。畜群大量丧失,使他难以为继。他计划效法科洛洛人首领塞贝通向北发展,遂派凯利皮率领先遣队勘察北方土地。1837年11月,波特吉特率330名布尔骑兵和50名持火枪的步兵对恩德贝莱人进行追击,沿途烧杀,激战9天(11月4—12日),迫使恩德贝莱人退出肥沃的马里科谷地。在首府卡潘失陷后,姆齐利卡齐毅然决定分两股北上,从林波波河上游涉渡,以便赶在雨季结束之前在新土地上播种谷物。11月12日布尔人骑兵追到德瓦斯贝赫山顶,目睹恩德贝莱人涉渡马里科河(林波波河上游一条支流),并迤逦穿过锡夸内峡谷消失于远方。1837年恩德贝莱人渡林波波河北上，一去不复返，使德兰士瓦土地上失去一支强大、能战的捍卫黑人土地的力量，给布尔人在高原的殖民渗透提供了十分有利的条件。

二、祖鲁王国军民为捍卫国土而殊死战斗

丁刚风格：勇猛有余，策略不足　1837年10月中旬，一心觊觎纳塔尔富饶土地、窥视印度洋海岸的雷蒂夫，下令大队人马暂屯德拉肯斯山隘口，自己带十数骑驰往纳塔尔港，就建立纳塔尔的布尔人殖民地取得当地英商的支持。10月19日和11月8日，他从纳塔尔港致信丁刚，要求祖鲁国王同意布尔人在毗邻祖鲁领土的"无人地带"居住。信中，雷蒂夫语含威胁地说，姆齐利卡齐的下场，"就是同我们（白人）交战的行为不端国王的下场"。丁刚在信中反复表示，要布尔人先归还祖鲁人被掠走的牲畜。谈判没有举行。接着，雷蒂夫率15名骑兵窜进祖鲁首府姆冈冈德洛武，向丁刚索要土地，未果。此后，雷蒂夫回到温堡，安排大批布尔迁徙者准备进入纳塔尔。而他的在德拉肯斯山隘口候命的直属部下开始向隘口以东移动。1838年2月3日，雷蒂夫率71名骑兵和30名科伊仆役再次进入祖鲁首府。他大肆夸耀布尔人如何打败恩德贝莱人。在场的英国传教士记载说，当时雷蒂夫一行绕城骑行，进行威胁，向空中放枪，恫吓祖鲁人。此时布尔人迁徙大军已从德拉肯斯山隘口源源不断地开进纳塔尔的图盖拉流域，先下手占地建立农场。丁刚此时已完全知悉布尔人已在姆齐利卡齐的国土将恩德贝莱人几万部众全部赶过了林波波河，雷蒂夫信件中特别提起此事的威胁含意。而雷蒂夫一行在祖鲁王国首府跃马横刀，其背后的支持力量是正沿着德拉肯斯山东坡漫山遍野迤逦而下的布尔人牛车队。

丁刚决定消灭这股不速之客，以消除迫在眉睫的威胁。[①]他以举行战舞表演为名调动军队。2月6日，在为雷蒂夫一行举行的送别集会上，丁刚下令祖鲁战士逮捕雷蒂夫及其随从，并将其全部处死。2月16日（或17日），祖鲁军在图盖拉河上游地区消灭了占领布须曼河与布劳克兰河之间土地的布尔农场主。随后几个月，祖鲁军摧毁了纳塔尔境内几乎所有的布尔人堡垒和农场。3—4月间，进占纳塔尔港（后命名为德班港）的殖民者劫掠了当地祖鲁人的

[①] 有一种说法，为了麻痹敌人，2月4日丁刚在雷蒂夫要求的一份割让土地的文件上画押。究竟有无这份割让土地的文件，历史学家众说纷纭。《南非的兴起》一书作者曾认为这个文件是伪造的。

牲畜、妇女和儿童,丁刚命令其弟姆潘达率军焚毁该港,英国殖民者退避船上。1838年4月,祖鲁军在埃塞伦尼击败了从德兰士瓦驰援的波特吉特和厄伊斯率领的数百援军,击毙厄伊斯。波特吉特退到德兰士瓦,从此不敢再同祖鲁军作战。9月马里茨也死了。侵入纳塔尔的布尔人陷入群龙无首的混乱状态。在祖鲁人不断反击下,布尔人遭受自1835年开始大迁徙以来最惨重的损失,3 500人死去了350人。

血河战役的教训:放弃在运动中伏击的战术 残存于纳塔尔的布尔农场主面临全军覆没的危险,一致请求开普殖民地赫拉夫-里内特边区的民团司令比勒陀利乌斯前来领导他们。11月20日比勒陀利乌斯被推举为布尔军总司令。他着手整顿民团纪律,征募500名精干骑兵,装备57辆满载弹药辎重的牛车,配备两门小炮。12月15日,进入纳塔尔的布尔骑兵前哨与祖鲁军前锋接触。布尔人在武器和军事技术上都占有优势。比勒陀利乌斯在恩康姆河河套上摆下环状牛车阵。他们在防守时利用牛车作为掩体,发挥枪炮的密集火力;追击时以骑兵开路,从马上射击挥砍。由于布尔人和英国

丁刚下令杀死布尔人

血河战役1

殖民者长期对祖鲁人实行武器（火器）封锁，祖鲁人几乎得不到任何火器，所以开仗时，祖鲁军除极少数拥有缴获的火器，绝大多数人只有冷兵器——刺矛、木棒和投枪。这就注定了祖鲁人须以血肉之躯去阻挡近代火器枪炮。布尔人燧发枪的射程为祖鲁人投枪掷程的好几倍，对密集队形的杀伤力尤大。祖鲁人在军事上本有突袭和设伏的优势，但在此次战役中未能发挥：祖鲁人放弃了在运动中打伏击的战术。12月16日凌晨，祖鲁战士排成密集的公牛角阵，惊天动地地呐喊着，向布尔人的牛车阵发起冲锋。布尔人躲在牛车工事后面射击、开炮。祖鲁战士前仆后继，轮番持矛冲锋，伤亡极其惨重。丁刚下令撤退。布尔骑兵跃出牛车阵，纵马狂追。祖鲁军被击溃，伤亡3 000人。鲜血染红了恩康姆河，"血河"因此得名。

血河战役2

祖鲁王国偏安一隅 血河战役后，布尔军乘胜进击占领祖鲁王国首府，丁刚退往北方。布尔人利用祖鲁王国发生内讧，一些酋长反叛，姆潘达觊觎王位之机，进行多方位拉拢收买，拼凑反丁刚势力。1839年3月，在内忧外患交迫下，丁刚被迫答应：图盖拉河以南土地由布尔人占领，赔偿1 000头牲口和1万公斤象牙。丁刚返回首都，重建姆冈冈德洛武城。1839年10月，权欲熏心的姆潘达率1.7万人和几万头牲畜叛离丁刚，投靠

姆潘达王

布尔人。祖鲁王国的内部分裂给祖鲁民族带来了深重的灾难。1840年1月30日,在布尔军支持下,姆潘达在姆库齐河以北的马康科击败丁刚。丁刚败走斯威士兰。布尔人乘机大掠,抢走6万头牲口并掳掠众多儿童。1840年2月18日姆潘达由布尔人加冕为"祖鲁王"。作为交易,登上王位的姆潘达把图盖拉河至白乌姆福洛济河之间的大片土地割让给布尔殖民者,祖鲁王国只剩下残破的半壁河山,实际上成为布尔殖民者的附属国,偏安一隅。牲畜被掠走近10万头,沃土被割去一大半,曾经气吞山河的英勇人民在极其穷困的生活中苟延残喘。1840年丁刚在斯威士兰境内去世。

三、布尔人共和国呈现雏形

从纳塔利亚共和国到纳塔尔殖民地 布尔人和英国人为对抗祖鲁人能够联合作战:无论在港口或平原,英国都曾出动军队帮助布尔人与祖鲁人作战。但在战胜祖鲁人以后,6 000名布尔人迅速定居在已被征服的纳塔尔土地上,并积极着手建立国家。然而在祖鲁人威胁下曾暂时缓和下来的各路迁徙队伍之间的重重矛盾又尖锐起来。经过调停、妥协,终于在1840年10月各方达成协议,宣布将成立"纳塔利亚共和国",以彼得·马里茨堡(为纪念马里茨而命名)为首都,以荷兰国旗的颜色作为共和国国旗的底色。纳塔尔立法议会名义上是所有布尔殖民者的最高立法机构,在德兰士瓦高原成立了分会,但从一开始议会权力就只限于纳塔尔,德兰士瓦的布尔农场主并不听命。布尔人共和国在成立宣言中俨然以纳塔尔土地的真正主人自居,并宣称,它将接管图盖拉河与乌姆福洛济河之间的整个地区,以及整个海岸和已发现或将发现的一切港口。蜂拥而至的布尔农场主争先恐后地抢占或圈占属于非洲人的土地。在1842年以前,各布尔人公社已抢占了水牛河—图盖拉河和乌姆齐姆库卢河之间的所有土地。

布尔人抢先下手占领纳塔尔最富饶地区的狂热行动,促使英国改变了对纳塔尔长期犹豫不决的态度。自19世纪20年代以来,纳塔尔港英商屡次要求英国兼并沿海地带,英国政府考虑当地无利可图、徒增财政负担,曾予拒绝。英国政府仍从"无形帝国"(Informal Empire)政策角度出发,认为兼并"成本"高昂,弊大于利。布尔人占领纳塔尔最初两年(1840—1842年),英国政府倾向于让其自行其是,自生自灭。但不久,荷兰美国船只频繁到达纳塔尔海岸,引起英国担心,怕英国海军可能丧失对南非东海岸的控制,影响整个帝国的战略部署。而布尔人贪心不足,为了兼并更多土地,竟将纳塔尔土著居民当作多余人口强行遣送到庞多兰,引起纳塔利亚共和国同法库酋长的冲突,这便给英国干涉提供了借口。

1842年5月,英国派史密斯上尉率英军250人,由庞多兰进入纳塔尔,占领德班港。布尔民团把英军围困在德班近两个月。这是英、布白人殖民者在南非第一次军事对峙。7月,英国援军由海路赶到纳塔尔。布军防线迅速崩溃,7月5日,布军投降。1843年,英国政府正式宣布兼并纳塔尔,成立纳塔尔殖民地,暂隶属于开普殖民地。近6 000名布尔人不愿意重新接受英国统治,陆续拖家带口离开纳塔尔,翻越德拉肯斯山,西进高原地带。到1848年,比勒陀利乌斯离开纳塔尔时,只有几百名布尔人尚留在纳塔尔,他们组成的"克列普共和国"同年也被并入纳塔尔殖民地。布尔人一走,英国移民就接踵而来,定居在这块富饶的土地上。从此,纳塔尔成为南非讲英语居民最多的地区。英国殖民部门越来越重视这块殖民地。英国政府派熟谙非洲土著事务的谢普斯通来治理纳塔尔。谢普斯通后来在纳塔尔推行对南非历史影响深远的"土著保留制度"。1856年,纳塔尔从开普殖民地中分立出来,成为英国一块单独的殖民地,并成立一个权力有限的代议制政府和立法议会,后者对其后开普殖民地的政治变革也有所影响。

靠掠夺和兼并土地形成的共和国雏形　波特吉特自从1838年4月被祖鲁人击败后,引兵西进便决定在高维尔地带建立自己的势力。他从巴通人酋长马夸纳手中低价买下法尔河和费特河之间的土地以后,便将这些由他个人控制的土地分配给效忠于他的部下。温堡地区的其他布尔农场主拒绝接受波特吉特的统治。波特吉特撤到法尔河以北地区,并于1839年10月宣布他对原由姆齐利卡齐统治的土地拥有通过征服取得的绝对所有权。在他的操作下,一份所有权证书由几个亲布尔人的苏陀人酋长签名画押作证。后来的皮拉内斯贝赫、马加利斯堡等城便是以这几个酋长的名字命名。波特吉特以波切夫斯特鲁姆为其首府,成立市民委员会作为纳塔利亚共和国议会的一个分支。1844年随着布尔人从纳塔尔撤出,他便宣告"分支议会"独立,结果导致高原地区布尔人的彻底分裂。温堡地区白莫克领导的布尔人拒绝承认波切夫斯特鲁姆的市民委员会。此后,高维尔地区的布尔人分裂为3个各自独立的殖民共同体:波切夫斯特鲁姆、温堡和南卡勒登。较小的南卡勒登殖民共同体由奥伯霍泽领导,向格里夸人首领亚当·科克和苏陀王国国王莫舒舒一世缴纳赋税,并宣称效忠于开普殖民地的英国政权。1842年温堡地区布尔人无视当地非洲

祖鲁人杀死数以百计的布尔人

人亚当·科克和莫舒舒的主权,扬言"按《圣经》,白人不应当受黑人统治",遂宣布奥兰治河以北高原地区自行独立。1844—1845年从纳塔尔撤出的数以千计的布尔人进入温堡地区,进一步加强了温堡殖民地扩张的势力。布尔农场主不断蚕食格里夸人和苏陀人土地,双方屡次发生武力冲突。

波特吉特一伙布尔人在法尔河以北继续向北、向东扩展,以期越过英国当局划定的南纬25°线以北,并寻求一个不受英国控制的海港。他们于1845年在奥里赫斯塔德(已越过南纬25°线)和索特潘斯贝赫建立新殖民地;1848年又放弃对健康不宜的奥里赫斯塔德,南迁到南纬25°线附近的莱登堡。随着羊毛业的兴起和人口增长,这伙殖民者逐渐从德兰士瓦的周边地区向地势较高的中心地带扩张,大兴养羊业。布尔人的土地扩张引起与当地非洲人的一系列冲突。佩迪人在塞克瓦提国王领导下同布尔人进行了长期艰苦的斗争,在丛山中维持王国的独立,1857年与莱登布尔共和国划定以斯蒂尔普特河为界。文达王国同布尔殖民者的不断冲突,直到1867年布尔人放弃索特潘斯贝赫大部地区以后才基本结束。在西界,茨瓦纳各酋长国遭受的土地损失最大,布尔殖民者一直向西扩展到哈茨河（东经26—25°）和莫洛波河。拥有火器的茨瓦纳人坚持抵抗，挡住布尔人继续向北扩张。布尔人屡次威胁要洗劫昆纳人、赫鲁策人和罗朗人的村寨。茨瓦纳人通过各种渠道，多方搜集、购买火器，并从英国传教士利文斯敦主持的传教会得到火器供应。布尔人慑于茨瓦纳人拥有可观的火器，不敢贸然进攻，便去攻击弱小的酋长国如科帕、恩德宗德扎等，兼并其土地。

四、英布殖民者全面出击兼并土地

蚕食、兼并苏陀人沃土 布尔殖民者从19世纪30年代中期开始侵入苏陀人居住的卡勒登河谷地区，这是奥兰治河流域最肥沃的地区，既有肥美的宜牧草原也有自然灌溉的农耕地带。初来时，布尔人请求莫舒舒国王允许他们暂居西卡勒登谷地，到1845年布尔人农场迅速增至300家以上，许多布尔农场主贪恋肥美土地不再继续往北迁徙，从栖居的牛车上搬到他们仿效苏陀人修筑的土砖房居住。莫舒舒早在1839年就善意地提醒布尔人，他们是作为远来的客人被允许暂住在他的土地上的。但时间一久，鸠占鹊巢的布尔人竟诳说，莫舒舒给他们的农场土地是私人产业，因而不在巴苏陀国的主权管辖之内。布尔人农场依旧采取粗放的经营方式，依靠不断扩大土地占有面积来维持简单再生产或扩大再生产。因此，他们得寸进尺，不断蚕食侵占苏陀人的土地。起初，莫舒舒对布尔人的殖民主义本质认识不清，一度曾与之联合对抗姆齐利卡齐的恩德贝莱人，并慷慨允许他们在他的土地上播种庄稼、兴建牧场；到发觉布尔人采取蚕食鲸吞手段时，才开始划界自守，同狡诈的布尔人展开守土斗争。

莫舒舒利用了开普殖民当局为稳定北部边区形势而施行的补助金条约国政策，于1843年12月与英国总督内皮尔签订的"内皮尔条约"。条约第4项规定巴苏陀王国的领土范围："西面，从卡勒登河与盖雷普河（奥兰治河）的会合处至两河在布塔布泰附近的源头；西南从两河汇合处起沿盖雷普河为界；北面以卡勒登河以北25—30英里处的平行线为界"。条约中南界承认卡勒登河下游与奥兰治河之间的土地为巴苏陀国的国土是较符合当时实际情况的。非洲人有权在自己土地上向布尔人征税。1845年受种族主义意识冲击的英国殖民当局改变主意，规定非洲酋长权力不能施加于白人；在白人居住地上，酋长权力应由英国派遣的驻扎官代为执行，这就开了一个恶劣的先例。在英国殖民当局兼并了奥兰治主权国以后，1849年12月，英国地方官沃登擅自更改巴苏陀王国边界，划了一条所谓"沃登线"作为王国的西界，竟将卡勒登河与奥兰治河汇流处一条70英里长的河间地划给布尔人。这片土地上散布着数千苏陀人正在居住着的40个村寨。莫舒舒坚决捍卫巴苏陀王国领土，下令该地区所有苏陀人原地不动，决不离开故土。1849年，一个布尔农场主进占卡勒登河岸5 000摩尔根土地，仅一年就被莫舒舒战士赶走。

1851年6月，沃登组织英军和土著雇佣军联合进攻巴苏陀王国的维尔特村寨。6月30日，莫舒舒率军大败沃登军。英军败退塔巴恩丘，莫舒舒并未乘胜进攻英国统治下的布尔人奥兰治主权国。英国新任总督卡思卡特怀着老牌殖民主义者心态，决定为沃登的失败报复，以维持大英帝国在南非不可战胜的形象。1852年10月，卡思卡特率2 500名英军抵达奥兰治主权国，向莫舒舒发出最后通牒，限令他3天内交出1万头牛和1 000匹马。莫舒舒采取先礼后兵策略。他会见英国总督，表示和平愿望，不启战衅。但卡思卡特自恃强兵压境，不予理睬，继续向塔巴博修进军。12月20日战争爆发。英军在第一天战斗中失利，伤亡颇多。莫舒舒在小胜之后致信卡思卡特罢兵言和。卡思卡特初战受挫，担心陷入糜饷劳师的战争泥潭，便"体面地"撤兵。南非史学家锡尔曾称誉莫舒舒致卡思卡特的信为"南非从未有过的最具有策略性的文件"。

布尔人离去后英国人继续兼并科萨人土地　1836年英国殖民当局下令撤离卡弗拉里亚阿德莱德地区只是权宜之计。布尔人大批离去留下了许多"空地"。英国殖民主义者便搬出威克菲尔德的现代殖民理论兼并土地：只有当殖民者拥有过剩的土地，而当地人土地严重不足时，才能迫使土著出卖劳动力。因此英国殖民者侵占土地总是远远超过其实际需要。对土地的贪求，怂恿英国农场主在布尔人离开以后的科萨人地区总是寻衅闹事。1846年仅仅为了科萨人酋长散迪勒的一个亲戚偷了英国农场主一把斧子，殖民当局便兴师动众，无端挑起第七次"卡弗尔战争"。英国政府派前驻华公使、曾主持鸦片战争侵略中国的璞鼎查到南非指挥第七次卡弗尔战争。在这场战争中，科萨人的反击战打得很出色，一度进逼伊丽莎白港，并用游击战困扰殖民军的供应线。但由于科萨人粮仓被殖民军大火烧毁，而畜群又转移到远处的安全地带，结果在战区酿成严重饥荒。到9月，饥饿的科萨人不得不暂时放下武器，去收割地里的庄稼。战争一直持续到1847年，英国骑兵终于把东西两支科萨人赶出东区。

1847年在镇压科萨人以后，新任总督史密斯乘机采取兼并政策，把凯河到大鱼河地区统统变成英国殖民地，命名为英属卡弗拉里亚（俗称西斯凯）。科萨人成为英国臣民，由英国管理。所谓"由英国管理"，实际上是让一些临时拼凑起来的非洲人警察来管理。这些警察狐假虎威,鱼肉乡里,使刚失去土地的科萨人倍感痛苦。史密斯总督专横跋扈,倒行逆施,竟解除有威望的散迪勒酋长职务,代以白人行政官,引起普遍怨恨。1850年12月,在英属卡弗拉里亚爆发了第八次"卡弗尔战争"。在新先知姆兰杰尼的鼓动下,隶属传教站的科伊农民、滕布人都站在科萨起义者一边。英国人树立的军屯村全被消灭。1851年英国援军赶到,仍未能取胜。1853年2月,殖民当局从留下的布尔人中招募了几个民团,才击败了科萨人游击队。

1857年科萨地区发生"宰牲事件"(见前文),仅西斯凯地区就饿死2万人,3万多饥民进入开普殖民地。西凯斯人口从1857年2月的104 721人减到同年12月的37 697人。西斯凯出现荒无人烟的大片土地。英国在此积极推行兼并非洲人土地的政策,引进欧洲移民,把在克里米亚战争中为英国卖命的德国军团退伍官兵移屯此地,让失去土地的科萨人沦为雇工,为资本主义生产方式培植社会基础。科萨人元气大伤,80年英勇斗争的成果几乎全部付诸东流,此后偃旗息鼓整整20年。

五、德兰士瓦和奥兰治共和国独立

英国改变政策承认布尔共和国独立 1849年,为了协调利益,共同镇压非洲人越来越激烈的抵抗,法尔河以北几个各行其是的布尔人集团在代德普特开会,决定成立一个统一国家,国名定为南非共和国,并组织中央议会。但统一仍停留在纸上,中央议会极少开会,出席者寥寥,各集团并不受中央议会管辖。

1852年,英国政府考虑改变几十年来拒不承认布尔共和国的政策。19世纪50年代英国正处于它所开辟的自由贸易的黄金时代,"无形帝国"正是这一时期英国内阁高谈阔论的政策。承认德兰士瓦和奥兰治两个布尔共和国将成为执行这一政策的试金石。实际上,英国政府对紧跟在布尔人马屁股后面跨越9个纬度区跑了半个世纪的做法已感到厌倦,何况布尔人到50年代,已经越过南纬26°线进到南纬25°线。这是一片接近荒芜的高原,如果建成英属殖民地,按殖民系统须派出一系列官员、驻军,其行政开支成本过大,远非布尔农场主缴纳的蝇头赋税所能弥补。精明的英国殖民官员建议,只要英国严守沿海地带,不让布尔人获得近海地区寸土,把嗜好马背生活的布尔人困于高原内陆深处,大英帝国的南非殖民地必将安然无恙。自由党内阁权衡利弊,决定让布尔人留在贫瘠的草原上,由他们首当其冲来对付剽悍的非洲人。在桑德河谈判中,德兰士瓦共和国(正式名称为南非共和国)各集团矛盾重重,竟派不出一个统一代表团进行谈判。比勒陀利乌斯遂以布尔人领袖身份前往谈判。桑德河谈判达成如下协定:布尔人保证英国人在德兰士瓦境内自由贸易;英国承认法尔河以北布尔人独立;禁止开普殖民地商人向非洲人出售火器。"桑德河协定"为布尔人打开了肆行兼并非洲人土地而不须顾忌英国人干预的方便之门。1852年以后,布尔人在德兰士瓦变本加厉地掠夺非洲人的土地和童奴。屠杀非洲人事件层出不穷。1854年波特吉特率兵攻打拉拉人,封锁拉拉人避难的山洞,造成一次3 000人被杀或饿死的惨剧。

1854年2月,英国基本上按"桑德河协定"与奥兰治(温堡)地区布尔人缔结"布隆方丹协定",承认奥兰治主权国独立,后者将奥兰治主权国改名为奥兰治自由邦。

两个布尔共和国成立后,内部仍是分裂的。议会形同虚设,效率极低。所谓"国家"仅是一些名不符实的"土地共和国"。1853年比勒陀利乌斯去世后,其子马提努斯(亦称小比勒陀利乌斯)继位任德兰士瓦总统。小比勒陀利乌斯野心勃勃,力图统一奥兰治河以北所有布尔人,由他当首领。1854年他到温堡策动政变,企图吞并奥兰治自由邦,未成。1857年,他率民团进攻奥兰治自由邦。两支布尔人军队在犀牛河上对峙。正在此时,后院起火,莱登堡共和国宣布退出南非共和国。小比勒陀利乌斯慌忙罢战撤兵,赶回德兰士瓦处理内部事务。1860年他利

小比勒陀利乌斯

用奥兰治内部矛盾,上下其手,笼络收买,终于当选为奥兰治自由邦总统。但两个布尔人国家并未真正合并,仅拥有一个共同的总统。1863年,德兰士瓦几个民团司令为争夺总统宝座,互相火并,小比勒陀利乌斯的地位岌岌可危,不得不辞去奥兰治总统,回北方整饬内部。同时,非洲人乘德兰士瓦内部不稳,加强反抗斗争,拒交贡赋,力图收回土地。小比勒陀利乌斯以铁血手腕残酷镇压非洲人,显现出他是保护布尔地主的不可取代的"强人"。在克鲁格支持下,1864年他又重新当选为德兰士瓦总统。奥兰治自由邦则另外选举居住在开普殖民地的布尔人布兰德当总统。两个布尔人共和国在摇摇晃晃中终于站立住了。

苏陀人捍卫土地的艰苦斗争　1854年英国承认奥兰治自由邦独立后，布尔人更加肆无忌惮地在肥沃的卡勒登河谷扩张。为强迫巴苏陀王国承认"沃登线"，1858年1月布尔人发动第一次侵略巴苏陀人的战争。1 500名布尔民兵侵入塔巴博修，莫舒舒此时已拥有1万名骑兵，大部分配备毛瑟枪或来复枪。布尔人久攻不下险峻高地。莫舒舒及时将部队分散成游击小分队深入敌后，摧毁布尔人农场。袭扰战弄得布尔民团军心涣散，纷纷离队回农场救援。莫舒舒率军反击，节节取胜。奥兰治布尔人向德兰士瓦共和国求援。最后，英国出面"仲裁"。面对两个布尔共和国可能联合起来作战，南北夹击，莫舒舒被迫于1858年签订"北阿利瓦尔条约"。条约肯定了北界的沃登线，仅在南界给巴苏陀王国增加了一小片领土。

莫舒舒从多年政治经验中逐渐认识到白人殖民者总是相互勾结并吞黑人土地，也试图建立黑人捍卫土地的防卫同盟。他曾派使节往返于索特潘斯山（佩迪、文达等国）和凯河之间，即南纬23°至南纬32°之间地带进行串联，而远方的苏陀—茨瓦纳和恩戈尼酋长们也常来到塔巴博修共同商讨联合行动。由于白人殖民者全面出击，非洲人各酋长国几乎同时遭受殖民扩张的威胁，因而未能创造出一种相互支援的有效方式。但莫舒舒经常向遭受布尔人威胁而只拥有冷兵器的酋长国提供火器。

进入19世纪50—60年代后，巴苏陀王国进一步发展同开普殖民地的谷物和牲畜贸易，以增强国力。巴苏陀农民为出口而增产玉米和小麦，推广使用引进的牛耕犁耙，增加农耕土地面积；大量使用牛车作为向市场运送粮食的工具；以骑马代步，加快了山区之间崎岖道路的交通速度。他们通过走私火器，装备民兵，使巴苏陀王国配备了一支当时南非各王国、酋长国绝无仅有的强大骑兵。巴苏陀社会生产力显著提高，粮食储备增加，人口增多。他们更加迫切地需要向卡勒登右岸开辟牧场和农田。但莫舒舒国王年事渐高，精力已感不济，诸子为争夺王位明争暗斗，削弱了王国的凝聚力。

毗邻的奥兰治自由邦进入19世纪60年代后，内讧减少，国力渐强。随着羊毛市场的兴旺和羊毛业的迅速发展，人工灌溉的园圃制得到普遍推广，布尔人对卡勒登河畔土地的争夺日趋激烈。1862年，莫舒舒建议英国派驻扎官常驻塔巴博修，以调解苏陀人和布尔人在卡勒登西区的紧张关系。对"沃登线"负有历史责任的英国政府予以拒绝，重申它在1858年已承认卡勒登西区的大部分土地应归布尔人所有。就这样，英国的一个殖民地地方官大笔一挥，无视历史事实的"沃登线"就把几万平方公里最肥沃的土地"送"给了布尔农场主。1865年，布尔人依仗有英国人支持，发动第二次卡勒登战争。深受内讧折磨的苏陀人在战争中处于劣势。布尔人侵入内地，与英国殖民者在科萨地区做法如出一辙，烧毁农田庄稼；像狐狸一样杀死所有拖不走的牲畜，制造饥荒。而驻守在卡勒登西北区的庶王子莫拉波又居心叵测地同布尔人单独媾和，竟将北部地区割让给布尔人。莫舒舒为了赢得1866—1867年的农作物收获时间，以便将濒于饿死的部众从饥荒中拯救出来，被迫同意媾和。1866年4月"塔巴博修条约"签订，巴苏陀王国被迫割让已被布尔人侵占的农耕国土，王国仅留下一小块河谷耕地和3万平方公里左右的山区，赔偿10万头牛羊和5 000匹马（骑兵从此失去坐骑），允许布尔地方官驻扎塔巴博修。这是一项极其苛刻的，置苏陀人于死地的不平等条约。

1867年收获季节结束，布尔民团刚撤走，苏陀人便重新收复失地，播种庄稼。两个企图驱赶苏陀人的布尔农场主被杀。1867年7月9日，莫舒舒致信奥兰治总统布兰德，指出战争原因是奥兰治布尔人要扩张领土，灭绝苏陀民族，并严正声明：布尔人"无权居住在巴苏陀兰，他们应待在自由邦境内，除此之外无法维持双方和平"。布尔殖民者对此置若罔闻，战衅重开。布尔民团变本加厉采取残暴手段。在一些山区城堡，仅剩的据守阵地的10多名苏陀人拼死作战，一次又一次顶住500—1 000名布尔人的猛烈进攻。布尔人始终未能攻下首府塔巴博修，但苏陀人伤亡惨重。首府危在旦夕，一旦塔巴博修失守，巴苏陀王国就将面临被布尔人吞并的命运。

巴苏陀王国变成英国保护国　经过痛苦的权衡利弊，莫舒舒认为在当时形势下，免受布尔人奥兰治自由邦吞并的唯一可行之路是寻求英国保护。英国政府眼见布尔军队咄咄逼人的攻势，也担心如果不当机立断阻遏奥兰治自由邦吞并巴苏陀王国，野心勃勃的布尔人就将取得巴苏陀王国，并取道其境内的奥兰治河上游越过分水岭，沿姆齐姆武布河或蒂纳河直下圣约翰斯港。这两条河所经过的东格里夸和特兰斯凯当时都不在英国人控制之下。这样，布尔人将在开普殖民地和纳塔尔殖民地之间打进一个威胁英国南非霸权的楔子，并有可能取得同欧洲人（荷兰人、法国人）直接联系的印度洋港口。如果布尔人此项意图得逞，英国人堵截布尔人取得印度洋出口的半个世纪的努力就将功亏一篑。于是1868年3月12日英国南非专员伍德豪斯匆忙宣布："巴苏陀部落人民将被接受作为英国的臣民，上述部落土地将被接受作为英国的领土"，从而名正言顺地将巴苏陀王国置于英国"保护"之下。英国同时宣布切断对奥兰治自由邦的武器供应，并随即向巴苏陀派出开普骑警部队。布尔人在苏陀人的长期抗战中已耗尽力量,无力对英国的干预行动进行武力对抗,遂答应停战。此后,经过棘手的谈判,1869年2月签订了第二个"北阿利瓦尔条约"。它划定巴苏陀王国与奥兰治自由邦的边界线从卡勒登河源头沿河而下,到亚默渡口,继续往东南延伸直到德拉肯斯山。这条边界比"塔巴博修条约"所规定的边界稍有改善,但苏陀人仍然失去了大片最好的土地——卡勒登河以北30公里宽的沃土地带以及卡勒登河与奥兰治河汇流处的三角洲地带。此后大批苏陀人因地少人多不得不到白人占领区从事劳动取得工资,以弥补土地收入的不足。

苦涩的历史选择　莫舒舒国王领导苏陀人民同布尔殖民者进行了数十年的殊死斗争,表现出非洲黑人对殖民主义不屈不挠的精神。但是,他们在南部非洲面临的敌人在军事上是强大的,单靠巴苏陀一个小国单独作战难以取胜。在当时的情况下,特别是迪法肯部落战争刚落下帷幕,组织整个南部非洲黑人反对白人殖民侵略的联盟,事实上是不可能的。因此,从苏陀人的长远利益看,与其被吞并后在布尔人的种族主义统治下亡国灭种,毋宁选择英国的"保护",在英布矛盾的缝隙中寻求一片民族生存的天地。历史已经证明:这个拥有确定边界和单一语言的民族国家终于以"被保护国"形式下保存下来,并使奥兰治自由邦的布尔人不敢肆无忌惮地进行侵略和吞并。诚然,这是一种迫不得已的、苦涩的选择,因为历史在当时毕竟没有给予巴苏陀王国更幸运的选择。

第十章
富矿发现前的落后南非

一、白人殖民者抢占南非大部分土地

白人土地占有制的建立 如果以最后一批布尔人大迁徙队伍到达德兰士瓦的索特潘斯山作为大迁徙的结束年代，整个大迁徙过程历时12年（1836—1848）。在12年中，布尔人侵占了德兰士瓦和奥兰治两地大部分土地，英国则占领了几万平方公里的纳塔尔。布尔人实现了大迁徙的全部政治和经济的目标：他们脱离了英国人的统治，实际上"废除"了英国人的"50号法令"，按照布尔人关于"黑人同白人绝无平等可言"的原则建立了所谓"白人与黑人的合适关系"。黑人奴隶制除了不叫"奴隶"外，一仍其旧，所有黑人奴隶和科伊牧奴都被称为"仆役"或"学徒"。在欧洲废除奴隶制的热潮中，布尔人以此掩人耳目。

在经济方面主要是布尔人实现了占有超过原来期望的大片土地和稳定的劳动力供应。侵入纳塔尔、奥兰治和德兰士瓦后，无论是富裕、中等富裕或贫穷的布尔农场主，都把新区土地当作战利品，无情地予以掠夺。1840年2月18日再次击败祖鲁丁刚部队的比勒陀利乌斯宣布，图盖拉河至白乌姆福洛济之间的大片土地均归布尔征服者所有。6 000名布尔人随之迁入并定居在这片土地上，争先恐后地抢夺或圈占属于非洲人的土地。布尔人在图盖拉河以南恣意规定，凡在1838年12月以前进入纳塔尔的农场主，可得到两个面积为3 000摩尔根（折合15 480英亩，约92 880市亩）的土地，以后进入的可得到1个同样面积的农场。凡年满18岁的布尔青年只要缴纳12英镑的登记费，就可领有规定的土地。布尔人采用英国移民在广阔无垠的加拿大大面积占有土地的办法，常常10户家庭的布尔移民就几乎能占有一整座城镇大小的土地。

卸下牛车的布尔人

布尔农场主进驻新区后，第一件事就是忙于跑马圈地，划分地块，给地界的自然标志——小溪、树林或山丘命名。布尔人议会则发给他们土地所有权的证明书。由于圈占的土地过于广袤，有些土地在圈划之后几十年无人问津，任其荒芜。从温堡到哈里史密斯（直线距离约200公里）的奥兰治地区，仅由200个农场主领有。纳塔利亚共和国成立头两年就有250万英亩土地仅由254名布尔人登记领有，但实际上只有49人使用过这些土地。这些肥沃的土地大部分都是因姆法肯战乱而暂离故土的非洲人的土地。当他们躲过战乱返回故土时，发现自己的土地已全被白人占有，庐舍为墟，无处栖身。据估计，在1838年战乱时期，纳塔尔土地上大部分非洲人背井离乡，仅剩5 000—11 000人留守故土。至1843年，大批难民返回故乡，人口骤增至8万—10万人。按议会规定，每6 000英亩布尔人农场只可留下5户黑人家庭充作劳动力。1841年议会作出决定："为了（布尔）共同体的安全起见，完全有必要将仍在我们中间生活的卡弗尔人安置到边远的地方"，"必须强行押送到指定地区，不管他们愿意与否"。布尔人除了把少数非洲人留作廉价劳动力供驱使外，将大部分（估计包括近10万祖鲁人）予以驱逐。有许多非洲难民被驱赶到乌姆齐姆库卢河以南的庞多兰地区，流落异乡。

对于被允许留下作为劳动力储备的非洲人，布尔人议会规定，他们必须安分守己，承认布尔人的共和国至高无上的权威，服从其法令和条例，才可在特居地居住，并受布尔政权所承认的或指定的酋长、头人管辖。这里所提到的"特居地"（locations）与下文即将分析的"保留地"不同。列为黑人居住的"特居地"的土地毫无法律保障，布尔殖民者一旦需要，便可随时收回或更换。例如原先"给予"塔瓦纳酋长一块较大的"特居地"，后来就被随意收回，而另行换成一块小得多的、贫瘠的土地。非洲人只有两种选择：或起而反抗，夺回土地（力量悬殊，成功率小）；或忍气吞声、默默承受。

德兰士瓦和奥兰治推行大土地占有制 布尔人在纳塔尔所制定的白人大土地占有制以及"特居地"雏形,在这块刚被占领的富饶的土地上没有推行多久,就发生了英、布殖民者由于争夺纳塔尔,矛盾激化而爆发的战争(见前面第九章),布尔人战败,陆续退出纳塔尔。一部分布尔人进入奥兰治同原温堡地区的布尔人会合;大部分布尔人则往北迁徙,与德兰士瓦高原布尔人会合。不少布尔人为了避免重蹈"纳塔利亚共和国"覆辙,在高原地带长驱北上,远远超过南纬25°线的英国管辖区,逼近林波波河畔,在他们的大篷车能够到达和燧发枪能击败非洲人的地方,大面积地武装圈占土地。

在德兰士瓦和奥兰治几十万平方公里的土地上,"天高皇帝远",布尔人不受英国殖民当局的干预。特别是在1852年和1854年英国相继承认两个布尔人的共和国独立以后,布尔殖民者便以立法手段固定和强化大土地占有制和奴役黑人劳动力的制度。逞军事胜利的威风,布尔人宣布他们拥有征服者对"被征服者的一切权力"。击败恩德贝莱人的北路布尔人领袖波特吉特傲然宣布:恩德贝莱人已被他们赶过林波波河,由此法尔河以北至林波波河的土地均归布尔人所有。他们基本上按布尔人在纳塔尔圈地的方式如法炮制。从纳塔尔迁出并北进德兰士瓦的布尔人,驾轻就熟地复制了他们在纳塔尔圈地的蓝图。这些专横的做法被推行到奥兰治河以北的广大地区,危害极大。

在19世纪50—60年代,布尔殖民者在德兰士瓦和奥兰治地区大肆推行大土地占有制和奴役制,采取特别凶狠的做法。在进入这块广阔无垠的高原地带的最初20年,布尔人落后的生产方式几乎没有变化。顽固坚持中世纪生产方式和超经济强制手段,因而仍然重复征服者总要"占有人"的规律:"在征服一个国家之后,征服者紧接着要做的总是把人也占有"。只要力量对比有利于白人(在祖鲁人首领丁刚被打败,姆齐利卡齐远走北方马绍纳兰之后,力量对比明显不利于班图人),布尔人总是以强化农奴制和变相奴隶制——"学徒制",来解决大地产的劳动力问题。在布尔民团武装占领大片土地的前提下,一部分非洲人迅速成为布尔家庭农场的附庸,并被并入白人共同体(community)。每一个布尔农场主按"规定"(布尔人在纳塔尔议会作出此"规定"),可让若干户非洲人(即土著人,下同)家庭住在白人农场土地上,非洲人全家必须为农场主干农活和充当各种杂役,他们实际上处于农奴—劳役佃农之间的地位。据利文斯敦报道,非洲人脖子上还被挂上牌子,正面刻上本人姓名,背面刻写主人姓名。他们不得擅离农场,凡未得主人允许而擅离农场

扛枪的芬果枪手

超过马行两小时的距离,即被视为逃亡,可加以逮捕。大部分非洲人被安置在"特居地"内。特居地成为白人农场主征调劳动力的储备库,由当地酋长安排,向布尔农场主提供一年所需的劳动力,其报酬极低,一般仅给一头牝牛。战事频繁时,他们往往还被征调去充当民团的辅助兵种或民夫,为布尔人作战服务。19世纪中叶,利文斯敦深入林波波河以南地区调查,对此类征调劳力作了具体描述。

"那些表面上独立的部落必须替布尔人从事所有田间劳动:耕耘土地,修堤开渠,同时还要自谋生计。我目睹布尔人来到一个非洲人村子,像往常一样,强迫二三十名妇女到他家菜园子除草。布尔人丝毫不掩饰其强迫无偿劳动的卑劣行径。他们说:允许他们待在我们国家,这就是我们给他们的报酬。"[1]

这种赤裸裸的鸠占鹊巢的强盗逻辑,反映出典型的中世纪式欧洲征服者的思维逻辑。

二、强迫劳动制背后的种族主义色彩

奴隶制的变种——"学徒制" 布尔人的"纳塔利亚共和国"虽然存在时间不长,却是布尔人共和国种族主义法令规章的最早渊薮。在大迁徙之初(1837年),布尔人为了不给宣布废除奴隶制的英国以军事干涉的口实,在雷蒂夫发布的"迁徙者声明"中曾虚与委蛇地保证不蓄养奴隶,但布尔农场主仍十分顽固地坚持种族歧视制度和前资本主义生产方式,长期不使用黑人雇工,拒绝实行自由雇工制。因此,当他们一越出开普殖民地边界,便宣布废除"五十号法令",恢复1809年的《霍屯督人法》,规定每个男性非洲人都必须携带通行证。通行证为金属牌或木牌,挂在脖子上,无通行证者一律被当作流浪汉逮捕,或移交布尔农场主当无偿劳工。"学徒制"是变相的奴隶制或童奴制。

---

[1] Livingstone, *Missonary Travele and Researches in South Africa*, London, 1858, p.39.

纳塔利亚共和国法律规定，凡在战争中俘虏的儿童均由军事长官分配给白人农场主当"学徒"。此项规定后来又扩大解释为，凡由父母出于某种考虑"自愿"交出其子女者也照此办理。实际上，为了无偿获得学徒，布尔民团经常擅自采取军事行动，劫掠童奴。一些非洲酋长为了取得现金，也出卖儿童。斯威士兰人酋长常把被征服部落的儿童卖给布尔人。这种劫掠儿童当"学徒"（童奴）的卑劣勾当在各布尔人共和国普遍实行，并延续很长时间。一个布尔农场主承认：

"许多农场主简直把我们正在进行的反对祖鲁人的战争看成是一种掳掠的远征。猎获的价值很大。人们都把它视为好运气的开始。使用暴力从卡弗尔人家庭带走三四个年幼的卡弗尔男孩和女孩，以便更好地掩饰奴隶制真相，难道是不被允许的吗？"

因此，当民团远征归来，布尔农场主男女常熙熙攘攘夹道等候，争先恐后地从马鞍后面或大篷车里争抢黑人儿童。按布尔人宽松的法律解释，男学徒到25岁，女学徒到21岁就不得再继续充当学徒，但"超龄学徒"可继续留在农场里为主人做工，仍处于农奴、半农奴的地位。

经济奴役和政治上的种族歧视　显然，在布尔共和国，殖民者从被剥夺了土地的黑人身上榨取无报酬（或极少报酬）劳动的特殊经济形式，决定了白人

奴隶贩子和他们的猎物

和黑人间的统治和从属的严酷关系。与一般资本主义国家不同的是，在布尔人的共和国，压迫当地黑人的种族主义措施深深楔入了土地所有权的法权范畴，"种族特权被神圣化"，造成白人对南非土地所有权的垄断。它不仅表现为一种"阶级特权"，而且首先表现为一种"种族特权"，因此，在奥兰治河以北，白人对南非非洲人的土地剥夺具有特别的残酷性和彻底性，在世界各国均属罕见。

布尔人殖民经济的种族奴役性质，在政治上强化了种族差别，给以后100多年的南非种族主义的蔓延准备了十分合适的温床。1856年南非共和国（德兰士瓦共和国）在勒斯滕堡召开"人民议会"，制定了一部巩固布尔殖民者既得利益，排斥非洲人分享各种权利的《勒斯滕堡宪法》。它明确规定，只有白人才能享有公民权，黑人不得享有公民权，"无论在教会或在国家中都不允许有色人种同白人之间存在任何平等权利"。这部宪法从法律上明目张胆地以种族主义为其理论基础，规定了南非种族之间的不平等地位，是白人种族主义者深思熟虑的结果。它标志着南非种族主义发展的一个重要阶段。

布尔人中世纪性质租佃制的3种形式　随着19世纪70年代奥兰治和德兰士瓦的商品经济的发展，布尔人农场的农奴制（"学徒"制）逐渐向半封建的租佃制发展。这种中世纪性质租佃制的各种变相形式及其所伴随的残余，由于受到直接的政治权力的保护，一直残存到20世纪90年代，成为人类文明史的一大污点。

这种租佃制大致有以下形式：一是徭役佃农制：黑人佃户租佃布尔地主一块土地，必须为地主服很长日期的劳役，农忙季节甚至全家都要出动为地主干活，其沉重性超过开普地区的同样制度。二是分成制：黑人佃户租用布尔地主一块土地，条件是须将收获物一半作为地租交给农场主，这主要流行于奥兰治。三是垦户（squatter）制：黑人被允许居住在"白人土地"上，使用其一块土地（多为荒地），多少可由其挑选，拥有自主经营权，向白人地主提供货币地租，一般为每年10—12英镑，另外也提供部分劳役服务，多由垦户子女承担。垦户制多流行于德兰士瓦，除布尔人私人农场外，教会土地和国有土地上亦有垦户。

19世纪60年代末，布尔地主开始感受到商品经济冲击所造成的后果：从正在瓦解的部落中游离出来的黑人农民极力想获得土地，成为自耕农；早已成人的"学徒"力图摆脱旧主人的束缚，自己经营农、牧业；一些垦户力求从"白人土地"上通过购买行为获得一块自己的土地。如果没有种族主义从中干扰，资本主义土地所有制在南非的形成和发展是一种自然的、合乎规律的过程。但经过"大迁徙"冲杀而建起大地产的布尔农场主，把维持"白人与黑人的合适关系"、"白人同黑人之间无平等可言"奉为天经地义、不可逾越的圭臬，对土地所有制的形成和发展，强加了种族主义的凝固剂。本来"剥夺人民群众的土地是资本主义生产方式的基础"，但布尔人出于种族主义目的，把白人对土地的垄断权推到了极致，在操作中要求白人占有南非（122万平方公里）土地的90%，而只给占南非总人口80%以上的黑人（只限于生活于部落中）留下10%的土地。

布尔人占有如此庞大的地产，劳动力主要靠班图人。但在广袤南非留有大量"空地"以及部落还占有一定比例土地的情况下，商品经济的发展不断刺激着市场的发育，想仅仅依靠和利用纯粹的经济手段将黑人劳动力长期固定在布尔人农场土地上是很难的。100多年来布尔人通过使用科伊农奴已积累了丰富经验，并有1809年的《霍屯督人法》规定的"通行证法令"来约束科伊仆役的人身自由。在布尔人统治地区，上述租佃制3种形式中，土地所有者（布尔人、其他白人）同劳动力所有者（黑人）的关系，在主要方面，就不能不是一种强制关系，因为没有各种形式的超经济强制手段，不仅不可能实现对黑人劳动力的更大程度的占有，而且首先固定不住劳动力的供给。至于这种强制是否野蛮及其野蛮的程度，取决于黑人社会组织的自保能力和反抗程度。一般来讲，大鱼河—凯河一带的科萨人和纳塔尔地区的祖鲁人社会组织程度较高，反抗也激烈（卡弗尔战争已进行过8次），布尔人和英国人农场主的"野蛮手段"受到不同程度的制约。而在奥兰治和德兰士瓦地区，由于姆齐利卡齐失败后引兵北渡林波波河，一去不回，当地居民反抗能力相对较弱，布尔殖民者为所欲为，"野蛮手段"层出不穷。随着白人同黑人力量对比更加不利于黑人，这种严酷性继续发展，到1913年在《土著土地法》（见第十四章）中达到登峰造极的地步。这在世界殖民史中是仅见的。

德兰士瓦和奥兰治生产力停步不前　19世纪末以前，与荷兰母国甚少联系的北部布尔人在引进欧洲的进步生产力方面，基本上无所作为。甚至在南非引进玉米种植也不是布尔人的"善举"，而是从莫桑比克的葡萄牙人那里引进的。在19世纪70年代以前，布尔两共和国大概属于世界殖民主义史上经济发展最落后的殖民地模式之一。在基本上属于封闭型的经济体制下，德兰士瓦的极具种族主义色彩的机制所能形成的劳动生产率很低，非洲劳动者的消费需求也很微小；作为剥削者的白人农场主的人数及其剩余产品也是微小的。这是几十年来布尔人及其附属的非洲人生产力停步不前的原因。

南非主要有4个经济单位，越往北越落后，德兰士瓦最落后。由于交通等基础设施太差，很多地处偏僻的布尔人农场基本上成为自给性农场。德兰士瓦土地生长的牧草不适于养羊，尤其是不适宜饲养美利奴羊。且距离港口（德班港）太远，产品运不出去。农场土地面积过于宽广，有的超过规定的3 000摩尔根的两三倍，实行的仍是最粗放的经营，抛荒大片土地，即便并不需用的土地亦被圈占，以杜绝新来者问津。直到1858年德兰士瓦政府才接管了全国未分配的土地，1871年发给土地证，限制农场主无限制扩展土地。生产落后，经济困难，既无学校也无银行，更无财力修建通往东部出海口的铁路。欧洲投资商裹足不前，连荷兰商人也不往德兰士瓦投资。行政管理极端落后，财政甚至不记账。邮政局长以邮票当工薪发给职员，国家以土地作为"工资"、行政开支和货币基金。政府财政穷得难以想象，1876年民团远征佩迪王国时，国库只剩下12先令6便士。

奥兰治同样十分落后，只是经济状况稍微好些。它的土地适于饲养美利奴羊。"国际市场的经济影响是驮在美利奴羊背上进入内地的"。羊毛生产业发展迅速：从1850年的出口50包增至1856年的5 000包，6年增加100倍，价值5万英镑。养羊赚钱提高了地价：由8先令1摩尔根地涨到33先令。布尔农场主收入提高1倍。20世纪60年代建立银行和一些初、中级学校。但这个布尔人共和国仍很贫困：1866年财政支出仅10万英镑，收入仅6.3万英镑，仍无力修建道路和建立必要的经济设施。尽管如此，羊毛出口使奥兰治经济纳入了开普殖民地和纳塔尔的市场经济范畴。

三、纳塔尔殖民地和"土著保留地"的试点

出口经济作物的基地 1843年以后布尔人大批离开纳塔尔，5 000名英国人分批接踵而至。1858年英国人增至8 000人，到1871年总数达1.8万人。基本上占领了1848年以前布尔人撤出的土地。9万平方公里的纳塔尔位于德拉肯斯山以东，雨量充沛，彼得·马里茨堡附近地区年降水量达940毫米左右，土壤肥沃，适于种植棉花、烟叶、甘蔗等经济作物。英国殖民者计划在这块新殖民地发展经济作物，用于出口，但棉花种植失败，甘蔗种植大获成功。人数甚少的英国移民同样面临土地和劳动力问题。鉴于布尔人所到之处大肆圈占土地造成破坏生产、人口流失的严重后果，为了在久经战祸的纳塔尔建立安全局面，接管纳塔尔的开普殖民政府吸取了东部边区科萨人屡次起义的教训和

英国教会在当地多年所创造的"教会保留地"经验，着手解决土著的土地问题。省督韦斯特(1845年11月—1849年8月在任)任命一委员会，结合纳塔尔实际情况，拟定一套"土著保留地制度"。

纳塔尔土著保留地的滥觞　英国人根据以下几项原则考虑保留地的设置：一是设置好保留地面积。要考虑到剥夺非洲人土地是白人获得劳动力的基本手段。只有当白人拥有过剩土地，而非洲人土地不足，无法在自己土地上维持整个部落人口的生存时，非洲人才会外出谋生，出卖劳动力。同时又要让非洲人部落愿意扎根故土，不再发生大批人口四处迁徙"流窜"的情况。二是保留地位置既要使非洲人小农庄同欧洲人大农场在地域上明显隔开，又要让一些保留地隔一定距离"卫星式"地分布在白人大农场周围，以便白人就近获得劳动力。三是一般不给予保留地固定的土地所有权。

到1849年，英国当局已初步划定17个保留地，陆续分给非洲人。到1864年，纳塔尔已有42个保留地，共占地200万英亩，21个教会保留地共占地17.5万英亩。大部分保留地设置在图盖拉河以南地区，大多是贫瘠缺水土地。也有一部分在德班以南、彼得·马里茨堡以西和德拉肯斯山山坡之下，大多不是好地。英国人计划将8万—10万非洲人迁入保留地。

在保留地中，每个(户)非洲人分到20英亩土地。布尔农场主和部分英国移民反对给每个黑人分配这么"大"面积的土地，主张分3—4英亩就行了。早先3 000名布尔人在纳塔尔时却分了200万英亩土地，平均每人333—666英亩土地。英国人决定分给非洲人每人20英亩土地，是出于最富有殖民统治经验的殖民官员的老谋深算，并经过反复测算的：一是英国人是从布尔人口中把这块殖民地掏出来，宣布为英属殖民地的，它需要笼络非洲人获取好感，以表现英国人的温和、"大度"。把祖鲁人"稳"在纳塔尔，造成安定局面，避免其南下开普东区(布尔人曾把一部分纳塔尔人赶到庞多兰)，扰乱英国好不容易才稍有稳定的东区。二是9万平方公里的纳塔尔有足够的土地供人数不足2万名的英国移民使用。英国根据19世纪20年代楚尔费尔德经验，许多到南非的英国移民并不安分地待在农场，他们的兴趣在于土地投机。在初植棉花不成功后，许多英国移民把土地卖给投机商。真正在纳塔尔农场长期定居下去的只有一部分英国移民。因此，英国殖民者对非洲人劳动力的需求，远不如布尔人那么大。但英国人同样也颇热衷于"学徒制"。所以英国人对纳塔尔土著保留地的划分，稍显"宽容"，划给非洲人的土地面积比起布尔人后来在德兰士瓦、奥兰治划分给非洲人的保留地(特居地)要大得多。

英国人解决劳动力问题的3项措施　然而,随着在纳塔尔种植甘蔗获得巨大成功,英国人农场主对劳动力的需求急剧上升。可是原始积累在纳塔尔非洲人中所进行的程度却远未达到可以迅速从土著保留地中分流出足够的流动劳工的程度。为此,英国人凭借多年统治殖民地经验及其在全世界所拥有的殖民地资源,采取3项特殊措施解决劳动力问题。

其一,使用"经济手段"向纳塔尔非洲人征收茅屋税(亦称人头税)。从1849年起每座茅屋征税7先令,以货币税迫使黑人为获得现金缴税而去为白人打工。但这项在其他英属殖民地迭有奇效的税收手段在纳塔尔仅起到部分作用。因为纳塔尔黑人农民善于独立经营,出售商品作物,获得现金缴纳茅屋税,并且绰绰有余。游离于保留地的非洲人在"白人土地"上可以"租佃"殖民者、教会甚至土地公司的土地,往往交一些地租给"在外地主"(遥领地主),自己独立经营,种植经济作物。到1874年,经由非洲人占有、使用的"白人土地"达500万英亩,超过保留地面积。这些土地久而久之形成了著名的所谓"黑点"(black spots),并渐成星罗棋布之势。这些非洲小农勤劳、积极进取,颇善经营商品作物,1849年就开始把玉米大量输出到开普殖民地。较短时间内,纳塔尔一些地区(如德班港)消费的谷物,竟有一半以上是由非洲人生产的。黑人热衷独立经营,不必去当英国人的雇工。

其二,采取直接的政治手段。纳塔尔勤劳、聪明的黑人农民仿效白人农场主种植甘蔗、烟叶、棉花,并渐成规模。白人经常抱怨他们竞争不过黑人小农。因为黑人小农以家庭为单位,生产成本低,并善于吸收本来将会流动到白人农场去的黑人劳动力当帮工。姆法肯战争后在纳塔尔定居的赫鲁比人在这方面尤为突出。他们个个是生产能手,在从事和适应商品性农业经济中所表现出的杰出能力,引起白人农场主的忌妒。纳塔尔非洲人经济的明显发展,证明了南非黑人并非不擅长于商品经济。这样,为解决劳动力问题,英国殖民当局在使用"经济手段"以外,便采用直接的政治手段。1873年,殖民当局强令收缴赫鲁比人的枪支,兰加巴累酋长拒绝听命。结果,拥有当时最先进武器的英军摧毁了赫鲁比酋长国。非洲人土地被白人移民占领,牲畜也被没收、拍卖。赫鲁比黑人富有竞争力的、方兴未艾的商品经济被人为地摧垮了。从此,流落四方的赫鲁比人成为殖民者的廉价劳动力。虽说以出动军队的方式使一个酋长国商品经济垮台只是个例,然而其经济手段确实让其他地区非洲人农民的商品性农业,在种族歧视的背景下趑趄不前。

其三,通过英印殖民政府从印度招募"契约劳工"进入纳塔尔。英国在英属西印度群岛曾有过引进印度劳工的"成功"经验。1834—1838年,西印度群岛因解放黑人奴隶而造成种植园劳动力缺乏,英国殖民当局因印度人有种植甘蔗、制造蔗糖的丰富经验,从印度引进了"自由劳工"。纳塔尔英国种植园主选择了印度劳工。从1860年到1866年,首批6 000名印度契约劳工(3/4为男性,1/4为女性)漂洋过海进入纳塔尔,成为纳塔尔蔗糖业的劳动力主力。1870年招募继续,许多"契约劳工"期满留下,形成印度人社区。1904年其人数达10万人,1914年增至14.2万人,超过当时白人居民11万人的数目。今日南非印度人约有107万左右。这项世界殖民史上颇显特殊的移民举措,是英国为其自身利益而在大英帝国范围内进行的劳动力远距离调度,它既造成了"印度人问题",又给20世纪的南非种族问题增添了复杂的因素。

1856年,英国宣布纳塔尔为单独殖民地,主要将纳塔尔作为印度洋西岸生产蔗糖的基地,引进了动力设备。1870年其蔗糖产量达到1 000吨。其财政状况稍强于布尔人两共和国,于1854年开设一家小银行。除了出口蔗糖,英国人并无心思在纳塔尔发展基础设施。19世纪70年代前,其铁路只有从德班到尖角的两英里;港口即使是德班港亦未疏浚,只能停泊小船;道路只适于走牛车,60年代始用马车;长距离邮递仅靠黑人邮递员跑腿或骑马,他们在旷野常被狮子吞食。整个经济的近代因素增长迟缓,缺乏动力。只有非洲人小农经济的商品化,为未来南非矿业经济的兴起作了一点准备。1850—1864年,这里的出口值从1.7万英镑增至22万英镑,增长12倍,仅次于开普殖民地。

四、南非220年(1652—1872)历史发展的限度

"矮子里面拔将军"的开普殖民地　在南非4个地区(开普殖民地、纳塔尔殖民地、德兰士瓦共和国、奥兰治自由邦)中,开普殖民地居于前列。确实,它代表了19世纪60年代末期南非经济、政治、文化和社会发展的最高水平。

在开普殖民地的沿海和内地,为出口而生产,或为供应过往船舶而生产,仍是这个殖民地的经济基础。1865年,殖民地白人人口约为18.2万人,1875年白人人口上升到23.6万人,非白人(主要为黑人)约48.4万人。经过200年的经营,开普的商业小有发展:1860年拥有70个小型"制造业":有14个砖厂、9个出口腌鱼制造厂、7个以蒸汽为动力的面粉加工厂、6个蜡烛厂、6个鼻烟作坊、5个铜铁五金厂。葡萄酒厂分布在葡萄产区;梳毛作坊多在养羊区,仅东区就有13个;制造牛车和家具的作坊分布较广。这些小制造业与工业革

火车站上的白人家庭

命相隔几个时代的距离,它的进一步发展受到恶劣的运输系统的限制。其主要交通工具仍是牛车,1859—1863年第一条45英里铁路修筑成功,开普—惠灵顿铁路仅沟通了开普的近海地区。1 000万头羊中有800万头是产毛羊,羊毛生产仍是开普出口的大宗:1836—1841年年均出口值3万英镑,1845—1850年年均出口值20万英镑,1860年为110万英镑,1869年跃增至170万英镑。开普出口总值也随之增加:1850—1864年出口总值从63万英镑增至259万英镑,14年增长4倍。其中羊毛出口值占一半以上。1860年抵达开普港的远洋船舶1 014艘,外贸进口值为266万英镑,出口值为208万英镑。随着商业的发展,1837年开普出现第一家商业银行,其后小银行(约17个)发展较快分布各地,但银行资本总额仅132万英镑。

随着美利奴羊被带入内地,内地渐成为生产羊毛的基地。但生产羊毛的技术并未向黑人推广,科萨人所提供的商品羊仍是肉羊而不是毛羊,货币价值要低得多。科萨人所经营的农业是半自给的家庭农业,在商品化程度上还不如纳塔尔的祖鲁农民,更不如赫鲁比农民,反映出商品经济发展的低水平。

开普殖民地1834年成立立法政务议会(legislative council),有5—7个公民代表。1853年成立"民选议会",其中有15位民选议员。表面上,凡年满21岁、"持续拥有25英镑以上财产不短于12个月"、不分肤色者均有选举权,但财产限制在当时情况下是很高的;只有拥有2 000英镑且无债务者才有被选举权。议会工作语言为英语,在19世纪70年代前,乡村地区布尔人70%不会说英语,也被排斥于被选之外。黑人完全被排除在外,不可能获得选举权。以上规定主要是限制有色人(混血种人)。① 英国政府自己制定的"50号法令"不允许明目张胆地剥夺有色人的选举权。这是南非白人政权最早对非洲人

---

① "有色人"主要指以下几类混血人种:白人与科伊人、白人与黑人、科伊人与黑人的混血,通称混血人或混血种人。布尔人秉持白人肤色优越感,常将所有非白人称为有色人,包括印度人、其他亚裔人。本书将混血人和有色人两概念混用。个别地方有色人概念囊括亚裔,特别是印度裔。

选举权的有限制剥夺。1853年开普殖民地人口大约有22.5万人，非白人（主要是有色人）同白人的数量比大约是55：45。实际上拥有选举权的有色人比这一比例小得多。因为开普殖民地有色人绝大部分是白人农场中的雇工，其拥有的"财产"根本达不到25英镑。1853年还有主要针对黑人的所谓"国籍资格"（nationality qualification）的限制，即必须是"本地出生"（natural born），但卡弗拉里亚是在1847年被兼并的，那里出生的科萨人必须到1868年才达到选举年龄，更不必说财产限制。一直到后来（20世纪）开普殖民地的英裔白人也只愿意给黑人象征性选举权（token vote），而且是为了给自己选区谋利。政治制度的"改革"说明英裔白人仍企图绝对垄断政治权力。

19世纪60年代末以前，南非4区中"最先进"的开普殖民地，在文化方面乏善可陈，只有几家报纸，不起什么作用。白人农场主在文化方面谈不上有什么享受。60年代初苏伊士运河正在开凿的消息，使白人惶惶不安，他们担心苏伊士运河一旦通航，已经备受冷落的开普地区将被遗弃在天涯海角，无人理睬，或将任其与黑人世界融成一体。当地一片悲观论调。欧洲资本家不愿意投资南非，尽管据说当时投资的利润率颇高。

东部地区科萨人遭受1857年"宰牲大灾难"后还处于恢复时期，人口逐步增长，雇工缓慢增加。

总之，在19世纪60年代末，"两矿"发现前的122万平方公里的南非是一个落后的、贫穷的农牧业社会；也是白人移民稀少，移民人数增长最慢的殖民地（比较于加拿大、澳大利亚、新西兰等地来说）；非洲人绝大部分仍生活于半自给半封闭的社会，外出打工变成雇佣工的土著人数微乎其微；白人殖民者特别是荷裔殖民者内部阶级分化极其缓慢，农场主占多数；英国统治阶级对这块殖民地普遍不看好，19世纪50年代初索性让德兰士瓦和奥兰治两个布尔人共和国独立；欧洲殖民主义国家如荷兰、法国对南非也不感兴趣。这些使这块次大陆寂寞了大半个世纪。在19世纪60年代末，英国本土的流放犯人宁可去澳大利亚也不愿去南非，虽然从英国去南非可节省好几个月的航程。

第十一章
富矿的发现和开采刮起了南非旋风

一、矿业带动南非经济进入"起飞"状态

发现钻石的戏剧性过程 1867年,英国押往澳大利亚的最后一批流放犯人搭乘的远洋船舶经过好望角港;苏伊士运河经过8年的开凿已接近竣工,世界媒体开始登载文章——在渲染苏伊士运河通航将缩短伦敦至波斯湾航程8 880公里的同时,也揶揄南非的好望角等港口将成为空寂的地带,海涛声将伴随着旷野的狮吼。然而历史有时喜欢捉弄人,正是1867年,这个似乎将成为南非历史的"低谷"年代,启动了发现"两矿"、轰动世界的过程。"两矿"的发现和开采既改变了南非历史,也改写了世界经济史。

1867年,在奥兰治河南岸霍普敦的河滩地带,一个布尔农场主的孩子拾到一块有些异样的"小石子",重4.2克。孤陋寡闻的农场主及其邻居谁也不认识这颗"小石子"。孩子玩了几个月后扔在一旁。终于它异样的光泽引起了人们的注意,但将它说成"钻石"的人都受到大家的嘲笑。最后这块"小石子"辗转多人之手,跋涉千里落到格雷厄姆斯敦的亚瑟斯顿手中。这位地质博士鉴定它是一块重21.2克拉的独粒钻石,并被命名为"欧雷卡",被总督沃德豪斯以500英镑买走。从此,奥兰治河南岸(左岸)的"钻石矿"名声大噪。许多"挖宝客"蜂拥而至,安营扎寨,挥锹挖宝。然而面对这些金刚石冲积沙矿进行大量筛选后,却没有多少收获。

好望角纹章

1870年，在奥兰治河北岸（右岸）已靠近法尔河的杜多伊斯潘地带发现了一个原生的金刚石矿层。[①] 钻石存在于原生火山岩脉中，适于开采。初期开采颇有斩获，于是几千名职业探矿者纷至沓来。1870年年末原发现地已被挖成"大洞"的矿脉周围住了4 000人。1872年，共有4.5万人参加采挖工作，其中白人1.5万人，有色人1万人，班图人雇工2万人。钻石挖掘的狂潮虽突出反映人性的贪婪，确也反映资本主义工业化的前夕，资金成为"天之骄子"，探矿所获被认为是意外获得大量资金的一个捷径。德比尔斯公司走的正是这一过程。布尔人德比尔兄弟因缘际会在其农场土地发现金刚石矿，建立起两个金刚石矿场，发了大财。

1871—1875年5年内每年挖出价值160万英镑钻石，到1882年开采钻石的总价值已达2 600万英镑，这一数额比开普殖民地35年（1826—1861）的输出总值还多得多。仅1882年1年输出的钻石价值就有400万英镑。挖矿者发现，在20米以下的浅蓝色岩层是金刚石蕴藏最丰富的矿层。他们雇黑人挖矿，将整座山丘挖掉，又继续挖出一个似火山口的深坑，后来形成世界上最大的人工洞，方圆2 000米，深426.8米。矿层越往深挖，产量越大。这表明必须采取更科学的工业方式而非浅挖探宝的遍地开花式来开采矿藏了。这种需要投入颇多资金的开采方式为后面的工业化奠定了基础。

钻石矿区主权的争夺　然而，从"钻石潮"乍起，位于西格里夸兰的矿区的主权归属便成为越来越尖锐的问题。德兰士瓦共和国坚持矿区的大部分应属于它，迅速派去区长，并把开采权授予总统的3位密友。奥兰治自由邦认为，当西格里夸兰人首领亚当·科克三世率众东迁时，就已把包括坎贝尔、金伯利（后对矿区所在地城市的命名）在内的整个地区卖给他们了，也派去区长。主要从英国涌来的"探宝客"效法布尔人传统手法，成立了"阿达曼塔共和国"，在公开场合对付德兰士瓦共和国，暗地里则企盼英国快来一起吞并。这些冒险家包括目无法纪的社会渣滓、没有军籍的散兵游勇……后来在吉卜林（Kipling）名噪一时的小说中成为大英帝国开辟道路的献身者。钻石矿被发现后，短期内产生了巨大财富，仅钻石一项年出口值就超过开普殖民地其他商品出口总值的5倍。涌入南非的英国小资本表现疯狂。正面临1873年世界经济大衰退的英国大资本静静地窥测开采南非钻石矿的利润新前景。下一步对南非的方针是由伦敦金融中心的银行家和伯明翰、曼彻斯特、设菲尔德的工

[①] 钻石和金刚石在英语是同一个词 diamond。在中文词汇中，经过琢磨的，用作首饰的多称钻石，未经琢磨的、以矿石原形出现的称金刚石，据此，钻石矿正确的名称应为"金刚石矿"，本书将两者兼用。

业家决定的。第一步首先需要将矿区的主权夺到手；第二步投资兴建铁路、矿山。金伯利（Kimberley）一当上英国内阁殖民事务大臣，就委任巴克利爵士（Sir Barkly）为开普殖民地总督。巴克利迫不及待、争分夺秒，在1870年的最后一天（12月31日）就职总督；1871年开初就以"最高权威"身份巡视钻石矿区；而后展开频繁活动，折冲樽俎，与德兰士瓦总统比勒陀利乌斯，奥兰治总统布兰德展开一轮又一轮的谈判。同年11月4日，开普殖民地的骑警分队开进矿区，升英国国旗。巴克利施加压力，迫使两个布尔共和国同意将矿区主权归属的争端交由英属纳塔尔殖民地副总督基特仲裁。这无异于让狐狸来仲裁该由谁吃掉鸡。仲裁结果不出所料：所有金刚石矿全部被并入开普殖民地。奥兰治布尔人不服，搜集材料证明基特仲裁的"不公正性"，要求英国归还从奥兰治自由邦诈走的土地。英国软硬兼施，后来干脆要求奥兰治承认英国对矿区的兼并，而由英国付给奥兰治9万英镑的"补偿金"，从此闭嘴。这笔补偿金实际上不到英国至1914年止从金伯利矿区开采的钻石总价值5 000万英镑的2‰。布尔殖民者从班图人手中抢走了里特河—莫德河与法尔河汇流处的土地，更强大的英国殖民者又从布尔人手中抢走了这块钻石资源极其丰富的宝地。

钻石开采：解剖一个从南非发迹的垄断资本家 英国殖民大臣金伯利为大英帝国抢下了这块当时世界上收益最丰的矿区，为帝国立下了汗马功劳，英国将这块矿区所形成的城市命名为"金伯利"，而整片矿区便成了英国的西格里夸兰殖民地。实际上当时围绕金刚石矿脉形成的只是一座有3万人居住的帐篷和栅屋组成的杂乱不堪的"城市"。所有矿脉被分隔成诸多小方块，由3 600个小矿主（探宝客）所占有。随着竞争的日趋激烈，矿井的不断加深、成本的连续上升、投资额的加大，以及世界性的商业萧条（1873—1879），绝大部分小矿主纷纷破产。他们被迫把自己地段贱卖给拥有百万巨资的大公司。到1885年，3 600家小矿主只剩下98家。这些中型公司本身也按照资本集中的规律，大鱼吃小鱼互相兼并。

1870年钻石开矿高潮期间来到南非的英国中学生罗得斯，投机冒险的经历具有典型

童年罗得斯

性。罗得斯刚到南非时，身无分文，身体羸弱，靠承包矿井抽水和买卖地产等乖巧手段致富，买下了德比尔斯矿。1873年他与另一冒险家拉德合伙收买破产小公司，并招揽小矿主入股，迅速扩大了经营范围并开始积累资本。1880年他创办了德比尔斯矿业公司，股金20万英镑，大肆收购矿山土地，迅速致富。1886年罗得斯个人收入达到25万英镑。1888年他在伦敦的罗思柴尔德财团的支持下，合并了另一家由老对手巴尔纳托组成的金伯利中央矿业公司，3月成立了由他、巴尔纳托和拜特主持的德比尔斯联合矿业公司，成为辛迪加组织，几乎垄断了整个金伯利的金刚石生产和销售，不仅成为英国而且也是世界上最早的垄断组织之一。到19世纪90年代，德比尔斯联合矿业公司包揽了全世界90%的钻石生产。钻石的垄断厚利为他后来向金矿发展奠定了资本基础，同时也使他变成地地道道的帝国主义分子。他将矿业组成资本主义化程度最高的现代工业体系，公司采取限额开采措施，规定市场出售的最高价格，造成垄断性利润的出现。罗得斯本人也成为首批在南非吸足了非洲人脂膏的垄断性大资本家。

矿业的需求拉动南非经济　　金伯利矿场需要大批劳动力、食品、纺织品、建筑材料和燃料，带动起整个南非经济起飞。矿场的现金工资成为一股南非前所未有的巨大吸引力。黑人从南部非洲的各个保留地（主要从西斯凯、特兰斯凯和巴苏陀兰等）酋长国，步行到金伯利矿场做工糊口或赚工资买枪，每月达二三千人。在南非的旷野上出现了一种空手的个体，三三两两朝着奥兰治河北岸矿区彳亍而行的景象。在伊丽莎白港指向北方的古旧的大篷车道上，一辆接一辆的牛车满载着港口船舶刚卸下的各种物资逶迤行进在高草原上。南恩戈尼人、苏陀人和祖鲁人的小农辛勤地生产着各种农产品出售给矿工和牛车夫。他们为自己产品从未有过的畅销、供不应求而欣喜不已。1873年仅芬果兰的芬果人（以前的难民）就出售了500车的玉米和蜀黍。1875年，芬果兰同开普殖民地的贸易额达到15万英镑。经商赚钱的芬果人投资买犁和牛车，扩大农业再生产；手里握有现金，看到世界市场羊毛价格猛涨，他们又买了美利奴良种羊①生产羊毛，打开了黑人饲养良种羊、出售羊毛的闸门。科萨人、滕布人见有利可图，群起效法。"世界市场的经济影响驮在美利奴绵羊背上"进入黑人居住的内陆地区，巴苏陀兰的出口贸易也很繁荣，其对外贸易额达到芬果兰的同样水平。苏陀人绝处逢生。1869年以后被布尔人赶到卡勒登左岸山

---

① 美利奴良种羊原产于西班牙，毛纯白色，同质，细度60支以上，可制高级呢绒。一头羊平均可剪5—14千克羊毛，是毛纺织业绝佳原料。

麓的苏陀人地少人多，不得不增加农业生产和输出劳动力，他们为躲过布尔人绕行奥兰治河南岸向金伯利输送谷物和劳动力，经济逐渐有了生机；1875年购置了2 700张犁、300辆牛车和3.5万匹马。勤劳的特哈平人到矿上做工，往往在矿场工作到所得工资足够买犁和牛车，才愿意返回故乡。1874年仅一家商号就卖给为金伯利矿区供应粮食的特哈平农民100张犁。非洲人挣取的工资刺激了商家的欧洲商品特别是衣服等纺织品的消费。到19世纪70年代末，在南茨瓦纳人中间已经很少见到有人穿传统的服饰了；盾牌和刺矛也渐被步枪所代替。

可能出于对种族的保存和种族的繁衍的需求，南非非洲人对火器有着特殊的喜好。200多年来有数不尽的手持冷兵器的非洲人为抗御侵略、捍卫土地而倒在殖民者枪口之下。矿场招工初期，不少非洲人只对工资可购买火器有兴趣。英国殖民当局为解决矿场劳动力问题，放宽了对非洲人购置火器的限制。许多矿业资本家以发放枪支、弹药代替发放工资，吸引了包括荒僻偏远地区在内的非洲人蜂涌到金伯利矿场做工。许多酋长纷纷派遣其部落民众到矿上做工，以便每人回乡时带回一支枪。成群结队的佩迪人、祖鲁人、聪加人步行数百里，越过布尔人的共和国到金伯利做工，运回枪械。甚至索特潘斯山的奴隶商见矿场有利可图，也改弦易辙，不再把低维尔草原的聪加人当奴隶卖到德拉戈阿湾，而把他们当雇佣劳动力送往金伯利赚工资，再夏枪回内地高价出售。从1871—1875年的4年时间内，金刚石矿场售给（或支付给）非洲人40万支枪。其后果可想而知。

奴隶贩子在"洽谈业务"

二、矿业开采产生立竿见影的效果

金刚石矿业的发展对南非深层次的影响 金刚石矿的发现和大规模开采，以及伴随而来的金伯利矿业中心的形成及其对人口的吸引，不仅对南非整个社会结构产生了深远影响,而且促进了商品性农业和资本主义农业的发展,也对南非整个交通及其他产业产生巨大的影响。

首先,数以万计的挖宝客在钻石开采的激烈竞争中沉淀下来,白人中除极少数人发财无望离开南非外,大部分破产后受雇于德比尔斯矿业公司。他们许多人成为技术工人和技术员,领取高工资。这些白人工人顽固地抵制非洲人上升为技术工人和监工,最早坚持在工种上实行肤色限制,以此维护自己的特权地位,在英裔白人中逐渐形成一个工人贵族阶层。这些工人贵族与布尔农场主沆瀣一气,成为南非种族歧视的另一坚实的社会基础。这是了解南非现代历史不可忽略的社会现象。

其次,金刚石矿大规模开采后,欧洲移民如潮水涌来,人口激增,仅两个布尔人共和国人口就增加近两倍,从不足4万人增至1890年的119 128人。金伯利矿场人口达5万人,市场上鸡蛋、肉类、奶酪、圆白菜供不应求,价格猛涨,刺激着布尔农场主生产商品农作物的积极性,不断扩大生产规模,增加对矿山市场的供应。同时,布尔农场主也面临着农场劳动力短缺的困难。由于矿场工资比农场高数倍,自然吸引了大批黑人劳动力。一部分布尔农场主不肯提高工资,坚持人身依附制,企图仍然采取超经济强制手段来获取劳动力。这就使其面临的劳动力问题形成恶性循环:越是变本加厉地采取超经济手段,便越难获得劳动力。这一部分布尔农场主后来(终至20世纪之末)成为最顽固的种族主义者。但经济力量推动着另一部分熟悉市场规则的布尔农场主,逐渐采取资本主义经营方式。他们自己经营商品性园圃,适当提高工资,吸引黑人劳动力,大批生产适销对路的农副产品供应市场,随之,又将获得的较大的利润来扩大再生产,逐渐向农业资本家转化。

布尔人阶级分化由缓和到加剧 大迁徙后获得大片地产的布尔人社会一度缓和的阶级分化又逐渐加剧。首先主要从富裕农场主和布尔大官僚中形成大地产主。矿藏的发现和开采引起地价不断上涨,出现了活跃的土地买

早期布尔人移民先驱

卖市场,1摩尔根(约合0.86公顷,12.9市亩)土地售价从8先令涨到32先令。矿场附近的土地价格更是扶摇直上,原先仅值350—750英镑的一个农场,竟涨到7万英镑。不少农场主靠出售土地或搞土地投机发了大财。一些熟悉土地行情的大农场主也靠转手倒卖土地成为巨富。后来成为德兰士瓦总统的克鲁格在1855—1866年买进14个农场,成为家财万贯的大地主。他曾以4 700英镑买下一个4 000摩尔根土地的农场,最后以107 700英镑高价售出,净赚103 350英镑。共和国总司令朱伯特利用职权廉价攫取土地,成为拥有29个农场、8万英亩土地的首富。在德兰士瓦共和国,大片地产通过薪饷、基金等形成迅速集中到以官僚为核心的大农场主和地产投资公司手中。这些骤富的、极端保守的布尔官僚拥有的巨资,大多用来购置土地,很少投资于金矿和其他工业,布尔富翁几乎清一色都是大地主。

由于大片土地开始集中到少数人手中,布尔人社会的贫富界限不断加深,布尔农场主这个大迁徙后的"超稳定集团"逐渐失衡,渐趋分裂。从布尔农场主中分化出无地的拜旺纳(Bywoner,贫穷白人)阶层。大迁徙后,布尔农场主生育的子女倍增。随着农场主家庭人口增加,分家立户,农场土地一再分割,越分越小,有的一个农场被分割成40人所有。分割后,有的小农场主仍采用人身依附制和粗放经营,更难养活家口。由于国家土地大多被大农场主占有,在边界内占领非洲人的新土地越来越困难,缺地的小农场主只好去租佃大地主土地,或弃农经商,或到矿区去搞牛车运输。随着税制的改革和收税效率的提高,以前经常逃税的小农场主陷入困境,无力缴纳现金税,索性抛弃土地远走他乡,而欠税者的土地多被政府没收。由此长期依附于大地主的垦户也被地主挤走,因为后者愈来愈多地自营有利可图的商品农业,不再愿意让穷人(或穷亲戚)继续使用自己的土地。游离出土地的拜旺纳日益增多,仅在约翰内斯堡郊区后来就聚居6 205名无地布尔人。其中许多人以牛车运输为生,到19世纪90年代铁路通车时,这

布尔人家庭

种落后的运输业也被挤垮了。这些既无土地,又不愿到矿场去干粗活的白人贵族,遂沉淀到白人社会的底层,形成南非社会阿非利卡人中的特殊阶层——贫穷白人。

三、矿业的兴起刺激英布的殖民扩张

英布殖民者同床异梦 1867年后金刚石矿的发现和开采,奥兰治布尔人手边的"聚宝盆"被英国人连抢带蒙攫走了,布尔人最后只得到9万英镑的"补偿金"。但金刚石矿开采所引起的深刻变化特别是商品货币经济的冲击,布尔人都承受了,然而他们却像被蒙住了眼睛,在"历史迷宫"中东窜西突,似乎找不到什么出路。一部分布尔人的日益贫困和拜旺纳的增多,开始明显地影响到布尔社会内部结构的稳定和民团的战斗力。无地的布尔人无力承担军役,服役的布尔人也士气不振。这些现象引起布尔统治集团的焦虑。在19世纪最后30年,为了满足地主集团对土地和货币财富的贪欲,缓和布尔社会中日趋剧烈的阶级分化,19世纪七八十年代财政仍然十分困乏的德兰士瓦共和国政府变本加厉推行土地扩张政策。一些布尔人也自行组织武装团体和政权机构(如小共和国),在边界内外加紧掠夺非洲人土地,仍然梦想以传统的扩张土地来解决经济和政治的困窘。

自1867年后,南非多处发现金刚石矿和大金矿,南非本身的价值发生根本变化,原来被英国认为贫瘠、无寸利可图的高草原地带如今成了潜在的"聚宝盆"。英国移民中的资本家和官员要求在南非内地采取任何手段兼并更多土地,建立更多的殖民地或保护国。英政府则一反其半个世纪以来在南非殖民扩张政策上的慎重迟缓的观望态度,开始采取"必要时就吞并"或成立"控制性联邦"的政策。显然,英国在南非尤其是对布尔人两个共和国政策的帝国主义色彩越来越浓,独霸南非的步骤日益加紧。

19世纪60年代末70年代初英国人扩张土地颇为得手,1868年将莫舒舒的巴苏陀兰收为保护国,阻遏了布尔人对卡勒登丰腴之地的全盘吞并。1872年又以巧取豪夺的手段吞并了西格里夸兰,把金刚石矿区地带全部收入囊中。英国资本和欧洲资本源源不断地流入南非。扩建矿区以增加钻石产量,赶修基础设施——铁路、港口和矿区的其他基础设施,最缺的是劳动力。虽然林波波河以北的今莫桑比克和津巴布韦的黑人劳力远涉千里流入南非,但是远水解不了近渴。黑人人口最多的德兰士瓦和奥兰治的布尔人所设置的劳动力体制却严重阻碍了黑人劳动力的释放。尽管英国人采取了以枪支代工资的诱招手段,劳动力不足和由此工资难以下降等问题一直未能解决。英裔白人的谋士谢普斯通,建议建立白人国家联邦,以实行共同的对待非洲人的政策来解决南非的整体问题。殖民大臣卡纳封(carnarvon,1874—1878年在任)采纳并发展了"联邦方案",力图以此解决久悬不决的棘手问题。按照大英帝国的蓝图,作为一个殖民地联邦的"南非联邦",应包括德兰士瓦、奥兰治和纳塔尔,但要以开普殖民地为主宰,能够保护大英帝国在南非的海军基地、贸易利益和劳动力供应,并保证其属地和臣民的安全。但卡纳封召开的两次商讨会议(分别于1875年、1876年),布尔人两个共和国均以金刚石矿场地带所有权刚被英国不公正夺走等为由拒绝出席,甚至开普的总理也回避出席,只有纳塔尔和西格里夸兰人到场,卡纳封的"联邦方案"可能面临失败。英国政府经过多次试探后得出结论:其必须以兼并方式代替谈判方式,必须以更为强硬的手段哪怕是武力手段来"统一"南非。

德兰士瓦吞并佩迪王国遭受挫折 在两个布尔人共和国东、西、北三面边界以外的非洲人的酋长国和王国,首先成为英布殖民者竞相占领和吞并的对象。在几个重点地区的争斗趋于白热化。

以19世纪70年代初兼并金刚石矿区为契机,德兰士瓦布尔人首先将吞并矛头指向北方近邻佩迪王国。北部地区小金矿被频频发现,不过都是很小的金矿。60年代中期佩迪境内和边界毗邻地区陆续发现小金矿,小有名气的莱登堡和麦克麦克金矿原都在佩迪王国境内。这就引起德兰士瓦共和国的觊觎,布尔人妄想一举拿下佩迪王国以解决自己长期困扰的财政问题。这一明显的动机解释了德兰士瓦统治集团在国库仅剩12先令4便士现金的情况下何以敢于发兵征服佩迪。

1876年5月,伯格斯总统向佩迪国王塞库库尼宣战。伯格斯实际上以斯威兹黑人为主力,加上自己的布尔民团兵分三路向佩迪人踞守的卢卢山群堡进攻。狡猾的布尔人对伯格斯的领导向来不满,不过摆摆样子,让斯威兹人去冲锋陷阵。斯威兹人伤亡惨重,退出战斗。布尔人见斯威兹人退兵,士气大减,山堡久攻不下。8月,一支佩迪军队绕道进攻并焚毁布尔人农场。布尔人纷纷临阵逃脱,擅离战场回乡救援。伯格斯不得不撤兵,1877年2月双方罢兵讲和。德兰士瓦吞并佩迪的计划搁浅了。

英国兼并德兰士瓦的正反效果 英国保守党政党把实现殖民地联邦进而实现帝国联邦视为解决大英帝国内部难题的灵丹妙药。英国政府在等待时机兼并德兰士瓦共和国。后者进攻佩迪王国遭到失败为此提供了良机。军事挫折使布尔人对于单凭自己力量就可稳固统治非洲人的信心产生严重动摇。此时东邻祖鲁王国在开芝瓦约国王治理下蒸蒸日上，四万大军秣马厉兵，随时准备收复血河以东大片沃土。德兰士瓦人向北扩张为佩迪人所败，向东又面临越来越强大、一心要收复失地的强敌，产生心理危机，从上层到市民都忐忑不安。正是在这种形势下，英国决定以首先兼并德兰士瓦来推动联邦计划的实现。1877年4月12日，英国政府派谢普斯通率一支由25名骑警组成的警卫部队进入德兰士瓦。谢普斯通向布尔统治集团指出：德兰士瓦政府的财政和军事已陷入极端混乱状态，仅靠布尔人力量既无法避免破产也无法控制共和国境内的非洲人，更无力对付受到强大的祖鲁军队支持的佩迪王国的挑战。他提出：第一，由英国接管德兰士瓦政府，加强整个白人的殖民力量；第二，保证维持布尔人所施行的种族不平等政策，并明确宣称，英国无意坚持其主张：在德兰士瓦的土著应享有开普殖民地土著所享有的任何公民权利。

陷于四面楚歌、极度恐慌的布尔统治集团得出共识：英国的接管将保护布尔人既得的土地利益，并挽救行将破产的国家，因而普遍赞同（或默认）英国的接管行动。伯格斯总统竟忘形地说："我宁愿当一个强大政府下面的警察，而不愿当这样一个国家的总统。"德兰士瓦布尔人就这样把共和国的独立放在银盘上送给了英国人。1877年4月，英国发表声明，德兰士瓦成为英国殖民地，任命谢普斯通为行政长官。伯格斯辞职回到开普；克鲁格、朱伯特、小比勒陀利乌斯等解甲归田。此后4年（1877—1881年），德兰士瓦共和国从非洲政治地图上消失了。

英国的4年统治让布尔人大失所望。民族主义思想的迅速滋长，边界的撤除，却把开普和德兰士瓦两地的布尔人联合了起来。1880年在开普敦，布尔人成立了民族主义组织——阿非利卡人协会。这第一个全南非的民族主义组织在奥兰治河以北地区也吸收了大批会员。朱伯特任该组织的德兰士瓦地方分会主席。1876年问世的反映布尔人民族情绪的《阿非利卡爱国者》杂志，因德兰士瓦被兼并反而销路大增，订户从400户猛增到1881年的4 000户。这是英国统治集团始料未及的。

四、英布扩张的聚焦点——祖鲁王国

祖鲁王国的中兴　1843年英国接管纳塔尔后，祖鲁王国逐渐摆脱了布尔人的羁绊,恢复独立。倚靠布尔殖民者支持登上王位的姆潘达在布尔人和英国人之间搞平衡,苟且偷安。在宫廷内部,热衷玩弄权术的姆潘达制造其长子开芝瓦约(1826—1884)同庶子姆布拉齐之间的矛盾,以保持自己的僭主地位。夺位之争终于在1856年酿成内战。1856年10月,在恩东达库苏卡战役中,姆布拉齐军遭到惨败。11月,祖鲁人大会决定由开芝瓦约执掌国政。1872年姆潘达死后,开芝瓦约正式登基。

从19世纪40年代起,祖鲁王国西部与布尔人德兰士瓦共和国接壤,布尔农场主侵占了祖鲁人的克勒普河和乌得勒支土地,并蚕食血河以东大片土地,严重影响了祖鲁人的牧业生产。在南方,开普殖民政府不断扩张,乌姆齐姆库卢河已

开芝瓦约

挡不住英国人的扩张,南恩戈尼人土地大片被兼并。在王国内部,王族分藩制度所形成的离心力一直对国家的统一构成潜在威胁。祖鲁王国内外形势严峻。

开芝瓦约掌权后,采取几项重大措施,保卫王国独立,巩固中央权力。他掌握了王国主要资源——畜群和火器来源,重建军队,恢复和发展祖鲁人传统的"同龄兵团"军事制度,对青少年实行严格军事训练。开芝瓦约吸取1838年血河战役的惨痛教训,深知单靠冷兵器——刺矛、投枪和盾牌,难以抵挡殖民者的枪炮子弹,便不惜以大批牲畜高价向莫桑比克的葡萄牙商人购买数百支枪和大量弹药。70年代初,他还派遣祖鲁青年长途跋涉到金伯利金刚石矿场做工,以工资购买枪支带回祖鲁。他高薪聘请英商约翰·丹思作教练,训练军队,教授祖鲁战士骑马射击,训练出祖鲁人第一支骑兵;还从德拉戈阿湾重金雇用英国工匠修理保养枪械。几年内,祖鲁王国重建了一支既会使用刺矛投枪短兵作战,又能操持近代火器的包括骑兵在内的4万大军。这是南非地区非洲人空前强大的军队。

开芝瓦约英勇抗击英军 1877年英国政府吞并德兰士瓦共和国后,殖民大臣卡纳封和开普总督弗里尔踌躇满志,准备大干一番,加速实现"联邦"计划。英国对祖鲁王国的态度明显改变。之前,英国以日益强大的祖鲁王国作为一种对布尔人的现实威胁,来钳制德兰士瓦共和国,因此,它让纳塔尔殖民地高级官员谢普斯通介入德兰士瓦与祖鲁的土地纠纷,充当仲裁,

第十一章　富矿的发现和开采刮起了南非旋风　157

祖鲁人的抗争

谢普斯通有意偏向祖鲁人；而在兼并德兰士瓦，谢普斯通担任德兰士瓦殖民地的行政执行官后，他态度大变，在土地仲裁时明目张胆地偏袒布尔人。开芝瓦约对此十分不满。但英国政府对位于通向北方（德拉戈阿湾）走廊的祖鲁领土已存觊觎之心，已将祖鲁王国当作一枚棋子搁在其"联邦"的棋盘上。北方走廊不仅是英属纳塔尔由德班向北扩张的直接目标，而且是北方（今莫桑比克、坦桑尼亚）黑人劳动力进入南非矿区的主要通道。开芝瓦约国王几次宣称要全力维护祖鲁王国的独立。英国政府把日益强大的祖鲁王国视为其推行"联邦计划"的主要障碍之一。消灭祖鲁王国已上升为英国的既定政策。

1878年卡纳封在南非的干将开普总督弗里尔主持制定了入侵祖鲁的军事计划。弗里尔想方设

弗里尔漫画

法向祖鲁王国挑衅,以激怒开芝瓦约。在做了这一切无理举动之后,1878年12月11日,弗里尔向祖鲁王国发出最后通牒,极其无理地要求祖鲁军队必须在30天内解除武装;接受代表英国总督的驻扎官的统治;允许英国传教士自由进出祖鲁王国;以牲畜补偿被夺去土地的布尔人。开芝瓦约严正拒绝这些无理要求。

在限期到来以前,英军已在图盖拉河沿祖鲁边境部署了6个营的兵力。开芝瓦约集结了3万大军于首府乌伦迪附近。英军司令切尔姆斯福德集结了1.3万名英军、36门大炮和大批土著军队。英军在长达200英里的战线上分三路前进,直指乌伦迪。东路英军由皮尔逊上校指挥,从沿海地区渡过图盖拉河中游,西路由伍德上校指挥,从纽卡斯附近侵入祖鲁,中路由邓福德中校指挥,驻扎洛克浅滩,以策应切尔姆斯福德的主力。

1879年1月20日,英军中路主力第24团渡伯费茨河前进10英里,在伊桑德卢瓦纳山的南坡扎营。祖鲁军在开芝瓦约的指挥下,把主力部队调到伊桑德卢瓦纳附近山中。几千大军隐蔽集结,不露烟火,秩序井然,只派小股部队到山前游弋,迷惑英军分散其注意力。英军骄傲轻敌,守备松懈,既未掘壕自守,也不筑牛车阵。1月21日,开芝瓦约派一支部队迤逦往东,引诱英军主力出营。果然,22日晨,切尔姆斯福德亲率第24团第2营和4门大炮尾随这支祖鲁军,营地仅留下2 000人守卫。这时,埋伏在附近山中的几千名祖鲁战士以迅雷不及掩耳之势冲入营区,与英军展开白刃战。待切尔姆斯福德闻讯于夜间赶回营地时,英军已被全歼。此役英军伤亡1 600人(900人被击毙),其土著营500人被歼。祖鲁军缴获1 000多支来复枪、2门大炮和50万发子弹。这是1415年欧洲殖民者首次侵入非洲大陆以来,非洲人民反殖民侵略战争中战果最大的一次战斗,也是

祖鲁战争

英军自1856年克里木战争以来所遭受的最大兵员损失。

切尔姆斯福德的速胜计划受挫,英军左翼(西路)被迫匆忙退守坎布拉,右翼(东路)被围困在埃肖威,交通阻断,粮草不济。当时,开芝瓦约充分认识到英军火力的优势,决定对掘壕自守的英军进行长期困扰,使其不攻自毙。这一战术对于已陷入供应极端困难,又将面临雨季困境的英军来说,无疑是致命的。可惜祖鲁一些将领求胜心切,贸然对防守严固的坎布拉英军阵地发动强攻,遭受重大损失。

英军在伊桑德卢瓦纳惨败的消息传到英国,议会大哗,保守党内阁遭受严厉抨击。迪斯累里政府孤注一掷,从开普敦、圣赫勒拿岛、毛里求斯岛和英国本土调遣援军驰赴纳塔尔。3月17日,英军总兵力已超过2万人。6月,英军重新向北缓慢进军。开芝瓦约率部英勇阻击。6月1日,在伊蒂奥西河畔,祖鲁军袭击英军一支小分队,击毙了在英军服役的前法皇路易·波拿巴的独生子路易王子。消息传来,震动了欧洲。这次"伊蒂奥西河畔突袭"被欧洲媒体渲染成"结束了欧洲一个王朝"的事件。

7月初,英军进逼祖鲁王国首府乌伦迪附近;7月4日在马拉巴提尼平原摆开一个由5 000人组成的方阵。战斗打响后,英军以由后膛枪组成的密集火力和6门大炮猛烈轰击。祖鲁军绕到英军方阵右翼,但却无法逼近火力凶猛的英军方阵。祖鲁军又绕到方阵后方发动第三次进攻,仍未得手。此役祖鲁军攻坚战失利损失2 300多人。侵入首府的英军焚烧了乌伦迪并焚毁了附近的所有村寨。

燃烧的乌伦迪

祖鲁王国的余晖残照 此后,战争转入游击战阶段。8月28日,开芝瓦约不幸在克瓦德瓦德村被俘,后被流放到开普敦和伦敦。主帅折损对祖鲁人打击甚大。英国对祖鲁战争延续8个多月,损兵折将数千人,耗军费500多万英镑,是英国政府始料未及的。这场战争在英国国内引起越来越多的反对。迪斯累里政府成为众矢之的,终于在1880年4月21日倒台。英军新任司令沃尔斯利(Wolseley,又译吴士礼)采取分而治之的策略,将祖鲁王国分割成13个酋长国,由英国任命的酋长统治。这些酋长大多是恰卡统一祖鲁前各王族的后裔,他们争权夺利,使祖鲁王国陷入四分五裂的血腥内战之中。

祖鲁人民怀念开芝瓦约及其统治时期的祖鲁盛况,国内外出现了要求开芝瓦约复位的强烈呼声。1882年,开芝瓦约到英国,受到一部分英国人的支持。他非凡的治国才能得到宣扬,威望日增。英国自由党政府出于政党斗争的需要,表示要同保守党内阁的南非政策划清界限。1883年年初,开芝瓦约回到祖鲁,再次即位。但他统治的国土已大大缩小。北部已划归由英国扶植起来的齐伯布,南部靠近英属纳塔尔的领土已不属开芝瓦约管辖。英国对他严加控制,不准他重建军队。1884年,齐伯布发动内战,开芝瓦约战败,流落在外,2月去世。其年方15岁的长子迪尼祖路被推为继承者。1887年,日益贫弱的祖鲁王国终于被英国吞并,北恩戈尼人诸国全部丧失独立,1897年被并入纳塔尔殖民地。

损兵折将

五、"有形帝国"在南非的扩大

第九次"卡弗尔战争"和科萨民族丧失独立 19世纪70—80年代除祖鲁地区外,英国在南非各项兼并计划较顺利地取得进展。1878年英国企图一举解决开普东区"动荡的边境"的棘手问题,并以此为契机,逐步兼并腹地各个酋长国和王国,扩大英国在南非的"有形帝国"(正式帝国)。首先,英国借口东科萨人最高酋长拒绝应召,派兵越过凯河进攻科萨人。科萨人联合滕布人,初战挫败英军。西科萨人酋长散迪勒在西斯凯也起兵抗英。第九次卡弗尔战争全面爆发。1878年5月,英国从西区调来的援军赶到,以优势兵力在肯尼塔一举击败东科萨人,解除其武装,接着又击溃西科萨人。英国决定兼并凯河和乌姆嗒嗒河之间土地。1879年先行兼并东格里夸兰和芬果兰,但引起了庞多人、滕布人的起义(1880—1881年),不得不暂时收敛,中断几年。1885年英国实施兼并滕布兰计划,对庞多兰沿海地区实行"保护"并控制了圣约翰斯港。1894年英国宣布兼并庞多兰。至此,所有南恩戈尼酋长国全部丧失独立。历史上常有这种情况,广大群众进行殊死斗争甚至是为了一项没有胜利希望的事业。以科萨人为代表的南恩戈尼人在长达百年的九次"卡弗尔战争"中为捍卫故土和民族独立,而进行的斗争就属于这一类斗争。这些斗争对于教育群众训练群众去作下一次胜利的斗争是必需的。恩戈尼人在20世纪南非的伟大斗争中,群星灿烂,出现那么多杰出领袖和伟大战士,不是偶然的。

英国对这块经过9次"卡弗尔战争"才完全兼并的特兰斯凯地区不敢松懈,实行直接殖民统治。它被划分为27个区,派欧洲人(有不少是牛津、剑桥毕业生)充当中、下层行政官员,代替酋长和头人,征收茅屋税作为行政开支费用。从此,特兰斯凯成为南非殖民化最深入的地区之一,教堂和教会学校遍布各地,苏格兰人或犹太人开设的杂货铺深入穷乡僻壤,达到每乡必有一铺的程度。由此黑人人口密度最大的特兰斯凯成了开普殖民地最大的劳动力储备库。

"反缴枪起义"和巴苏陀兰成为直属殖民地　　1871年巴苏陀兰被并入开普殖民地后,苏陀人大批外出到金伯利矿做工,用工资购枪带回家乡。开普议会对新近并入殖民地的黑人武装力量因拥有火器而急遽加强,十分恐慌,1878年通过一项《维护和平法令》,责令受开普政权管辖的非洲人均须解除武装。次年,开普总理斯普列格到巴苏陀兰视察,宣布南苏陀人均应按《维护和平法令》解除武装。与此同时,开普殖民当局加倍征收捐税,引起苏陀人更大不满。缴枪的最后期限规定为1880年5月底。在苏陀人酋长中,只有莫舒舒的继承人莱蔡和莫拉波表示从命,其他酋长均抗命不缴并申辩:为何白人农场主均可携枪,单要黑人缴枪?莱蔡的长子勒罗托利坚决反对缴枪,被抗英情绪高昂的群众推为最高军事领袖。1880年9月,苏陀人掀起"反缴枪起义",开普英军开进巴苏陀兰镇压。在勒罗托利的指挥下,巴苏陀兰的2.3万名骑兵为免蹈上年开芝瓦约的覆辙,避免正面作战,采取游击战术,声东击西,袭扰英军驻地及其供应线。在唯一的一场正规战——卡拉巴战役中,英军败给了配备了(从金伯利金矿带回的)火器枪支的勒罗托利部队。抵抗运动扩展到同样不愿缴枪的东格里夸兰和特兰斯凯,庞多人、滕布人、格里夸人也加入了抗英行列。英国人在漫长的战线上既要对付苏陀人,又要镇压南恩戈尼人,捉襟见肘,疲于奔命。开普政府耗费军费高达480万英镑。最后,英国政府不得不让新到任的高级专员罗宾逊(1881年1月22日到任)宣布,苏陀人可不缴枪,但须登记枪支并取得携枪的许可,每支枪征税1英镑。开普军队撤离巴苏陀兰,白人不得定居巴苏陀兰。开普殖民政府的力量已不足以镇压和统治巴苏陀兰。1884年其由英国政府接管,巴苏陀兰成为英国直属殖民地。

第一次英布战争(1880—1881)　　1877年,英国兼并德兰士瓦后几年的统治,既未改善其混乱的行政管理,也没有进行任何有效的改革,只是将德兰士瓦作为一个完全的英属殖民地来治理。谢普斯通派开普银行的赫德森来监管德兰士瓦财政。赫德森以权谋私,建立私人土地公司,大搞土地投机。德兰士瓦银行破产,英国以拍卖德兰士瓦国家土地来抵债,只给予10万英镑的财政补助,另外主要靠强制推行税制来取得财政收支的平衡。英国税吏要求欠税累累的布尔人补交1877年以前的欠税,引起强烈不满。英军在1879年1月伊桑德卢瓦纳战役惨败于祖鲁人,使布尔人看穿了英国在南非的军事实力不过如此。英国击败祖鲁后,1880年将其分割成13个小酋长国。英国这些措施却对布尔人起到了预想不到的结果:它解除了布尔人因害怕制服不了祖鲁人而依靠英国的心理负担,实际上消除了促使布尔人同意加入"联邦"的一个重要动力。布尔人决定选择时机以迅猛的武装暴动来恢复德兰士瓦共和国的独立。

1880年9月,巴苏陀兰爆发"反缴枪起义",东格里夸兰和特兰斯凯的非洲人纷起响应。英国主力部队南下镇压,留在德兰士瓦的英军总数不超过3 000人,防务空虚。12月16日布尔人在帕尔德克拉尔举行5 000人大会,宣布举行武装抵抗,恢复共

两次英布战争中的布尔将领

两次英布战争中的布尔人　　　　　战斗中的布尔人

和国。当天升起南非共和国旗帜，推举克鲁格、朱伯特和小比勒陀利乌斯3人为首领。同日，战争在波切夫斯特鲁姆爆发，史称"第一次英布战争"。12月20日，驻莱登堡一个团的英军驰援比勒陀利亚，在布龙克、霍斯特斯普雷特分别受阻击，并被击溃。英军迅即被分割包围于比勒陀利亚和波切夫斯特鲁姆。1881年1月，英军从纳塔尔驰援。英军科利将军率军千余西进朗峡，于1月28日和2月7日两次受到朱伯特部的阻击。科利企图从西边经马祖巴山攻下朗峡。2月26日，布尔人发动袭击，英军惨败，伤亡280人。科利本人在马祖巴山山顶被击毙。此时，巴苏陀兰"反缴枪起义"尚未完全结束，英国在德兰士瓦附近地区已无其他军队可以动用，又担心引起德兰士瓦境外布尔人的反抗。当时英国因抢夺金伯利金刚石矿与奥兰治布尔人产生的芥蒂远未消除，害怕腹背受敌，难以招架，只好同意议和。

　　1881年3月6日，双方签订停战协议。8月3日，签订"比勒陀利亚协定"。该协定规定，保证德兰士瓦可以建立在女王宗主权下的完全自治的政府，但英国维持3项特权：控制德兰士瓦对外关系的权力；保持对德兰士瓦同非洲部落关系的控制权；战时英国有权假道德兰士瓦。协定中所规定的"宗主权"（suzerainty）是一个没有现代先例的词语，不具有任何精确含义，后来引起没完没了的争议。布尔人明知该协定对其限制极大,迫于形势(国库囊空如洗),只好企望通过以后修约来取消"宗主权"的规定。

1883年,克鲁格率代表团到伦敦,要求修改"比勒陀利亚协定",建议由德兰士瓦放弃其西界的受其保护的斯泰拉兰共和国和戈申共和国,换取英国取消对德兰士瓦的宗主权。1884年2月签订的"伦敦协定"取消了其载有宗主权规定的《前言》部分,但恢复了原名南非共和国(南非共和国从19世纪50年代以来一直是德兰士瓦共和国的正式国名),且仍受英国两方面限制:《伦敦协定》第四条规定未得英国同意不得与他国(除奥兰治)订约;第六条禁止德兰士瓦兼并其国境以西和以东土地(条文注明德兰士瓦没有此类缔约权)。关于宗主权,后来发生很大争论。布尔人认为"伦敦协定"既已删去唯一写有"宗主权"的《前言》,就是取消了宗主权的规定,承认其完全独立。英国则坚持第四、第六条的限制本身说明英国宗主权仍旧保留着。有的研究者认为英布双方在签订一系列协定之时,均有"疏忽"之处。英国在1877年利用形势已轻而易举地剥夺了德兰士瓦共和国的独立,后来同样迫于形势又贸然同意恢复"南非共和国"原名,然而又如蚕吐丝,一直想拽住德兰士瓦主权不放松,只愿回归治权,实际上是仍然坚持以卡纳封的"联邦"计划来实现英国在南部非洲的霸权。

"伦敦协定"墨迹未干,几个月后轰动世界的德兰士瓦境内的兰德大金矿就被发现了。兰德金矿的开采及其所生产的大量黄金,首先解决了德兰士瓦政府的财政痼疾,完全改变了它的经济面貌,使其上升为南非4区的首富,同时也加速了英国人和布尔人瓜分南部非洲的步伐。

六、南非非洲人知识分子的成长

南非传教会的活动 "南非旋风"并没有体现在非洲人知识分子的早期活动上,南非非洲人知识分子的早期活动是"死水微澜"式的,具有特别温和的性质。这是他们出生的环境和早期活动的历史条件所决定的:首先,他们几乎都是教会学校培养的,其最初目标是作为助手"土著传教士"来培养的;其次,他们所投身的运动不是如同西非那样争取"自治"和"独立",而仅仅是争取黑人、有色人拥有与白人一样的最起码的平等和生存的权利;最后,他们在任何单位任职(教会、学校、行政机关……)都是居于最下层的职位,养成自卑自怜的性格。

19世纪基督教传教会在南非进行过比非洲任何地区都更为广泛的活动,且有一定成效。英国教会对南非传教工作特别积极。1795年英军刚占领开普(第一次),同年成立的伦敦教会便计划派遣传教士到南非传教。在荷兰殖民统治时期虽然在18世纪30年代就有个别荷兰传教士进入南非活动,但又很快便放弃在非洲人中传教。真正的、持续不断且深入到南非次大陆深处进行传教活动是从1816年以后,参加的教会多达十几个,[①] 很快就填补了荷兰传教会撤出非洲人地区所遗留的真空。

比较而言,传教会在南非比在非洲其他地区更重视教育,因为教育首先意味着改信基督教,而且教育的成效比传播福音的成效要大得多。1820年起担任宣教会(LMS)负责人的约翰·菲利浦(1777—1851)认为,经过"驯化教育"的非洲人可与白人同样聪明。以利文斯敦为首的传教士主张的传教、贸易、文明三位一体理论在南非得到贯彻。

教会学校培养非洲人知识分子 早在18世纪南非教会在开普地区就拥有教会保留地。教会拥有由自己支配的巨大财富。传教会引进西方的中小学教育形式,举办了许多教会学校:乡村小学和初级小学;在19世纪40年代也开始兴办中学和师范学校,使一部分富裕家庭和酋长的子弟以及信教的黑人子弟能够受到西式教育。在很长时间内,教会教育在非洲人中是唯一的正规教育,比公共教育(世俗教育)的历史悠久得多。与此同时,班图语言文字的教育也开展起来。1821年,赫拉夫-里内特的传教士约翰·本恩以拉丁字母拼写科萨语,创造出科萨文以后,识字也开始在赫拉夫-里内特地区的非洲人中逐渐普及。1841年7月,格拉斯哥传教会在纳塔尔的洛夫代尔(Lovedale)开办一所神学院培养非洲人传教士。[②] 该学院与众不同之处是,附设工程系,教授泥瓦工、木工、修造马车和制作铁器的技术;1861年后还增加教授印刷和装订技术,很受欢迎。1877年,罗马主教会在纳塔尔"圣家庭修女会"所属的一所修道院内,设立寄宿学校。1868年,法国传教士在德班以南沿岸地带阿曼齐姆托蒂创办师范学校。1880年,英国圣公会在祖鲁兰创办圣奥尔本斯学院。

---

① 包括:卫斯理宗传教会、格拉斯哥传教会、圣公会正教传教会、挪威传教会、联合长老会传教会、柏林传教会、莱因传教会、巴黎福音会、美国赴祖鲁兰和莫塞加的传教会、汉堡传教会和瑞士自由传教会等。
② 洛夫代尔在非洲的成立仅晚于西非塞拉利昂的福拉湾学院(1827年)。

基督教传教会在南非最重要的影响是通过办学在教会学校中培养了一批接受西方文化的知识分子，特别是"精英"阶层。洛夫代尔神学院从1841年至1896年，有3 448名学生毕业，平均每年培养出62名学生。其中有700名后来从事"专业工作"，大多数人任教师。有8名任律师，2名任法院书记员，1名任医生，2名任编辑和记者。其中有几个人后来成为著名的"土著传教士"，如科萨人牧师蒂约·索加，在希尔德敦学院研究神学的学者奈赫米阿·泰尔，开普的非洲人传教士卡尼奥密牧师、詹姆士·万德尼牧师、曼吉纳·莫科恩牧师。尽管这些受过良好教育、拥有精深宗教素养的非洲人牧师将自己毕生的精力和才华贡献给传教事业，但在南非却未能得到与白人同样的待遇，他们始终未能获得与他们所受教育水平和资历相称的职位。

与同样存在种族主义的西非相比，南非白人对非洲人知识分子的种族歧视要严重得多。种族歧视对南非近现代历史上的知识分子的负面影响是极为恶劣的。其中部分原因是，19世纪下半叶风行于欧美的"科学"的种族主义也渗透到南非教区白人牧师的思想中。白人传教会歧视受过良好教育的非洲人牧师和信徒，使他们蒙受屈辱，促使他们发起宗教和政治的民族运动。他们认为《圣经》中明白记载"埃塞俄比亚人向上帝伸出双手"，表明黑人在上帝面前拥有同等地位，因而称自己的宗教理论为"埃塞俄比亚主义（Ethiopianism）"[1]。他们要求建立由非洲人控制的并适应非洲人文化和传统的基督教教会。这一宗教的独立运动发轫于19世纪60年代的南非，成熟于80年代。1884年由杰出的非洲人牧师奈赫米阿·泰尔发起建立第一个"滕布部族教会"，1889年成立非洲人教会。1892年原属卫斯理宗的教士莫科内建立埃塞俄比亚教会，首先使用该名词。"埃塞俄比亚主义"此后流行于整个南部

布莱登

---

[1] 名称源自《圣经》新约的《诗篇》第八十八篇，第三十一节："埃塞俄比亚将很快向上帝伸出她的双手。"有的版本将"埃塞俄比亚人"译成"古实人"。《圣经》的不同中译文版本由史纪和副教授代为查阅，谨致谢忱。

非洲和东部非洲,影响很大,在非洲形成一股势不可挡的潮流。另外,非洲人还自行组织与非洲文化更接近的锡安山教会。① 有学者称之为"土著教派"。

南非知识分子成长的特点 发源于南非的这股"埃塞俄比亚主义"潮流传到西部非洲,引发了第二个具有更伟大意义的独特潮流——知识革命以及随之而来的非洲民族觉醒、泛非主义和非洲人特性思潮的发展。在这个伟大潮流中西部非洲人才辈出,群星灿烂,出现了布莱登(1832—1912)、霍顿(1835—1883)等非洲19世纪一流的大学者和思想家,以及詹姆斯·约翰逊(1836—1917)、塞缪尔·阿贾伊·克劳瑟(1806—1891)、亚历山大·克鲁梅尔(1818—1898)、塞缪尔·刘易斯(1843—1903)等杰出的学者和传教士。19世纪末20世纪初在西非形成的以"非洲思想"为主要内容的新思潮,无论就规模、质量和影响都远远超过了南非。

亚历山大·克鲁梅尔

为什么从南非肇始的"埃塞俄比亚主义"独立教会形成的思潮,后来在南非渐成颓势,而在西非却显示出这一思潮的蓬勃气势,并发生深远的影响?这种"墙内开花墙外红"的状况是怎么形成的? 分析起来大概有以下几方面原因。

一是在美国南北战争结束以后(1865年),南非成为全世界种族歧视现象最严重的地区。南非白人统治者对黑人和混血人的种族歧视政策如泰山压顶笼罩在非洲人生长环境的方方面面。种族歧视在南非联邦成立后(1910年)形成了全面的隔离制(segregation),限制和阻碍了南非非洲人知识分子的成长。表现在教育方面,由于南非白人有一定数量,约占人口的17%—20%,又掌握政权,有很大的势力,他们使用国家力量千方百计地限制非洲人在知识方面的发展。白人中数量多的阿非利卡人,以加尔文教的"先定论"为出发点,认定黑人应是"担水劈柴的仆役",而白人则是"上帝的选民",对非洲人教育首先就要贯彻这样的"基督教倾向"。阿非利卡农场主阶层本身文化水平接近半文盲,更是极力限制和阻碍其非洲人雇工和佃户的子女接受教育,尤其是中

---

① 锡安山一词亦来自《圣经》,见《新旧约全书》,旧约《诗篇》卷二,第四十八篇,第十一节。

级教育。南非学校对非洲人的初级教育强调所谓"母语教育",因班图语尚未发展出足够的现代词汇和技术术语,让非洲人只谙班图语将便于把非洲人维持于"原始状态",培养出所谓"真正的班图人"。另外,以母语(班图语)的各种方言作为教学语言,又便于将非洲人分隔于方言群体,利于白人的分而治之政策。

二是与西非不同,种族主义的"白人至上"思想渗透于南非白人骨髓。几乎所有行政机构、学校文化组织、教会、商会组织等的中、高层职位都被白人垄断占据。非洲人即使受过良好教育,也全无问津的机会。社会上流行不成文的规定:白人不能在黑人下面(主持下或领导下)工作。[①]以种族、肤色分层定级,扼杀了许多优秀的非洲人人才,使极其优秀的、具有很高天赋的黑人也无法脱颖而出。南非不是没有像西非的布莱登、霍顿等人那样禀赋极高的黑人天才,而是被严酷的种族主义环境或者扼杀或者压在最底层。一个值得注意的现象是,19世纪和20世纪初,南非非洲人知识分子有机会到英国、荷兰、美国或其他欧洲国家著名大学留学的极少,比起西非,微乎其微。难怪,19世纪中叶到20世纪初,西非黑人知识分子人才辈出,群星灿烂,而南非非洲人知名学者寥若晨星,直至今日经常在书刊上被提及的19世纪知名的知识分子,只有约翰·坦戈·贾巴武(Jabavu, John Tengo, 1859—1921)。

贾巴武和他的儿子

三是西非许多知识"精英"是教会培养出来的,大部分"精英"本身也是黑人传教士,如布莱登、克劳瑟、克鲁梅尔、约翰逊等。南非重要的教会职位均受白人控制和把持。非洲人独立教会虽为数众多,成绩很大,但受白人政权的遏制,长期得不到"合法身份",经过半个多世纪的斗争,只有11个非洲人教

---

① 南非白人制造出一套恶毒的、自欺欺人的"理论",认为黑人是永远长不大的孩子,缺乏管理才能……甚至无法"自治",以此反对黑人从事高层次、高等级的工作。

会，付出了降低反对种族主义姿态的沉重代价，才取得了"合法身份"。南非白人当局对非洲人独立教会运动，不管加上了多少宗教迷信内容和传统习俗色彩，均不加干预，甚至予以鼓励（如保持班图人的一夫多妻制，在基督教礼仪中保留对部落祖先的祭祀等）。但只要涉及种族平等、黑人白人生来平等的传教内容则予以干涉，不予注册，不给以"合法身份"。这些都影响到南非知识分子耗费过多精力在"宗教范围"兜圈子，而真正在政治上提出"自治"、"政治独立"、"多数人统治"的目标和口号，却要比非洲其他地区晚了超过一代的时间。也正因为如此，作为一种历史讽刺，南非非洲人知识分子精英在"宗教问题"、"种族问题"上与非洲人中下层合作的时间最长，关系紧密，对此后反对种族主义运动产生了有益的影响。1912年成立的南非非洲人国民大会不仅是精英的组织，也是广大中下层非洲人组织，而且，非国大与南非独立教会也互相支持，合作的时间也最为长久。这些都与南非知识分子不是只在下层群众中起"中介作用"有关系。

四是南非不同于西非，南非基本上没有回归的美洲黑人知识分子。美洲黑人奴隶的后代其祖先绝大部分是从西非海岸被掠走的，南非不是他们认祖归宗之地。因此，孕育于美洲的"泛黑人主义"、"泛非主义"的思潮传入南非的时间要比西非晚了一两个世代。一直没有享有国际声望、视野广阔的像布莱登、克鲁梅尔这样一流的黑人学者回归南非。因此在南非，黑人知识分子之间的互动只在本地知识分子之间进行而缺乏与先进的美洲黑人知识分子互动。殖民时代的南非，如果将其比喻为次大陆的一面大鼓，那么这从潜能上看能发出轰然巨响的大鼓却缺乏敲击的鼓槌。而在万马齐

泛非会议邀请函（1900年7月23日，在亨利·威廉斯的倡导下，来自美国、西印度群岛和非洲的57名代表在伦敦举行第一次会议）

喑的空旷高原，缺乏振聋发聩的鼓声是难以形成独树一帜的黑人"民族性格"的。一直遭受世界上最严重的种族歧视和压迫的南非黑人，既需要南非内部的"鼓声"，更需要南非外面的"鼓声"。只有这种"合奏"的超高频率才足以震塌南非种族主义统治的大厦。由于种种原因，这一时期的到来被推迟到20

世纪的90年代(见后文分析)。

非洲人知识分子的办报事业　南非最早以科萨文出版的报刊,存在时间都很短(有的只出了7期就停刊),因而作用不是很大。只有一份报纸存在多年(1870—1888),影响和作用都很大,它就是科萨文报纸《伊西吉迪米　萨马　科萨报》(Isigidimi Sama Xhosa,英文名称叫《卡弗尔人快报》)。它是由南非最大的传教站拉夫代尔传教站创办的,是一份纯粹的传教士的报纸。最早的主编(1874—1880)是埃利亚·马基瓦内,到1881年由约翰·坦戈·贾巴武担任主编,仍然不是一份能独立自主进行活动的报纸,它受传教团监督。每一期几乎全是刊登宗教赞美歌和《圣经》的经文。有时报纸也登载一些非洲人教徒的不满和呼吁。有位作者不满地写道:"对已经表明忠于英王的人,(却)被剥夺了武器并受通行证法的束缚,而其他英王臣民(白人)则保有武器,并常用它们来杀害黑人。"在这份报上,这算是很大胆的言论了。像这样的宗教报纸,1880年南非还有几份:美国传教士为祖鲁人出版的《乌巴卡》,法国传教士在巴苏陀兰出版的《莱赛林尼亚纳》。

但这类宗教性报纸已经不能满足识字日益增多的非洲人的要求,有人批评它们是"死气沉沉的报纸"。凡是认为对英国"怀有敌意的"文章就不可能在报上刊载。一位叫博伊·夸扎的黑人知识分子一针见血地指出:"你们看到了,白人不是用棍棒和长矛在作战,他们是在报上进行思想战。我们应该首先弄到手的是印刷机。"

1884年约翰·坦戈·贾巴武辞去《伊西吉迪米　萨马　科萨报》主编之职,同年创办了《因沃　扎班聪杜报》(意为《人民意见报》,简称《因沃报》),该报为周刊,刊登英文和科萨文的文章,这是一份政治性报纸,读者对象是开普东区8 000名社会上流人士(基本上有选举权)。这份报纸也不是非洲人出资独立创办的。它是当时开普几个自由党政治家出钱办的。他们的近期和远期目的是:催生非洲人中产阶级(远期);把享有选举权的非洲上流人士拉到自己一边,选举议员时拉非洲人的票(近期)。

这时,非洲人知识分子在开普地区面临极其复杂微妙的形势。纳塔尔的非洲人的选举权资格几乎已经被白人规定的高不可攀的财产资格全部剥夺掉了。现在只剩下开普地区还有一小部分非洲人拥有选举权,而且非洲人选民有可能利用英裔白人同荷裔白人(阿非利卡人)间的敌对情绪而获得利益。荷裔白人组成的阿非利卡人协会(Afrikaner Bond)在选举中抱成一团。英裔白人把争取黑人选民的支持放在重要位置,但相当一部分英裔白人却赞成提高财产标准：黑人只有对超过25英镑以上的财产拥有"完全的私人所有权"，才可能享有选举权。① 这一限制法案(《登记法案》)1887年5月在开普议会通过，使大约3万名黑人失去了选举权。《因沃报》正是在这样的历史背景下出版的。尽管在白人的殖民统治下，供非洲选民阅读的报纸在选举中的作用是有限的，并没能阻止非洲人选民被当局大批剥夺选举权，但《因沃报》毕竟为非洲人政治组织的形成作了铺垫。开普东区非洲人抗议《登记法案》剥夺众多非洲人选举权，因而团结在《因沃报》周围，对开普殖民地总督斯普列格对《因沃报》的污蔑（"极尽造谣挑拨之能事"）表示不满。1887年8月，开普议会悍然通过《登记法案》，总督拒绝非洲人请求他不签署法令的要求。非洲人在开普各地区征求上书维多利亚女王的签名。1887年10月6日，各地100多名代表在威廉斯城开会，推举赴英将请愿书呈交英国女王的代表。这是开普地区非洲人中颇具声望的社会人士（包括酋长）的第一次会议。代表们预见到殖民当局在剥夺大部分非洲人选举权后将进一步剥夺非洲人的土地所有权。会议通过决议希望开普各地各族代表能经常聚会讨论非洲人的维权问题。威廉斯会议为非洲人成立自己的组织起了铺垫和推动的作用。贾巴武通过《因沃报》发挥了非洲人知识分子的积极作用，而声名大振，直到19世纪末他一直是开普地区非洲人最杰出的代言人。但进入20世纪后，贾巴武在非洲人中的形象和声名一再受损，对南非非洲人知识分子力量的成长产生了消极影响。

---

① 英国当局声明这一规定"绝非由于肤色关系，而是由于非洲人的土地不是私有制而是公有制——属于部落、公社'集体所有'"。

第十二章
英布矛盾激化走向战争

一、兰德金矿的发现引发南非经济的跃进和巨变

兰德金矿的历史性发现 虽然19世纪60年代在法尔河北岸已发现含金的小矿层，塔蒂、莱登堡等地也出现了寻金小热潮，但对南非经济发展没有产生多大影响。1884年施特拉宾兄弟在德兰士瓦高原最贫瘠的地方——法尔河与比勒陀利亚之间非洲人废弃的矿井附近深处发现了丰富的金矿。这一地区非洲人称为果里。如同60—70年代金刚石矿发现时一样，人们从四面八方涌向后来建成的约翰内斯堡城的荒野，买地挖矿，开采黄金。后来以此为中心的矿区，通称为威特沃特斯兰德（又译白水岭）金矿，简称兰德金矿。其地下绵延着几条硕大无比的金矿脉。含金砾岩矿脉东西长达80公里，南北宽达30公里，矿深2 000—2 800米，必须用工业方式开采。这是一个极大的富矿。1886年从碾碎的砾岩中洗出了第一批黄金。南非金矿是世界少数几个"用肉眼能在碎石中看见金子的金矿之一"。金矿矿井极深，19世纪末开采条件很差。蒂莫斯·格林描写南非金矿，下金矿犹如下地狱：

"钢笼垂直而下，经过一英里深的岩层。金矿下面是喧闹的、闷热而潮湿的世界……沿着从岩石开凿出来的横坑走，不到10分钟，每个来访者浑身上下都被汗水和潮气弄得湿漉漉的——这里的正常温度在华氏100度（摄氏38度）以上。矿工们跪着或躺着在那里操作……"

金矿如此繁重的体力劳动，在南非已贵族化了的荷裔白人工人吃不了这个苦，只有雇用大批最能吃苦耐劳的黑人工人才能大规模开采，获取巨额利润。

乔治·哈里森是威特沃特斯兰德金矿的发现人之一，他依法获得了这块

地，但他既无资金，也无组建公司的可能性，便于1886年以10英镑贱价出售了勘察权。在金刚石的生产和销售中发了大财的罗得斯、拉德和拜特抢先下手购买兰德金矿西段地皮，1887年在伦敦先行注册，成立"南非统一金矿公司"，第一年资金为12.5万英镑。罗宾逊、巴尔纳特等英国、德国、法国、荷兰、美国等国的资本迅速大量地拥入德兰士瓦。1888年，垄断性的德兰士瓦矿业同业公司成立。在450家公司中，它独占鳌头，迅速垄断了南非的大部分黄金生产。不久，康采恩的大资本结构也出现了。垄断金矿的速度，比起当年垄断金刚石矿的速度要快得多。1890年兰德方丹（Randfontein）各金矿投资总额已达2 200万英镑。1887—1895年间，兰德金矿产量从1.2吨跃升至62.7吨，8年增长51倍。到1898年，南非金产量117吨，已占当年世界产金总量的27.55%。

兰德金矿改变了德兰士瓦的地位 1881年德兰士瓦恢复独立后仍然在财政拮据中挣扎。1882年克鲁格仍不得不向开普政府请求降低由开普港口进口至德兰士瓦的商品关税，以降低德兰士瓦过高的生活费用，并使政府得以稍增税收。为此克鲁格不惜饮鸩止渴，打算答应开普政府的要求：将开普—金伯利铁路延伸到比勒陀利亚，而不顾及这条英资铁路将与德兰士瓦自己拟出资修建的从比勒陀利亚通往德拉戈阿湾的铁路形成不利于己的竞争。英国军队（1881年9月）不光彩地退出德兰士瓦后，英国政府策划让自己在南非的殖民地从西、北、东三个方向包围德兰士瓦，不许其越出边界；在经济方面，则企图让财政问题困死德兰士瓦，迫使其最终就范于英国的"联邦计划"。因而英国拒绝了克鲁格这一系列请求。英国政府的无情态度使克鲁格深谙英国"亡我之心不死"。但德兰士瓦的财政状况不见转机，仍在继续恶化，1884年欠款高达39.6万英镑，为财政年均收入的近两倍，无力偿还。

兰德金矿1886年开始出金，黄金产量逐年猛增。多年濒于破产边缘的德兰士瓦政府由于年年获得巨额大金矿税而骤富起来。1886年财政收入为19万英镑，相当于纳塔尔的财政收入，1887年增至66.8万英镑，1889年达到157.7万英镑，相当于开普的财政收入。巨额黄金收入使德兰士瓦在短期内成为南非经济上最富裕的国家。德兰士瓦政府如获至宝，迅即宣布国家政策：从鲁特普特农场到福格方丹农场之间的土地为国家金矿场，规定将其中土地的1/10划归原农场主，9/10则划成地段高价出售，数以百计的小矿场纷纷成立。而金矿发现前，该地农场在1880年仅以12条牛的价钱出售。到1888年，已有44家金矿开工生产，拥有资金总额680万英镑。

城市和郊区的金矿

然而地质状况很快表明,德兰士瓦的矿井并非所有探宝客的乐园。如上所述,巨大矿脉全部深埋在几百米以下的地层深处,且品位较低,从一吨矿石中只能提炼出不到一盎司黄金,金与矿碴之比,高达1∶35 000。这就需要使用当时世界上最先进的矿井机器以及技术要求很高的氰化法大规模开采,才有利可图。只有拥资丰厚的大公司才能承担这类开采的巨额投资。兰德金矿不断从英国、欧洲大陆和美国吸收大批投资,其中伦敦罗思柴尔德家族成为最大的投资者。1895年金矿投资总额达8 250万英镑。英资约占金矿总投资的60%—80%。兰德金矿生产的黄金铸成金锭源源不断地运进伦敦英国国家银行——英格兰银行的地下金库。此时,正值黄金在国际货币体系中的地位扶摇直上,各国货币纷纷实行多种形式的金本位制。拥有最雄厚黄金储备的伦敦,遂成为世界金融市场名副其实的中心。德兰士瓦的金矿成为英国金融中心的物质后盾。

金矿促进德兰士瓦百业俱兴 金矿的大规模开采使德兰士瓦进而使南非百业俱兴。到19世纪90年代末,仅金矿就雇用了近10万黑人工人(其中一部分黑人矿工来自葡属莫桑比克)。到处在兴修公路、铁路,沿海港口也在扩建,新建筑物如雨后春笋般出现,矿区各类市场鳞次栉比。黄金城约翰内斯堡4年时间就建成,打破了南非历来建城纪录。对各种农产品的巨大需求刺激了农场主的生产积极性,连一向最保守的德兰士瓦布尔农场主也卷入商品农产品的生产。德兰士瓦的商品经济呈现前所未有的繁荣兴旺,随之而来的是社会经济结构的巨大变化。

金刚石矿及随后而来的更大规模的金矿开采,使南非从17世纪以来基本未变的单纯农牧经济结构迅速地向以矿业为主体的经济结构转变(按三个产业在GDP中所占比例为准)。南非平均每年输出商品的种类和数量的变动最明显地体现了这一变化。

19世纪末约翰内斯堡的一个街区

1888年约翰内斯堡的一个小镇

南非年均输出商品的种类和数量的变化如下：

1871—1875年，南非年均输出农牧产品800万南非兰特，钻石260万南非兰特。

1881—1885年，南非年均输出农牧产品840万南非兰特，钻石650万南非兰特。

1891—1895年，南非年均输出农牧产品810万南非兰特，钻石790万南非兰特，黄金1 130万南非兰特。

1901—1905年，南非年均输出农牧产品880万兰特，钻石1 160万南非兰特，黄金2 440万南非兰特。

到19世纪90年代，钻石和黄金的输出额已占输出总额的70.3%，到20世纪初，又跃升到80.3%。矿业收入的总额已取代农牧业收入总值而居国民收入的首位。

在矿业经济的推动下，农业生产的商品化明显加强，工业制造业也有所发展。金矿大规模开采后，兰德地区市场重现20年前金伯利市场的情景：鸡蛋、肉、奶酪、圆白菜等价格上涨，供不应求，圆白菜甚至一度要从国外输入。黑人小农和白人农场主积极扩大商品性农牧产品的生产。在矿场附近和铁路中心，一些专门用于供应市场的谷物、蔬菜、水果和奶肉蛋等商品经济作物的专业生产地区出现了。白人农场主踊跃向银行贷款，购买农业机器，改良种子，施加化肥，提高地力。小部分布尔人农场向资本主义经营方式过渡，与英国人一起形成首批农业资本家。那些靠近兰德矿区和铁路修建中心的布尔农场主得风气之先，率先过渡，获利不少。

19世纪90年代末约翰内斯堡证券交易所

南非工业经济现代因素激增　数十万矿业职工和家属所提供的巨大市场也促进了中小型工业的迅速发展。1890年南非已有各种工厂530个，1904年制造业产值达2 000万英镑。欧裔资产阶级正在茁壮成长，其中英国血统的白人资产者多投资矿业、金融业和制造业；荷裔白人资产者多投资于农业和商业。

南非掀起修筑铁路的新热潮。从兰德矿区通往莫桑比克的洛伦索马贵斯港的铁路、从斯普林方丹通往德兰士瓦的东开普铁路、从开普敦通往德兰士瓦的西开普铁路相继动工建设。从纳塔尔也修筑了一条向德兰士瓦境内延伸的铁路。后3条干线因政治原因几经磨难延宕至19世纪90年代后期才相继通车。连接南非矿业中心和主要港埠的铁路干线基本建成，铁路通车里程从1870年的101公里增至1909年的11 095公里。结束了南非200多年以牛车为基本交通工具的时代。基本铁路线的建成使南非近代工业的合理布局得以实现。

农业经济二元化发展 矿业经济的繁荣刺激了南非农业商品经济的持续发展。这股巨浪既冲击着白人（主要为布尔人）农场主的半封建经济，也同样冲击着黑人传统的自给自足的自然经济。卷入市场浪潮的黑人农民为了增加商品性农业生产，争相竞购先进农具。1894年仅纳塔尔黑人农民用于购买农具的费用就高达140 082英镑。开普当局曾在芬果人地区试行了许多年而见效甚微的土地私有制，在19世纪90年代以后得到了较快发展；到20世纪初，已在开普8个区、纳塔尔2个区推广土地私有制。在这些推行土地私有制的地区，农民迅速分化，加上人口增长，到1813年已有20%农民失去或没有了份地。有一村社，59户农民家庭中仅有28人为土地所有者。失去土地或分不到份地的农民沦为无产者或半无产者。他们或者出外当雇工，或者到白人农场去当分成制佃户。极少数黑人农民富裕起来，如农民索拉·卡利巴拥有120头牛、20匹马、500只羊、2辆马车和3部犁；农民马扬戈拥有220头牛、44匹马、350只小家畜、2辆马车和5部犁。这些富裕黑人农民开始雇工，实际上成为南非黑人民族资产阶级的滥觞。但其数量太少，当时还起不了什么作用。

然而，南非矿业尽管产值巨大，雇工甚多，对农村冲击也颇大，但毕竟未能使南非农村发生根本性变化。矿业只涉及南非国民生产的一部分（尽管产值极大），而且由于其本身是越来越靠种族主义的流动劳工制度滋养喂肥的，因此，它不仅未能从根本上有助于消灭南非的半封建制农业，而且还客观上催生了一个庞大的黑人佃农阶层。真正具有现代经济性质的以制造业为主的大工业，全靠金矿所提供的巨大资金才在南非蹒跚起步。

南非黑人保留地内的村社土地公有制保证了多数人对土地的集体占有，

尽管人均占地不到3摩尔根。① 但是，大部分黑人青壮年劳力需要外出做工才能勉强维持生活，这在客观上造成南非黑人无产阶级化的趋势。土地公有制加上牢固的氏族——部落的血缘纽带，抑制了村社内部的贫富分化和土地兼并，也遏制了外出的黑人劳动力与土地彻底分离的过程。大部分外出的黑人劳动力宁愿到白人农场和矿业公司所属的农场充当分成制佃户工人，因为在农场的一小块租佃的土地上既能重温他们熟悉的村居"自耕"生活，又有一定的生产自主权。他们使用农场主或公司的一块土地，条件是将收获物的一半甚至2/3，作为地租交给农场主；或者为矿场做工以工代地租；或者为农场主服役两个月（劳役地租）。在后一种情况下，佃户工人在两个月时间以外，还可以到矿场做工挣工资，而农场主除了白白享有两个月劳役地租外，还可以从矿场得到一笔招工费，因此，招募佃户工人多多益善。除保留极少数长期佃户（分成制佃户）外，多数佃户工人在两个月劳役之外都被送往矿场（佃户家中农活由妻子和子女干）。而矿场有的是土地，更乐意雇用这类可以随时辞退的、低工资的流动临时工。矿业公司的农场实际上成为储备工人的劳动力"仓库"，必要时还可以就近征召家属中12岁以上的童工下矿。这种矿场农场实际上承担了保留地的某些职能，因而称之为"扩展了的保留地"是符合实际的。当然，这一类招工制和"保留地"，既大大降低了南非矿业的现代化程度也为种族主义制度的建立大开方便之门。

南非这种分成式佃农式和佃户工人制是从封建徭役制到资本主义雇佣劳动制的一种人为过渡形态。这种剥削形态的普遍存在阻遏了南非农民与生产资料脱离的过程，延长其无产阶级化过程。20世纪初，在南非出现了一种奇异现象：一方面资本主义矿业经济获得巨大发展（其单一产值足以与当时最发达国家的矿业产值相匹敌），土著保留地中黑人农民数目因外出逐渐减少，呈现出日益消亡的假象；另一方面，黑人农民却换一个地方即在"欧洲人土地"上不断重新出现，而且大半是作为半封建佃农或佃户工人出现的。这种不正常状况，既造成黑人中的农业资产阶级不能更多更快地成长，也促使欧裔（尤其是布尔人）资产阶级力量的成长受阻，但却助长了两股势力的壮大：一是外资垄断集团势力的膨胀，以罗得斯为代表；另一种是布尔人地主势力的壮大。到1911年白人农场中黑人农民人数高达1 827 262人，其中多数麇集在布尔地

---

① 据1911年普查，南非人农业人口为3 880 504，黑人保留地面积仅11 164 484摩尔根，人均占地不足3摩尔根。

主门下。在白人种族主义的桎梏下,他们的政治、经济境况不断恶化,社会地位极不稳定。这又给南非社会种族主义的实施增添了许多极为有利的条件。

二、英布竞相扩张占领殖民地保护国

英国战略未变策略略变 兰德金矿开采后,经过19世纪90年代的发展,德兰士瓦共和国已成为令人称羡的富国,南非的经济中心逐渐从开普转移到德兰士瓦。这意味着在南部非洲,英国的开普殖民地左右一切的经济地位正在被布尔人共和国所取代。1883年当选为总统的克鲁格是一个野心勃勃代表布尔大地主利益的强势人物。金矿和钻石的丰富收入使他的共和国和奥兰治羽翼丰满。布尔人的两个共和国沆瀣一气,要攫取南部非洲更多的土地和殖民权益,"布尔非洲"也在一些布尔智囊人物的策划中时隐时现。在1884年以前,英国经受南非多年的、一次又一次的耗费巨大的殖民战争的折腾,再加上议会选举和辩论总是以南非战争问题为靶子,唇枪舌剑,历届内阁已有筋疲力尽之感。英国政客一度认为德兰士瓦这块高原地区穷困不堪,没有什么值得开采的矿产(英国媒体揶揄德兰士瓦北部小金矿,多年来也只用"掏耳勺"挖出那么一点黄金),又不具有非占领不可的战略重要性,只要布尔人不向四周扩张,英国可以容忍这个内陆穷国维持独立地位,让它在黑人的汪洋大海中自生自灭。因此,由卡纳封制订的"南非联邦计划"伸缩性颇大。1884年与德兰士瓦签订的"伦敦协定",实际上已对布尔人网开一面。但1886年兰德金矿开采造成一发不可收的局面,使英国的整个南非政策由此而诡谲多变。在新形势下,英国决策者要将南非的政治经济统一在大英帝国的旗帜之下,这就首先必须让兰德金矿完全处于英国能加以控制的政权管理之下。英国深感其"南非联邦计划"的笼头已套不住德兰士瓦这匹越发不驯的野马。英国决策层对德兰士瓦的政策也就渐从迂回包围走向战争解决。19世纪90年代,英布的每一项争端都朝"最后的解决手段"靠拢一步。

克鲁格

向西扩张:争夺茨瓦纳人土地 自从钻石地带土地所有权争端发生后,

德兰士瓦布尔人就恢复向西面茨瓦纳人领土扩张，占领特哈平人领土，直到哈茨河（1875年）。一直住在丹尼尔斯凯尔一带的特哈平人的南部土地已被英国人吞并（1878年），作为西格里夸兰以北的延伸。20世纪70年代不断传来林波波河以北马绍纳兰等地富有金矿的消息。于是，英国在西部茨瓦纳人土地上的殖民战略，迅速调整为打通并控制通往津巴布韦和赞比亚的大北道路的战略，以攫取盛传的金矿地带并保证金伯利矿的北方劳动力供应。"大北道路"原是英国传教士沿西线北上，在茨瓦纳人和马塔贝莱人中传教的必经道路。矿藏被发现后，其重要性骤升，被罗得斯夸张为"南非的苏伊士"，在媒体上大肆宣扬。德兰士瓦共和国力图截断英国这条向北通道，以便让布尔人独占林波波河与赞比西河之间尚未被瓜分的极富矿藏的宝地。金矿大发现前，布尔人尚无任何财力支持其武力扩张，只能采用老办法：在计划扩张的土地上建立诸多"微型共和国"。

1877年接任开普总督的弗里尔是殖民地大臣卡纳封的亲信。他听从传教士麦肯齐的建议，按卡纳封指示，重新对非洲人国家广泛采取保护国的形式。第一步是要在莫洛波河以南向特哈酋长国和罗朗酋长国派遣"边界代办"（1879年）。德兰士瓦共和国则相应地派"志愿人员"进入茨瓦纳领土，建立"斯泰拉兰共和国"和"戈申共和国"，迅速向库鲁曼、弗雷堡一带扩张（1882—1884年）。1884年4月，英国政府接受贸易大臣张伯伦的建议，宣布莫洛波河以南茨瓦纳人土地为英国保护国，任命麦肯齐为代理专员，要把戈申共和国的布尔人赶回德兰士瓦境内。此时，羽毛渐丰的罗得斯以开普殖民地作为他攫取权力实现"帝国理想"的基地，并力图以此影响帝国在南非的政策。他积极策划把莫洛波河以北的贝专纳兰（今博茨瓦纳）殖民化，作为通往中非——赞比西河流域的"苏伊士运河"。

弗里尔

德兰士瓦共和国立即作出强烈反应，宣布正式兼并"戈申共和国"，从中插一杠子，以此威胁"大北道路"的畅通。稍后，一伙布尔移民在纳米比亚北部的赫罗特方丹成立阿平顿尼亚共和国，摆出挑战姿态。英国愤怒地作出反应。

此时，又正值德国人在西南非洲频频出手，挤入帝国主义列强瓜分非洲大

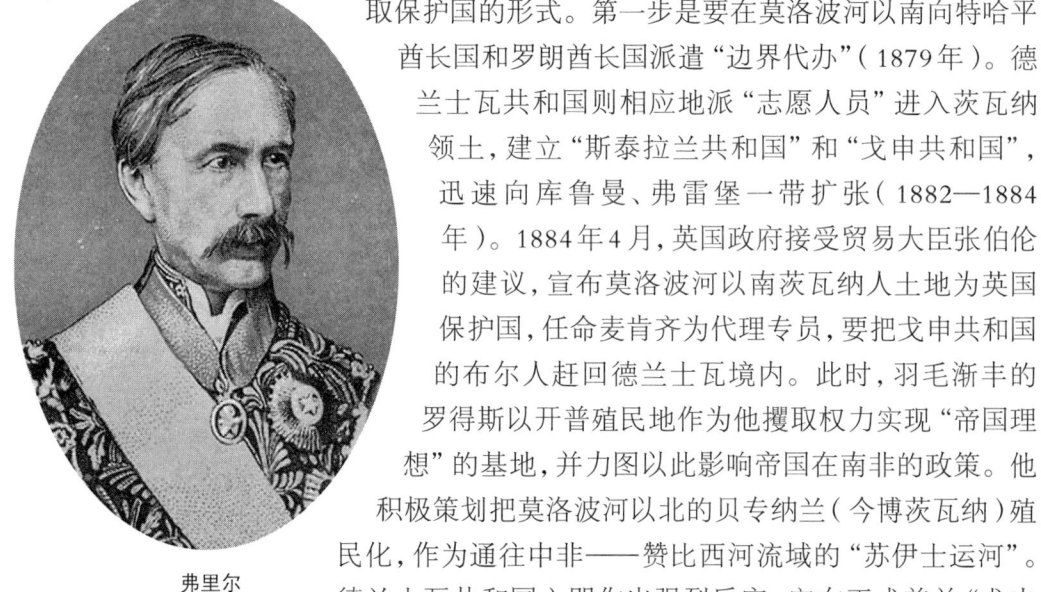

陆的行列。1884年4月24日，德国宣布对纳米比亚沿岸安格腊·皮基那一块地带（今卢德里茨）予以保护，英国因在埃及问题上需要德国的外交支持，5月29日便对德国的"保护"予以"同意"。但只限于东经20°以西至沿海地带。7—8月间，德国军舰"莱比锡号"在北起安哥拉南界，南至奥兰治河的沿岸地区升起德国国旗。随后，德国利用纳马人同赫雷罗人的敌对状态，向内地的达马腊兰和纳马兰乃至卡拉哈里方向扩张。1885年10月，海·戈林在奥卡汗贾同当地首领马赫雷罗签订保护条约。德国人从海岸向东扩张，已越过东经20°线，所占据的卡普里维地带（所谓蚯蚓形带）已到达东经25°，楔入赞比西河流域的乔贝河与赞比西河汇流的肥沃三角洲地带，从而将赞比西河流域与奥兰治河流域远远地隔开。英国对德国在南部非洲异乎寻常的快速扩张作出了反应，迅将贝专纳兰的边界向西推进到卡拉哈里沙漠边缘，让德国人无从下手。

1885年，英国派遣由沃伦将军率领的4 000名远征军抵达贝专纳兰。此时，贝专纳兰境内存在着8个主要王国和酋长国，大多是40多年前迪法肯战争时期茨瓦纳人西进定居在该地区的，包括恩戈瓦托王国、恩戈瓦基齐酋长国、昆纳酋长国、克加特拉酋长国、雷特酋长国、特洛夸酋长国、罗朗酋长国和塔瓦纳酋长国。恩戈瓦托王国自从40年代击退北方马塔贝莱人的侵犯以来，一直在绍雄地区为维持独立而同昆纳人和马塔贝莱人进行艰苦斗争。绍雄是南方通往北方几条道路的交汇点，是象牙、鸵鸟羽毛交易的重要贸易区，拥有3万人口，也是基督教传教士的布道中心。19世纪中叶以来一直是各方必争之地。国王塞克高马一世的儿子卡马笃信基督教，十分干练，他训练一支使用火器的骑兵，于1863年击退马塔贝莱人对绍雄的侵犯，声名鹊起。由于在宗教问题上同其父王发生冲突，他与其弟克加马尼在宫廷中形成一个强有力的信教派。他们着西服，识西文，崇尚基督教婚俗（一夫一妻制），并同西方军火走私商维持密切关系。1865年，卡马因坚持反对在一支新建的同龄兵团中施行割礼而同其父王决裂，旋即爆发内战（1866年）。1875年以后，卡马稳固地掌握了政权，以国家教会为其坚强后盾。1881年，德兰士瓦布尔农场主建立"戈申共和国"，

1960年英属贝专纳兰保护地邮票

威胁恩戈瓦托王国南疆。卡马联合昆纳、克加特拉、恩戈瓦基齐和罗朗等酋长国,组成了抵抗德兰士瓦布尔人扩张的联盟。"戈申共和国"布尔人民团最为嚣狂,倚仗其后台德兰士瓦支持,咄咄逼人。1884年8月逼迫罗朗酋长国投降,占领大片土地。此时正值德国宣布对西南非洲(纳米比亚)的保护,一路东进,从大西洋岸边向东迅速扩张,指向茨瓦纳人土地,有可能与西进的布尔人实现"条顿会师"(在欧洲,德国人和荷兰人均属古日耳曼人的一支——条顿人〈Teutons〉),截断"大北道路"。英国政府受到震动。

1885年3月,英国宣布对贝专纳兰的"保护"扩展到莫洛波河以北地区,直到德国的西南非洲保护国的边界,往北直抵林波波河以北,包括恩戈瓦基齐、昆纳和恩戈瓦托等酋长国和王国。同年9月30日,英国宣布将莫洛波河以南的英属贝专纳兰作为英国单独殖民地(首府设在弗雷堡);莫洛河以北的贝专纳兰保护国(即今日博茨瓦纳共和国),仍作为保护国,归最高专员希帕德治理。1886年希帕德建立土地委员会,划分白人农场土地和土著保留地,库鲁曼以东大部分生产用地都划归白人移民。原"戈申共和国"的布尔农场主从英国边境警察手中廉价购得大批土地,在警察营地建立起著名的马弗京城。莫洛波河以北,恩戈瓦托等国须向白人移民提供边境农场土地,作为保护制下的行政开支。此后,澳大利亚和加利福尼亚的失意(金矿)探宝客、英国和欧洲大陆的逃犯和社会渣滓,蜂拥而入博茨瓦纳寻找金矿。卡马被寻求租让权的布尔人和英国的冒险家、德国商人所包围。贝专纳兰的主权和领土遭受越来越严重的侵蚀。

向东北扩张:斯威士兰沦为布尔人"保护国" 与德兰士瓦布尔人在西边的贝专纳兰的扩张几乎全面受阻不同,他们在东边的扩张则有得有失,这与时间和环境有关。在西边扩张,扶植"戈申共和国"等是在19世纪80年代,德兰士瓦还处于穷困潦倒的境地,是"打肿脸充胖子",无力同英国人较量。到了19世纪90年代,特别是90年代末,德兰士瓦已是腰缠万贯的富国,经济实力和军事实力已不可同日而语了。随着金矿巨额税收被纳入国库,其财政充裕,实力猛增,德兰士瓦统治集团扩张野心急遽膨胀。19世纪90年代,朱伯特接连率领全新装备的军队征服北部地区几个独立酋长国(加兰瓦、马戈巴和洛贝杜)。1897年又举兵征服林波波河畔最大的文达王国。文达王国国王姆费富坚持奉行其父马卡多的独立自主政策,支持毗邻各酋长国共同抵制布尔人征税。朱伯特指挥布尔民团以重炮摧垮文达人的坚固岩堡,占领其首府。姆费富不甘屈服,于1898年率文达部众1万余人北渡林波波河,重新开辟自由土地。而文达人在索特潘斯山区的全部国土遂被布尔人侵占。

东北地区是德兰士瓦共和国向外扩张的重点。斯威士兰王国境内尚有大片沃土，又拥有能与欧洲直接交往的海上交通线，距德拉戈阿湾甚近。长期以来是德兰士瓦布尔人觊觎的头号对象。

斯威士兰王国由于惧怕强大的南邻祖鲁王国，长期以来成为德兰士瓦的忠实盟国。姆斯瓦蒂国王在位时期（1840—1868）曾3次同布尔人缔结友好条约。但这个"盟主"却几次迫使斯威士兰割让土地。1846年象河与克罗克迪尔河之间的肥沃土地被割让给莱登堡共和国。蓬戈拉河沿岸10英里地带被割给另一"盟友"，作为监视祖鲁人的军事巡逻区。19世纪60年代初，姆斯瓦蒂国王趁尚加人内战时机，将王国势力向北扩展到绍纳人地区，往西直到法尔河河源。1863—1864年还曾围攻洛伦索马贵斯（今马普托）。直到60年代末斯威士兰王国一直是德拉戈阿湾举足轻重的力量。1868年姆斯瓦蒂死后，由于王位之争，国内局势不稳，祖鲁人越过蓬戈拉河。布尔殖民者利用祖鲁人的北侵，乘机同斯威士兰王国两度续盟，要求让其畜群进入因科马蒂河谷的冬季牧场，并觊觎其念念不忘的通向印度洋科西湾的土地。此后，由于布尔殖民者不断对王国提出领土要求，斯威士兰同布尔人尴尬的同盟关系濒于破裂。

卢德翁加国王在位期间（1868—1874）布尔民团多次侵入斯威士兰国土。1879年其境内陆续发现小金矿，布尔探宝客频繁进来探宝，索取租让权。到姆班泽尼国王在位时期（1874—1889），斯威士兰国势岌岌可危。德兰士瓦总统伯格斯三番五次力图迫使斯威士兰接受布尔人保护，以剥夺其外交上的主权。然而派到斯威士兰首都去的布尔民团却因内讧而不得不撤回国内，斯威士兰方得以幸免"被保护"。姆班泽尼贪财好利，无视国务委员会的劝阻，大批出让租让权，有些地段竟重复出让多次，造成很大混乱。1889年，他为获得1.5万英镑收入，竟将国王私人产业的征税权也租让给小谢普斯通去征收，后者大肆中饱私囊，1889年一年只给国王150英镑。

进入19世纪80年代中期以后，斯威士兰王国在殖民主义瓜分南部非洲的战略中地位越来越重要，英国人和布尔人争夺斯威士兰的斗争加剧。1886年以后，南非沿海未被英国兼并的唯一地区，只剩濒临科西湾的汤加兰。由于德拉戈阿湾1875年被仲裁者法国总统判给了葡萄牙，汤加兰的地位更显重要。为了占领汤加兰，德兰士瓦布尔人首先将斯威士兰作为其主要兼并目标。1882年斯威士兰境内巴伯顿金矿之发现是1884年兰德金矿发现前较

斯威士兰纹章

大的金矿发现。布尔人对这块宝地垂涎三尺,英国更横刀跃马增强其争夺斯威士兰的力量。双方相持不下。在1881年和1884年两次英布双边会谈中,达成了互相保证斯威士兰独立的协议——实际上是英国人不让布尔人动手。1884年德兰士瓦共和国通过单方面的划界行动,吞并了斯威士兰西北部包括巴伯顿的大片领土。以总司令朱伯特为首的布尔农场主拥入斯威士兰,强占土地,瓜分冬季牧场。布尔殖民者纷纷向政府请愿,要求接管该国。1888—1889年,财力渐丰的布尔政府加强对王国的经济渗透,攫得了穿越斯威士兰全境的铁路修筑权以及控制斯威士兰政府主要经济职能的权力。实际上,斯威士兰已逐渐成为德兰士瓦共和国的经济附庸和非正式的保护国。与此同时,1887年英国抢先宣布对汤加兰的保护,截断了布尔人的通海道路。

　　布尔人对此不依不饶。1890年3月,克鲁格总统同英国的开普最高专员洛赫举行会晤,向英国建议:如果英国让他在科西湾得手,占领汤加兰作为出海口,他将尊重英国在林波波河以北的利益,并劝阻布尔人迁徙队伍不进入马塔贝莱兰。英国提出反建议,要求德兰士瓦加入"关税联盟",遭到克鲁格拒绝。这笔政治交易虽未成交,但双方在斯威士兰问题上取得某些妥协:在斯威士兰建立英布联合委员会,实行双重统治。然而德兰士瓦的目标是独占斯威士兰。克鲁格以典型殖民主义者口吻宣称:"从历史上、地理上和行政上说,斯威士兰都是属于我们的。"英国为了促使布尔人放弃其在林波波河以北的要求,在斯威士兰问题上稍作让步:1893年签订的协议使布尔人获得了在斯威士兰境内实施管辖、保护和行政的权利。1894年12月,英布签订第三次协议,同意德兰士瓦对斯威士兰实行保护,并拥有保护、治理和管辖的一切权力,而不必经由斯威士兰同意。1895年2月,100名全副武装的布尔骑警威风凛凛地进入斯威士兰首府。斯威士兰遂成为德兰士瓦共和国的保护国,国王降格为"最高酋长"。1896—1897年,斯威士兰人酝酿发动起义,朱伯特把刚刚征服了文达王国的"胜利之师"突然调进斯威士兰,将起义扼杀在摇篮中。实际上,在布尔人的统治下,斯威士兰成了被兼并的殖民地,全国1.7万平方公里的土地约有73%为白人殖民者(主要为布尔人)占有。斯威士兰人逐渐被挤到分成34块的贫瘠的保留地上苟延残喘。

三、以南非为基地向林波波河以北的殖民扩张

林波波河以北金矿争夺战的彩排 在金伯利钻石矿开采之前,19世纪60年代在林波波河以北的马塔贝莱兰已有过一次金矿开采的大彩排。1837年姆齐利卡齐率一支祖鲁型军队北渡林波波河后,在马塔贝莱兰建立王国,统治30年。在姆齐利卡齐晚年,小金矿迭有发现,马塔贝莱兰已成为白人探宝客觊觎的地方。1866—1867年,英国人哈特利和德国人毛赫在寻找当时传说的"所罗门宝藏"(津巴布韦古城遗址)的寻宝热中,勘察了塔泰和北金山矿藏,证实当地确有黄金。后又发现了马卡卡金矿。1868年在塔泰地区形成一股淘金热,探宝客立桩占地,到处挖掘,昔日空旷的原野散布着简陋的小屋,耸立起采矿的支架。首批金矿暴发户建立起大大小小金矿公司,新建筑屋顶上飘扬着金黄色旗帜,炫耀其地底下布满着黄金矿藏,吸引着越来越多的探宝者奔赴德兰士瓦。

1868年9月姆齐利卡齐病逝后,爆发了一场严重的王位继承危机。按北恩戈尼人习惯,王位应由国王正妻嫡子继承,但姆齐利卡齐的嫡长子恩库路马纳在多年前(可能是1839年)就被老王秘密处死,一直未见踪影。其余王子蜂起争夺王位,其中最有力量的是庶子洛本古拉。欧洲一些采矿公司如伦敦—林波波公司和南非金矿公司等都积极插手王位继承斗争,他们同诸大臣("因杜纳")勾结,密谋将他们所推崇的王子拥上王位,以便从未来国王手中获取利益,甚至不惜让一个叫珀金·沃伯克的人伪装成已失踪多年、实已被处死的恩库路马纳嫡长子,出来同洛本古拉竞争。

姆齐利卡齐

洛本古拉在争夺王位中充分表现出他的心狠手辣。1869年7月，马塔贝莱兰王国最勇敢善战的一个兵团发生哗变，拥立"假太子"珀金·沃伯克。洛本古拉残酷镇压，所有官兵全被杀戮，不留活口。这场大屠杀虽为洛本古拉除去一个隐患，却使王国军队的战斗力遭受难以弥补的损失，降低了他同白人殖民者谈判的实力。王位继承纠纷经过一年的血雨腥风，在1869年9月以洛本古拉的胜利登基而告终。带有僭主心理的洛本古拉不得不经常给予支持他登位的因杜纳们以许多特权和财产，也使得国王的财产和权力受到一定的削弱。

王位争夺战的负效应还一度体现在轻率地给予外国公司让与权。洛本古拉即位后曾轻率地给予在夺位斗争中支持他的南非金矿公司以北金山采矿权，给予伦敦—林波波河公司以塔泰采矿权。当北金山和塔泰矿区的采金机器开始轰鸣，英国公司为修筑通往沙谢河的公路而占据当地居民土地并引起马塔贝莱兰人很大不满时，洛本古拉方才醒悟，为他在疯狂的王位争夺战中奉献厚礼的浮躁举动而深感懊恼。1867年后金伯利金刚石矿的发现，使探宝客如蝇逐腥纷纷拥向南方奥兰治河畔，塔泰和北金山的金矿又渐被证明储量有限时，才暂时减轻了马塔贝莱兰的压力。

马塔贝莱兰的洛本古拉

英布殖民者在赞比西河流域展开争夺 到19世纪80年代中期，非洲大陆发生的几件大事使马塔贝莱兰的地位骤然变得重要：一是在1884—1886年世界上最大的金矿在兰德发现之前，德国探险家和地质学家毛赫证明马绍纳兰是富饶的金矿所在地，使这一地区一度成为南部非洲开采黄金的热点。二是1885年柏林会议确定了瓜分非洲的"有效占领原则"后，英国人、德国人、葡萄牙人和德兰士瓦共和国的布尔人都争先恐后，企图染指林波波河和赞比西河之间的土地，以实现"有效占领"。三是从1886年起，布尔人同英国争夺赞比西河流域的斗争急遽加强。对英国殖民者来说，如果让布尔人（背后是德意志血统的荷兰人和德国人）进入赞比西河流域，不仅打通开普到开罗的计划无法实现，就连"南部非洲联邦"计划也将成为泡影。

德兰士瓦布尔人早就注意到林波波河以北的赞比西河流域,盯上了这块肥肉。1847年波特吉特就率布尔民团渡河入侵马塔贝莱兰劫掠牲畜。姆齐利卡齐因曾败在布尔人手里,对布尔人很反感,但布尔人的猎象猎人(如农场主简·维耳焦恩等)却一直下功夫想获取姆齐利卡齐的好感。1865年姆齐利卡齐批准维耳焦恩带一伙布尔人到马绍纳兰猎象。到洛本古拉即位后,对布尔人警觉的心理更松弛了。英国商人、采矿主、猎人、传教士早走在英国政府的前面——向北推进。在英国金矿主千方百计索求采矿租让权的情况下,1876年洛本古拉与拜里斯签署了第一项租让权让与书,但声明他不出卖一寸土地。布尔民团总司令朱伯特乘机写信给洛本古拉,警告他警惕英国人的所作所为和入侵的危险。1885年英国在吞并贝专纳兰(博茨瓦纳)为"保护国"以后,英军一名使者北上去见洛本古拉,语带双关地告诉他贝专纳兰的卡马国王已接受英国的"保护"。洛本古拉与卡马在塔泰金矿等地带存在边界纠纷。英国明显偏袒其新"保护国",将塔泰矿区整个划到马塔贝莱兰边界的另一边(沙谢河上游的左岸),让沙谢河的支流拉莫圭巴纳河成为两国的新边界。洛本古拉开始有意拉拢布尔人来对付英国人。克鲁格总统借此不声不响地北进。1887年7月,德兰士瓦政府派两名代表皮特·格罗布勒和弗雷德里克·格罗布勒来到马塔贝莱兰同洛本古拉谈判。终于说服洛本古拉同布尔人签订一项友好条约。根据条约,1888年年初德兰士瓦政府任命皮特·格罗布勒为驻马塔贝莱兰的"共和国领事"。

听闻布尔人捷足先登,罗得斯不甘心马塔贝莱兰落入德兰士瓦共和国手中,立即撺掇开普殖民政府派约翰·莫法特进入马塔贝莱兰同洛本古拉举行会谈。莫法特利用他同洛本古拉的交情,[①]于1888年2月11日与其签订了一项条约(后称"莫法特条约"),规定未经英国驻南非高级专员事先知悉和准许,洛本古拉不与外国签订协议或出让土地。不谙国际事务、对外交条约懵懂无知的洛本古拉完全不知晓由英国人起草的条约已将他的国土置于英国势力范围之内。尽管德兰士瓦政府和葡萄牙政府提出抗议,英国保守党政府还是支持"莫法特条约"。

1888年9月,罗得斯派以查尔斯·拉德为首3人组南非公司代表团进入马

---

① 约翰·莫法特是先前曾在马塔贝莱兰的伊尼亚提传教的英国传教士罗伯特·莫法特的儿子。罗伯特是姆齐利卡齐的朋友,也是著名探险家利文斯敦的岳父。约翰·莫法特从小与洛本古拉有过友好的交往,深受后者的信任。

塔贝莱兰。拉德等人用花言巧语欺骗洛本古拉,诳称给予公司的租让权只是允许他们挖一个洞。10月30日,洛本古拉在"拉德租让书"上画押,将其领地内的开矿权让给罗得斯;作为交换条件,将给予洛本古拉1 000支枪、10万发子弹,1艘汽艇和每月100英镑。洛本古拉根据英国人告诉他的租让书内容,以为他仅仅是颁发采矿权而已,根本不涉及土地的主权。罗得斯一伙早已蓄意将让与权的给予解释为主权的转让。当租让书公布后,欧洲传教士将其原文全文译给洛本古拉听,他才明白真相。他愤慨地对担任翻译的赫姆说:

"你见过变色龙捕捉蝇吗?变色龙迂回到蝇的背后,好一阵伏着不动,静悄悄等着,然后它又轻又慢地向前爬动,先伸出一条腿,再伸出另一条腿。最后,再挨近的时候,它突然射出舌锋,蝇就无影无踪了。英国就是这种变色龙,而我就成了那只蝇啊!"①

洛本古拉认识到英国殖民主义者怀有吞并的野心,1898年1月18日,他托人在开普《贝专纳新闻》上刊登公开信,宣布"有关租让书的所有行动一律停止"。2月,他派两位因杜纳大臣到伦敦去,并多次写信向英国维多利亚女王申诉。

罗得斯拿到"拉德租让书"后,于1889年4月赶到伦敦,去向英国政府申请颁发皇家特许状,以组织一个公司开发、治理赞比西亚地区。索尔兹伯里政府一心希望在林波波河以北发现第二个兰德金矿,以稍微减轻英国国库对德兰士瓦金矿的依赖,为此需要在赞比西亚建立一个牢固的英国殖民地。英国政府考虑到让私人公司承担该项任务既能节省政府费用又能免除兼并的恶名,便于1889年10月29日批准给罗得斯的英国南非公司以特许状:授予公司以任何类型和性质的权力,包括为实行治理和维持治安所需的权力;特许状使用地区包括从莫洛波河到中非大湖的英国势力范围。英国政府为削弱德兰士瓦政府对马塔贝莱兰和马绍纳兰地区的影响力,在给洛本古拉复信中施加压力,要他只同一个英国官方承认的白人团体(指英国南非公司)打交道。受到罗得斯南非公司和英国政府两方面的压力,洛本古拉不

英国南非公司纹章

---

① Mason, P., *The Birth of Dilemma, the Conquest and Settlement of Rhodssia*, Oxford, 1958, p.105.

得不喝下他自己很不情愿地酿造的苦酒。

　　罗得斯一拿到英国政府的特许状，便行使特许状所赋予的巨大权力，首先武装英国南非公司。他决定暂时先不碰马塔贝莱兰，1890年1月，他迅速组织一支到马绍纳兰去的殖民远征军。第一批远征军打着"先锋纵队"的旗号于1890年6月出发，走的路径正是罗得斯苦心孤诣盘算多年的"大北道路"（即所谓南非的"苏伊士运河"），9月12日到达马绍纳兰人居住的汉普登山以东的一座小山，将它命名为索尔兹伯里（英国时任首相之名），并升起英国米字旗，宣布占领马绍纳兰。至此，英国人在与德兰士瓦布尔人争夺赞比西河流域的第一回合中轻而易举地击败了布尔人。

以英国南非公司力量开拓赞比西河流域　　1891年英国南非公司擅自宣布接收马绍纳兰的土地所有权，而分给先锋纵队每个殖民者3 000英亩土地。随后，殖民者在从林波波河到索尔兹伯里的沿线即"大北道路"沿线建立若干据点，修筑堡垒，扩大占领地面积，并陆续建立行政管理机构。洛本古拉向英国殖民者提出严重抗议："我以前以为你们是来挖金子的，看来你们来这里是要从我手里夺走我的人民以至我的国家。"英国南非公司对此置之不理，加紧向东扩大占领土地的军事殖民活动。洛本古拉当时面对布尔人从南面的威胁和葡萄牙人的东面进逼，也不敢有太大的动作。

　　与此同时，1891年5月罗得斯的英国南非公司击溃了葡萄牙军队，同样以软硬兼施的手段占有了马尼卡兰金矿和希雷金矿区（在尼亚萨兰，今马拉维）。但要从马绍纳兰往东打通直达印度洋的通道，仍受到葡萄牙势力的阻挡，铁路在莫桑比克境内修了6年才打通从贝拉到马绍纳兰的路段。巴罗策兰（今赞比亚）已全部落到英国南非公司手中。1890年的"英德协定"和1891年"英葡条

罗得斯漫画，发表在罗得斯规划"双开铁路"（开罗至开普敦）后

约"对英国向北扩张造成极有利的形势。罗得斯所孜孜追求的未来的从南非开普敦通向埃及开罗的铁路规划,由于"北进通道"的打通,实际上已逼近南纬9°地区。这就巩固了英国南非公司从1889年以来所取得的让与权利。这些行动对英国瓜分南部非洲起了推波助澜的作用。英国以南非为基地,以英国南非公司为工具,凭借其军事和经济实力以及外交技巧,在1885年柏林会议后瓜分南部非洲的角逐中已攫取到最大的份额。

在马绍纳兰,英国的军事移民队伍在经历了自然灾害带来的早期困难以后,到1893年已稳定下来。从贝拉和金伯利分别通往马绍纳兰的两条铁路均已破土动工;永久性的砖房代替了简陋的草房;行政机构逐步建立。1891年7月,罗得斯担任开普殖民地总理之职,进一步以南非的人力、财力来开发马绍纳兰。1891年,罗得斯的得力助手詹姆森担任殖民地总裁。英国南非公司肆无忌惮地违反租让书,不断干预非洲人部落内部事务,践踏洛本古拉对马绍纳兰的主权,进一步激化了同马塔贝莱兰王国的矛盾。罗得斯认定林波波河以北这块英国南非公司殖民地的前途就取决于能否以武力征服马塔贝莱兰王国。詹姆森主持这场武力征服战,1893年8月14日他拟定《志愿兵服役条件》,出最高奖赏募集志愿兵。奖赏规定:若侵占马塔贝莱兰成功,每人将有权在该地任何部分圈占6 000英亩的农场和得到15份金矿份地;凡掠获的财物半数归英国南非公司,半数在官兵中平分。应征的志愿兵大部分来自罗得斯主政的开普殖民地白人殖民者。

当时马塔贝莱兰王国首府布拉瓦约黑人的生活

1893年9月,英国南非公司军队由亚当斯中校任总指挥,配备2门大炮和8挺刚发明不久的马克沁机枪,分成南、北、中3个纵队,开始向马塔贝莱兰王国首府布拉瓦约进发。洛本古拉已识破英国的武力征服政策,积极备战。他将派到巴策罗兰的6 000人军队及时调回,布置在京畿重地。洛本古拉采取伏击战术,但第一次在索马布拉森林的伏击因浓雾而中止,其后采取阻击战术，先后在尚加尼河（10月24日）和本贝奇河畔（11月1日）进行两次阻击。英国殖民军躲在牛车阵中向外发射重炮和机枪，马塔贝莱兰战士伤亡惨重。鉴于作战双方在武器装备和军事技术上悬殊太大，洛本古拉下令焚毁首府，向西北撤退。英军于11月3日进入正在燃烧的布拉瓦约，并派福布斯率军追击。12月3日，英国34名前锋部队遭洛本古拉袭击，全部被歼。福布斯部队退回布拉瓦约。洛本古拉继续向西北撤退，准备重整旗鼓，收复国土。不幸他在到达莫西图利亚瀑布（即维多利亚瀑布）时，身染霍乱症（一说身染天花），于1894年年初去世。

英国南非公司侵占马塔贝莱兰后，没收了洛本古拉所有牛群，共20多万头，只给部落群众留下4万头。将大部分土地划归公司所有，仅在沿瓜伊河和尚加尼河的两大地区划出一片缺乏水源的贫瘠土地作为马塔贝莱兰人的保留地，而留在公司土地上的马塔贝莱兰人包括原来的显贵家族都被迫为白人农场主劳动。对矿山所需的劳动力，英国南非公司则明目张胆地使用强迫劳动制度。霍布森在《帝国主义》一书中曾深刻揭露："这种强迫的最简单形式就是对个别土人用武力强迫他们入境，1897年以前南非特许公司就是用这种方法，当酋长不能供应劳动力时，公司就派出土人警察去搜求劳动力。这与强加于纳塔尔土人的徭役或合法的强迫劳动毫无区别。"

霍华德·亨斯曼在其所著《罗得西亚史》中也承认存在这种强迫劳动：当罗得西亚土人拒绝劳动（即拒绝为工资劳动）就将其送到土人事务官那里，并把他派往近处的矿山或公共工程……

英国南非公司成为英国政府向林波波河以北实行殖民扩张的得心应手的工具。它拥有政治、土地、贸易等诸多权力，类似于18世纪的东印度公司，是垄断资本主义时代帝国主义分子重新启用17—18世纪殖民主义的特权公司的典型。英国政府驾驭英国南非公司这个财力雄厚的庞然大物在林波波河以北肆行扩张，使德兰士瓦共和国相形见绌，布尔人在他们原来颇占优势的林波波河以北地区遭到了惨败。

第十三章
英布战争（1899—1902）

一、山雨欲来风满楼——英布紧张关系白热化

"浅滩事件"——英国剑拔弩张 德兰士瓦政府对于它在林波波河以北扩张的失利并不善罢甘休，它运用其远比开普政府雄厚的财政力量，投资修筑第一条从葡属殖民地洛伦索马贵斯港（今马普托港）通到比勒陀利亚的铁路（简称洛—比铁路）。有一段沼泽地十分难修，经日夜赶工，终于在1895年正式通车。但英国控资的东开普、西开普和纳塔尔等3条铁路干线的货运量，到1894年已达83.2万吨，几乎囊括当时南非全部货运量。英国采取降低开普铁路运价的手段，力图挤垮德兰士瓦新开张的洛—比新线。德兰士瓦政府在克鲁格总统主持下，实行价格倾斜政策，大幅度提高从南部边界到兰德金矿这一段铁路运价（吨公里运价高达2.54便士），以示报复。开普英商不愿承受高昂运价，便将运往兰德的货物卸在德兰士瓦边境上，雇用更便宜的牛车将货物从菲尔容斯德里夫浅滩运渡法尔河，再运到约翰内斯堡。一时，运货牛车拥挤在浅滩处装货，迤逦往北络绎不绝，成了铁路修通后从未见过的奇景。1895年11月1日，克鲁格政府下令封锁浅滩，不许牛车涉渡。英国保守党政府立即作出强烈反应，不惜以武力相威胁，并摆出动员军队姿态，要求开放浅滩。克鲁格在封滩7天后，于11月7日被迫重新开放。"浅滩事件"表明，英国保守党政府为捍卫其南非殖民权益而不惜诉诸战争。这一强硬姿态使以罗得斯为首的英国在南非的金融资本家和大小投资者大受鼓舞。他们的公司股票大大升值，成为抢手货。

争夺兰德金矿最大利益 在兰德金矿税收和商品关税上，克鲁格政府利用国家政权与英国人斗法，以攫取金矿利润的最大份额。布尔人对金矿投资甚少，绝大部分金矿为英国人的投资。德兰士瓦政府充分利用国家机器的权力和

税收杠杆,对金矿征收苛重的直接税和利润税,以此分沾金矿巨额利润;并颁发各种昂贵特许权,攫取额外收入。例如,1894年它把销售矿山炸药的垄断权卖给诺贝尔托拉斯,规定每销售1箱(50磅)炸药,政府抽税5先令。这项特许权直接抬高了兰德金矿矿山炸药的价格,使金矿主为此在1894—1899年多付出220万英镑,而布尔人政府每年多征得30万英镑税款。克鲁格政府还肆意提高从开普殖民地向德兰士瓦进口或转口的商品关税率,仅征收进口关税一项每年就攫得100万英镑以上。金矿区消耗的各种物资(包括工人食品)主要靠进口,英国金矿主为此多付出一笔巨额关税。布尔人政府通过这些途径从英国、德国等金矿垄断资本家手中分得的利润十分可观,1897年德兰士瓦共和国财政收入为448万英镑,相当于当年金矿垄断资本所得利润总和(483万英镑)。

德国对布尔人的影响　如果说矿业投资比例较小的德国资本在兰德金矿上还能同英国资本合作,来对付布尔人分沾利润的苛刻要求,那么德国政府势力对两个布尔人共和国的政治上的渗透和控制,则同英国政府发生越来越大的矛盾。首先是德国的商业、工业和金融资本源源不断地渗入德兰士瓦各部门经济。德国资本家不仅把两个布尔人共和国当作轻工业品畅销市场,而且当作重工业产品抛售市场,矿业机器和铁路设备等大批输入德兰士瓦,19世纪到90年代中期,德国生产的最新式的、价格高昂的武器(如克虏伯大炮等),也在德兰士瓦找到畅销市场。1886—1896年10年间,德国对德兰士瓦的商品输出从每年30万英镑增加到1 200万英镑,德国几乎控制了德兰士瓦的一切对外贸易。其次是德国资本对比勒陀利亚—德拉戈阿湾铁路的渗透,表面上看是荷兰资本,实际背后有德国资本。1895年1月这条铁路正式完工,德皇威廉特地给克鲁格总统拍来贺电,两艘德国军舰也赶来"祝贺"。再次是德意志银行和许多德国银行积极在德兰士瓦进行商业、投资和金融活动,为金矿调拨资金,供应专门设备。德意志银行曾拟订控制德兰士瓦采金工业的长远规划。据估计,德国在德兰士瓦的投资约有5亿马克。最后是德国媒体在大肆宣传泛日耳曼主义时,特别喋喋不休地重复德国人同布尔人同属"条顿"一支,有着种族"血缘"关系,以此与克鲁格总统套近乎,表示只有德国才是布尔人共和国最忠实的朋友和独立的捍卫者。这样,德国对南非的政策及其扩张计划图穷匕首见,已经严重威胁到英国在南非的优势地位,而英国最担心的还是两个布尔人共和国有可能成为欧洲列强在南非的"特洛伊木马"。如何改变德兰士瓦敌视英国的政权性质,到19世纪90年代中期已成为英国处心积虑要予以解决的棘手问题。

外地人问题和"詹姆森袭击事件"　外地人是指随着金矿的大规模开采,

蜂拥进入德兰士瓦的欧洲人,主要是英国人,其中有资本家、商人、白领技术人员和部分蓝领工人,以及后来破产的小矿主等。人数约有六七万。外地人认为德兰士瓦金矿业和约翰内斯堡城市的建成全靠他们的技术和资金。布尔政府的财政收入80%以上靠他们纳税。他们对德兰士瓦布尔人政权极端不满,主要在两方面:一是极其苛刻的捐税使物价飞涨;二是拖延他们取得选举权的年限,从1年改为5年,1890年延长为14年。英国政府利用"外地人"的不满情绪,积极筹划政

1899年的漫画,描绘了德兰士瓦总统克鲁格试图以修改"外地人"获得投票权所需要的年限,来"安抚外地人"

变。但外地人主要想通过壮大经济实力取得选举权,通过选举,掌握德兰士瓦的政权,实现他们多年以来的各项目标。

罗得斯与外地人的想法不同,他一方面将布尔人的政权视为他长期所策划的在南非实现英国全面统治,建立霸权计划的最大的绊脚石;另一方面他不想倚靠选举(那将需要漫长时间),而选择暴力政变。他已经迫不及待地要通过暴力推翻克鲁格政权。英国政府已为他提供了实现的条件。1889年英国授予英国南非公司广泛的特许权以后,他身为开普殖民地的总理,却另行在南非公司内以武装警察名义组织一支军队,配备优良武器,由詹姆森一手训练。与此同时,他让一批大矿主在约翰内斯堡成立"改革委员会",作为政变的工具。1895年8月,他向刚上任的殖民大臣张伯伦申请要一块贝专纳兰边境上的狭长地带,张伯伦明知这块土地要被用作反对德兰士瓦共和国的基地,仍予以批准。因为此前不久,南非总督兼高级专员罗宾逊已向他报告了罗得斯一手策划的外地人"改革委员会"的全部计划。另外,罗得斯又将开普殖民地骑警的薪饷也改由英国南非公司发给,以便于詹姆森的调遣、指挥。1895年10月,詹姆森带领280名左右英国南非公司的警察从罗得西亚到贝专纳兰的皮特萨米狭长地带,他的部队又加入贝专纳兰边警队220人左右。

正值此时英国政府更换内阁,更倾向于武力解决的保守党索尔兹伯里又上台了,张伯伦任殖民大臣(1895年6月28日),在铁路"浅滩事件"上(1885年11月)采取极强硬态度使罗得斯一伙受到很大鼓舞。12月,张伯伦预计英

美在圭亚那和委内瑞拉的边界问题上将发生危机,届时英国力量将受到牵扯,要求罗得斯或者立即解决德兰士瓦问题,或者延后几年。罗得斯决定立即动手。但约翰内斯堡的"政变委员会"(其中也包括罗得斯的兄长弗朗克)许多外地人临近暴动时刻却退缩不前。到12月27日已经明显表明约翰内斯堡不可能发生外地人暴动。张伯伦得知此事后认识到,如果从贝专纳兰边境攻进德兰士瓦的詹姆森部队得不到德兰士瓦内部外地人的策应,将会产生严重的政治后果。因此张伯伦电告罗得斯令詹姆森不要付诸行动。罗急电詹原地停留,但詹未接到电报。12月29日,詹姆森率500名"武装警察"进入德兰士瓦领土。

克鲁格早已洞悉英国人的计划,几个星期来在军事上作了准备,但下令按兵不动,就"等乌龟伸出脑袋"。果然,1896年1月2日,詹姆森部队在克鲁格斯多普"伸出脑袋",德兰士瓦布尔人军队将之包围于多尔恩科普山的小山谷中。除134人被击毙外,其余全部被俘,包括詹姆森本人,约翰内斯堡的"改革委员会"闻讯匆忙起事,又迅速被镇压,64名成员被一网打尽。此事成为轰动欧洲的政治丑闻。罗得斯被迫辞去开普总理职务。张伯伦则一口咬定他事先毫不知情。[①]

一小股布尔人军人

在南非英德矛盾波诡云谲 德国利用这件事大做文章,其外交意图是拉拢法国和俄国,采取共同的外交行动,以结成"大陆同盟",孤立英国,迫使英国在殖民地再瓜分问题上对德国作出让步。1896年1月4日即詹姆斯部队全军覆没不到48小时,德皇威廉二世致电克鲁格总统,名为"祝贺",实际是针对英国,且语含威胁:他祝贺克鲁格在"未向友邦求助的情况下,凭借自己的力量抗击侵略,击败了入侵贵国的武装集团,重建和平,维护国家独立"。德皇

---

① 当时欧美社会舆论广泛怀疑张伯伦参与了袭击的谋划,但拿不出明确的证据。直至后来张伯伦私人文件和当时正在开普的帝国大臣鲍尔斯的文件公开披露,历史真相方才大白。本书此段叙述即根据已公布的档案材料撰写。

电报挑衅意味极其明显，言外之意：克鲁格的"友邦"德国还未动手，英国的败局就已敲定，如果德国动手，局面更可想而知了……这封极具挑衅意味的电报使英德关系急遽恶化，尖锐地暴露出英德两国在殖民地，在南非，在贸易、投资、外交诸方面的全面对立，也促使英国下决心摧毁布尔人共和国。

布尔人突击队

实际上，德国在"詹姆森袭击事件"的外交上有得有失，它并没有将法国拉过来，法国拒绝德国提议的这种"不自然的同盟"，它反倒削弱了"三国同盟"；奥地利和意大利都宁愿与英国保持良好关系。最关键的是德国自己不愿意也不可能为德兰士瓦而同英国打仗。德国统治集团明白没有强大的海军，德兰士瓦占世界产量28%的黄金是拿不到手的。

在喧嚣的危机过去后，德国政府和一部分金融集团头脑冷静下来。德国的实力无法在援助德兰士瓦的幌子下建立对布尔人共和国的保护制，对英国在南非的作为只能限于虚声恫吓，而在别的地方迫使英国让步谋取实际利益。德意志银行所代表的一部分金融集团认识到这一点后，就在修建巴格达铁路（三B铁路，柏林—巴格达—巴士拉的三个B字母打头的铁路）上迫使英国让步，由德国取得租让权。老谋深算的英国外交部为缓和英德在南非的对立，也提出一个英德瓜分葡萄牙在非洲殖民地的建议，并于1898年8月30日签订《英德协定》。根据协定，如果葡萄牙需财政援助，英德两国将共同借款，而以葡殖民地为抵押，德将取得莫桑比克北部和安哥拉南部和中部，英将取得莫桑比克南部和安哥拉北部。条约签订后，英国极力帮助葡萄牙巩固财政，使其不需要借款，亦即不会出现出卖或抵押殖民地的需求。英德密约便形同空文。英国从这一密约获得很大好处，即换取德国在英国一旦与德兰士瓦发生冲突时，不仅不会采取武装干预的行动，而且会采取有利于英国的立场。这便打消了英国对德兰士瓦采取任何行动时德国进行干预的担忧，从而让英国可以放开手脚对付德兰士瓦。而德国则天真地去劝告其"天然盟友"德兰士瓦在谈判中作出让步。

战前最后的谈判　1899年英国在外交上已处于有恃无恐的地位，同德兰士瓦谈判时态度表现得越来越强硬,尽一切可能激怒对方,让其负起打响第一枪的历史责任。英国官方极力引导舆论:英布战争不可避免。英国新任南非高级专员米尔纳执行挑起战争的强硬路线,肆无忌惮地干预德兰士瓦内部事务,节外生枝地提出一个明知布尔人绝对不可能接受的、已在1884年条约中解决了的宗主权问题,从而完全消除了用外交谈判解决问题的可能性。在1899年5—6月的布隆方丹谈判桌上,米尔纳拒绝了布尔人代表史末资提出的解决外地人选举权问题的方案。8月,在比勒陀利亚恢复谈判时,克鲁格表示准备接受英国关于"外地人"的建议:只要居住期限满5年便可以加入德兰士瓦国籍,并只要求答应以下条件:一是以后英国不再干涉德兰士瓦的内政;二是英国保护权不适用于布尔人共和国内政;三是今后一切分歧应通过仲裁调解。此时,英国殖民大臣张伯伦以战争相威胁:"绳结必须打开,不然就一刀两断。"英国拒绝了对方的建议,又提出一些新要求。与此同时,英国调兵到开普敦和德班,并从英国国内调运军队。

1898年,德兰士瓦共和国与奥兰治共和国鉴于英国势在必战,便共同成立联邦会议,协调抗英行动。1899年10月9日,两个共和国政府向英国发出最后通牒,要求英国停止向南非增兵(指英国议会于9月22日决定派1万援军赴南非,后来由布勒率领的这支援军总数达4.7万人),撤退6月1日以后到达南非的一切军队,限48小时内答复。10月10日,英国予以拒绝。11日,布尔人发动进攻。英布战争爆发。

布勒将军　　　　　　　　　　　　　　　　　　　　　　　　　　英布战争

二、英布战争三个阶段

战争的外交环境 英布战争爆发前夕和战争过程中,英国进行这场战争面对的外交和总的国际环境是不利的。当时正值英法、英俄在世界其他地方矛盾极其尖锐之时,英国外交部认为要防止法国和俄国干预英布事件,就要继续与德国谈判联盟事宜。德国在1898年的英德密约中只得到虚幻的未来承诺,便极力利用这大好时机捞取现成的殖民利益,它终于得到了太平洋上可作为海军基地的萨摩亚群岛。德国在英布战争中将其"天然盟友"布尔人丢在一边,保持中立地位,但挑唆其他国家反对英国:德国曾游说俄国干预英布战争,帮助布尔人,而俄国也利用英国在英布战争的困难节点,谋取在中亚和西亚的利益。但由于法国执著于阿尔萨斯—洛林领土问题,与德国谈不拢,因此欧洲大陆国家干预英布战争一直未能成功。然而,几乎整个欧洲都同情布尔人两个小国家,支持布尔人争取"自由"的斗争,想让英国丢脸。当时欧洲主流舆论的水平还停留在反对大国进攻小国、同情小国的水平,而没有关注"小国"在其强占土地时是如何歧视、压迫原土地的主人——人口比布尔人多十几倍的黑人。

在这场被认为是英国最吃力的战争中,英国先后动员了44万—45万军人,其中25.6万人为英国正规军,10.9万为英国志愿军,5.3万为英国在南方的移民,3.1万来自白人殖民地澳大利亚、加拿大和新西兰。布尔人方面,上战场的有8.8万人,其中德兰士瓦布尔人为4.3万,奥兰治布尔人为3万,男性布尔青壮年几乎全部上阵;1.3万为开普殖民地的布尔人,2 000人为外国志愿者。英国运到南非的军事装备物资数以万吨计,动用了1 027艘舰船。

英布战争从1899年10月11日打到1902年5月31日,持续两年半。按战争进程可分三个阶段。

布尔人节节胜利阶段(1899年10月11日—1900年1月) 虽然英国早已决定以战争手段解决南非问题,但由于对布尔军队力量估计过低,却没有真正意识到军事准备的紧迫性。英国情报部(当时英国尚未建立总参谋部)和英军上下官兵都存在严重的轻敌思想,英军认为布尔联军总司令朱伯特没有指挥过3 000人以上部队的经验,不知如何指挥大部队。情报部的结论竟是:解决南非两个殖民地的问题,就是对付2 000—3 000名布尔人的袭击;一支具有一定力量的英国步兵在骑兵和炮兵的支援下,入侵两个布尔人共和国绰绰有余;英军有足够力量能在奥兰治和德兰士瓦开阔高原上轻而易举地击败布尔人。实际上,在实行广泛的雅尔丹军政改革之前,英国尚缺乏一支能有效推行国家政策的军队。英军的战略计划是,援军首先进驻开普,防止当地占白人多数的布尔人发动叛乱,而后通过3条铁路直捣比勒陀利亚,在圣诞节(12月25日)前结束战争。英国军方最轻敌的人甚至认为上一年(1898年)英国在尼罗河上游谷地法索达村搬出"稻草人"吓退对峙的法军的不战而胜策略,也能在布尔人身上奏效。但战势发展完全出乎英国人的意料。

布尔人全民皆兵,能迅速动员作战人员投入战斗。战争初期,英国援军未到之时,布尔人(3.5万人)暂时保持了对英军(2万人)的数量优势,其战略计划是集中布尔人主力2.1万人突袭纳塔尔1.3万英军,攻占德班港,取得出海口,并借初战告捷的声势,鼓动开普殖民地的27万布尔人发动叛乱,搞乱英军后方。

战争爆发后,布尔人主动展开攻势。布尔军总司令朱伯特率主力翻越德拉肯斯山进入纳塔尔。英军仅1.3万人,还需要分兵守卫敦迪和莱迪史密斯,因敦迪英国农场主害怕英军若从敦迪撤退会引起纳塔尔东北75万祖鲁黑人的"骚动"。只是在敦迪北面塔拉纳战斗中英军损失了500人,包括主将西蒙斯之后,才集中兵力守卫莱迪史密斯。但罗姆巴德山一战,英军一天伤亡1 272人,莱迪史密斯城及怀特中将的1.2万英军与德班港的联系被切断,完全陷入包围之中。这使英军原定计划失去了基础。另一支由克隆日和雷伊率领的布尔军进入贝专纳兰,包围了马弗京和金伯利两城,切断了开普殖民地同德兰士瓦北面的马

男人和男孩子们背着木柴过奥兰治河

围攻莱迪史密斯

塔贝莱兰和马绍纳兰两个新殖民地之间联系。第三支布尔军11月4日渡过奥兰治河进入开普心脏地带，威胁东西开普之间的铁路线。

直至10月底，英国援军才陆续到达。布勒上将分兵三路救援，但均未取得成效。得到2万多援兵的英军几经努力到11月下旬才止住布军进攻的势头。从11月中旬到1900年1月底，布勒指挥的数量已占优势的英军在3条战线上的反攻均遭失败。12月11日，向金伯利进军的梅休因中将的第1步兵师在马格斯方丹遭到惨败，伤亡968人。加塔克中将的第3步兵师于12月10日向斯托姆贝格的进攻被击溃，696人被俘和失踪，使开普城重陷于危险之中。援军（南非远征军）总司令布勒上将亲率主力于12月15日在科伦索发动进攻，企图强渡图盖拉河，解莱迪史密斯之围，结果损兵折将1 138人，丢失12门大炮。一周之内英军损失2 800多人，在英军史上被称为"黑暗的一星期"。布勒兵败辞职。12月17日，罗伯茨被任命为南非远征军总司令，克其纳为参谋长。布勒被任命继续指挥纳塔尔英军。1月底2月初，得到增援的布勒3万军队两次试图突破布军防线，均未奏效，不得不退守契维利。第一阶段战事以布勒战略计划的彻底失败而告终。英军在英布战争第一阶段长达4个月的惨败轰动了世界。英军首先败在战术的陈旧和保守上。其密集队形的冲锋在18世纪—19世纪末以前的200多次殖民战争中为英军取得了多次胜利，但在机动性很强、战术诡谲多变、火力密集凶猛的布尔人骑马步枪兵面前就屡吃大亏。布尔人在战术上占有明显优势，他们善于利用各种有效的防御手段尽量减少伤亡，凭借其战壕的隐蔽性，诱使英军以密集队形闯入其射程之内，从而充分发挥其现代火器（从德国、荷兰购来的毛瑟枪、机枪、速射火炮等）的杀伤力。其次，从敌对双方的军队素质来看，布尔人军队（民团）主要是大大小小的农场主组成的。他们为了保护自己从非洲人手里抢来的土地、令欧洲人羡慕的钻石和黄金的矿藏资源和许多既得利益（包括几乎无偿的劳动力），并幻想建立布尔南部非洲而奋勇作战，士气高昂。英国士兵

读信的布尔将士们

远涉重洋调到南非,对战争只有肤浅的认识,在远离本土的南非高原上他们所认识到的大英帝国利益并不能促使他们主动地作出英勇牺牲。平日依靠黑人劳动的布尔人经常从事游猎的娱乐活动,从小练就卓越的骑术和射击技术,几乎弹无虚发。英军相比则训练很差,一年只有两个月训练时间,大部分花在队列训练上,骑射技术不精,不善隐蔽,反应迟钝,武器装备亦不占优势。

英军自以为已"结束"了战争的最终阶段(1900年2—9月) 英国连遭挫折,在帝国内部引起极大震动,在欧洲频遭媒体讪笑。为挽回颓势,英国政府倾整个帝国的力量来对付只有20多万人口的两个布尔人共和国。1900年1月,南非战场上英军增至18万人,3月再增至22万—25万人。英国从澳大利亚、加拿大、新西兰等殖民地调遣由白人移民组成的军队和大批物资进入南非,兵员数量居于绝对优势,几千匹战马运进南非增加了英军机动性。2月,罗伯茨把英军主战场从纳塔尔移到奥兰治,将主力集结于奥兰治河以北,兵分两路(东路和北路)突入布尔人共和国的心脏地区。2月16日,北路英军进入金伯利,救出被围困数月的罗得斯,并反包围了围城布军,迫使克隆日率

新西兰军队高调集结,奔赴南非

非洲其他地区的白人也赶赴战场

莱迪史密斯解围后克鲁格总统的慰问

博塔

4 000人投降。东路英军于2月底3月初解莱迪史密斯之围。3月13日,英军占领布隆方丹。布军面临后路被截断的威胁,迫使占领开普殖民地险要地区的布军北撤德兰士瓦。布军总司令朱伯特坠马而死。38岁的年轻将领博塔继任统帅,他善于游击战。3月中旬,伤寒流行军中,英军攻势被迫中断。4月底,又一大批援军开到，英军重新发动攻势；5月17日解马弗京之围，打通"大北之路"。5月24日，英军宣布兼并奥兰治，并加紧向德兰士瓦进攻，进占约翰内斯堡黄金之城；6月5日攻下比勒陀利亚。7月，纳塔尔境内英军向西进军，同北上英军主力会师。9月1日，罗伯茨迫不及待地宣布兼并德兰士瓦，并轻率地宣称历经10个多月的战争以胜利结束。

75岁的年迈的克鲁格总统撤到洛伦索马贵斯，从葡属港口乘坐荷兰军舰前往欧洲求援。在欧洲，虽然他受到德意志人的狂热欢呼，但各国政府特别是已同英国达成政治交易的德国政府却表现十分冷淡。威廉二世为了躲开不接见他，干脆跑去狩猎。

第二阶段布军失利的原因是多方面的。第一，英军在数量上占绝对优势，到1900年第四季度仍维持25万人，为布军的5倍；而充足的战略物资由上千艘舰船源源不断地运进南非，显示了英国的实力；而且像澳大利亚等白人殖民地出于难以言说的心理，鼎力援助宗主国。第二，布军不善攻城，所有被围的主要城市历经数月无

一匹将要参战的马被卸载在伊丽莎白港

一被攻破。旷日持久的围而不破严重地分散了布军有限的兵力，造成英军更大的数量优势。第三，当英军转入进攻，战场移到布尔人家园时，向来纪律松弛的布尔战士的固有弱点充分暴露出来。不少民团自行解散回家，守卫自己的牧场和农场。第四，罗伯茨和克其纳大力整顿铁路交通，为大兵团作战开辟道路，从而使英军得以充分发挥大兵团作战的威力，长驱直入，实行反包围，并围歼布尔军。而布尔军仍在坚持其不擅长的对决阵地战。总之，到第二阶段，战争已进入作战双方国力大较量的时刻，英国作为帝国主义大国的实力（充沛的殖民地兵源、马匹、钢铁产量、粮食肉奶、海上运输线……）起了决定性的作用。

英军伤亡最大、布尔人难以为继的第三阶段（1900年9月—1902年5月）
罗伯茨在比勒陀利亚举行阅兵，庆祝战争胜利结束；1900年11月，宣布两个布尔人共和国改名为英属奥兰治殖民地和英属德兰士瓦殖民地。他自己"凯

莱迪史密斯解困

第二次英布战争中史末资和他的游击队

集中营中的布尔妇女和儿童

旋"回英,留下克其纳处理善后事宜。实际上对英国来说,战争最困难的阶段刚刚开始。退出城市的布尔军队,已化整为零,组成小股游击队,骑着快马,风驰电掣,袭击英军交通线,掠取英军给养,歼灭小股英军。布尔人游击队在德·韦特、拉·雷伊、博塔、史末资和赫尔佐格等人领导下越打越顺手。他们熟悉地形,得到居民的支持。散在广大地区的农场成为游击队的根据地。1901年9月—1902年5月,史末资和赫尔佐格率领5 000骑兵,分成若干小股游击队,奔驰千里,深入英军大后方游击,一直推进到大西洋沿岸和开普敦近郊,弄得英国人风声鹤唳,草木皆兵,迫使军方顾不得面子在开普地区宣布戒严。史末资成为赫赫有名的、令英国人胆寒的"游击将军"。1902年3月,在英国宣布战争已经"结束"之后18个月,英军梅图安中将在离比勒陀利亚300公里的地方遭到拉·雷伊指挥的游击队的包围而缴械投降,再一次震动了英国,令欧洲人咋舌。

英军打得越来越艰苦,25万大军疲于奔命。

英国远征军总司令克其纳为了结束战争,不惜采取一切残暴手段:采取碉堡政策、焦土政策和设置集中营来对付布尔人游击队和老弱妇孺非战斗人员。在游击队活动地区,英军架设铁丝网,将两个布尔人共和国分割成若干绥靖区域,进行分区扫荡,铁丝网总长度达6 000公里。绥靖区内每隔1—2公里设一木构碉堡,共设置有8 000座碉堡。在这些地区内,采取极端做法:凡发现布尔农场主帮助游击队(包括提供膳食),周围10英里内的布尔人农场、房舍一律烧毁;后来又进一步规定烧毁所有的农场的房舍、畜圈和庄稼等(共焚毁3万座农场),先后将12万名布尔人妇女、儿童和老人(威登勒认为,布尔人及其黑人仆役共有26万人被关进集中营)及其8万科伊人和黑人仆役统统从原住地赶走,关进克其纳将军首创的集中营(在荒野上搭起的帐篷,四周围以铁丝网,其官方正式名称曰refuge〈避难所〉)。

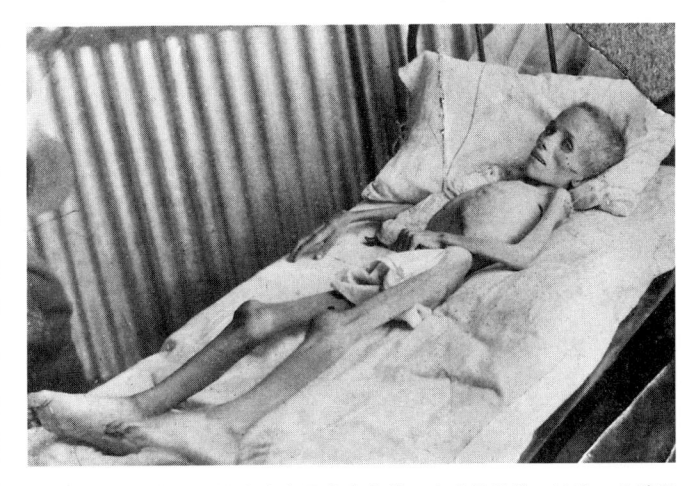

第二次布尔战争中死在布隆方丹集中营的一个孩子莉兹。她是一个脆弱的、需要得到很好的照顾的孩子。然而,因为她的母亲是一个"不受欢迎的人",她的父亲拒不投降,她受到了严厉的对待,被发放最低口粮。在营一个月后,她被转移到新的小医院。在那里,英国医生和护士不懂她的语言,认为她是个白痴,尽管她精神正常。有一天她泪丧地开始叫她的妈妈,博塔太太走过来安慰她,告诉她会很快再次见到她的母亲。但她被告知不要理这个孩子,她是个讨厌的护士。这个孩子最终被饿死

集中营

集中营内瘟疫(伤寒等)流行,营养极差,死亡率很高,1901年10月曾高达344‰,仅儿童就死了22 072人。集中营的高死亡率极其严重地影响了秉性特别"恋家"的布尔军人的士气。

布尔居民人数甚少,整个阿非利卡民族(包括在开普和纳塔尔殖民地生

活的布尔人)本来人丁就不兴旺。德兰士瓦和奥兰治两个共和国总共只有居民22万人左右,两年多的战争已经吞噬了其中1/7的人口。他们筋疲力尽,体质下降。欧洲诸国政府的"支援"纯属空头支票。布尔人自己造成的与黑人居民的恶劣关系,使他们在南非黑人的汪洋大海中备感孤立。

英布战争中非洲黑人的态度 在南非122万平方公里的土地上,除了开普殖民地有几万荷裔阿非利卡人支持其同胞以外,400万黑人的大多数对交战双方的白人均持冷漠、防备甚至敌视的态度。

英布战争既是英、布殖民主义者争夺南非殖民霸权政策在另一种形式下的继续,也是他们对南非非洲人实行的掠夺、奴役和杀戮政策的继续。布尔人在战争期间对非洲人的政策及非洲人的反应,清楚地说明了这场战争的反非洲人的性质和布尔人在非洲居民中十分孤立的困境。战争爆发后,两个共和国的布尔人立即对非洲人采取严加防范的措施。布尔人的政府在相当长时间中只把56%的战斗部队调往战场,却将44%的部队留在后方监视、防备非洲人。普林斯洛司率重兵驻守远离前线的象河流域,镇压牢记亡国之恨的佩迪人的反抗,800—1 000人的民团驻守在布尔人"唯一保护国"斯威士兰边境,1 000人的民团驻守卡勒登河谷的巴苏陀兰边界,严防苏陀人夺回50年前被夺走的最肥沃的土地。在一些地区,非洲人确实夺回了几十年来被布尔人强占的土地;非洲佃农拒绝为布尔地主服役。1899年11月,德兰士瓦西部克卡特拉部落的3个团队围攻布尔人阵地,打死布尔议员贝纳德。在这些团队控制的西部地区,布尔人无法穿越。1900年塞库库尼二世领导佩迪人完全摆脱了布尔人的统治,佩迪劳役佃农纷纷反抗布尔地主。佩迪人的反抗使布尔民团不敢西渡斯蒂尔普特河进入佩迪腹地。在德兰士瓦东南地区,土地世代被布尔人蚕食的祖鲁人,频频袭击驻守该地区的布尔民团。库鲁西部落一支团队围攻弗赖海德民团,击毙56人,其中包括民团头目。在各战区,非洲人组织部队守卫边界,防止布尔人借道入侵。佩迪人封锁战略要冲瓦特沃河谷,阻止布尔游击

英布双方在弗里尼欣召开和平会谈

队的牛车给高原上的兵团运送粮食辎重，布尔骑兵几次冲击均未能突破。布尔将领哀叹：非洲人对布尔民团的强烈敌意和抵抗，在许多地区造成令人无法承受的状况。1902年5月15日，两个布尔共和国的军方代表聚集弗里尼欣讨论和战前途，许多地区代表忧心忡忡地谈到非洲人的敌意和威胁，建议要不惜任何代价争取同英国人的和平。

和谈旷日持久 战争拖延了两年7个月，双方筋疲力尽。英军耗费战资2.2亿英镑，死亡2.1万多人，陷于战争泥潭，深知难以迅速赢得战争胜利。布尔人作战能力也在迅速下降，兵力从8.8万人减少到2.2万人。战士营养不良，衣衫褴褛，士气沮丧。双方都打不下去了。于是开始和谈。

和谈也是旷日持久的，持续了一年两个月，说明讨价还价十分激烈。谈判的关键问题一是布尔人的独立问题；二是对待非洲人问题（核心是非洲人的选举权）。关于第二个问题，英国人牺牲非洲人利益，摘下了假面具，向布尔人靠拢，较快就同布尔人取得了一致意见。1901年3月7日，在由克其纳公布的"米德尔堡建议"中，宣布德兰士瓦和奥兰治殖民地中的卡弗尔人在未建立代议制政府之前没有选举权；即使将来给予他们选举权，也应加以限制，以保证白种人享有公正的绝对优势。这实际上就是排除了非洲人在上述两地享有选举权。关于第一个问题，双方长期相持不下。英国进行这场战争的目的就是要兼并两个布尔人共和国，剥夺其主权。在这一点上，英国寸步不让，先后5次坚决拒绝布尔人提出的维持独立的要求。布尔人坚持这一要求的实质是坚持独自制定和执行对土著的政策。1902年5月13日，代表165个游击队的布尔代表在弗里尼欣开会，在最后时刻仍力图保持独立，而宁愿放弃兰德金矿的主权，并将斯威士兰转让给英国。

几经折冲樽俎，至5月30日，60名布尔人代表就是否放弃维持独立举行投票，结果以54票对6票决定接受和约最关键的一条："布尔野战部队放下武器，缴出其所有或所控制的全部枪炮及战争物资，终止对爱德华七世国王陛下政府进行抵抗，并承认国王陛下为其合法主权者"。条约中明确写上关于尽早给予布尔人自治权的规定，"只要情况许可，就将建立导向自治的代议制机构"（第七条）。第七条对54名布尔代表投赞成票放弃独立起了很大作用。5月31日，英布双方在弗里尼欣正式签订和约。军事力量强大的侵略民族打败了另一个军事力量软弱的侵略民族。持续31个月的英布战争宣告结束。这项和约的最深刻的意义在于奠定了两个白人侵略民族联合统治黑人的基础。

英布战争在世界军事史上的意义　　在南非进行的这场英布战争在世界政治史上被认为是帝国主义战争时代到来的一个重要标志,在世界军事史上也颇具重要性。英布战争使军事技术和战术有了许多新的发展:无烟火药、弹仓式步枪、机枪、速射火炮的运用,火力密度的增大,均要求摒弃密集的战斗队形;步兵开始采用各种形式的机动作战,呈散兵突施进攻;防御战斗中,组织火力,构筑野战工事,实施近迫作业和进行伪装,已开始起重要作用。英布战争表明,后方和士气的作用增大,游击战大有可为。英布战争距离第一次世界大战爆发仅12年,英布战争在战术上的许多新的发展为第一次世界大战交战各方所沿用。

缴械停战

第十四章
南非联邦的成立

一、阿非利卡民族的崛起

阿非利卡语言文学的形成 两个布尔人共和国——南非共和国和奥兰治自由邦在地图上"消失"了。从德兰士瓦到开普，南非122万平方公里土地在地图上被染成一片英国领土的标志——红色。曾期望南非"一片红"的罗得斯，这个曾被有些历史学家认为要对英布战争负很大个人责任的殖民主义冒险家，在"弗里尼欣条约"签字前66天死去了。1902年，克其纳被调到印度去担任驻印英军总司令。他所执行的"焦土政策"给南非造成巨大的破坏。德兰士瓦和奥兰治布尔人农场、房舍被烧光，20万布尔人无家可归。它给几十万非洲人带来巨大灾难：兰德金矿停产，10万黑人矿工流离失所，1902年又赶上特大干旱，造成哀鸿遍野的惨象。但是这场破坏与抗争，也让黑人，包括布尔农场中的仆役、佃户、雇工和特居地中的黑人，认识到一点：一向骑在黑人身上作威作福的白人地主是可以被打败的。

在36个月的英布战争和战后几年中，思想意识方面起最大变化的是布尔人。可以说南非布尔人的阿非利卡的民族意识在这几年中显著地形成。在战争中，不仅德兰士瓦和奥兰治的布尔人，连开普殖民地的布尔人都联合成一体对抗英国人，开普有1.3万布尔人参加了布尔军队。战争结束后，开普、纳塔尔的布尔人与两个

奥兰治自由邦纹章

实行焦土政策后布尔人望着他们燃烧的房屋

布尔战争手绘图

新殖民地之间不再被"边界"所隔开,许多人似乎更愿意讲阿非利卡语。这种起源于17世纪后半叶荷兰语的方言,从来没有像19世纪、20世纪之交这几年发展得那么快,从一种发音奇特、语法上没有"格"和"性"区别的西日耳曼语,跃上了文学语言的地位。用阿非利卡语撰写的反映英布战争和战后生活的小说和诗歌成为脍炙人口的文学。在开普北方,居民对那些战时给John Bull("英国佬")当差的布尔人都加以唾弃。而当英国殖民当局逮捕那些响应共和国号召拿起武器作战的布尔人时,都遭到成群结队的居民的起哄、责骂。

阿非利卡人的文化觉醒最突出的表现是在教育和文化上。英国从伦敦特派一个教育处长来边界南北的布尔人居住区推行英语教育和英国的教育政策，遭到抵制。布尔人成立一个私立教育机构——"基督教国民教育会"，与之唱对台戏。该会经费来源于南非和荷兰的捐款和募款。随之，文化团体如雨后春笋般出现："阿非利卡语言学会"在德兰士瓦和奥兰治成立，"阿非利卡语言协会"在开普成立。不久之后两者就合并成"南非语言文艺学院"。当局不得不同意让阿非利卡语从1914年起成为学校教学用语，1919年成为教堂用语，1925年后同英语一样，成为南非两种官方语言之一。

　　布尔人越来越朝着阿非利卡现代民族迈进。①阿非利卡文学的兴起，在共同的民族心理状态的形成方面起了很大作用。然而，阿非利卡民族形成的过程十分明显地贯穿着两条线：阿非利卡人用民族主义来对抗英国人；用种族主义压迫非洲人。这在方兴未艾的阿非利卡文学中表现得尤其明显。但是，后来对种族主义持有不同政见的阿非利卡文学作者的作品在南非难以通过严格的审查制度，有才华的作家改用英语写作，争取在国外出版，使阿非利卡文学因种族主义政策而未能产生有分量的著作，这也算是一种惩罚吧！

埋葬战友

英国政府对阿非利卡人的让步　　通过英布战争近3年的血战，英国人对阿非利卡人又恨又怕，虽然阿非利卡人为了民族生存在大英帝国强大的武力面前屈服了——停战，交出武器和放弃独立，但英国人深深知道若想在南非维持其控制力量，必须同阿非利卡人谋求妥协。张伯伦一再强调，南非的未来依赖于合作。战争使两个压迫民族更清楚地认识到，白人在南非面对的是人口比他们多3倍的非洲黑人。②南非异乎寻常的复杂的种族关系使英国统治集团逐渐形成一种想法：在英国人的控制下，应将阿非利卡人推到种族关系的

---

① 本书撰写此后年代南非史，更多地使用"阿非利卡人"来代替此前使用的"布尔人"。
② 据1901年南非人口统计，英国人36.8万人，布尔人49.6万人，共86.4万人；而非洲人中仅黑人就有349万人（1904年统计数字）。

前沿，让阿非利卡人去处理他们与非洲人的种族关系。这是战后英国制定南非政策的出发点。

实际上，英国政府对南非的政策仍然是20世纪末由卡纳封肇始的"联邦政策"，即在南非建立由英国有效控制的南非联邦。为此，英国人首先要同阿非利卡人和好，这就需要向阿非利卡人作出必要的让步和"亲善"姿态。英国采取了一系列措施：第一，为了修好并医治战争创伤，英国付给布尔人300万英镑，主要用于修建被英军烧毁的布尔人农场和房舍；贷给两个新殖民地3 000万英镑，以建造大规模工程、设立学校、修建公路和铁路等。英国花费800万英镑修建2 000公里铁路通向农业地区，建立示范农场，引进英国技术，大幅度提高农业产量，使半自给的布尔农场走向商品化，从而为工矿地区和城市提供充足的玉米、小麦、蔬菜、肉类和奶酪等，以减少进口。更引人注目的是，英国政府帮助布尔人夺回战争期间被黑人收回的土地，恢复布尔农场的面积。第二，允许学校、法院和教堂使用阿非利卡语，并让其与英语一样充当官方语言，以此抚慰阿非利卡人的民族情绪。第三，答应在四五年时间内给德兰士瓦（1906年）、奥兰治（1907年）以省级的自治地位。第四，召开关税会议，拆除4个殖民地之间的关税壁垒，以大规模的交通建设将各殖民地在经济上连成一体，使德兰士瓦和奥兰治不仅矿业经济而且其他方面的经济也得到迅速发展。阿非利卡人经济实力进一步加强。

通过这一系列措施，英布关系得到一定的调整，矛盾有所缓和。1904年，阿非利卡人在德兰士瓦成立一个"人民党"，领导人都是英布战争中的知名人物：博塔、史末资、德拉雷等，随之在奥兰治也出现了一个类似政党"奥兰治统一党"，领导人是赫尔佐格和德·韦特等。促成阿非利卡人迅速成立政党的是一个偶然因素。此事与华工输入南非颇有些关系。高级专员兼德兰士瓦和奥兰治总督负责恢复两地千疮百孔的经济，他认为要恢复两地经济并带动受战争破坏的整体经济，首先要恢复兰德金矿的生产，这样才能壮大南非财政。但当时

英布战争中的印度人救护队，中排左起第五人是甘地

南非金矿的原有矿工早已星散。直到战争结束后两年，战前7 000多个矿井，只有4 000多个开工。金矿要迅速恢复生产需要有一支数量庞大的廉价的劳工队伍。米尔纳害怕从欧洲国家招高工资的白人工人，而甘地在纳塔尔领导印度契约工进行的斗争也使他胆战心惊。他认为只有从中国招募工人才能组成既廉价又适合需要的劳动力队伍。招募华工的消息触动了阿非利卡人的种族主义神经。他们坚决反对南非政府在德兰士瓦招募华工、"增多人种"（以纳塔尔的印度人契约工作为参照前景）的做法，并作出了激烈的反应。他们为此匆忙成立了一个"人民党"来领导阿非利卡人反对输入华工的运动。

二、南非的华工问题及其与南非政治的关系

在英国和南非引起争论的"输入华工问题" 在英国，从米尔纳、殖民大臣张伯伦到首相贝尔福的保守党上层都坚决主张输入华工。米尔纳在1903年7月13日致张伯伦信中称"这是我们唯一的希望"，"要以所有的精力、耐心和坚忍去进行"。当时，正临近英国大选，反对党自由党为捞取选票反对南非输入华工，在议会辩论中不惜采取最激烈的言辞，攻击保守党实行"奴隶制"。党派竞选性的攻击使保守党在制定"德兰士瓦输入劳工法令"时对劳工作了更苛刻的规定。为了达到既禁止自由移民又获得更廉价劳动力的目的，法令

贝尔福　　　　　　　　　　　张伯伦

规定：所有劳工均需以"契约劳工"名义输入，契约以3年为限，期满或遣返原地或续约3年；若拒绝遣返，得处以监禁罚款，强迫遣返；"契约工人"除在德兰士瓦从事非熟练工种外，不得从事其他任何熟练工种或职业，更不得置产；"契约工人"必须居住在雇主提供的矿场附近宿舍内，不得擅自离开，须领得许可证方可外出，外出最长时间不得超过48小时。此法令比1859年纳塔尔印度契约工的输入条件更加苛刻：如期满必须遣返，工人无选择余地；不得从事熟练工种或从事其他职业。这个充满种族主义色彩的法令，首先满足了阿非利卡人的种族主义要求——反对南非"增多人种"；又满足了白人工人贵族垄断矿业熟练工种的无理要求。

当时腐败无能的清政府不顾华工利益，只贪求每出口1名华工可抽税3块银元的蝇头小利，在英国政府和德兰士瓦白人的无理要求前节节退让，让白人矿主得以：最大限度压低华工工资，乃至于低于黑人工资水平，每日工资1先令（黑人工人最低日工资为1先令6便士）；只准华工承担非熟练劳动（凿开岩层、粉碎矿石、运送矿石出井等），不得担任多达55项"技术工种"，如铁匠、瓦工、司机、管工、电工、机修工、店员、会计、医生、工程师……以便每增加10名华工非熟练劳力便可增加1名白人技工（日工资为华工的十几倍）。

为了缓和阿非利卡人反对输入华工，英国政府改变其数十年坚持的招募外籍劳工原则：不负责资遣期满的全部劳工。[①] 1903年英国政府为了同坚持种族主义政策的阿非利卡人妥协，作了"原则让步"。1903年3月召开的布隆方丹会议，讨论了招用华工问题，英国经过与阿非利卡人领袖博塔等协商，达成妥协条件：在华工契约中必须载明"工满之后资遣回国"的条款。

关于华工的领事保护，1904年，中国驻英公使张德彝提出中国有权派遣领事驻德兰士瓦照顾华工，中国领事有权"访问各金矿，在合理时间视察金矿为工人所备的住处，并就有关中国移民的安适和福利的任何事情向有关当局提出交涉"。德兰士瓦金矿商会与阿非利卡人联合，激烈反对中国公使提出的建议。理由是中国一定会任命德兰士瓦华商担任领事，而南非阿非利卡居民一向把德兰士瓦华商列入"三等居民"，对他们多有歧视。白人表现出露骨的种族主义歧视，坚持不让南非华人在南非享有外交权利。后经商议，清政府不顾惯例，作出了妥协：中国向德兰士瓦所派领事或副领事，将是在中国政府中供

---

① 1866年（同治五年）中、英、法三方拟订在华《招工章程条约》二十二条，英国政府以不同意契约期满须资遣华工为由，一直不予批准。

职的正式官员,且须事先征得英国政府的同意。这些丧失原则的妥协让步在正式法案和规章中都作了相应的修改。这样中国政府便失去了以政府行为通过国际公约提高华商领袖在南非地位的机会。根据布隆方丹会议精神,英国政府于1904年5月13日与清政府驻伦敦公使张德彝签订《中英保工章程条约》。

华工与金矿生产 前去南非的华工主要从河北、山东等北方地区招募,南方仅广东招了900人。1904年5月24日,第一艘满载华工的推德答尔号轮船离开香港驶往德班港。在短短一年的时间内,共有43 296名契约华工进入德兰士瓦地区各金矿,华工称之为"白水岭"金矿。1907年最高峰时,华工达到53 846人,这是有史以来华人在南非人数最多的时期,超过过去二三百年在南非生活的华人总数的数十倍。由34艘次货轮先后运抵南非的6万多名华工主要在兰德金矿井下劳动[1],他们与八九万非洲黑人劳工担负着井下最艰苦的劳动,即打眼、放炮、捡石头、推车等。1902年使用华工前,南非黄金产量仅恢复到年产52吨,中国工人和黑人劳工的辛苦劳动使金矿黄金产量迅速恢复。1904年华工投入生产,当年黄金产量便提高到117.5吨,价值1 605万英镑。1905年1月份月产值高达151万英镑,已经接近战前兰德金矿月产最高水平。1905年上半年,33家金矿公司红利达23.83%,赢利390万英镑,南非政府财政盈余34万英镑。1905年黄金产量增至146吨,价值1.15亿美元。1910年,金矿总产值从1904年的不到2 000万英镑猛增至3 000多万英镑。金矿的巨大收入对南非经济的恢复和繁荣起了决定性作用。

金矿华工的到来将增加德兰士瓦白人就业人数,这是白人当局预先就估计到的。到1911年,兰德矿区白人人口已从1904年的4.3万人增至约12.4万人,7年内增加了187.3%。[2] 华工的到来实际上因生产力扩大反倒对白人就业有利。黑人矿工人数也有所增加,这是未预计到的,因为开工的金矿从1903年的56个增加至1908年的124个。德兰士瓦矿业总会主席承认:"中国工人对过去两年来工业的扩展有很大贡献,通过工业的扩展,南非千万人有了职业

---

[1] 关于这一时期(1904—1910年)华工进入南非的总数,研究者估计不一:陈翰笙在《"猪仔"出洋——七百万华工是怎样被拐骗出国的》一文中估计为7万人;彭家礼在《19世纪开发西方殖民地的华工》中估计亦为7万人;陈泽宪在《19世纪盛行的契约华工制》中统计为5.5万人;李长傅1937年出版的《中国殖民史》中也估计为5.5万人。李安山在《非洲华侨华人史》一书中认为有63 000—64 000人是比较合乎事实的。

[2] 陈达:《中国移民—专门涉及劳工状况》。原著为英文版。1923年,华盛顿版,由彭家礼摘译,载《华工出国史料汇编》第4辑,第86页。原文百分比有误,41.56%应改为187.33%。

和收入"①。1904—1910年南非工人历年增减数字如下：

中国工人，1904年9 668人，1905年39 952人，1906年51 427人，1907年49 302人，1908年21 027人，1909年6 516人，1910年305人。

非洲工人，1904年68 438人，1905年91 084人，1906年84 897人，1907年105 915人，1908年139 893人，1909年161 795人，1910年183 613人。

白人工人，1904年13 027人，1905年16 227人，1906年17 210人，1907年16 775人，1908年17 593人，1909年20 625人，1910年23 653人。

兰德金矿华工的苦难生活　南非华工属于"合法化招工"，1904年英国政府与清政府签订"保工章程"17条，主要是为了使清政府同意输出华工，并用章程中一些冠冕堂皇的词句来应付英国国内舆论。许多规定是官样文章，英国在签订章程时便没有打算严格遵守。英国政府与其所任命的德兰士瓦政府的工作重点放在满足金矿资本家（许多是英国籍的或英国移民）的高利润要求上，以及适应并迁就德兰士瓦阿非利卡白人的种族主义制度。所以雇用期满后，绝不许任何华工留下，"任便侨寓"，这是任何英属殖民地从未有过的规定。在英国协调下，金矿资本家与阿非利卡人寻找他们利益的结合点。在施行和管理过程中，两者很快就发现他们的利益具有诸多相互依赖性和互补性。这集中体现在他们所制定的残酷无比的《德兰士瓦劳工法案》和《德兰士瓦华工管理条例》上。应该指出：这是英国政府自英布战后对阿非利卡人和金矿主一贯纵容的结果。英国采取"睁一眼闭一眼"的放任姑息的态度，任凭白人金矿主肆无忌惮地虐待华工和黑人。英国媒体对此也看不下去：1906年《显屈烈报》抨击说："初，英政府批准募章，曾告华廷，谓矿主必能遵守，今乃其食其言，则堂堂我英，将何以取信于中国，又何以自解于文明各国耶。"②

《德兰士瓦华工管理条例》的制定，参照了蓄养黑奴的美国南部诸州的成文法，对华工的限制特别严酷。它全面违反了"保工章程"，没有与中国方面作任何商量。除"劳工法案"中不合理地规定有35种行业不许华工担任以外，《德兰士瓦华工管理条例》还擅自作出许多限制"人身自由"的违法规定，主要有：华工必须固定在做工的矿场所设的compound "围栅"内（也有译作"场地"、"矿工院"等），华工若要离开做工地点须事先得到许可，不得擅自外

---

① 《矿业总会报告》，转引自张芝联：《1904—1910年南非英属德兰士瓦招用华工事件的真相》，《北京大学学报》，1956年第3期。
② 《外交报》，第149期，光绪三十二年六月初五（1906年7月25日）。

南非矿下的华工

出；外出华工必须随身携带"外出许可证"，否则一经查出即按潜逃罪惩处，罚款10英镑或监禁一个月；将原规定的"华工契约期满若拒绝遣返即予逮捕，处以监禁或罚款，在刑满后强制遣返"的做法，肆意扩大到随同工人前来的妻室子女身上。当时一些报刊就指出，这些条例具有许多与奴隶制相同的特征。在实际执行中，措施和行动比条例更为苛刻。南非白人政府非法授予金矿主"法外之权"，使他们得以像过去的奴隶主一样把华工当奴隶对待。应阿非利卡人要求，德兰士瓦政府把对南非黑人实行的种族歧视措施全部施行到华工身上。例如，若华工离开矿场而身上没有带"许可证"（通行证），任何白人都可以逮捕他们，解送的费用由政府担负；对拒捕的华工可以格杀勿论。同样，白人金矿主和德兰士瓦政府对华工的许多苛虐的做法，可以视为其后掌权的阿非利卡人对非洲黑人实施"种族隔离制度"的预演，许多具体做法都被如法炮制（见下文）。

在压低和克扣华工工资上，白人金矿主体现出资本的无情的一面。原来商定的华工日工资为2先令，至少不应少于1先令6便士，但矿主只付给华工

1先令日工资，比当时兰德金矿最低的日工资——黑人日工资1先令6便士还要低33%，更远低于英布战前黑人月工资50先令的标准。华工到达南非前后，1903年3月24日英国殖民大臣利特尔顿（Lyttelton）曾信誓旦旦地保证"中国人将在德兰士瓦至少每天挣到2先令"。无理压低工资引起华工严重不满，劳动情绪低落。金矿主却给华工规定很高的工作量，体力很强的工人都难以完成：他们给黑人规定的日掘进（即打眼）深度为32英寸，已属过高的掘进标准，而给华工规定的日掘进深度竟为36英寸，并强制规定，凡在井下未能完成36英寸的华工，出井后必须在"围栅"里补凿岩块，直至补足36英寸。

"围栅"内生活居住条件极其恶劣："其地围以铁栅，华工入此不能再出。日用饮食衣服只许在围内购买，亲朋好友亦不许过问。围内之货物无论精粗美恶，其价之昂贵十倍于商店，以故一月所得一镑五先令之工资不能敷一月之用。华工之做满三年者仍是赤手空拳，不能不再充骡马之役，有至死而莫余一钱者……"

围栅内生活形同牢狱，孤独、苦闷、压抑、麻木。几千华工拥挤在一所狭窄的围栅内，几十人睡在一间房，人多时，两三个人睡一张床。"围栅"与外面世界完全隔绝：既不许华工与当地居民和华侨接触，也不许他们与黑人接触。从德班到兰德金矿运输华工均用"闷罐车"，以防止华工与当地黑人接触。华工除在井下或围栅内从事繁重劳动外，没有任何日常娱乐，成了十足的为金矿主生产利润的"劳动机器"。即使华工获准外出到约翰内斯堡城里走一趟，也到处碰到种族歧视的禁例。他们与黑人一样不能在市内酒肆饮酒，不能乘坐马车，不能进入酒吧与白人同在一屋下饮啜。不能进公园坐园内长凳，不能在人行道与白人同行，只能在马路中间与骡马车、黑人、有色人同走。稍一"违例"，就要被警察拘捕法办，或受白人辱骂申斥。

最不能忍受的是矿主的体罚。德兰士瓦政府违反"保工章程"，悍然以行政命令方式，赋予矿主体罚华工的"法外之权"。由此，华工稍有过失即遭到鞭笞甚至严刑拷打。白人监工、工头，种族主义思想极其严重，视非白人如同禽兽，极端凶恶。"一个名叫皮利斯的场地（围栅）经理曾经把一个华工交替放在冷热水里，然后再拷打一顿。他打够了再把工人两手连同发辫绑在门框上，使工人的身体凌空吊起，只有脚尖着地。皮利斯把这工人从头一天下午一直吊到第二天中午。吃饭的时候，皮利斯把食物放在工人面前的椅子上，使他看得见吃不到。工人被放下来的时候业已半死，不得不送进医院抢救。"[①]

[①]《议会文件》，cd. 第2879号，第30号文件。载《华工出国史料汇编》，第9辑，第215页。

皮利斯迫害华工的报道在伦敦各报刊载,在英国轰动一时,虐待事件受到各方抨击。像这样虐待、拷打华工的事件越来越多,连因体力不支不能做满每天剥离36英寸岩层工作量都要挨到鞭打。先是用犀牛鞭,受鞭者皮开肉绽,须入医院调治,后来改用橡皮鞭,使挨打者感到剧痛,形成内伤,但不致皮破血流。据伦敦《早晨导报》记者薄兰现场报道:兰德的一个诺斯深井金矿,平均每天(包括星期日)要鞭打42个华工。有一天晚上,薄兰在这家金矿的"围栅"里看到有56个华工同时受鞭笞。该金矿经理规定华工每天不能掘进36英寸都要受到鞭笞。除体罚外,还有扣发口粮来惩罚华工。被判处绞刑的华工,死后辫子连头皮被剥下,成为犒赏狱卒的奖品——这是一个人间地狱。

华工被派到条件最为恶劣的井下工作,多数不让用钻机,只用笨重的手钻打眼。矿方和白人大工头对华工生产的安全极不在意,经常发生井下爆炸事故和岩顶岩石崩坠事故,华工死伤甚多。井下高温潮湿、矽尘飞扬,再加营养不足、卫生医疗条件极差,华工感染肺炎、硅肺病,劳累吐血,死亡颇多。1904年5月1日至1906年12月31日,共招华工63 811人,共死亡2 485人(另一统计:至1910年共死亡3 192人),伤残(永久丧失劳动力的)3 787人。伤亡率几乎达到1/10。而据英国官方公布,华工折耗率为14.96%。

受虐华工被迫起来斗争 华工无处申诉。"保工章程"规定的申诉程序纯属一纸空文,几乎没有一个华工的冤抑能得到申诉机会。不得已,华工只有举行罢工,以示抗议但罢工受到军警镇压。1904年7月7日华工因矿主不顾矿井安全,致华工被崩坠岩层压死2人、伤10多人而举行首次罢工,矿主叫来军警镇压,逮捕17人。到1904年年底,只半年时间,矿区已14次调动军警镇压华工。

求生不得,求死无门,华工走上逃亡的道路。尽管人地生疏,逃亡之路荆棘遍地,但逃亡的华工越来越多,而真正从逃亡中获得自由的华工只有万分之一。绝大多数逃亡的华工在离开"围栅"后,被追捕的军警开枪打死、打伤,或者被困在沙窝或亚热带丛林中渴死、饿死或被猛兽吞食。有个华工逃亡过3次,头两次都被军警抓回打个半死,但他不屈不挠尝试第三次。这一回他逃到黑人村寨里,得到好心黑人的帮助,用从小杂货店里买来的鞋油、涂料,涂满全身扮成黑人,终于摆脱警察和雇主的追捕,得到自由。还有一位华工在黑人的帮助和掩护下,从德兰士瓦向东走,逃到葡属莫桑比克,从那里经由澳门返回家乡。华工从"围栅"逃亡案件有增无减。据德兰士瓦检察官档案记载,自

1904年6月1日至1905年7月31日，共有1 735名华工因逃亡罪被判刑入狱；570名华工因未领许可证离开"围栅"而被判刑；"非法"离开驻地的案件有21 205起。南非骑警队经常进入深山密林搜捕栖身在那里的华工，并与小股逃亡华工激战。金矿公司还组织当地白人，给予枪械，来抓捕逃亡华工，按押送到警察局的距离，给予奖金，每英里可得3先令（等于华工3天工资）。许多华工宁愿战死，不愿回到地狱般的"围栅"，战死者颇多。

1905年1月2日，新闻记者从约翰内斯堡发出通讯，中国国内《北华捷报》3月10日刊登通讯《中国人在兰德》，详述1904年华工反抗情况，并评论说："中国人太喜欢战斗。"事实果真如此吗？事实是"奴隶要解放"。远隔印度洋、太平洋，远离故土，人地生疏的南非并不能泯灭中国人要求自由、平等的精神。

英国金矿主（包括一些欧洲矿主）和白人监工、警官继承其先辈（祖父、曾祖父）在西印度群岛使用非洲黑人奴隶劳动，种植甘蔗蔗糖的殖民主义传统，采取奴役方式，要在3—6年时间内最大限度榨取劳动力，然后把精疲力竭、疾病缠身，失去劳动能力的华工遣返中国，换一批新的精壮劳工再入金矿地狱。这种遣返式的"契约劳工制度"不必顾及劳动力的恢复，不必保障劳动力再生产的条件，是英国矿主认为"最有效果的经济方式"。他们的如意算盘曾是，一年来10万华工，第一轮分4年来40万人，让南非金矿产量翻番。实际上，它是20世纪初以"契约劳工"形式生产单一产品的世界奴隶制的一次回光返照。

1905年正值英国国会大选，自由党要不惜一切代价把已掌握政权20年的保守党赶下台。这批政客便以保守党在南非对华工实行"奴隶劳动"为名，掀起反对"奴隶劳动"、结束"契约劳工制"、遣返华工的铺天盖地的宣传攻势。两党互相攻讦，揪住华工问题不放，留下了汗牛充栋的国会记录和报刊资料。

华工问题的影响　华工问题在全世界闹得沸沸扬扬。1905年12月上台的自由党政府已经在华工问题上捞足了政治资本，宣布从第一批华工契约期满，1906年就开始遣返华工，不再续约。于是，1906年从德班港遣返秦皇岛的华工有3 168人，1907年有11 685人，1908年有16 584人，1909年有7 128人，1910年有2 088人。然而，有数千名华工尸骨留在了南非，另有逃亡不知下落者。据英国官方记录，1910年3月后，尚有华工99人因刑期未满留在德兰士瓦监狱。

英国制造的"华工问题"对20世纪初南非政治产生颇大影响。阿非利卡人领袖博塔、史末资等借华工问题对南非的种族主义情绪推波助澜,掀起种族歧视的滚滚浊浪,要求英国政府对南非所有非白人(黑人、有色人、印度人、华人、其他亚裔)实行最严格的限制政策,以保证南非"白人社会"占据绝对优势。阿非利卡人在德兰士瓦和奥兰治就华工问题对英国施加巨大压力,扰得两地社会乌烟瘴气,迫使自由党坎布尔—班纳曼政府决定甩掉包袱,让德兰士瓦提前大选实行"自治",将"种族问题"的烂摊子推给阿非利卡人去处理,尽早解决劳工问题。博塔等政客匆忙组织人民党。1906年12月,德兰士瓦按自治新宪法举行选举,非白人被剥夺了选举权。阿非利卡的人民党在立法议会69席中获37席;1907年2月4日,博塔组织德兰士瓦自治政府,重新夺回地方政府权力。1907年7月,菲舍尔的统一党在奥兰治立法议会37个席位中获得32席,菲舍尔任奥兰治自治政府总理。英国政府为恢复兰德金矿生产而制造的"华工事件"牵动了"种族问题",迫使它更早地把两个地方政府的权力送还给阿非利卡人。牵一发而动全身,"南非联邦政府"的成立也在英国未能完全控制局面的形势下,提前摆到日程上。

三、南非联邦成立的必然趋势

英布统治集团逐渐靠拢 英布战争后英国在南非诸多问题上摇摆不定,犹豫不决。国内两党的选举争夺更使一些问题扑朔迷离,但在英国控制下建立"南非联邦",却是两党行动一致的。1905年面临大选,保守党政府在政治上一直害怕阿非利卡人兴风作浪,担心控制不了这批布尔人,所以在制定"利尔顿宪法"时极力加强中央总督的权力而削弱各殖民地议会的权力。如前所述,战后通过英国在南非实施的一系列措施,英布关系得到了一定的调整,矛盾有所缓和。布尔人知识分子中出现了一派

布尔战俘展现他们的手工制品

主张同英国和解的政治力量,此派以博塔和史末资为核心,网罗了不少从英国回归的留学生。史末资本人就是剑桥大学毕业的高材生。英国朝野对他的信任与日俱增。博塔、史末资他们认识到,面对汪洋大海般的黑人,白肤色的阿非利卡人在南非与英裔白人同命运。他主张阿非利卡人同所有在南非的欧裔白人联合,以形成一个白色的"南非民族",牢牢控制南部非洲。1906年1—2月,史末资赴伦敦在朝野上下多方游说,特别与新任首相坎布尔—班纳曼会谈,一方面表示阿非利卡人愿效忠大英帝国,另一方面又晓以种族形势及其利害关系,终于使自由党政府取消了阿非利卡人强烈反对的"利尔顿宪法"。为了在几年后建立一个统一的、自治的、亲英的南非联邦,英国重新公布了新宪法,对阿非利卡人作了颇多让步。

史末资的父母

英布逐渐靠拢。

班巴塔起义(1906—1907)对纳塔尔的震撼 在德拉肯斯山以西,英国刚刚促使英布矛盾稍趋和缓,而在德拉肯斯山以东纳塔尔的祖鲁人对英国统治的不满却日甚一日。在纳塔尔殖民地,英国也想效仿开普建立代议制政府。早在1882年,英国人把持的纳塔尔议会就剥夺了所有非洲人的选举权。只是对有色人,特别是印裔南非居民,因甘地领导印度人坚持长期斗争,未能一笔勾销其选举权。纳塔尔的英裔白人对维持相对独立状态颇具信心,他们同开普殖民地的英裔移民不同,对英国牵头组建南非联邦的兴趣不大,态度消极,力图独踞一方,自行独立。但1906年祖鲁人的起义使他们改变了态度。

在纳塔尔,英国长期靠征收茅屋税来支付行政费用的措施本是英国人的得意之作:不需花钱却白得一个富庶的殖民地(指1844年从布尔人手里接管纳塔尔)。但好景不长,1905年,纳塔尔殖民当局为解决财政拮据,决定除业已征收的茅屋税(每间6—11先令)外,另向18岁以上非洲男子征收每人1镑的人头税。此项税收引起祖鲁人的普遍反对。翁根尼、格雷敦等地祖鲁人自发掀起抗税斗争。1906年2月,在里奇芒区,两名白人警察强行征税,并在冲突中被打死。英国军事法庭将12名祖鲁人判处死刑。马蓬穆洛、克兰茨科普、翁沃迪和恩坎德拉等地区先后爆发起义。西甘兰达老酋长率众千余名在恩坎德拉森林首举义旗。接着班巴塔酋长率500人在西部库德尼地区起义,响应的群众迅速增加到数千人。起义群众杀税警,烧毁殖民者农场。纳塔尔白人民团兵力不足,无法独自扑灭起义,遂向开普总督塞尔伯恩告急。总督调驻德兰士瓦正规军,麦肯齐上校率2 100名军队开进纳塔尔,镇压起义。麦肯齐首先进军图盖拉河支流因苏齐河谷地带,切断东西两支起义军间的联系,而后北向,进入恩坎德拉森林区。此时西甘兰达已率起义军进驻莫姆河谷,班巴塔率部同他会合。1906年6月9—10日,起义军同英军在莫姆河谷展开激战。祖鲁人在武器居绝对劣势的情况下,奋勇作战。班巴塔和500多起义者全部牺牲。起义中心转移到图盖拉河以南的马蓬穆洛,波及范围进一步扩大,起义人数增至7 000多人。英军增援达5 000人。麦肯齐挟优势兵力和武器镇压了起义。遭受围困的西甘兰达被迫投降。祖鲁人被杀5 000多人,被捕和驱逐出境达3 000人。

但祖鲁人对欧洲殖民者的愤恨情绪继续增长,群众自发捣毁白人住宅。迷信活动在群众中盛行起来,他们大批宰杀白色家禽,鸡、鸭、鹅……只要是"白色"的就无一幸免。他们以这种方式诅咒白人殖民者。在起义过程中,1884年开芝瓦约去世后,由英国人扶植起来的国王迪尼祖路,没有支持起义,反而运用其影响阻止各地起义的爆发。不过1907年英国殖民当局却制造了一起对迪尼祖路的审判案,指控他企图再次策划起义。1908年,殖民地法庭判处他4年监禁。以班巴塔命名之起义的悲壮失败,宣告了南非历史上单纯由酋长领导的旧式武装起义所担负的历史使命的结束。

班巴塔起义摧毁了纳塔尔白人移民幻想独踞一隅而不加入联邦的信心。心有余悸的纳塔尔殖民政府赶紧表态,愿意同南非其他3个殖民地组成"联邦",全体白人齐心合力对付非洲人。

经济因素促进单一国家形成 1905年华工到来后,因劳动力欠缺而停产的各处金矿全部恢复生产。兰德金矿生产

布尔妇女为布尔战士装枪

黄金146吨，价值1.15亿美元。金矿生产恢复给殖民地政府带来了巨额财政收入，也为恢复和发展工农业生产、营建道路及其他各项巨大工程提供了充足的资金。在充实和稳定的资金基础上，殖民地经济进入蓬勃发展的时期。随着生产的恢复和经济的高涨，4个殖民地在关税和铁路运价方面的矛盾急遽尖锐化。冲突的升级有可能使各殖民地现存的、自成体系的商业贸易体系濒临崩溃。由于米尔纳高级专员兼总督的强力干预，1903年四方铁路和关税会议才勉强达成5年的临时协议。但矛盾并未解决。纳塔尔和开普希望提高铁路运价和关税率，以增加两地各自收入；奥兰治和德兰士瓦则希望实行低关税和低运价，以降低进口日用品的价格，达到压低矿工工资的目的。同时，葡属洛伦索马贵斯港口同纳塔尔、开普诸港争夺兰德矿区商品利润和关税收入；莫桑比克殖民政府也以掌握着向南非输出大批流动劳工这张王牌进行要挟，想分沾利益。这些更使矛盾进一步复杂化。在这重重叠叠的矛盾之中，德兰士瓦处于矛盾的主要方面。它的巨大金矿工业区相对富裕，是一个广阔的商品消费市场，仅非洲工人、白人工人和技术人员就多达207 264人（1910年），每年消耗大量进口商品。如果4个殖民地仍按英布战争前的经济体系运作，各自发展，德兰士瓦以其特殊有利的地位对开普和纳塔尔设置关税壁垒，又将商务集中到德拉戈阿湾的商路上，其结果将是德兰士瓦独家享受兰德矿区繁荣的主要成果，阿非利卡人势力进一步坐大；而开普、纳塔尔两殖民地将无法分沾金矿利益而陷入经济窘境，英裔白人将逐渐丧失英布战争的胜利所取得的经济和政治优势。

布尔人和他们的弹药车

在这样日益严峻的政治、经济形势下，建立4个殖民地的政治联邦、设立集权的中央政府成为英国政府控制南非局势唯一可行的办法。由中央政府统一管理4个殖民地（省）的财政收支，实际上是实行权益再分配。这既有利于消除各种争执因素，又可统筹兼顾英布两支白人殖民势力的经济和政治利益，从而避免因经济争端加深白人之间的不和，削弱白人统治非洲人的力量。可见，经济上的必要性和实际权益的"合理"再分配是促使英布两个白人集团同意建立政治联邦的潜在动力。

政治因素在联邦形成中的作用　当时，这两支白人殖民势力在剥夺占人口1/3以上的黑人的选举权上完全一致，因而他们在政治上合流的必要性和可能性也日趋明朗。自1906年和1907年在选举中取胜并相继成立地方自治政府后，阿非利卡人对联邦政治的前途更持乐观态度。

1909年南非总人口约600万人。欧洲白人约占21%；非洲黑人约占67%；混血种人约占8%；亚裔约占2.5%；其中非白人的人口总数为4 697 150人，约占总人口的78.6%。

阿非利卡人认为他们人口数量在德兰士瓦、奥兰治、开普3个殖民地均对英裔白人占据优势，由阿非利卡人组成的3个政党均已在3个殖民地选举中取得胜利，并主持了地方自治政府，因此他们坚信在未来成立联邦中央政府的选举中，阿非利卡人也必会稳操胜券，但这一切的前提是绝对剥夺非洲黑人的选举权。

1908年，在德班港召开了有四方殖民地代表参加的国民会议（制宪会议）。占南非人口4/5以上的非洲人和混血种人被完全排除于会议之外。会议讨论几方面议题，但中心议题之一是关于非洲人的选举权问题。会上争论激烈，有4种不同意见：一是开普极少数进步的白人代表主张实行普遍的不分种族的选举，但需要有严格的"财产限制"和"文化水平限制"，这两大限制使非洲人只有极少数人才能获得选举权。二是德兰士瓦金矿主菲兹帕特烈克等人主张对白人实行普选制；仅给予那些能通过"文明测验"的非洲黑人、混血种人和亚洲人（印度人）以选举权。三是前纳塔尔总理穆尔及德兰士瓦地方政府总理博塔等阿非利卡人代表坚决要求在4个殖民地（包括开普）实行一种绝对的，在政治上实行肤色限制的，只给予白人选举权的选举制度。四是开普总理梅里曼提出一种"折中"的决议草案：现行的4个殖民地选举法各自继续执行，以"保护"开普殖民地非白人的选举权。梅里曼认为高限额的黑人选举权"是无害的，能起稳定作用的"，并能提供一个可靠的安全阀。

制宪会议在选举权问题上经过喧闹的辩论，最后交由英国政府来拍板。自由党坎布尔—班纳曼内阁在南非追求的目标是建立所谓"统一、自治、亲英的南非"。他认为，只有得到阿非利卡人的合作才能实现这一目标。因此，英国自由党政府在"制宪会议"上没有采取任何步骤去"重新分配权力"，使非洲人、混血种人、亚裔人得以稍微提高其社会地位，由此造成此后几十年南非种族问题的无穷后患。英国政府作出了同意梅里曼决议案的决定。实际上这种同意导致取消"南非法案"(即未来"南非联邦宪法")中的种族平等的条款。开普殖民地的非白种人也由此失去了被选举权,而他们的选举权随时可以被白人议会的2/3多数所取消。包含有如此严重错误的选举权规定的"南非法案",实际上将阿非利卡人的种族歧视从北方扩大到南方,扩大到整个南非。

当时一位开普殖民地前总理(1898年10月14日—1900年6月17日在位)、德国血统的律师威廉·施莱纳(William Schreiner)率领一个南非有色人种代表团前往伦敦向英国议会提交请愿书,呼吁英国议会不要批准这样一部宪法。英国下议院同自由党政府一样无视这个呼吁。英国对它曾经在南非(开普殖民地)实行的基本原则充耳不闻。英国政府极其自私地只想维护它在南非联邦的战略利益和基本利益:同阿非利卡人合作共同统治非洲人;使这种白人间的合作在即将成立的南非联邦中成为大英帝国的可靠支柱;永保好望角航线为大英帝国的生命线;牢固地保有兰德金矿为帝国最大的金库。英国把非洲人最重要的政治权利拿去同阿非利卡人作政治交易,以换取后者对大英帝国的"合作"和"忠诚"。为此,英国打破(违反)了自己的传统做法,使其一向标榜的"自由主义"一败涂地,脱下其长期披在身上的"南非非洲人利益的保护者"的伪装。历史证明英国所付出的代价也是巨大的。

阿非利卡人的权力和利益在"南非法案"中几乎毫无损失,他们看准了英国人必须同他们"合作",并以此迫使英国作出让步。他们成功地在省议会中保持广泛的权力,特别是在教育、劳动立法和非白人的地位等方面的权力,从而成功地做到:避免把非白人列入选举名册,不让黑人劳动力过多地脱离农场,阿非利卡语的教学等办法防止了青年一代的"英国化"。

英国人在维持其3个"保护国"的归属问题上,凭其狡狯的手段取得了一些小"胜利"。尽管"弗里尼欣条约"规定布尔人放弃斯威士兰,按理斯威士兰已恢复其独立地位,但英国却单方面宣布斯威士兰为英国保护国。至于巴苏陀兰和贝专纳兰,英国玩了花招,如果未来南非联邦要求合并这3个保护国,须先行征求非洲居民的意见。但在经济方面,这3块保护领地已完全汇入南非的流动劳工体系,成为南非劳动力的储存库。

白人南非联邦的成立　关于南非联邦的首都是4个殖民地争执的最后一个问题。终于,这也获得一个妥协方案:行政机关设在比勒陀利亚,议会设在开普敦,最高法院设在布隆方丹。一个国家拥有"3个首都"在世界上并不多见,但这并不意味其分散,4个殖民地合并成"南非联邦"(Union of South

Africa），并不是一般国际法概念上的"联邦"，而是一个真正的单一国家，4个殖民地都成了行省。1909年9月20日，英国国王爱德华七世签署了英国议会通过的成立南非联邦的法案。1910年5月31日，南非联邦正式诞生，格拉斯顿总督委任博塔组建第一届内阁。

南非联邦成立后，两个殖民地的阿非利卡人政党迅速结合，组成单一的政党——南非党，由博塔任主席。1910年9月15日，南非白人第一次普选，南非党得到阿非利卡人支持，在全部109个议席中获得67席，英裔白人的主要政党——联邦党获得37席。南非党在议会中还得到南非工党（5席）的支持。博塔南非党成为议会第一大党。1911年11月，第一个责任内阁制的南非联邦政府正式成立。在博塔内阁中，3位参加英布战争的将领——史末资、德·韦特和赫尔佐格都担任部长。在英布战争之后仅仅7年时间，阿非利卡人不仅重新拿回了德兰士瓦和奥兰治两地的政权，而且掌握了整个南非的政权。

1910年博塔政府

南非国家机器空前加强 依据种族主义制定的《南非法》建立的南非联邦国家机器的力量空前加强。表现在：第一，从中央到地方建立清一色的种族主义的白人政权。除了历史上形成的开普省的有色人和黑人拥有选举权外，其余3省均只有白人才有选举权。而从开普来看，1909年开普省的全部登记选民中，白人占85%；有色人占10%，黑人仅占5%。只有白人才有被选举权，非白人全部被剥夺了被选举权，省议会清一色全都是白人议员。因此从中央到地方所有权力全掌握在白人手中。第二，名为"联邦"实是采取单一制国家结构，为的是加强白人对中央集中统一的领导，制定4省统一的种族主义政策，建立统一的武装力量和经济力量，以便更加有效地实行种族主义统治。第三，效法英国，采取"议会至上"政体，实行"责任内阁制"。由于非洲人几乎全部被剥夺了选举权，白人统治集团控制了议会，可以通过议会随心所欲地制定种族压迫制度，把罪恶的种族主义"合法化"、制度化。第四，运用整个国家机器炮制种族主义理论，制造舆论，形成一股排山倒海的力量，影响人们的精神世界。南非白人对非白人的种族主义一直在持续发展。最初建立于纯粹生物学基础"体质差异"（脑颅骨学测量）上，为种族统治合法性寻到"科学"基础，为此撰写的论文和著作充斥于白人控制的科学部门和实验室，力图使"黑人低能"成为定论。后来（20世纪上半叶）又借助以遗传学为基础的智力测验（20年代达到高峰）推行"科学"种族主义，却在对"穷白人"的智力测验上"触礁"。最后，种族主义者将白人统治理由及统治形式顺风转舵，精心炮制成"种族隔离制"（或"种族分离"）理论，这一理论的依据从实验室转向文化层面，在19世纪30—40年代尚方兴未艾。

如此庞大的国家机器像一座大山压在非洲人身上，使他们的反抗一时很难收到成效。

第十五章

《土著土地法》的出笼和南非土著人国民大会的成立

一、《土著土地法》出笼的背景及后果

保留地中非洲农民的状况 经历了欧洲殖民者对非洲人250年的土地的掠夺和侵占，南非122万平方公里领土中有90%以上的土地为白人所占。如前所述，一部分非洲人被排挤、被赶到保留地和特居地中居住。根据Buell, R.L.研究所所提供的资料，保留地和特居地（在许多地方两者已无甚差别）中非洲农民的状况十分困窘，甚至是悲惨的。据1911年人口统计，农村黑人人口为3 880 514人，其中有2 269 019人住在保留地或自己的私有土地上，有1 611 495人住在欧洲人的农场上，即有一半以上约58%的农村黑人人口住在保留地或特居地内，有约41%住在欧洲人拥有的土地上。当时（1912年），非洲黑人拥有土地总共只有5 253 312英亩（包括三部分：非洲人保留地2 120 314英亩，教会保留地1 139 135英亩，联邦保留地1 993 860英亩），仅占南非土地总面积的8.8%左右（这一比例数在许多著作中都不一样，可能根据的土地数字有差异或换算不一）。而欧洲人占有的土地为232 760 000英亩，占有南非土地90%以上。另有林区保留地和未转让的王家土地未计算在内。

在开普省，大部分黑人农民住在保留地；在德兰士瓦省和奥兰治省，大部分黑人农民住在欧洲人农场中；在纳塔尔省，近一半黑人农民住在欧洲人农场中。保留地内人口密度大，每平方英里约52.26人，比整个南非的人口密度每平方英里约14.67人，高出3.5倍。保留地内人均拥有土地约12英亩，而欧洲人农场人均拥有26.8英亩。保留地多是贫瘠、缺水、资源贫乏的土地，而且

人口拥挤,土地不足,每英亩粮食产量低,牲畜亦瘦弱,灾荒连年。越来越多的黑人被迫离开保留地,外出谋生。

且举西斯凯和特兰斯凯保留地为例具体说明。官方认为给予每个非洲人4摩尔根(约合8.5英亩)土地可以维持生活。但不到一代时间西斯凯农民极少能靠8.5英亩维持生活,而且许多农户拥有的土地越来越少于这个数字。农民家庭多由中老年人组成,青年都到矿区或城镇做工,一般到四五十岁便筋疲力尽或身体衰弱,回到保留地经营小块田地,维持饿不死的生活。这种拮据状况当然谈不上经营有发展前途的商品性农场。在特兰斯凯保留地,存在另一严重问题,即人均土地少,存在过分放牧,每2.116英亩土地平均放牧1.6头牲畜,而牲畜专家认为特兰斯凯这种土质很差的牧场每头牲畜需6英亩土地。由于男人外出,女人、儿童在家放牧较为方便,男人在家时间太少,难于精心侍弄庄稼,多把矿上挣来的钱投在牲畜上。因为男人在外时间太多,待伤残病老回到保留地时已不再是熟谙农活的农民。这样即使有一点资本也很难将粗放牧业转型为集约农业。所以特兰斯凯保留地牲畜越养越多、越养越瘦,而黑人的经济也越来越困难,更离不开出外打工。如果不到矿上或工地打工,连税款(茅屋税等)和购买食品、日用品的费用也难以支付。其结果是,年轻精壮的男劳动力越来越多地外出,造成保留地农业进一步衰落;农户的生活更加困难又促使更多的壮劳动力外出做工挣工资。这就造成保留地壮丁外流与保留地农业衰落互相加剧的恶性循环。比尔(Buell)悲观地认为,特兰斯凯似乎被老虎钳夹住了,也许只有南非联邦土地问题解决了,特兰斯凯才能将自己解脱出来。

保留地另一恶症是高利贷的发展。欧洲人(包括犹太人)在保留地开设小商店,实际上是杂货铺。保留地内交通不便,非常闭塞。白人政府修铁路虽多,但铁路很少通过保留地,公路也少。当局规定商店之间需相距5英里,黑人只能就近同它们交易。有的商店只肯让黑人以自己的产品来换取日用品,而黑人只有通过他们才能得到日用品。哄抬物价、买贱卖贵,和失秤现象已是司空见惯。最坏的是小商店兼放高利贷和代招流动劳工,包括契约劳工。店主看准了外出打工的黑人会按时带工资回保留地,放手放高利贷,利息有的高达100%。非洲人不得不多方面依赖这些小商店,而高利贷迫使青壮劳力更多地外出做工还债。小商店销售的日用品、农具一应俱全,把黑人的铁器业、制陶业、手工纺织业等全都挤垮了。保留地内,非洲人能找到的活计越来越少,外出做工逐渐成了唯一的出路。到1913年,已有20%农民失去或没有分到份地,即使保留份地的农民平均也仅有3摩尔根(约6英亩)的土地,不足以养家糊口。

"黑点"遍布于"欧洲人土地"上 保留地中的黑人只占非洲人的一部分,如前所述,其中有一些黑人是被赶到保留地的。实际上,历史上更多的黑人是住在"保留地"以外、已被欧洲殖民者抢占的土地上。这些被占的土地后来均被美其名曰"欧洲人的土地"。关于这些土地的基本事实,欧洲人是心知肚明的。受到土地私有制改革实践的鼓舞和矿区对商品性农产品巨大需求的推动,许多缺地的黑人农民纷纷从保留地外出,那些早已住在"欧洲人土地上"的农民更是跃跃欲试,手中积攒了一些资金(包括矿业工资)的殷实农户想方设法在保留地外面买地。在1913年以前,除奥兰治自由邦外,非洲人都可以像欧洲人一样,在保留地外面购买土地,只是无法买到"王家土地"。在英布战争战乱期间,有不少布尔人抛弃土地或出售土地。特别是在德拉肯斯山麓和德兰士瓦西部地带,勤奋的黑人用出售商品农作物攒来的钱或以矿山做工积蓄的工资购买布尔人在战争中丢弃的地产。南非土著事务委员会1903年提出报告说:"土著开始购买约翰内斯堡附近的土地,以生产供应兰德金矿区的食物",是给白人发出的一个小小信号。到1913年以前,非洲人的部落或个人在几年中在保留地以外购置土地(包括部落购置"王家土地")共100多万摩尔根(合200多万英亩)。1904年德兰士瓦有13万黑人耕种的是自己的私有土地。1912年黑人私有土地约112.5万英亩,约有12.3万黑人住在私有土地上。这些为数甚多的黑人小地产分布在欧洲人的大片土地上,形成洒在所谓"欧洲人土地"上的"黑点",仅纳塔尔就有144个"黑点"。非洲人小农场独立经营,使用人工灌溉、犁耕,生产商品农作物,饲养细毛羊,在市场上颇具竞争力。勤劳的非洲小农在经营水平上很快就超过那些没有劳动习惯的穷困潦倒的穷白人。于是,在20世纪第一个10年,一个不依赖白人农场和矿山而能独立生存的、比较稳定的非洲自耕农阶层引人注目地出现在"欧洲人土地"上。其中有些自耕农正向富农方向发展。然而,这批黑人自耕农数量毕竟还少,受各种限制,增长的速度也比较缓慢,谈不上构成对白人的严重"威胁"。

实际上,从数量上看更多的黑人离开保留地后是到"欧洲人土地"上租佃土地,成为布尔人地主的对分制佃农(bywoner拜旺纳)。从19世纪最后25年直到20世纪第一个10年,有大批缺乏可耕地的黑人农民移居白人地产上成为"垦户"。20世纪初,包括垦户在内的黑人住在未被欧洲人实际占有或使用的

"欧洲人土地"上约有32万人。前两类黑人向白人地主租地(或占用),交纳货币地租或实物地租,一般是收成或牲畜的一半。尽管佃租苛重,黑人佃农从对分制中获得的收入仍超过白人农场中黑人(雇工)的工资收入,而且"自由自在地自主安排农活和荏口"。比一年要为地主服役90天的工役佃农的生活也要好得多。所以黑人宁可去当对分制佃农或"垦户",有机会创造条件自己购地,而不愿去白人农场当工役佃农或下矿井做临时工。20世纪头10年,对分制佃农在"欧洲人土地"上日益盛行,居住在白人农场土地上的黑人(包括工役佃农、帮工)人数达1 286 316人。这样,在"欧洲人土地"上出现的"黑点"越来越多,而且许多"黑点"呈"墨汁扩展渗透"状态。随着黑人人口迅速增长,这些现象引起部分白人产生"恐黑病"。南非联邦成立,联邦议会启动白人力量集聚会合后的第一件事就是"解决"黑人土地问题。

拟定从地域上隔离黑人的方案 一方面愈来愈多的非洲人在"欧洲人土地"上经营独立小农场,另一方面愈来愈多"贫穷白人"卖掉土地拥入城镇。城市白人人口从1891年的317 322人增至1911年668 286人,20年中增加1倍多,这一社会现象在白人殖民者集团中引起一片喧嚣。实行工役租佃制的布尔人地主严厉抨击"对分制",谴责这种"罪恶的合伙制度"侵犯了殖民时代早期所建立的白人的"主仆关系"。白人自营农场主认为"对分制"的盛行提高了农场雇工(农业工人)的工资,也十分不满。这两类白人农场主都强烈要求禁止在白人土地上实行"对分制"。1903—1906年先后有6.4万名华工在兰德金矿做工(见前文),阿非利卡人反对最为激烈。金矿主和政府为此辩护,说这是由于金矿劳动力极其缺乏引起的,黑人宁愿当"对分制"佃农,不愿当矿工,金矿招不到足够的工人。阿非利卡人主张制订土地法,把黑人赶进矿场。于是,当庆祝南非联邦成立的钟声还在回响的时候,南非白人社会掀起一股要求消除"欧洲人土地"上黑人拜旺纳,赶走黑人垦户,消灭黑人自耕农的叫嚷。其中最刺激白人殖民者神经的是白人媒体充斥这类警告:"白人从征服中得来的土地,将通过市场而逐渐消失";最耸人听闻的评论是:如果让黑人因购买白人土地而分布全国各地,整个南非终将被黑人占据而成为黑人统治的国家。出现黑点最多地区的布尔农场主向议会发出呼吁:必须立即制止黑人土地和白人土地交错混杂的"棋盘"局面继续发展。

1912年,以敌视黑人而闻名的布尔前将军赫尔佐格被任命为土著事务部长,负责起草一部《土著土地法》。赫尔佐格的主导思想是隔离,在地域上将黑人与白人隔离。他主张采取断然措施，阻止南非国土成为黑人土地和白人土地互相交错的"棋盘"。他和一批种族隔离制的谋士们认为，禁止非洲人在"欧洲人土地"购买土地的唯一可行办法是采取隔离政策。1910年流行的通俗小说《普雷斯特·约翰》（作者John Buchan，是米尔纳内阁成员），就把城镇、都市地区和温带高草原地区视为白人的合适居住区；而把特兰斯凯、祖鲁兰等低草原地区和非洲农民密集定居的地区视为非洲黑人的地域。赫尔佐格解释说，隔离并不意味着黑人和白人完全分开，而是土著人要在划定的地区（保留地之类）建立其家园。许多土著人仍必须外出替白人做工（下矿，到农场，进工厂、铁路建设工地或白人家庭等）。留在保留地的，既可作为劳动力的后备，培训其能力，又可以繁殖劳动力。白人政府极力制造社会舆论。1912年1月31日《农场主周刊》刊登一个白人农场主来信："土地的稀少和劳动力的短缺正在变得越来越严重。随着欧洲人的保留地被土著人所占有，是欧洲人而不是土著人，正在并将继续遭受苦难，我看不到这个难题该如何解决，除非我们将不同的种族隔离开来，并把他们限定在各自的保留地内"。

在南非议会辩论《土著土地法》时，白人议员的发言鲜明地反映出正在讨论的这部法案的本质。荷裔议员索尔强调，土地法案应"规定欧洲人和土著两个种族基本上应分别居住在各自地区"。英裔议员朗指出，"黑人和白人之间密切交往不是好事，如果在南非通过一项隔离白人和有色人的法律，这不仅是对白人的未来而且对黑人的未来都是一件极有益的事"。一个阿非利卡大农场主用不加掩饰的赤裸裸的语言把"土地法"的目的点穿："这是白人的国家，不允许土著人购买或租用土地。如果土著人想要靠土地生活，那么他们只能当雇农。"白人内阁的核心人物史末资提出"在土地所有制度和管理形式中，我们的政策包括种族隔离"，"在土地所有权、管理形式和许多方面，我们正试图使之分隔开"。

对《土著土地法》的内容和本质的剖析　1913年6月19日，南非国民议会在没有任何非洲人参加讨论的情况下，通过了《土著土地法》。该法案明确规定：禁止非洲人购买、租佃或占有非洲人保留地以外的土地；禁止采用分成制地租和货币地租；非洲人使用欧洲人土地只准采用工役地租，佃户每年须为地主服工役90天以上；禁止非洲人在欧洲人占有的土地上进行任何独立的经济活动。这部《土著土地法》是对非洲人的一次最大的剥夺，超过南非历史上任何一次剥夺（囊括西斯凯、图盖拉河以南地带，德兰士瓦中、西部，奥兰治卡勒登河北岸地带）。从此，在法律上，非洲人土地所有权甚至经营权在90%以上南非国土上完全被剥夺，这就为20世纪50—70年代的"种族隔离制度"奠定了法律基础。当代历史学家用历史逆向考察方法发现了曾被当时许多历史学家所忽视的这一重要史实。人们曾问，南非种族歧视和种族隔离政策为什么会具有如此强劲的"韧性"，甚至超过美国南部诸州长期顽强存在，难以摧毁。其实，其奥秘就存在于：南非种族隔离的基本政策刚一开始在南非整个国土上形成雏形，就首先深入到土地所有权的法权范畴。正如马克思一再指出：土地所有权的垄断曾是一切"建立在对群众某种剥削形式上的生产方式的历史前提和基础"。在南非这一情况加倍严重。因为白人种族特权被神圣化了，南非土地所有权的垄断首先表现为白人的种族特权。这种白人的种族特权对非洲人的土地剥夺具有特别的残酷性和彻底性。这已经为20世纪的世界历史所证明。

《土著土地法》的严重后果　《土著土地法》一经公布，白人农场主立即掀起大规模驱赶黑人农户的浪潮。普拉彻写道："1913年6月20日，南非土著人在星期五早晨醒来以后，发现自己已经变成土地上的贱民了。"白人农场主强迫"垦户"低价卖掉他们的牲畜，在寒冬中离开他们的住处。成千上万黑人农民失去了世代的家园和财产，到处漂泊流浪，寻求生路。许多人在流浪中悲惨地死去，更多的黑人被迫到白人农场去充当"土地法"唯一允许的雇工。成千上万黑人被迫回到拥挤不堪的保留地，忍受贫穷的煎熬而慢慢地瘐死。

在世界殖民史（包括热带非洲殖民史）上，欧洲殖民者实行掠夺土著土地的政策，其主要目的一般是迫使当地人进入欧洲人投资的矿山、农场做工，以保证白人雇主获得廉价劳动力。在南非的土地政策却有另一更深远的目的：消灭黑人自耕农和扼杀黑人资产阶级的成长；在发展空间上对黑人实行限制政策，奠定地域隔离的基础。英国的圈地运动在一个标准的资本主义国家中，大概经历了两个多世纪才消灭一个自耕农阶层。南非联邦的《土著土地法》则以历史上罕见的种族特权和阶级特权的双重力量，仅仅在约30年时间内便在南非87%的国土上消灭了黑人农民中一个刚开始走向富裕的阶层。这个阶层以其勤劳和敬业精神本来可能成为南非最有希望茁壮成长的首批黑人民族资本家，然而却被白人的国家力量和白人的超经济力量扼杀在摇篮之中。这一过程让阿非利卡人政府实行土地法的最终目的赤裸裸地暴露出来。用库珀的话来说就是，把非洲人变成"没有土地的、可以任意剥削的无产者"。

二、南非土著国民大会的成立

最早的非洲人政治组织 让最早的"非洲人政治性组织"的出现,也是出于同样卑劣的目的。1884年在威廉斯城成立的"土著选民协会",是英裔议员候选人支持科萨人选民组成的。1887年开普殖民当局制定限制非洲人选举权的"登记法",引起非洲选民群起抗议。开普殖民当局力图通过所谓"真正的土地所有权"的鉴定,来否定非洲人具有土地私有权和不动产的资格,以达到取消3万名非洲人选举权的目的。这是白人种族主义者策划的不可告人的阴谋。1887年10月6日,"非洲选民第一次代表会议"在威廉斯城召开,向维多利亚女王呈递请愿书,对开普当局提出抗议。这次会议因涉及土地所有权问题,讨论的中心议题也变成土地问题,使议程有所深化。然而,南非历史的发展并不完全依照白人种族主义者的意志。尽管此次会议的政治态度十分温和、保守,会议本身却是南非各族、各部落非洲人的第一次代表会议,意义重大。它既为此后非洲人召开政治性会议和成立政治性组织,起了引路作用,又明显地提高了非洲人参加政治活动的积极性。

战争是教育人的。英国在英布战争前夕和战时,不断宣传"英国进行这场战争是为了废除两布尔共和国的种族歧视制度"。非洲人部落上层和知识分子都对英国抱很大幻想,以为只要英国人战胜布尔人,非洲人受种族歧视的命运便会根本改变:"文明的非洲人"将成为享有充分权利的公民。1902年"弗里尼欣条约"却隐约地预示着英布联合统治非洲人的前景。同年,混血种人(有色人)成立了南非全区性的"非洲人政治组织",为争取非欧洲人权利进行斗争。在酝酿成立南非联邦的过程中,1906—1907年德兰士瓦和奥兰治布尔人提前成立自治政府,却完全排除了两地非洲人的选举权,引起了非洲人的警觉。1907年"德兰士瓦土著大会"成立。《因沃报》对1908年10月召开的德班立宪会议表示很大的不安,但开普地区非洲人的选民身份所带来的利益,使他们对即将发生的事件采取温和态度。"南非法案"透露出的信息使非洲人大失所望:它比战前有关非洲人的规定反倒退步,德兰士瓦和奥兰治两省的政策原封未动,非洲人原希望两地能达到开普省的水平;纳塔尔非洲人却失去了选举权;开普地区非洲人虽暂时保住选举权,却失去了被选举权。从此开普议会充斥的是清一色的白人议员。1909年3月"土著会议"在布隆方丹召开,第一次由4个殖民地的非洲人政治组织首领参加。该会议决议宣称英国政府对南非土著和混血人负有基本的、特定的责任,应给予他们与白人同样的公平和正义。会议组建代表团到英国向内阁申诉,但殖民大臣克鲁勋爵却表示无意改动"南非法案"任何条款。1909年9月20日,英王爱德华七世签署了"南非法案",它就名正言顺地充当了南非宪法,遂成"南非联邦宪法"。

南非土著国民大会成立 南非联邦成立后,1911年由阿非利卡人首领博塔、史末资正式组成第一届南非政府。阿非利卡人的中央权力控制了4个省。接着白人又在酝酿剥夺非洲人土地所有权的《土著土地法》。非洲人知识分子和部分酋长已感到白人一统天下的山雨欲来。美国哥伦比亚大学归国留学生,纳塔尔人的开业律师塞梅,在斯威士兰最高酋长索布扎二世的支持下,出面召集四省"土著大会"和其他政治组织协商,决定在布隆方丹召开代表会议。会议于1912年1月召开,参加者大部分是新的社会力量——律师、教师、医生、作家、记者等。大会决定成立一个全国性永久性组织,名称叫"南非土著国民大会"(1925年后改称"非洲人国民大会",简称ANC)。这个新组织实际上是当时新兴社会力量同部落贵族的联盟组织。它以两院制议会为基础:由酋长们组成上院,平民代表组成下院。两院各设议长,上院议长由巴苏陀兰最高酋长莱特西二世担任。身任教师兼牧师的约翰·杜比当选大会第一任主席,塞梅任总司库,秘书长由职员出身的作家普拉彻担任。大会创办机关报《阿班图巴图报》(《人民报》),报纸在财政上得到斯威士兰摄政太后的资助,以英语和4种非洲语言(祖鲁语、科萨语、苏陀语、茨瓦纳语)出版;会歌为《主啊!保佑非洲吧!》。大会口号为:"非洲啊!醒来!"

第一届"南非土著国民大会"没有制定纲领。直到1917年,第一份纲领才由年会通过生效。纲领规定,它的目的是消灭"肤色壁垒",实行种族平等;采取合法方式和适当措施向当局请愿,一切活动严格限制在非暴力的合法范围内;大会明确宣布:"宁愿通过符合宪法的途径而不使用暴力",其主要策略是动员舆论和争取各界潜在同情和支持。由此可见,该国民大会最初是一个得到酋长们支持的、由自由主义职业者领导的改良主义组织。其早期的温和性质是同20世纪初南非国内的阶级状况、非洲人民族运动的水平相符合的。这个组织与广大下层群众缺少联系,而备受种族压迫和歧视的广大群众也尚未意识到自己的力量。国民大会仅仅将人数有限的非洲人上层分子团结和组织起来。大会每年召开一次年会,其内容主要是倾诉各种不满。在行动上只是表示抗议和请愿。1913年的《土著土地法》成为非洲人抗议和声讨的主要目标。南非土著人国民大会组成代表团向南非联邦政府请愿，然而毫无结果；又远涉重洋到伦敦向帝国议会请愿。请愿书写得极其谦恭："请愿书的无比恭顺的签名者仅提醒英国注意它以前许下的诺言。1843年英国占领纳塔尔的宣言曾许诺在法律面前不分肤色、出身、语言和信仰……"

南非土著国民代表团访问英国

这项被非洲人视为"英国政府宪章"的种族平等的宣言却从未实施过。任何请愿、申诉都无济于事，代表团空手而归。严格限于合法手段进行的斗争，在南非严酷的种族主义法令控制下，一再证明是不可能取得任何成效的；只依靠社会精英和卓有声望的酋长来争取改善非洲人的不平等社会待遇，无异于蚍蜉撼树。实践证明，在非国大存在的早期阶段，大部分年代是处于衰落状态，它的一切活动未能阻止南非白人政府通过和施行任何一项种族歧视的法律。

值得注意的是，从非国大成立早期起就出现了一种特别现象，在非国大松散组织内部形成了一个比较能战斗的地方组织——非国大德兰士瓦支部。1918年6月，它发动黑人工人反对种族不平等工资，威胁发动总罢工，迫使博塔政府会见非国大德兰士瓦支部代表团。1919年德兰士瓦支部发动群众抗议《通行证法》，打出"通行证阻断的是工资"的标语，正式展开"消极抵抗"。

群众性组织"南非工商业职工工会"成立 比非国大晚7年成立的"南非工商业职工工会"（也有译为"工商业职工联盟"），是南非黑人的群众性组织，却不是单纯的"工会"组织。其成员以码头工人为主，但也有农民、知识分子和正在成长的黑人资产阶级少数代表。1919年它在开普敦成立，成立后为适应黑人群众要求，像"草原烈火"般地蔓延开来，东伦敦、伊丽莎白港、德班港……遍及南非4省，会员人数增至25万人，成为不分民族、部落的全国组织。

非国大德兰士瓦支部领导的工人罢工运动为它奠定了群众基础。该组织的活动只提经济要求,如提高非洲人最低工资等物质要求。即使这样,白人政府根本不承认它的合法存在(白人工会也拒绝与之合作),也不容许黑人工人有任何罢工、示威游行的举动。它领导的几次罢工、游行(1919年的码头和铁路工人罢工,1920年、1925年的示威游行)都遭到白人政府极残酷的血腥镇压。1920年黑人组织在昆斯敦城外布尔霍克设置了一个营地。在驱散他们时,400名警察带机枪将其包围,射杀了163人(资料来源不同所列死亡人数不一,约在140—200人之间。动用警察人数有说达800名)。在白人政府高压政策和组织内部的矛盾斗争下,到20世纪30年代,"南非工商业职工工会"就已名存实亡。

三、阿非利卡人和英国人关系的新发展

阿非利卡人内部两派的对决 英布战争后,现实的英国人从英布矛盾对立中吸取了一些教训:一是英国在南非着重攫取经济利益。1914年英国在南非投资已高达3.7亿英镑(仅次于对印度的投资5亿英镑),于是在政治上对阿非利卡人作适当让步,表现在:1906年取消了加强总督权力的"利尔顿宪法";1907年提早让德兰士瓦和奥兰治两殖民地实行自治;1907年提前停止招收南非华工;并在1910年成立南非联邦政府时让阿非利卡人中有威望的领导人路易·博塔将军组建中央政府(5月31日)。二是为了维护英国在南非的最高战略利益,在阿非利卡人领袖中培养和拉拢亲英派(也针对德国拉拢"亲德派"),以便对南非联邦实行有效的控制,博塔和剑桥大学毕业的高才生史末资便是英国选中的首批对象。

阿非利卡人内部在对英国的态度上基本上分成两派(也可以说分成三派,还有一个反英的"鹰派")。博塔、史末资等前布尔将军都是以身为阿非利卡人而自豪并坚持阿非利卡人的基本利益的。但他们又比较了解英国的政策。史末资的剑桥学习生活使他对英国文化有较深

博塔讽刺漫画

的了解，他们认为南非相对落后的经济状况离不开英国的投资。必须借助英国金融资本家的资金、技术、设备，才能使南非经济获得较大发展，领先居于非洲大陆最前列。而要吸引英国人的投资，必须保障英国人的必要利益。南非联邦必须在大英帝国内部求得发展。所以在对英关系上，他们成为坚定的"和解派"。而博塔、史末资的这种立场、见识和所执行的政策同样得到英国统治集团的赏识和信任："虽然史末资本人也是一个阿非利卡人，但是他把着眼点更多地放在世界和英联邦上，而不仅是国内事务。"同是布尔前将军的赫尔佐格代表"反英派"观点，这一派的拥护者是迁徙的布尔人地主（主要在德兰士瓦和奥兰治两省）和中下层农场主，反映一种比较极端的布尔人观点和狭隘的布尔民族主义情绪。他们认为不仅白人和黑人必须"分离"，连阿非利卡人同英裔白人也要"分离"。提出所谓两个白人种族也须分开发展的"双流论"。赫尔佐格反对博塔、史末资的对英"和解"观点："我不能设想在'和解'之下会办成什么事。南非必须由纯粹的阿非利卡人来治理。"

两派的分歧首先在内阁中反映出来。博塔在内阁任总理，史末资身兼内务部长、矿业部长和国防部长三职，赫尔佐格任土著事务部长。两派分歧在南非最大的经济利益如何分配上表露出来。博塔、史末资重视保护英国金融资本利益，主张由联邦政府提供财政拨款，扩建铁路、港口、交通等基础设施。赫尔佐格一派极力反对。1912年他发表演说含沙射影地攻击那些"把英帝国利益放在南非利益之上"的人，"都是不够格的南非公民"。赫尔佐格为此被排挤出内阁。1913年11月在"南非党"代表大会上，两派公开分裂。1914年1月赫尔佐格等退出南非党另组阿非利卡人国民党，与南非党也可吸收英裔白人参加不同，国民党只有阿非利卡人方可加入。

两派在第一次世界大战问题上的分歧　关于即将到来的世界大战，两派就南非联邦是否与英国站在一边对德作战又发生分歧，掀起轩然大波。赫尔佐格派的布尔人怀有强烈的、根深蒂固的亲德观点（"血管中条顿的血液"只是因素之一），绝对不同意站在英国一方参战。一些布尔人说：盼了15年都没盼到的"德英战争"终于来了，是从中取利的机会了。博塔内阁则公开向英国承担了参战的义务，并向议会提出每年支出50万英镑作为军事费用，外加8.5万英镑作为"向英帝国海军的捐献"。

1914年8月4日英国对德宣战。博塔内阁利用议会正值休假径自决定南非参加英国一边对德宣战，并答应英国之请拟派南非军队占领德属西南

德·韦特，布尔游击队强有力的领导者，多次逃脱追捕

1915年的史末资

非洲。9月9日议会复会，赫尔佐格派议员严重抗议内阁关于参战和计划占领德属西南非洲的决定。9月14日，南非政府正式宣布对德作战。赫尔佐格派中的鹰派（亲德派）首领、前布尔游击队将领德·韦特等筹划乘世界大战之机发动武装叛乱，恢复原"布尔共和国独立"。赫尔佐格了解英帝国军事力量强大，力主慎重，不可孤注一掷，只能使用和平方式，不能使用暴力来反对博塔内阁的"亲英"方针。10月9日，前布尔将领马里茨、拜尔斯、德·韦特等纠集1万多名布尔人在边境集结（号称"南非解放者"），宣布推翻博塔内阁，成立"临时政府"，公然发动叛乱。德兰士瓦、奥兰治省一些地方起来响应。博塔、史末资动员3万政府军（包括3营英国正规军），以史末资为总司令坚决镇压。多数白人民众知晓英布联盟的重要性及其力量所在，没有起来响应布尔将领的轻率行动。叛乱持续3个月，到12月死亡300多人，叛军失败，5 000多名被俘，其余作鸟兽散。到1915年1月叛军首领或降，或俘，或死。精明老练的赫尔佐格置身于军事叛乱之外，明哲保身，三缄其口，未受惩治，保存了新建国民党的基干力量。但赫尔佐格在议会中仍以"和平方式"力主在大战中"保持中立"，进行党派政治斗争，充分显示其老辣的政治手腕。

史末资在平定了旧派将领叛乱后，1915年1月立即挥师6万，分5路纵队，从南面和东南面进入德属西南非洲。德国驻军不足9 000人，且战且往北撤退，7月9日德军在科腊布投降。此外，博塔政府还派遣南非军队一个师到埃及，一个师到欧洲，另有几万军队进入德属东非与德军鏖战。博塔政府如此卖力参加英方第一次世界大战，不仅是为支持英国，也是为了分享大战成果：占领德属西南非洲等，更是为了提高南非联邦的国际地位。果然，大战结束后南非被认为大有功于协约国，博塔、史末资受邀参加1919年的巴黎和会，俨如战胜国一员，分赃不少。

第十六章
两次大战之间的南非（1919—1945）

一、战后南非诸方面矛盾的激化

史末资内阁面对复杂的局势 1919年8月27日博塔去世。白人政府中党派斗争更趋复杂。史末资以他在第一次世界大战中为大英帝国所建立的功绩赢得声望，证明他没有辜负英国对他的"伟大的信任"，英国全力支持他继任内阁总理。史末资由内阁的智囊成为名副其实的掌舵人物。但是第一次世界大战后南非极端复杂的国内形势正向这个南非最杰出的白人政治家提出严峻挑战。

第一次世界大战对南非经济影响很大。硝烟弥漫的欧洲对南非工业品和日用品的供应减少到最低程度。南非完全依靠进口的商品价格高涨，工人工资剧增。雇工最多的矿业资本家为降低日用品价格，极力要求政府推动发展地方加工工业。中东战火迫使苏伊士运河停航，绕行好望角的航船倍增，对燃料和鲜肉、蔬菜等的需求也激增，刺激煤矿工业大发展，农牧业产品市场也兴旺起来。几年内，南非工业总产值增长40%以上。加工企业从3 000多家增至6 000多家；加工工业工人从10万人增加到13.4万人（其中白人工人占5.4万人）；制造工业的非白种工人从6.1万人增至11.3万人。矿业

博塔（左）和史末资（右）

工人增加最多，总数达31.5万人，采矿业的黑人矿工增加到27万人。战时矿业只有金刚石生产下降一半，黄金生产维持原水平。

外贸兴旺，农产品出口大幅增加，高价食品带来的利润刺激了农业生产：农场主争先恐后地扩大生产，买地、买农业机械，增加化肥、水利的投资，甚至不惜借债或获取银行贷款来投资。布尔大农场主和地主从出售农产品中获得巨利，对南非党执政政府也较为满意。英布上层矛盾也有所缓和。

布尔人农场主中两极分化（阶级分化）进一步加剧。一小部分大农场主靠出售农产品获巨利，积累了资本，低价购地，扩大了地产，渐由粗放农业转向资本主义集约性农业，变成农业资本家，开始雇佣农业工人，使半封建的租佃制有所突破。另一方面，小农场主破产加剧，沦为拜亡纳（Bywoner）者越来越多，至1930年白人雇工增至18.5万人。"穷白人"成为日益严重的社会问题。使问题更加复杂化的是，破产小农场主以及农民的未成年孩子也大多流入城市，以流入约翰内斯堡最多。盲流的一部分成为金矿和工厂工人，一部分生活陷入困难境地。这部分人多是不掌握熟练技能，只适于干粗活却吃不了苦的，种族成见又使他们不愿做"卡弗尔工作"（"黑人工作"）。白人雇主（资方）对这些"穷白人"最挠头，宁愿雇非洲人做非技术工种，可以少给工资，而不愿出高得多的工资去雇"穷白人"。这些穷困潦倒的穷白人流落到城市，更容易接受种族主义思想。他们的"潦倒状态"影响着白人社会的稳定，因而他们最受历届白人政府的呵护，总能成为任何种族歧视政策的强有力的推动者。

另一方面，阿非利卡人中资产阶级也开始缓慢形成。他们中间最早出现的是金融资产阶级。早期阿非利卡人的金融公司有1918年成立的桑兰投资公司和桑坦保险公司。这两个公司的主要功能是收集农场主和城乡中产阶级的闲散资金，然后贷给阿非利卡人成为生产资金。桑坦公司的主要投资领域还在农业部门，既为农场主提供短期信贷，也承担短期和长期的保险业务。桑兰公司通过金融业不断渗入阿非利卡人其他领域。这就有力地推动了阿非利卡人的扩大再生产和资本的积累。1910—1919年，一小部分大农场主和地产商大举投资金矿和金刚石矿等，成为金矿和其他矿业公司的股东。还有一部分人投资加工业，但规模甚小。金矿业中阿非利卡人股东逐渐与英国资本利益趋于一致，而与农场主利益相悖。这是值得注意的新现象。阿非利卡人中这一部分的新兴力量（大部分还属中产阶级）构成博塔—史末资"和解派"的新的社会基础。阿非利卡的加工工业的资本家在劳工问题上也有与英国矿业主的利益相近之处，但在关税问题上却与英国金融资本又颇有龃龉，而与农场主又有相投之处。

南非政府的三大难题　在战后这样诡谲多变的形势中,史末资内阁面对着三大难以处理、矛盾重重的棘手问题(其中"工人罢工问题"见下节)。

关于劳动力问题。在世界大战期间,战时压倒一切的需求促使工矿业和运输业飞速发展,对劳动力——熟练劳工和半熟练劳工的需要量猛增。白人工矿资本家纷纷将需要较高技术的技术工种或半技术工种交给工资很低的黑人去做,如矿山的电力机车司机等。能干又能吃苦的黑人工人干技术工种一点不比白人工人差。战争结束时,1918年南非的人口比例是:在总人口约700万人中,非洲黑人约占67%,白人约占20%,混血种人约占9%,印裔人约占3%。主要劳动力要靠黑人提供。在南非的种族环境下,技术工种基本上由白人工人包揽,这在社会上向来并无多大争执。主要争执问题在于,半技术工种除了雇佣"穷白人",可否也雇佣黑人,黑人工资比白人低得多,白人工资要高好几倍。英国金融资本家、矿主和工业资产阶级少数是阿非利卡人,他们都愿意像战时一样,大批雇佣非洲人。但阿非利卡农场主却坚持,工矿的技术工种甚至半技术工种都应该雇佣流入城市的"穷白人",以免将农场使用的或雇佣的非

金伯利矿场2 000英尺下的劳工

洲廉价劳动力大部分吸引到工矿和城市中去，同时又使大批已经离乡离土的"穷白人"无法就业。因此，阿非利卡农场主、部分英裔农场主和白种工人主张在工厂、矿山和城市都要立法制定"工种保留制度"，不仅绝对禁止非洲人去做技术工种，也要禁止他们做半技术工种。金融资本家和工业资产阶级则反对这种完全不让非洲人做半技术工种的过分的"工种保留制"，并以过分肤色限制将不利于正在发展的南非经济势头来游说史末资内阁。史末资在劳动力政策上坚定维护英国人和阿非利卡人资产阶级的利益，不愿仅仅让农场主和农业资本家垄断使用廉价劳动力。

关于关税政策问题。英国金融资本家主张南非联邦对英国商品实行帝国内部的"特惠关税制"（又译"帝国特惠制"Imperial Preference）①。阿非利卡农场主和大部分经营加工工业的资产阶级均反对"特惠关税制"。他们认为这种税制有利于英国推销其商品，而不利于他们购买帝国外的廉价商品，将损害阿非利卡人利益，阻碍其工业在南非的发展。在关税问题上，刚刚诞生的阿非利卡工业资产阶级同农场主联合起来反对英国金融资本家。史末资在这个问题上展开娴熟的政治手段，表面上采取一项反对只符合英国资本利益的"特惠关税制"的政策，并赞助创建阿非利卡人工业（或南非工业）。但这一政策的实施结果是扩大了英国资本在南非的投资范围。因为按史末资内阁新政策，在南非境外的英国既然得不到关税方面的特惠待遇，便直接在南非境内大批建立各种工厂，使他们的产品成为"南非产品"，享有关税和各种税收的特惠。例如，1922年英国资本便在南非建立一所大钢铁托拉斯。阿非利卡人资产阶级只在关税上得到小小利益，却使英国资本转而到南非境内大建工厂，实际上反而阻碍了方兴未艾的阿非利卡人资本主义的发展，这一状况直到1948年以后方才改善。史末资弥合英国人和阿非利卡人两个资产阶级的矛盾和分歧，手段高明，以致阿非利卡资产阶级甚至一部分布尔农场主，都感到史末资内阁维护了他们的利益；而英国和英裔资产阶级也感到他们的利益在更深、更广的层面得到了照顾和维护。

二、兰德金矿罢工及其启示

兰德金矿的矛盾错综复杂　　1921年经济危机使南非各方面矛盾激化。南

---

① 英联邦各自治领和殖民地形成一种自给自足的贸易体系，让英国商品在大英帝国范围内免税或减税；对各自治领商品课以比外国商品更低的关税。

非矿业资本家对白人工人和黑人工人的剥削存在两种剥削率：白人工人工资比黑人工资高7—9倍[1]（即对白人工人剥削率比对黑人工人剥削率低若干倍）。例如，一般黑人月工资为6英镑，白人工资为42英镑以上。白人矿主向来用对黑人的高额剥削率来弥补他们对白人工人较低的剥削率，因此，15万名分布在铁路、矿山、工厂等企业的白人工人中有相当一部分成为劳动贵族。在经济危机中，资方的利润率下降。金矿矿主一方面力图削减白人工人工资，延长工作日；另一方面也想用工资低廉的半熟练的黑人工人来"替换"一小部分工资高昂的半熟练白人工人。具体办法是，宣布原来只招收白人的几个工种向黑人开放。当时金矿白人工人约1.8万人，黑人工人18万人。这些做法的实质反映出：一方面金矿主企图加强对白人工人绝对剩余价值（压低工资）的剥削；另一方面力图扩大对黑人高剥削率的使用范围。

在南非根深蒂固的种族主义环境下，要看到金矿主的上述办法，在相当程度上是虚晃一招：以迫使白人工人答应削减工资和延长工时。因为，首先，金矿主明知不可能以黑人技术工人代替大部分白人，这将打破南非上百年种族主义政策的藩篱和所谓"种族平衡"，从而使英布战争以后英国人与阿非利卡人之间的妥协失去一个重要基础。其次，改变已形成的工业雇佣制度中的种族成分，必会严重破坏阿非利卡农场主以"隐蔽的奴隶制"和超经济强制来剥削非洲人的整个农业制度。再次，这种"扬言替代"策略，又有很恶毒的一面，将恶化黑白工人的关系，阻止黑白工人联合起来对付资方，从而孤立二者。

罢工前夕各派力量的表现　战后，南非工人罢工此起彼伏，持续不断。被媒体诩为解决难题能手的史末资也被弄得焦头烂额，难以应付。1918年5月，约翰内斯堡白人雇工和黑人雇工举行罢工。政府对白人作了让步，却逮捕了100多名罢工的黑人。1920年2月17日，7.1万多黑人矿工在21处矿山同时举行罢工，要求提高现行的难以维持生命的低工资。矿主不肯提高工资。政府决定以武力解决罢工，军队开进矿区，以武力押送工人回矿井工作。罢工虽失败，但显示了黑人工人团结的力量。

1921年兰德金矿利润迅速下降，矿业公会要求：取消原定的招募非洲工人仅限北边、不得越过南纬22°线的规定；废除工会关于凡带有技术性的工种均由白人工人担任的"种族界限"的协定。矿主与工会几经谈判，年末终以失

---

[1] 据Hancock估计，在矿业部门白人工人工资比黑人工人高15倍。见Davenport, T.R.H., South Africa, A Modern History, Macmillan, 1911, p.254。

败告终。矿业公会通知工会，此后矿业公会将不再受"种族界限"协定的约束。白人工人的代表，在与矿主谈判中提出两项主要要求：一是反对降低白人工资；二是要求由白人工人垄断所有技术工种和半技术工种，实行严格的"工种保留制度"。谈判没有取得效果，1月8日，1.8万白人工人在白人工会领导下举行罢工。整个金矿生产停顿下来。

此时各派政治力量纷纷出面加紧活动，为即将举行的大选捞取选票。赫尔佐格的国民党乘机进行猛烈的反对史末资政府的宣传，谴责南非党政府出卖白人利益，号召所有白人工人一起反对史末资政府。只限英裔白人参加的工党（1909年成立）在整个罢工过程中，只是狭隘地维护英裔白人的经济利益而没有更大的作为。南非几十万工人已陷于严重的种族分裂，无论白人工人内部还是黑人工人内部都不团结。在充满种族仇恨的南非社会中，白人工人和黑人工人的政治觉悟和成熟程度都不高。1921年成立的南非共产党实际上是白人共产党，党员中东欧和犹太移民占很大比例，黑人党员凤毛麟角（1924年南非共产党第三次代表大会后才准许黑人工人入党）。它支持兰德罢工却未能去除兰德罢工的浓厚种族主义色彩。当时南非数万白人工人中绝大部分白人工人不是出生于工人家庭，而是战后破产的布尔小农场主（"穷白人"），文化水平很低，无一技之长，却深受赫尔佐格国民党种族主义思想的熏陶。他们一向拒绝与黑人工人结成反对资本的阶级联盟，却与国民党的种族主义极端派结成反对黑人的种族联盟。18万非洲工人看到兰德罢工一开始就打出的维护白人种族特权的旗号和罢工者明目张胆的反非洲人的宣传，就不愿意支持兰德罢工，而采取静观其变的消极态度。

兰德罢工和"全世界无产者为建立白人南非而斗争"的口号　白人工人于1月8日开始罢工后，迅即组织"纠察线"阻挠矿主雇用非洲人"替代"他们。2月7日政府颁令禁止"纠察线"。2月底，警察开始枪击守卫矿场的工人纠察队。白人工人以武装对抗。阿非利卡工人模仿英布战争时布尔人游击战术小组的做法，组成"民团"，以武力将黑人"替代工"赶走。在白人工人集合地上空飘扬着两杆红旗，上书"争取白人南非"、"全世界无产者为建立一个白人南非而斗争"。白人工人企图占领金矿，以迫使史末资政府辞职。赫尔佐格国民党在其中推波助澜。3月7日和8日发生几起严重事件，一部分最不觉悟的白人工人屠杀了非洲工人。非洲工人被杀56人，伤128人。3月10日，工人"民团"占领矿区所有警察局。局势开始失控。

这几次事件造成的混乱给史末资政府提供了冠冕堂皇的镇压罢工借口：

"保护"黑人工人。史末资亲自指挥,调动真正的布尔民团,6队常备军,1团德班步兵,共1.8万兵力,从3月10日开始血腥镇压罢工的白人工人。白人工人设街垒进行反抗。战斗持续6天,白人工人死182人,伤1 200人,4 758人被捕,其后1 409人受军事审判,几个工会首领被判处绞刑。

史末资政府之所以敢于动用军队,挥舞屠刀镇压兰德工人罢工,在于他狡黠地调整了宣传口径,把主要社会集团震慑住了:一是宣称兰德罢工是"南非共产党阴谋",是"莫斯科共产国际阴谋"。这个"指控"首先把广大的阿非利卡农场主震住了,使他们不敢声援其"布尔同胞";二是宣称"国民党阴谋推翻合法政府,恢复布尔人共和国",这把英裔白人吓得胆战心惊;三是史末资政府声明,反对白人工人对黑人工人的屠杀,这个声明加强了兰德罢工的种族主义色彩,把黑人群众都吸引到史末资政府一边,反对罢工中的白人工人。

兰德罢工悲剧性的失败证明了几条真理:一是压迫其他民族的民族是不可能获得自由的;二是种族主义对社会革命具有摧毁性的破坏作用;三是种族隔离制(segregation)和种族歧视政策是统治集团用以维护和加强其统治的得心应手的工具;四是种族主义改变了南非许多事物的本来面目,使经济要求(提高工资)不可能用经济的办法(罢工)来解决,使其演变成种族之间争斗,工人阶级的阋墙之争。

三、史末资下台后赫尔佐格国民党上台执政

史末资亡羊补牢的政策　史末资虽然以武力手段平息了白人工人所制造的社会动乱,但兰德罢工使他看到南非的社会矛盾的深刻性和种族主义在南非社会的根深蒂固。他采取武力镇压兰德罢工的方式,在南非白人社会各阶层引起的不满程度是他事先未充分估计到的。随着社会表面上恢复了"平静",白人各阶层的不满反倒愈加强烈起来。在一些地方市议会的选举中(如只有白人才有投票权的德兰士瓦),支持史末资的候选人都遭到惨败。在1922—1924年的南非政治生活中,出现了奇特的现象:史末资政府似乎成了兰德罢工死亡者的"遗嘱执行人"。这真是对历史的莫大讽刺。

首先"替代"政策烟消云散。罢工后白人熟练工人并没有一人被解雇。而白人半熟练工人被黑人工人所"替代"的只有523人,主要是因其在罢工中被打死或被监禁的,不到白人工人总数(18 000人)的2.9%,而几千名黑人矿工却因失业被送回保留地。

第一次世界大战中有色人种水手隔离室

其次，对付黑人的种族主义"三大法律"陆续出笼。1922年出台的《土著事务法》开始从法律上规定白人和黑人"分别发展"。1923年颁布的《市区法》，规定黑人只许住在离城10—15公里的特定郊区，由政府官员管辖。此后黑人不得居住于隔离区之外（除受白人雇佣的黑人佣工以外）。1924年通过的《工业调停法》规定，黑人工人在法律上不被视为"从业者"，以此被排除于资方与工会签订的协定之外，此项法律事实上剥夺了黑人工人罢工的权利。

史末资所制定的严厉限制黑人基本权利的"三大法"并未能延长其南非党政府的寿命，也未能把流失的白人选票给找回来，只是把史末资本人的种族主义真实面目暴露给了非洲人。他镇压白人工人的行动，使白人工人的工党站到赫尔佐格的一边。历史年轮似乎更加有力地转动了南非的种族主义。

赫尔佐格政府强化种族主义立法 在地方选举中惨败的史末资气急败坏地宣布解散议会，举行大选。1924年6月17日的选举，国民党得到工党的支持（63席+18席）取胜，史末资所在党只获得53席。6月30日赫尔佐格组织政府，开始了连续15年（1924—1939年）的执政。赫尔佐格是个极端种族主义者，他仇视黑人，坚决主张在南非社会中，白人与黑人一切都要分离、分开。他坚定地站在阿非利卡人大农场主、大地主的一边，在反对"特惠关税制"上也部分代表阿非利卡资产阶级的利益。为了拉拢阿非利卡白人工人，他曾答应如果他上台执政就要执行对"有色人种差别待遇"。他煽动说："土著居民的经济生活危害白人工人的经济生活。如果只让土著居民从事简单劳动（非技术工种），那么在白人中，非熟练工人将永远只是个别现象。"对英裔工人他保证维持他们工人

史末资画像

贵族的地位，不受非洲人的潜在竞争；同时为安抚英国人，他答应稍加缓和所宣传的"双流论"，并把"共和主义"也暂时搁置。

赫尔佐格国民党执政15年中，种族主义措施"立法化"迈入一个新阶段。他的施政核心就是种族隔离，而其最显著的"政绩"是培养了一代白人工人贵族并形成一整套收买白人工人贵族的措施。后世有人抱怨"赫尔佐格制造出南非最坏的那部分（白人）无产阶级"。他在任期接二连三地抛出"五大法（令）"，其中心是用立法手段在工种上设立肤色的差别待遇，实行最严格的"工种保留制度"。1924年，他刚上台就颁布所谓"文明劳工通令"，责成国家机关并"建议"一切私营企业公司，以白人代替非洲人来担任所有

赫尔佐格

需要专门技术的工作。1926年他修订、通过了《矿业和工厂法》，禁止将担任火车司机、矿业技师的许可证件发给非洲人，禁止非洲人从事需要特别训练的工种。这两道法令将非洲工人完全排除于技术工种和半技术工种之外。1927年颁布的《班图管理法》，剥夺了保留地黑人居民的政治权利，政府可以随意撤换保留地酋长；未经白人当局许可，黑人不得举行群众集会。《防止聚众闹事法》又规定在保留地以外，当局可以随时解散黑人群众集会。《防止非道德法》实际上禁止黑人与白人通婚。

以国家力量促使阿非利卡人经济的发展和转型　赫尔佐格政府在阿非利卡人中发起经济复兴运动，以国家力量首先扶植阿非利卡人金融业发展。三大银行布尔萨姆沃克、沃尔克斯卡斯和尤尼威凯尔斯都是在20世纪30年代先后注册成立的。1939年又成立了人民联邦投资公司，通过它进入煤炭开采业。到20世纪30年代末，阿非利卡人的信用公司已发展到40家，控制金额2 700万英镑，占南非私人金融业的5%。南非政府采取两项措施促进南非白人制造业的发展：一是成立第一个国有公司供电委员会，为制造业提供廉价的电力供应；二是1925年颁布的《关税法》和《关税补充法案》，提高关税，迫使原进口产品在南非设厂制造，为阿非利卡工人提供就业。支持阿非利卡人私有制造业发展是赫尔佐格政府发展制造业的重点。2/3的阿非利卡人制造企业是在"经济复兴运动"中建立的。在20世纪30年代末4个财政年度内，制造业产值

增加39%，雇佣工人增加22%。阿非利卡人的商业是从社区开始同英国人、犹太人和印度人争夺阵地的。1943年，阿非利卡人的购买力从1939年的10亿英镑增至12亿英镑。所占市场份额从1938—1939年的8%增至1948—1949年的25%，总营业额增长7倍。赫尔佐格政府在扶助阿非利卡农场主向现代农业方向发展上是不遗余力的。对农产品实行保护性价格体制，品种从20世纪20年代的两种（酒、马铃薯）增加到30年代农产品全覆盖。1927—1928年赫尔佐格政府投资建立200个以上灌溉区，灌溉面积达43万公顷。1932年拨250万英镑修建水坝、打深井。其受益者都是阿非利卡农场主。阿非利卡人农场产值大增，1939—1948年10年内从1 366英镑增至1 607英镑。

赫尔佐格政府通过《土著土地法》等立法手段，为阿非利卡农场主提供充足的廉价劳动力，使阿非利卡人的农业、渔业和林业私人经济获得巨大发展，到1939年就已占有总额的87%。农业是唯一没有"工种保留制"的部门，阿非利卡农场主容易雇到大批熟练的廉价劳动力。农场雇佣的黑人劳动力总数持续增加，从1937年的403 419人上升到1946年的567 569人，而农场主人数却日趋减少。阿非利卡人从事农业经营的人口从白人人口的30%降到23%。商品农场数量从10万个减少到不足6万个。这一切说明，在国家的帮助下，阿非利卡人的农场正朝着大型的、实力雄厚的、现代化的方向发展。这正是赫尔佐格政府"扶植农业"所要达到的战略目标。

英布关系的新发展　赫尔佐格在竞选时愿意被称为"反英派"，以捞取一部分阿非利卡人的选票，但在上台后，他对英布力量对比有清醒认识，对英态度转向现实。他宣称："如果想违背一大部分国民的意愿，而强使南非（脱离英帝国）分立，那将是一个明显的错误和困难"。在增强阿非利卡人力量和"分立"方面，他既作了一些扎实的工作（经济方面，见上文）；也做了一些表面的宣传工作，颇擅于作秀。

象征性措施：为了满足阿非利卡人心理需求，从1924年起，南非邮票上不再印英王乔治五世的头像。1925年建议英王不再向南非籍公民加封贵族称号。1927年通过《国旗法》，以南非国旗与英旗并挂。

语言：1925年议会正式通过以阿非利卡语取代荷兰语为第二国语（第一国语为英语）。

外交关系：利用1926年伦敦帝国会议上各自治领均希望不受与伦敦政府关系的影响，控制自己的对外政策并确定自治领的确切性质，南非政府对"独立"表现出更积极和迫不及待的态度。在1931年才公布的《威斯敏斯特条例》尚在方案讨论之时,赫尔佐格政府就引人注目地于1927年设立外交部,1929年派驻外交机构;1931年《威斯敏斯特条例》公布后立即参加国联。这些姿态都为赫尔佐格在阿非利卡人中赢得了政治资本。

对英国金融资本的政策:赫尔佐格政府与史末资政府一样为英国资本提供方便,尽力为金融资本所属矿业公司、铁路、企业等提供廉价劳动力。1928年,他为便于南非矿业输入莫桑比克、马拉维等地区的非洲劳工,而制定了一项十分有利于英国矿业资本的法律。总之,赫尔佐格以他特有的、与众不同的一套方式,在大的方面不声不响,不脱离英国既定的政策轨道,而在小的方面则不惜大作姿态,甚至玩小动作,引起阿非利卡人的阵阵喝彩。

英国政府(从麦克唐纳首相到鲍德温首相)对赫尔佐格政府的政策是从大处着眼,主要在经济上获取最大的利益,只要基本符合英国既定的大政策,可在小处作些让步(很多是表面的)。在1922年兰德罢工中颇受惊吓的英国金融资本已经看到,英裔工人和阿非利卡工人联合起来"造反"是南非最可怕事件,它导致"忠诚于英国"的史末资政府下台。如果形势进一步发展成南非所有英裔工人与大多数阿非利卡人联合起来进行反抗,英国在南非的基本利益将受到严重威胁。因此,英国政府为了保障英国在南非的两项根本利益——战略要地和金库后备基地——只要阿非利卡统治集团不明目张胆地采取公开的"分立主义"和"共和主义",都可以让赫尔佐格国民党这匹"骡马"替代史末资南非党拉车,以便更有效地控制阿非利卡人。

英国政府认为处于在野党地位的史末资及其南非党可以更有效地发挥三方面作用:一是史末资南非党可以以在野党身份对赫尔佐格政府进行蛊惑性的攻击、施加压力,使它在重要政策上执行妥协政策。二是史末资可采取相反相成的手段,在议会上攻击并"谴责"赫尔佐格政府"仅仅支持和满足"阿非利卡人的诸般要求,促使阿非利卡人更加支持(以至于盲目地支持)赫尔佐格政府,而实际上赫尔佐格政府只是执行英国在南非的既定政策。英国认为有绝大多数阿非利卡人支持的政府(在黑人没有选举权前提下)是稳固的,其政策(英国是大体同意的)也是稳定的。三是通过史末资南非党的抨击,英国可以检查和校对赫尔佐格政府所执行的政策是否"偏离"了"妥协"的路线。而且,南非党这类抨击本身往往就是一种"校正",不必由英国从外部再进行干预。

1933—1939年的联合政府 20世纪30年代初,南非国内外形势都发生了重大变化。从1929年开始资本主义世界进入了经济危机和大萧条,南非非洲

1929年赫尔佐格内阁

人反种族歧视运动和工人运动大大加强(见下一节)。英国在世界经济危机中受到严重打击,大英帝国的衰落更为急剧,它更需要通过亲英派政权对南非进行控制。形势要求南非白人统治集团要平息争端,将各派力量聚合起来对付黑白穷苦劳工。德国法西斯力量兴起,以西南非洲为基地向尚存亲德土壤的南非渗透。西南非洲德国移民与赫尔佐格政府中少数亲德派遥相呼应。不安全的预感笼罩着南非。多年来赫尔佐格政府由于自恃有兰德金矿,坚持早已不合时宜的金本位政策,如今引发了严重的金融危机。居民唯恐货币贬值,争相大量购买黄金,南非资本家恐慌起来,大量资金流入伦敦,南非的纸币南特贬值。赫尔佐格政府被迫于1932年12月21日放弃金本位制。1933年1月24日史末资要求国民党政府辞职。赫尔佐格政府为避免辞职,急于扩大其社会支持基础,向史末资南非党建议,两党结成联盟。经过谈判,1933年3月30日,两党组成新政府,由赫尔佐格任总理,史末资任副总理,12名部长中南非党人占3名,后渐增至6名。

两党联合执政后,形势迅速好转。1933年5月17日举行大选。两党联合阵线在全部150席中获138席。联合执政一年多,成绩斐然。1934年6月5日经商议,国民党与南非党正式合并,成立"统一党"。原国民党内部的极右派反对合并,分裂出去,成立以马兰为首的"纯粹国民党",拉走了20名议员。以史托拉德为首的"亲英派"也从史末资队伍中拉走一批人组成"自治领党"。

联合政府的成立对英国是大有利的,它巩固了英国金融资本在南非的阵地,因而受到英国政府的支持。史末资自1924年下台后当了9年的在野反对党。这期间他对南非各方面的问题和痼疾似乎看得更为清楚了。但原来两党所代表的社会集团的利益并无改变,只是随着形势的改变,需要维护利益的重点有所变更,因而赫尔佐格与史末资仍然存在颇大的分歧。只是在世界经济危机过后,南非出现的罕见的经济繁荣掩盖了其中部分分歧,使两党合并后的联合政府又维持了5年时间。

两党内部,现在成了统一党内部,表面上的"统一"掩盖了深刻的矛盾,特别是在对英关系上。史末资处理矛盾的方式一如既往,仍然是以牺牲大多数非洲人的利益和权利来取得国民党人在对英关系上的"将就"。1935年12月,英国与法国签订"霍尔—赖伐尔秘密协定",以牺牲非洲弱国埃塞俄比亚的利益来满足侵略国意大利的要求。这一丑闻引起了各国的愤怒,英国的声望严重受损。亲英的史末资也因被蒙在鼓里而蒙受侮辱。国民党人乘机大肆鼓噪,攻击一些土著法仍允许开普省的非洲人拥有选举权。

部分非洲人拥有选举权(仅限于开普省)一直是阿非利卡人挥之不去的梦魇,它对白人控制的南非少数人政权是一个现实的威胁。阿非利卡人统治集团对他们自1910年以来之所以能执掌南非政权是心知肚明的:英裔白人在南非的经济实力要比阿非利卡人强大好几倍,但阿非利卡人的人数比英裔白人至少多出1倍,通过非洲人被剥夺了选举权而白人却拥有一人一票的不公正的选举,南非中央政权已经稳稳握在人数远比非洲人少得多的阿非利卡人手中达26年之久。阿非利卡人对本民族之所以能够在南非发挥超出自己经济实力的作用和影响,是心中有数的。如果经济力量远不如白人但人数超过白人总数两三倍的非洲人也拥有一人一票的选举权,南非中央政权将毫无疑问地落入黑人手中。黑人拥有一人一票选举权,这是南非所有白人种族主义者认为最危险的事,是让他们最为寝食不安的事。自从1909年"南非法"第35条保留开普省非洲人(黑人和有色人)的选举权以后,20多年来白人少数政权一直企图斩草除根,彻底剥夺所有非洲人的选举权。赫尔佐格政府一直视之为"心腹之患",但限于宪法第152条规定修改土著权利须经两院2/3多数通过,因而迟迟未能下手。1933年的选举造成了两院议席的新形势。现在,只要史末资及其追随者同意,赫尔佐格就可以动手修改这些条款了。1936年史末资同意以下做法:在《土著代表法》中规定,把开普省所有有选举权的非洲人从共同的选民总名册中勾销,列入另册;由另册的非洲选民选举3名白人众议员和4名白人参议员作为他们的"代表"。

与此同时,议会又通过《土著管理与土地法案》,规定在5年内购买价值1 000万英镑约2 000万英亩土地以补充非洲人保留地,使保留地的土地增加到3 400万英亩,达到全国领土的12%。1938年政府又声明,土地只拨给部落,不分给个别农民,由"部落农民"出钱购买,并首先出售给愿意迁出市区的非洲人,这实际上是一项加强种族隔离的法案。这项名实不符的"土地改革"的诺言——1838年开始收买土地,导致南非农民运动的衰落。

史末资同意以"另册"方式剥夺非洲人选举权的表态,也获得赫尔佐格在"发展南非军事工业"上对史末资的战略企图的让步。史末资主持军事工业的发展,使南非军火生产能力飞速提高:子弹生产能力从年生产1 000万发增加到3 000万发;高空炸弹、野战炮等的制造相继投入生产;向欧美购置新型作战飞机,南非空军力量的发展一日千里。1939年对男性白人居民实行志愿兵制,使南非可动员的后备军达47万人。

参战问题导致白人分裂 1938年的大选结果证明统一党仍得到白人居民多数的支持:在153议席中获得111席,马兰的纯粹国民党获27席。20世纪20—30年代南非内部经济、政治的发展变化,使一部分新兴的阿非利卡人中产阶级同英国资本逐渐融合。在战争越来越逼近的前夕,南非白人在对待战争问题上再次产生分歧。史末资一贯坚持南非必须在英联邦内求得发展,这位学法律出身的副总理认为,只要英国进入战争,这一事实本身就将使南非联邦在法律上与英国的敌手断绝关系。赫尔佐格总理则主张南非中立。纯粹国民党反对南非站在英国一边,主张加强同德国的"天然联系",在南非组织法西斯组织。史末资严厉打击亲法西斯势力。1939年9月1日第二次世界大战爆发。9月4日,议会以80票对67票通过支持英国参战。赫尔佐格辞职。史末资出任总理,组织一个由统一党、工党组成的战时内阁。

四、20世纪20—40年代南非非洲人民族解放运动和反对种族主义的斗争

非国大从衰落到缓慢复苏 20世纪20年代的大部分时间,非国大处于衰落状态,不起什么作用。在经济危机年代,1929年由南非共产党建议成立民族统一战线组织——"非洲民族权利同盟"。加入同盟的有非国大、共产党和工商业职工工会的部分地方分会。由非国大主席古默特任该盟主席,南共书记任该盟书记。1929年11月在约翰内斯堡举行第一次群众集会,决定发动"抗议反非洲人立法"的请愿运动,并针对阿非利卡人的"圣约日",[①]规定每年12

---

① 1838年12月15日祖鲁国王丁刚的军队在"血河"与布尔民团对峙,当晚布尔人向上帝祈祷许愿,如果在这场战斗中战胜丁刚军,以后每年该日做一次祈祷以示感恩。次日布尔人打败丁刚军,遂称12月16日为"圣约日"。"丁刚日"是12月16日非洲人纪念丁刚的日子。

月16日即"丁刚日"为南非各族人民的民族节日。联盟提出三大要求:一是废除通行证制度;二是给予非洲人选举权;三是保证非洲人受教育的权利。12月16日非洲人举行第一次"丁刚日"活动,以声势浩大的群众运动反对《土著代表法》。1930年12月16日举行第二次"丁刚日"活动,在德班召开群众集会,黑人工人烧毁2 000多张通行证和税捐收据。警察向集会开枪,5名工人被杀,其中包括德班共产党领导人恩科西。

到30年代,幸亏大学教育尚未实行种族隔离制,黑人富裕家庭中受大学教育的人数增加。黑尔堡大学培养的大学生很多成为黑人精英。1930年已有一位非洲人博士被任命为兰德大学讲师。非洲人中出现越来越多的律师、牧师、实业家。黑人中产生了很多优秀人物。每次运动中非洲人写的请愿书、抗议书、申诉材料,也越写越好,概念严谨,表达确切。1935年赫尔佐格—史末资政府提出"土著代表法案"(已是第二次)和"土著管理和土地法案",企图取消非洲人在开普省仅有的选举权。非洲人知识分子据理反驳。非国大的贾巴武、塞梅等倡议召开一次黑人团体的群众大会。大会约有500人出席,包括黑人、有色人、印度人团体的代表,该大会成为南非历史上非白人最广泛的一次集会。但此后这类集会的成果越来越小,甚至一无所获。多次内容大同小异的请愿书,送到英王和英国议会,不是石沉大海,就是成效甚微。虽然非国大的每次决议都强调南非联邦必须对英王乔治六世"信任、爱戴和忠诚",但国王并没有因此而改变一丝一毫南非种族主义现状。

左起史末资、赫尔佐格夫人、史末资夫人、赫尔佐格

另一方面,由于大多数白人对待所有黑人的态度极其恶劣,造成黑人包括受过大学教育的黑人知识分子容易接受"非洲主义"思想的影响,对白人包括具有进步思想的白人不信任,保持着颇深的成见,乃至排斥的思想。

非国大青年联盟成立 非国大已经存在30多年,主席换过几任,当时的主席是朱玛。从约翰·杜比到朱玛,非国大都执行了一条极其温和的路线,优柔寡断，不敢越雷池一步。同执掌政权的阿非利卡人的统一党相比，拥有几十万党（会）员的庞然大物非国大显得萎靡羸弱，缺乏斗志。而阿非利卡人尽管人数比非洲人少得多，但受到"上帝选民"宗教思想的武装，并自幼受"白人种族优越"思想的熏陶，内部团结，怀有顽强的统一决心。

非国大自1912年成立以来一直缺乏适合南非的革命理论的武装。与西非英国殖民地在1807年禁止奴隶贸易以后不到一代时间，黑人政治理论家、哲学家、社会活动家等英才辈出（如布莱登、霍顿等）相比，南非黑人理论家是比较贫乏和晚出的。南非和西非这种悬殊必须归咎于南非白人种族主义者对黑人无所不用其极的压迫、歧视、限制和封锁。同样是英国殖民地，西非是开放的，白人移民少，黑人地位相对高。而南非殖民地则是封闭的（尽管开普港的海船往来如梭），白人对黑人封锁欧洲的思想、文化，千方百计限制黑人受教育的权利、从事职业的工种和居住地区。黑人的才能、发展能力、活动范围都受到极大的限制。白人种族主义者关于颅骨相学、"智力测定"等伪科学的铺天盖地的宣传，使好几代黑人和混血种人受到深深的"精神创伤"。一些黑人，包括知识分子产生自卑心理，在白人面前抬不起头，对自己的文化失去信心，对不公平待遇不敢强力抗衡，而只是企求对方温和的人道主义对待。马修斯教授在老一辈知识分子中是一位了不起的人，在黑尔堡大学他同一些有志之士起草了"非洲人民权利法案"，坚决要求停止对非洲人的种族歧视，终止白人的霸权政府。但更多的老一辈领导人物包括非国大的朱玛主席当时已经赶不上时代的潮流。一个由青年才俊组成的集团，正在创立非洲人争取民族复兴的哲学。一位研究法律的、出生于祖鲁的黑人青年安东·伦比德异军突起，他在海尔布隆中学任教时结交了在黑尔堡大学读书或函授的青年学生以及约翰内斯堡地区的黑人青年民族主义者，如奥立弗·坦博、曼加利索·罗伯特·索布克韦、沃尔特·西苏鲁、纳尔逊·曼德拉、彼得·罗巴洛科等。在与这些战友不断磋磨砥砺中，他的"非洲主义"哲学思想发展得更加成熟、系统。伦比德从非国大早期的历史轨迹中看到，一个民族迫切需要一种统一思想和意志。与阿非利卡白人

19岁的曼德拉

相比，非洲人缺乏统一的决心和严明的纪律。他认为，需要向非洲人提供一种全新的思想和哲学——"非洲主义"。这种思想一方面可以武装黑人群众；另一方面可以成为沟通民族领袖同群众之间的桥梁。非洲主义由两种核心思想组成：非洲人的自尊和非洲大陆的统一。伦比德认为由于长期受种族主义压迫、欺凌而产生的黑人自卑感是黑人心理的致命伤，表现为自信心的丧失、低人一等的自我定位、受挫失意的心情，以及对白人的低级模仿和对欧化思想的盲目崇拜。黑人领导人需要不断教导黑人不要为自己的肤色感到羞辱，黑皮肤是最美的肤色之一。伦比德指出，我们黑人必须发展种族骄傲，创造出一种全新的积极的黑人形象。

伦比德的"非洲主义"与流行于西非的"泛非主义"有所不同，这是奴隶贸易结束以后，最受歧视、受压迫最深的南非黑人迸发出来要求解放的思想，既有它的历史厚重感，又有显著的战斗性。当然，它也传承了西非黑人史学家布莱登的许多杰出的思想，如非洲是世界文明摇篮，非洲人参与了人类精神的发展，对新旧大陆都有突出贡献等。

非洲主义强调：非洲是一个黑人的国家，只有他们才是这块土地的主人；非洲人必须成为一个民族；非洲人必须自立自强。伦比德的非洲主义在提出的初期，受到许多青年知识分子的拥护。许多后来成为非国大领导人的有志青年都是在它的影响下成长起来的。在20世纪40年代，伦比德无疑是南非黑人知识青年的精神领袖。

1943年，这批志同道合的青年们一起讨论：他们是另立一个与"非洲人国民大会"完全无关的组织，还是试图恢复这个在他们看来已奄奄一息的组织。讨论结果是：尽管他们对非国大现状十分不满，但还是要通过在其内部成立一个由青年组成的核心组织，让这个老的组织机构新生，焕发青春。1944年复活节（4月9日）"非洲人国民大会青年联盟"在约翰内斯堡城艾洛夫街的班图人社会中心正式宣告成立。伦比德当选为"青年联盟"主席（伦比德不幸英年早逝。1947年积劳成疾去世，时年33岁）。青年联盟的成立反映出南非黑人青年知识分子思想趋向激进。这个组织在初期接受"非洲主义"的思想指导，宣称他们拒绝白人统治的一切形式，把白人统治看作"外来的统治和外来的领导"，提出"非洲属于非洲人"的口号。当时，马库斯·加维的"非洲人的非洲"口号包含有"将白人赶下海去"的极端的、过激的民族主义色彩。这种色彩在未来若干年的革命实践中在大部分领导人思想上渐趋淡化。

南非共产党的作用 1921年成立的共产党在南非几十年革命运动中经历了曲折的道路。在初期党员的种族成分结构中,白人曾占压倒优势。它曾把南非的革命希望几乎完全寄托在南非有组织、有特权的南非白人工人身上。这是一个错误,突出表现在对兰德白人工人罢工的错误领导上。然而,南非共产党人是南非唯一把黑人当作平等的人对待的政治组织。尽管早期一些领导人作了努力,如邦廷曾努力使南非共产党至少在外表上带有黑人组织的外貌,而他本人也被称为"为黑人而战斗的第一个欧洲人",但南非共产党在摸索将马克思主义与南非的革命实践相结合的道路上毕竟花费了过于漫长的时间。它与南非黑人组织"工商业职工工会"(1919年成立)的关系,远不如后来与非国大的关系。南非共产党与前者的领导人卡达利的关系发展到僵持甚至冲突的地步,而同非国大的关系几十年来则有不断的进步。南非共产党在非国大领导人中有许多朋友。曼德拉参加非洲人民族解放运动的引路人高尔·拉比德就是南非共产党员。曼德拉在兰德大学结交的一些完全没有种族偏见的白人,多数都是南非共产党员,其中包括后来成为南非共产党总书记的乔·斯洛沃。曼德拉还有一位共产党员朋友费舍尔,他是阿非利卡人,是前奥兰治殖民地总理阿伯拉罕·费舍尔的孙子。西苏鲁、坦博等非国大领导人也都是南非共产党的朋友。

南非共产党的几位领导人也都加入非国大,如J.B.马克斯、摩西、莫塞斯·科塔尼、高尔·扎比德、拉代尔都成为非国大最活跃、颇具声望的人物。

非国大中许多领导人虽然是南非共产党人的朋友,但由于世界观和政治理念的不同,他们是反对共产党的。20世纪40年代中期,西苏鲁、曼德拉等人不仅反对共产党还反对同白人在革命运动中合作。曼德拉后来(1964年)曾将非国大从40年代以来这一时期同南非共产党的关系作过简要的、真实的叙述:"我在1944年加入非洲人国民大会。我年轻时曾抱有这样的观点,认为接受共产党人加入非洲人国民大会,以及非洲人国民大会在一些具体问题上与共产党人的密切合作,会导致削弱非洲民族主义的观念。在那时,我是非洲人国民大会青年联盟的成员,并且是一个提议把共产党人开除出非洲人国民大会的小组成员。这个建议遭到惨败。投票反对这个提议的人当中有些是抱有很保守的政治观点的非洲人。他们提出的理由是,非洲人国民大会的成立和建设,从开始就不是只容纳一派政治信仰的政党,而是作为非洲人民的议会,接纳具有各种政治信仰的人,在民族解放的共同目标之下团结起来。我最终接受了这种观点,并且一直坚持这种观点。

由于根深蒂固的反共偏见，南非白人可能很难理解，为什么老练的非洲人政治家那么欣然地把共产党人当作朋友。但是对我们，这一点很明显，在为反对压迫而斗争的人们当中，相互之间的思想分歧，在当前阶段，对我们来说是一种支付不起的奢侈。此外，几十年来，共产党人是南非唯一准备把非洲人当作平等的人看待的政治组织。他们准备与我们一起进餐，一起交谈，一起生活和一起工作。他们是唯一准备与非洲人一起争取政治权利和社会地位的政治组织。因此，今天有很多非洲人倾向于把自由与共产主义等同起来。"

1944年曼德拉与他的第一位妻子伊芙琳（西苏鲁的表妹）结婚

南非共产党了解南非非洲人的真正要求是经过一段路程的：非洲人绝大多数并不要求采取"本地人共和国"的形式，而总是要求取得在多种族社会内的完全的公民权。共产国际关于（建立）"本地人共和国"的新口号是脱离南非实际的，因而受到现实的摒弃。非洲人新的民族主义终于找到了"青年联盟"这种成熟而自立的组织。而南非共产党在其纲领中对南非人民所作出的"消除种族歧视和种族隔离制度"的承诺，只是到了"非洲国民大会青年联盟"成立后，才找到实现承诺的最适宜的组织形式。

第十七章
第二次世界大战和战后初期的南非

一、第二次世界大战与南非

南非在4条战线上作战 在第二次世界大战中,南非本土远离战场,只有个别的轴心国潜艇曾游弋于南非附近海面。有利的地理位置使南非成为盟国的大后方和供应基地。南非战时内阁总理史末资在大战中表现得异常活跃,积极参加盟国的各种活动,不惜多方出兵,提高南非的国际地位,为南非在战后国际社会中争一席之地:以胜利者资格出现,利于解决(合并)西南非洲(纳米比亚)悬而未决的问题。史末资参加英国战时内阁,与他的老相识①丘吉尔密切合作,晋升为英国唯一的外籍元帅。

史末资深知阿非利卡人不愿与德国人作战,作为一种妥协,他对出国作战的军队避免使用义务兵役制,而采用志愿兵役制。战时总共

1944年的史末资(后排左一)

---

① 一种传说:在1899—1902年的英布战争中,青年军官史末资在一次遭遇战中俘虏了英国的年轻战地记者温斯顿·丘吉尔。但丘吉尔在《如果我有第二次机会》一文中提到的"这个人"是指路易·博塔。载1954年11月28日英国《观察家报》。

募兵34.5万人,其中约1/3由非洲黑人、混血种人组成。只在兵员紧张时将混血种人另编建制,用在中东作战。黑人则严格编为不持枪的非战斗人员,充当司机、厨师、筑路工等勤务杂役。身材矫健的南非黑人在国外服役仍不许持枪、佩枪,这与法国殖民地塞内加尔黑人组成正规军——颇有名气的塞内加尔(黑人)步兵师形成鲜明的对照。南非黑人眼看同为黑肤色的塞内加尔步兵师威风凛凛,颇有感触。

南非军队被分配在4个战线上作战:

史末资派两个师——第一南非师和第一南非旅赴意属索马里作战(1941年2月)。后转入埃塞俄比亚作战,俘8万意军,战功显赫。1942年意属东非战役结束。1941年史末资将16万南非军队派往埃及协助英军防守,防止德军东进占领苏伊士运河。

利比亚战线:由克勒佩尔指挥的第二南非师在托卜鲁克战役中遭受重创(1942年6月20日),被俘1.3万人。1942年与英军会合后沿北非海岸西进。

意大利战役:1943年配合美军巴顿部队在意大利登陆,南非军队的一个师在西西里岛和意大利南部作战。

马达加斯加岛:1942年普拉特率领南非军队参加对维希政府的作战,占领马达加斯加岛。

战时南非内部政治分裂,陷入混乱 南非政府为战费付出1.5亿英镑。大战使阿非利卡白人殖民者阵营发生严重分裂。部分阿非利卡资产阶级和英裔白人支持史末资内阁,追随英国,支持盟国作战。但阿非利卡人的民族主义极端派大部分却是法西斯主义的同情者,蠢蠢欲动。1940年年初赫尔佐格曾与马兰重新联合组成"统一国民党",但赫尔佐格未能控制该党,在制定党纲上发生分歧:马兰起草的党纲主张成立共和国,废除讲英语的白人享有的平等权利。这份带有极端倾向的党纲在开普省和奥兰治省举行的统一国民党党代会上获得通过。1940年,统一国民党分裂。赫尔佐格退出后,马兰的国民党更肆无忌惮地法西斯化。1941年赫尔佐格另组"阿非利卡人党",之后于1942年病逝。该党由哈文迦领导。统一国民党内部公开的纳粹分子皮罗又与马兰形成对立。马兰主张建立具有种族主义色彩的"议会民主",不赞成公开建立种族主义专制党。1942年皮罗退出,另建"新秩序党"。新秩序党公开支持法西斯,声名狼藉,1943年在选举中惨败,遂遭瓦解。

史末资政府在国内面对极右势力的不断反扑。马兰国民党在议会中不时鼓噪要坚决退出大战。马兰甚至与驻葡属莫桑比克的德国外交部的特务有联系。国民党报纸进行亲纳粹宣传。亲纳粹分子进行反政府的破坏活动。1942年马兰国民党提出一份实行种族隔离制的宪法草案。史末资政府一方面采取强硬措施打击亲法西斯势力,清除内阁中亲法西斯分子,或免职,或调离,并规定凡加入亲法西斯组织"兄弟会"(支持种族隔离制度的种族主义组织,原是1918年成立的一个秘密团体)的公务员和教员必须辞职;另一方面强化国内治安,解散亲德组织,1942年拘捕几千名亲纳粹分子,并拘留德国侨民。

1941年苏德战争和太平洋战争爆发后,日军向印度洋方向扩张。1942年5月2日攻陷缅甸曼德勒城,并冲入印度,逼近孟加拉湾。印度洋战争形势紧迫。史末资政府为取得非洲人、混血种人和印度人的全力支持,在种族主义政策的执行上有所放松。1942年史末资蛊惑人心地宣称种族分离政策已经过时,应予废除;如果战争局势进一步恶化,应将枪械发给黑人士兵,让他们上战场。但这些允诺基本上徒托空言。仅仅是由于战时经济发展的需要,将南非的种族分离制度稍作放松而已。1943年大选,史末资的统一党获89席,加上工党和自治领党共有105席。马兰国民党仅获43席,阿非利卡人党和新秩序党一席也未获得。

战时经济获得巨大发展　　1939—1945年南非制造业按当时价格计算,增长了116%,[①] 按非洲标准,这是全非洲最快的增长速度。大战造成的特殊环境和特殊需求形成南非工业发展的极有利条件,由此开辟了南非经济发展和繁荣的新时期。看来,南非以较发达的基础设施、廉价的流动劳工和良好的气候成为最能满足盟国各项要求的首选地区。盟国的军事以及欧、非、亚市场对南非工业所提供的煤(蕴藏量占全非87%,1944年产量达到2 260万吨)和其他矿产、木材、食品罐头、服装、鞋袜、军火、船舶(修理和制造)等似有无尽的需求,这些需求持续不断地刺激着南非经济的发展。军工业由于外资的投入和扶植,年生产能力达到了非洲最高水平:装甲车2 000辆、大口径迫击炮500门、各种炮弹100万发以上。比勒陀利亚生产了盟军所使用的步枪、手枪和机关枪子弹的一半。南非能生产90种类型的发动机,以及飞机和汽车零备件。化学工业生产的炸药充分供应英军,冶金工业生产的钢达到53.6万吨(1945年)。电力生产能力从1938年的59亿度增至1945年的83亿度。王牌工矿业——金矿业年产500多吨黄金,产值高达1.21亿英镑,为盟国提供了令德、

---

① Houghton, D.H., Economic Development, 1865—1965, in Willson and Thompson(eds) *The Oxford History of South Africa*, Vol.2.

意等轴心国眼馋的财富。

南非的小麦和农副产品几乎年年增产，供应盟国军需和好望角港因苏伊士运河断航而激增的船舶所需。牛羊畜牧业存栏数因屠宰过甚略有减少。盟国军队对肉制品、肉罐头有无限的需求，1939年至1945年牛存栏数从11 852万头降到11 655万头，绵羊从38 289万只降到35 480万只。开普、德班等港口空前繁忙，共有400多个船队（为防德军潜艇多结队航行）经过或停泊，运送军队200万人以上。铁路运输量大增，从战前的每年94亿吨公里增至1945年的140亿吨公里。出口贸易兴盛。南非对肯尼亚、乌干达的出口增加7倍，对尼日利亚出口增加14倍。南非成为肯尼亚、乌干达、坦噶尼喀（原是英国市场）的最大进口商品供应地。南非对美国的出口从1938年的1 210万美元增至1945年的9 438万美元。南非对英国的羊毛出口，1941—1942年占英国羊毛进口总额的1/5。工业金刚石占英国进口的第二位。1943年英国从南非进口钒矿石（制穿甲弹）比1938年增加50%。

战时群众运动的沉寂　南非战时经济的繁荣发展，使白人农场主和资产阶级的利润激增，获利的阿非利卡人同英国人又进一步靠拢。非洲人国民大会看到通行证制度作为种族主义的一种反非洲人的措施，已经在多方面阻碍南非社会的进步和经济的发展，便决定在1944年5月20日即"青年同盟"成立后41天，在约翰内斯堡召开反通行证法的大会。540名代表出席大会，代表60万非洲人。通过一项由马修斯起草的《非洲人民权利法案》，提出非洲人应获得同白人一样的充分的公民权，终止种族歧视和白人至上的政府。这次大会对撬动反种族隔离（分离）制度起了带头作用。战时经济发展力量的冲击使种族隔离措施在许多方面都有所松动：准许一些非洲人搬进城市居住；对非洲人开放较多的半技术工种，甚至技术工种，许多黑人担任司机工作；非白人同白人的平均收入的差距略有缩小；退伍军人组织也吸收非白人参加；工会组织中关于"有色人种差别待遇"的规定略有放松；战前限

20世纪40年代的约翰内斯堡

制非洲人的一系列法令有的暂停执行，或稍有放松如通行证制度。但对非洲人群众运动如黑人罢工的镇压毫不放松。1942年年底颁布的《第145号战时措施》宣布："在任何情况下，非洲人举行罢工"均属非法，违者监禁；未经当局许可，禁止召开20人以上的任何集会，违者以犯罪论处。

第二次世界大战对南非的影响　南非军队在4个战线的作战表现提高了南非在盟国中的国际地位，尤其是史末资个人声望再次跃升，1945年他成为战后即将成立的联合国的宪章起草人之一。另一方面，南非白人政府即使在战争严重关头，对黑人的防范也仍是极为严厉的：不许他们持枪为盟国作战，只能搞运输、挖战壕。非洲人应征入伍为白人服役的热情已不如第一次世界大战时。黑人士兵在北非、中东、意大利等地看到世界任何地方的黑人都没有像南非黑人那样受到如此严重的歧视和屈辱，令他们难堪和无法容忍。同是当兵，法国的陆军部队包括主力多由黑人特别是肤色漆黑的塞内加尔人组成，约50万人，而南非黑人士兵连放哨都不能持枪。数万黑人士兵和有色人士兵在退伍后成为战后反对种族隔离制度的中坚力量。

战时南非制造业获得长足的发展，到1948年制造业在整个工业中比例达到21.4%，首次超过矿业的10.4%占据第一位。到1948年南非工业所雇用的工人已有110万人，较战前增加了31.3%，其中制造业和运输业工人增加最多，达74%。国民收入从1940年的4亿英镑增加到1950年的10亿英镑。战时，阿非利卡人私人企业增长最快：第二次世界大战前夕阿非利卡私人企业有1 200家，至1949年已增至3 385家，雇佣工人达4.1万人。阿非利卡人金融业在战时和战后初期发展尤为迅速，阿非利卡人信用公司由战前40家，控制资金2 700万英镑，到战后初期增至68家，控制资金达6 470万英镑，扩大了两倍。20世纪30年代成立的阿非利卡人的"三大银行"，战时在南非经济界开始起重要作用，1942年桑兰公司资产已达500万英镑，其下属博努斯考尔储蓄投资公司资金达200万英镑，投资领域延伸至渔业、工程和煤矿工业。

这些新现象明显意味着南非的阶级结构产生新的变化。另一较为深刻的变化是，白人（英裔和荷裔）城市资产阶级不仅战时为提供军需而发了大财，战后初期他们仍然继续为战时涌现的大批非洲中产阶级、城市无产阶级和农村农民，生产低廉的进口替代产品：服装、鞋、面包、果酱、糖、油和方便食品，保持着持续的繁荣。他们与单纯面向出口的农村资产阶级（大农场主、农业资本家）不同，后者受战争结束出口剧减的影响较大。因此，城市资产阶级对非洲技术工人来源和非洲人的购买力的上升尤为关注。这样，在战后出现的复杂的斗争中,在反对农村白人资产阶级(多为阿非利卡人)和白人工人阶级(同样多为阿非利卡人)的传统种族联盟中,出现了城市白人资产阶级(多为英裔白人,亦有少数阿非利卡人)同非洲人的中产阶级和非洲人城市无产阶级结成联盟的可能性。

史末资政府为战时的军事和经济发展的需要曾虚与委蛇地向黑人许下诺言,甚至言不由衷地说"黑人肩负着这个(南非)国家的兴衰重任",但却没有(不敢)采取真正的措施来消除或限制种族隔离(分离)制度。随着经济发展,城市中已经聚居了越来越多的黑人居民,比战前增加了47%。

第二次世界大战对南非最深刻的思想影响主要在于非洲人开始真正认识到自己的力量,集中表现在"非洲主义"思想的出现和非国大的"青年联盟"的成立。后者很快就发展成为一个"有一定纲领的团结一致的团体",并掌握了非国大组织的实际领导权,为战后南非的民族解放运动和反对种族主义运动奠定了思想基础和组织基础。

南非白人和白人政府认为他们在第二次世界大战中的贡献,理所当然地要取得正式合并西南非洲(纳米比亚)的报酬。当国际社会反对它的种族主义扩张时,南非政府便以拒绝提交西南非洲委任统治年度报告书作为"抵制"。另外,南非白人从19世纪末以来向(南)罗得西亚的扩张和白人种族主义的向北移植已使这块英国殖民地成为名副其实的白人"小南非"。

二、战后初期南非的新变化

史末资政府黯然下台 1945年8月10日,日本内阁决定投降。消息传来,南非许多城市居民走上街头,庆幸他们本不愿参战的第二次世界大战终于结束了。南非白人集团深怀隐忧地发现大战期间黑人已经如此之多地移居城市并从事技术工作和半技术工作。生活在城市里的非洲人的比例已经从1904年的10.4%增长到27.1%。而且黑人的自尊思想发生了令白人不安的变化。当日本军队和舰艇对印度洋西岸的威胁彻底消失,白人集团对战时实行的松懈的种族隔离措施,便表现出越来越不能容忍的恶劣态度。1945年史末资政府为进一步拉拢南非白人,争取选票,要求议会通过"市区土著定居法"和"班图人迁移法",限制黑人进城居住,并将已在城内居住的黑人陆续迁往郊外特定住区,以改变城市中黑人和白人混杂居住的状况。"隔离"思想是史末资的一贯想法,不过被"狡猾的扬尼"(史末资全名"扬·克里斯蒂安·史末资")史末资先生以稍为"温和"的方式伪装起来,并配合选举时机争取选票。尽管他作为联合国宪章起草人之一,参与起草了以尊重基本人权为特征的《联合国宪章》,[①]却并不妨碍他在南非政府总理任内继续推行严重践踏非洲人基本人权的"市区土著定居法"等种族主义法令。史末资在他近50年的政治生涯中,靠着他过人的智慧和政治伎俩,依傍英国,从一个中等国家的名不见经传的阿非利卡人政客起步,最终跻身世界级的著名政治家行列。他的全身塑像至今仍屹立于伦敦唐宁街附近广场,俯瞰着过往行人。然而,历史是无情而公允的。史末资个人天赋极高,他的一生将其个人才能发挥到了极致,也获得很多虚荣。而实际上,他对生他养他的土地——南非,却贡献甚少。所以,时至今日,是英国人而不是南非人民怀念他。战后初年,他的工作重点之一是力图以南非在第二次世界大战中的"贡献",换取新成立的联合国同意由南非"合并"面积约82万平方公里的西南非洲(纳米比亚)。南非臭名昭著的种族主义统治,使联合国拒绝了史末资代表南非提出的要求。正当史末资过于关注于如何让自己就西南非洲的合并问题名留青史之时,马兰国民党却在全力以赴地"拼大选"。

在1948年大选中,史末资政府以微弱的劣势输给了马兰国民党。史末资统一党获65席加上盟友工党6席,只得71席;马兰国民党获70席加上哈文迦的党9席,共79席。史末资黯然下台。按选举法,由于人数少的阿非利卡人农业地区占有过多席位比例,而这些地区席位全归国民党,因此统一党获得的总票数却比国民党多出12.5万票。有的历史学家认为马兰国民党1948年上台执政带有一定的偶然性。但更深刻的原因可能还在这些选票差额之外。

极端种族主义者马兰的国民党为什么能上台

然而,在占南非2/3以上人口的非洲人(黑人、混血种人)被剥夺了选举权的情况下,战时经济的发展引起南非阶级结构的变动及战后国际形势的变化,特别是亚非民族解放运动的兴起,却反而使奉行极端种族主义的马兰国民党上台执政,这里有一定的历史必然性。曾任美国加州大学历史学教授的南部非洲史专

马兰

[①]《联合国宪章》前言第一项便赫然载明"重申基本人权,人格尊严与价值"。

家 D. 查奈瓦（D. Chanaiwa）曾把 1948 年后的南非史，比喻为"政治恶魔再世的奇特历史"，他说："一方面，从 1935 到 1948 年，它标志着反对欧洲法西斯主义和种族压迫的全球性斗争的胜利，另一方面，1948 年则标志着法西斯主义和种族压迫的新版本在非洲（南部非洲）的兴起，这个版本叫作种族隔离。希特勒和墨索里尼在 20 世纪 40 年代前 5 年的失败，确实是对欧洲的'雅利安至上'和种族灭绝政策的重大打击。南非国民党 1948 年的胜利，却与此相反，是'白人至上'和南部非洲潜在的种族灭绝的胜利。希特勒主义在非洲土壤上复活了。"①

如上所述，第二次世界大战时期，南非农村的白人资产阶级以阿非利卡人的大中农场主为主。他们从出口农产品中发了财，经济力量大大增强。而白人工人阶级由于战时工业发展和南非工业化进一步加速，人数也大大增加。阿非利卡小农场主的破产却使"穷白人"队伍扩大了，他们对非洲人加入技术工种和半技术工种的竞争，怀有强烈的不满。这些阶层构成并扩大了马兰国民党的社会基础。马兰国民党的智囊团看到若让史末资统一党在战后继续执政，对南非"白人至上"社会的威胁将从潜在变成现实。战后这种继续发展的形势使国民党所代表的那一部分白人集团忐忑不安：第一，战后亚非民族解放运动方兴未艾。作为一种先兆，印度和巴基斯坦在 1947 年独立前后已对南非境内印度人（和巴基斯坦人）遭受的种族主义歧视，进行无情揭露并提出抗议。英联邦会议上批评南非种族主义的声音不绝于耳（应该说，20 世纪 40 年代末南非种族主义引起超越国界的忧虑还是较为有限的，但发展很快。）；眼看着以黄金海岸（加纳）为首的黑非洲殖民地将有一批黑人国家陆续走上独立道路，它们对南非种族主义政策的批评和攻击将会更加猛烈。在马兰的国民党看来，集中全力加固南非种族主义的"堤坝"已刻不容缓，再让史末资统一党继续执政有可能会使"种族堤坝"功亏一篑。第二，白人集团对第二次世界大战以来南非种族主义肤色壁垒日渐松弛的趋势感到恐惧。特别担心未来会在技术工种和半技术工种中越来越多地雇用非洲人。1939 年起，允许兰德金矿非洲人工人组织第一个工会就是一个不祥的信号。他们认为遏制这种趋势并使之逆向发展，绝不是一向注重国际声望的史末资统一党所能够做到的。所以要尽一切可能把史末资统一党赶下台。1948 年大选前夕，在约翰内斯堡，一位白人（此人到过比属刚果，见到那里在矿山工厂工作的许多黑人都

---

① 马兹鲁伊主编：《非洲通史》第 8 卷，中国对外翻译出版公司，联合国教科文组织，2003，第 179 页。

受过至少小学以上教育）怒气冲冲地对访问南非的捷克记者说："如果我们让黑鬼（niggers）受到教育，结果会怎样？他们便会挤进写字间并在黑人学校当起教师来。他们甚至会懂得我们的文学，读懂我们的报纸。他们将对我们自己内部的龃龉和冲突了解得一清二楚。我们绝不会让这类事情在南非发生。让黑人一头扎进矿井和工厂去做工吧！也可以去充当家庭仆役。我们绝不能让他们受到充分的教育，并担任要职（responsible job）……他们简直像猴子一样聪明！即使让他们只受到一点点我们的教育，他们也会将不少白人的工作抢走。他们会将白人从白人现在的岗位上挤走。这就意味着享有平等的选举权，分享其他的公民权利，以牺牲我们为代价提高他们的生活水平……你们必须了解我们的处境。我们在为自己的生存而奋斗。他们的人口是我们的4倍。南非联邦不是富庶之国，它的资源办不到为我们所有的人（包括非洲人）提供哪怕只达到现在白人一般生活水平的一半。我们白人现在所享有的生活水平已超过我们权利所应得的了。如果也让黑人爬到顶上，他们将把我们赶回歇斯底里的老旧欧洲。"①

这可能就是南非250多万白人中的多数人为什么坚决支持对非洲人实行种族歧视和隔离政策的真正原因。哪一个白人政党能够最坚决（应读作"最顽固"）地奉行这些政策，他们就投票给这个党，哪怕是一个极其糟糕的政党。

1948年5月28日大选揭晓，胜利者和失败者都感到意外：马兰国民党没想到这么快就能战胜声望如日中天的史末资统一党；而后者更没想到第二次世界大战结束不到3年就得把执政权拱手让给马兰一派。如上所述，这种必然性首先表现在南非唯一拥有选举权的白人担心肤色壁垒这条大坝上的裂缝会导致功亏一篑。尽管马兰只是在席位上占了多数，统一党得到的总票数仍比国民党多出12.5万张（南非实行差别待遇的选区制，阿非利卡人居住的、人口不足的乡村地区获得过多的议席）。但按宪政常规，统一党仍须让出政权。

马兰及其继任者的国民党政府出台严酷的种族主义措施　马兰组织内阁，1910年以来首次清一色由阿非利卡人担任阁员，没有任何一位南非英裔白人入阁。内阁的工作语言用阿非利卡语，开会时充满了"Slegs vir Blankes"（只准欧洲人使用的声音）。马兰抬出种族问题——黑人问题来竞选，在选举中获胜，便在历次选举中死抱住这个问题不放。1953年选举，马兰国民党以

---

① Hanzelka J. & Zikmund M., Africa, The Dream and the Reality Prague, 1955, Vol.3, pp.32-33.

肯尼亚的"茅茅"起义吓唬南非白人获得更多的席位。由于1950年西南非洲（纳米比亚）被非法"合并"入南非，马兰又获得6个席位的支持票。从此，国民党在历次大选中便稳操胜券了。国民党的阿非利卡人议员几乎百分之百是最保守的荷兰改良教会的教徒，而且其中约有60%是"兄弟会"的成员，因而马兰拥有稳定的政治支柱。这个完全由阿非利卡人组成的内阁还有一个特点：在此后连续执政的40多年中，其阁员越来越多地由北方人士组成，而被认为稍微温和的开普地区的南方人士基本上被排除在外。马兰及其继任者的国民党政府是强有力的，它网罗了阿非利卡人中表现突出的"能人"，对黑人怀有仇恨情绪的种族主义者，形成了一个强大的国家机器，系统、全面地推行种族隔离制度。在这个南非非洲人的死敌——国民党政府刚掌权的头4年，美国记者约翰·根宝于1952年访问南非，他几乎同当时马兰政府的每一位重要阁员作过访谈。对这个后来连续统治南非46年的政府，他得出这样一种会令所有同情南非非洲人的朋友感到心悸的印象："如果认为这个政府是疯狂或无能的，那就是一种严重的错误。它并非如此。它是一个强有力的政府，坚定而有能力的政府。它考虑问题像是集体考虑的，做事的时候像是个密切配合、训练有素的集体在工作——我一再听见部长们用似乎相同的话来回答问题……而且这个集体企图永远当权。这个政府的人员可能走错了方向，但是他们是有逻辑性的。在大多数人的个人才能方面，这些人和世界上任何政府的人物是不相上下的——机警、坚强和称职。他们的种族隔离（Apartheid）政策使人不寒而栗，而且在种族问题上南非联邦今天是介乎1933年的德国和19世纪80年代（美国）田纳西州偏僻地带之间的一个肮脏不堪的十字路上，但是我们没有理由低估他们所代表的力量。"[①]

国民党统治集团在施政纲领中提出，必须采取更加有效的措施，从法律上建立一套更为严格的种族隔离体制，以防止肤色壁垒被不同种族居民的混合居住所冲溃。1948—1966年国民党历届政府——马兰政府（1948—1954年）、斯揣敦政府（1854—1858年）、维沃尔德政府（1958—1966年）制定或修改了53项种族歧视和隔离法律。下面摘要作简单介绍。

一是1950年的"特定住居法"，1952年修订。此法离最初制定已有数十年，历次修订无不更加严峻。其最终目的是为种族隔离制度服务。它规定不同种族居住地区必须完全隔离。南非3个主要种族集团——白人、黑人、包括

[①] 约翰·根宝：《非洲内幕》（下册），世界知识出版社，1957年版，第554—555页。

印度人在内的有色人,必须住在不同地区。"一个集团的人不得在另一集团控制的地区保有或占有财产"。甚至违反经济运行规律,规定连商业用房也要隔离。这一立法使被统治种族遭受无限的苦难。把约翰内斯堡的西郊划为欧洲人居住区,就迫使居住在西郊的6万非洲居民全部迁出西区。

二是1950年的"镇压共产主义条例",是一项疯狂的反共立法。与美国的麦克锡主义遥相呼应。任何被指名为共产党员的人便被禁止在公共机关和任何工会担任职务。而"共产党人"的定义几乎被无限扩大或曲解。

三是1950年的"人口登记法"。该法令把所有人口分为不同种族集团,居民按种族发给票证,贴照片证明身份。此法令不仅针对黑人,也力图使有色人不能随便"通行"。

四是1951年的"班图权利法"及其后1953年的"福利事业隔离法",是要使交通、公共场所等现行的隔离形式合法化。

五是1953年的"公共治安与刑法修正案"及对"暴乱集会法"的修正案。这两项法令使南非任何反对种族主义法令或"煽动"他人反对种族法的举动都被视为犯罪行为,适用于刑罚。政府被授权可以宣布紧急状态,并在必要时以"宣告"来制定法律。

六是1953年的"班图教育法"。授权政府对非洲人教育加以完全控制,教会学校必须遵守政府约束,否则予以关闭。本书将在后文重点分析此恶法。

七是1954年的"工业调解法"。该法令授予劳工部长"广泛权力,由其斟酌决定任何种族成员可以从事的职业",即使公众的肤色歧视成为绝对不变的措施。

八是1951年的"选民分别登记法"和1952年的"议会高等法院法"。这两项法令在1955年斯揣敦执政时被用来合并最高法院和众议院。这一离奇的手段是为了最终在选民册中取消开普省的4.8万名有色人选民的选举权。

九是1950年的"不道德行为修正法"。它是继1949年的"禁止混合婚姻法"之后制定的。后一法令禁止欧洲人(白人)和非欧洲人(非白人)通婚,前一法令更进一步规定任何白人和任何非白人(包括黑人、有色人、印度人)间的性关系均为非法,将被判重罪。"不道德行为法"的丑恶目的是使所谓南非白人社会不受"玷污"。在南非,白人之间无论多丑恶的婚外性行为都是完全合法的,而白人和非白人间的幸福、愉快的婚姻,则要受到法律严惩。

为什么白人议会能够肆无忌惮地通过层出不穷的种族主义法律?在种族主义肆虐的南非再明显不过地表现出,法律是取得胜利的、掌握国家政权的集团的意志的体现。南非白人种族主义者剥夺非白人的普选权就是为了永远把持南非政权。继马兰之后于1954年任国民党内阁总理的斯揣敦的一段话可以作为注解:"我们的政策是欧洲人必须保持他们的地位和必须继续做南非的主人。如果我们放弃民族优越的想法和白种人不得不继续做主人的原则,如果选举权扩及非欧洲人,如果非洲人获得代表权和投票权而且非欧洲人是在欧洲人相同的基础上发展的话,那么,欧洲人如何能够继续做主人……我们的看法是:欧洲人必须在各方面保持统治南非的权利,并且使南非仍旧是一个白人的国家。"[1]

世界各国政治文献上大概很难找到有比这更厚颜无耻的话了!

---

[1] 约翰·根宝:《非洲内幕》下册,世界知识出版社,1957年版,第555页。

第十八章
南非错综复杂的30年（1948—1978）

一、20世纪50—70年代南非社会的真实面貌

歇斯底里的"种族隔离"（所谓"微型隔离"） 20世纪50年代至80年代，在约翰内斯堡、开普敦、比勒陀利亚、德班等大城市都可以见到十分现代化的城市外貌：高耸的豪华的写字楼、五光十色琳琅满目的广告牌、四通八达的整洁的街道、新式的双层电车、美丽的街心公园、6平方英里面积内拥有8万辆汽车……这一切都像表面薄薄地镀着一层金的假面。可在城市管理上却充斥着严酷的种族隔离的规则，形成极不协调的、令外国游客心寒的对照：占南非人口67.4%的非洲黑人居民却过着丧失人类尊严的、极端屈辱的生活。[1]

在到处是公园的城市里，公园和动物园里的长椅上写着"only for white"，黑人不能坐在仅为欧洲人准备的长椅上。黑人一般不准乘用快速的公交车，也不准乘用写字

约翰内斯堡公共图书馆

---

[1] 1951年南非人口普查，总人口为12 646 375人（包括西南非洲），其中黑人8 535 341人，占总人口的67.4%；白人2 643 187人，占20.9%；有色人（混血种人）1 102 323人，占8.7%；亚洲人（主要为印裔）365 524人，占2.8%。

第十八章 南非错综复杂的30年(1948—1978) 273

楼或其他地方的电梯。在大城市的白人区，黑人不能使用白人厕所，却又极少有给黑人准备的公共厕所。约翰内斯堡城市中心的剧院、电影院和公共图书馆均不准黑人进入。在大饭店和大旅馆内，肤色区别极为明显：门警、看门人、领班侍者、侍女都是白种人；侍者是印度人、侍役是有色人；开电梯的可以是黑人。但黑人作为顾客不得进入这些星级饭店。

交通工具方面的隔离既严格却又很混乱：在约翰内斯堡有专门为白种人乘坐的和专为黑人乘坐的两种出租车。白种人乘坐的公共汽车只许白人上；黑人乘坐的公共汽车只载黑人。印度人和有色人可以坐在白种人公共汽车的车顶上，或者坐在靠后面的座位上。在居民区，等候公共汽车的白人可以在有遮盖的亭子里候车、躲雨；而在同一车站，黑人却只能在雨中站队候车。在开普敦郊区，火车也实行隔离。伊丽莎白港的公共汽车里实行三重隔离：白人、有色人、黑人。黑人不许进入列车餐车。在民航飞机上，座位上的坐垫套和座背上部靠头的白布，如果已被非洲人或印度人用过，必须与白人用过的垫套和白布分开洗涤或干洗。

种族隔离指示牌："这些公共建筑及其设施已预留给白人专用。"

在马兰政府上台以后，银行也实行隔离。邮电局也分隔使用，分行排队，黑人队伍等候时间要久得多。布隆方丹邮电局，白人与黑人有不同的入口。在约翰内斯堡，黑白人种间的关系最为紧张，一个公开向黑人打招呼的白人会受到其他白人的白眼甚至批评。

为了保持所谓"白人血统"不被黑人和有色人所"沾染"或"玷污"，白人政权对白人与非白人通婚采取严刑峻法予以禁止。一个白人牧师如果替一个白人男子和一个"非白人"女子证婚，将被判10年苦役，即使该女子只有1/16的黑人或印度人的血统也不行。黑人同白人妇女通婚被绝对禁止，违者将判处死刑。白人媒体"社会舆论"故意渲染黑白通婚的"危险性"。宣扬什么若不实行种族隔离将不可避免地产生一个血统混杂的社会：生下来的混血儿将不是"咖啡色的"，而是更黑的混血儿等。在南非，白人种族主义的统治已造成悲惨的现实：一个人的肤色越黑越遭殃。任何容貌不十分像白人的人都有可能被看作是黑人或有色人。部分白人居民尤其是阿非利卡人在肤色问题上已丧失理性,其态度带有歇斯底里的性质。白人社会中"最恶毒的诽谤"是"怀疑某人有黑人的血统"。混血种家庭中出现的外表酷似白人的成员,长大分居后只敢在夜深人静时去探望其父母和兄弟姐妹。

1966—1978年担任国民党内阁总理的沃斯特,在20世纪50年代担任司法部长时曾用严刑峻法推行种族隔离制。他促使议会通过"鞭笞法案",主要用来惩罚非白人,受鞭笞者被捆绑在一块木板上,有的被打得十分厉害,拖走时已不省人事。"鞭笞法案"规定,任何人"用任何方法劝告、鼓励、煽动、指挥、帮助,或收买任何其他的人……用抗议来反对一项法律或因支持反对任何法律的任何运动而犯罪时……均将构成罪状"并处以鞭笞,即任何人因抗议种族隔

沃斯特

离法而被判罪,除罚款和坐牢之外,还得受鞭笞之刑。非洲人和有色人仅1952年就受鞭笞49 111下。在南非,种族隔离法就是靠这样的刑具和牢狱而维持其存在的。这就是南非社会1948—1978年在闪金的假面具后的真面目。

遏制非白人人才脱颖而出的"班图教育法" 1949年,马兰政府任命埃塞伦组成全部成员均为白人的"埃塞伦委员会",以考察南非的非洲人教育状况。埃塞伦这个"土著教育设想的设计师",其基本主张是"除了某些方面的劳动,白人社会中没有黑人的位置,因而他们接受旨在融入西方社会的教育是无用的"。马兰政府的土著事务部长说得更加赤裸:"非洲人应当学习为白人服务,不应当用算术、语法、历史等那么复杂的东西去烦扰他们未发达的、有限的智力。黑人应当会使用锹和锄,而黑人小孩应当会使用扫帚。"非白人教育必须具有建立在"先定论"基础上的"基督教特征":即从小向黑人灌输"白人作为上帝选民,黑人作为劈柴担水的仆人,前者天然处于优越地位,后者命定处于低劣位置"的观念。黑人儿童被定为未来从事非技术工种的劳动力的主要来源,埃塞伦委员会坚持认为:首先,非白人的教育重点应放在小学的早期阶段。这样,黑人儿童很少念完小学四年级,100名儿童中大约只有两人念完小学六年级。1954年接受中学教育的非洲学生只占学生总量的3.47%。其次,所有小学教育实行母语教育(科萨语、祖鲁语、苏陀语……),中学阶段的英语和阿非利卡语教学,重点放在口语和会话练习上,以便工作时能听懂白人的命令。这样,母语教育培养的黑人劳动力不致威胁到白人的就业,难以同

"穷白人"竞争。在南非向来以"母语"(科萨语、祖鲁语、茨瓦纳语……)出版的书籍、报刊极其有限,且多是初级读物。"母语教育"限制了教育科目的设立,使黑人学生难以培养宽广的视野来观察、思考世界上发生的事件,包括非洲民族解放运动。这是白人种族主义者采取的釜底抽薪的歹毒手段。

1959年白人议会通过立法在南非大学系统实施种族隔离制度,以前对黑人开放的开普敦大学和白水岭大学基本上对黑人学生关闭,大学内部的各种社会场所,体育场地也设立了"肤色栅栏"。即使招收黑人的少数大学,教师和职员也都是白人,主要是阿非利卡人,他们坚定支持种族隔离的理论和制度,既不通晓黑人的民族语言,也不尊重黑人的文化观念。在招收黑人的大学的图书馆书架上见不到恩克鲁玛、塞古·杜尔等人的著作,许多关于非洲方面的书都另辟房间集中放置,只许部分学生(如"荣誉学生")进入。

白人种族主义者存在一种阴暗心理:如果非洲人中没有大批优秀人物,缺乏精英,非洲人的反抗行动将会大大减少。扼杀黑人进步的杀手锏是剥夺黑人享受大学教育的机会。在1953年施行"班图教育法"之前,南非只有4所大学接受黑人入学,每年黑人大学毕业生不超过400人(白水岭大学100人,开普敦大学200人,纳塔尔大学几十人,弗德堡大学几十人)。1953年12月以后,白水岭大学和开普敦大学停止接受黑人大学生,弗德堡大学停办,此后几年(1953—1958年)黑人的大学教育在南非几乎已不再存在了。受到舆论压力,1958年专供黑人学习的大学又匆匆成立,1961年专供混血种人学习的大学也成立了。

纳塔尔大学塔楼

白人政府教育拨款的71.4%用在只占居民人口20%的白人教育上,12.6%用于印度人和有色人的教育,只有16%用于占人口绝大多数的黑人居民的教育。由于经费短缺,黑人儿童学校校舍拥挤不堪,一个教室挤进400名黑人儿童,是十分常见的现象。按1978年统计的教育经费使用情况:白人学生人均

641兰特（当年外汇比价80兰特：100美元），有色人为226兰特，黑人仅71兰特。1966年全南非受过12年教育的学生中，黑人仅占1.9%。教育资源向白人的严重倾斜，造成严重的社会恶果：全社会99%的工程师、78%的自然科学家、91%的技术人员、72%的技工是白人。白人报纸舆论就此种现象颠倒是非地归因于黑人"不求上进"，"不能进行创造性的努力"。

南非经济繁荣的基础 严酷的政治制度却促使南非社会经济在一定时期迅速发展，这在世界历史的某些时期并不少见。恩格斯曾指出：一切政府可以加速或延缓经济发展及其政治和法律的结果。[①] 特别是当一个国家已处于工业革命不可避免的阶段，实现这一目的的手段可以由政府根据其所代表的利益集团来选择。第二次世界大战后的南非正处于这种历史条件下。

第二次世界大战后，世界资本主义经济经历了一场异乎寻常的繁荣，在将近四分之一世纪中（1948—1971年），世界工业平均年增长率为5.6%，世界贸易年增长率为7.3%。繁荣的世界经济需要各种矿产资源，南非提供了宝贵的铀矿、煤、铬、金刚石等矿产资源。世界金融业和工业需要大量黄金，南非从1946年至1957年平均年提供36—52吨黄金，在世界各国首屈一指。最稀缺的铀矿，南非1956年生产3 958吨，1957年产量为5 171吨，仅次于美国居世界第二位。南非又拥有廉价的黑人劳动力，国内秩序相对稳定，罢工极少（黑人被明令禁止罢工）。在将近四分之一世纪里，南非成为欧美和日本投资者的天堂。南非的黄金生产成为美国操纵国际金融的重要基础。

1950年美国的黄金库存为其他列强的美元黄金资产的7倍。美国需要不断买进和卖出黄金，从1951—1966年它买进5 100吨黄金，同一时期又卖出了1.32万吨黄金。美国需要不断收购南非生产的黄金，在国际黄金市场上，黄金成为紧俏货，有多少就能卖出多少。

1966—1971年南非黄金开采量和黄金价值如下：1946年黄金产量为370 976公斤；1947年黄金产量为348 367公斤；1948年黄金产量为360 329公斤；1949年黄金产量为340 018公斤；1950年黄金产量为362 782公斤，价值4.08亿美元；1951年黄金产量为358 202公斤；1952年黄金产量为367 603公斤；1953年黄金产量为371 395公斤；1954年黄金产量为411 721公斤；1955年黄金产量为458 182，价值5.11亿美元；1956年黄金产量为494 443公斤；1957年黄金产量为529 754公斤；1960年黄金价值7.48亿美元；1965年黄

[①] 恩格斯致·尼·弗·丹尼尔逊（1892年6月18日），载《马克思恩格斯选集》第4卷。

价值10.69亿美元；1970年黄金价值11.78亿美元；1971年黄金价值10.99亿美元。

1944年7月，美国主持召开布雷顿森林会议亦称"联合国货币金融会议"，确立了用黄金确定货币价值的固定比率的原则，即以美元为基础的兑换规定。把美元等同黄金，各国都要把自己的货币同美元订出固定的平价，不能随意变动。这就形成了以美元为中心的资本主义世界的货币体系。资本主义各国均把美元同黄金一起作为本国的储备手段，即通常所谓黄金外汇储备。但是，战后十几年，美国自身黄金产量一直在50几吨至60几吨之间徘徊，最高产量也不超过资本主义世界总产量的9%。而南非黄金产量则总是占总产量56%（1956年为494.4吨）左右。因此，南非的黄金工业对美国保持世界金融中心地位的重要性不言而喻。在南非铀是黄金生产的副产品，南非铀生产量增长迅速，1957年产量（5 171吨）比1956年（3 958吨）增加了31%。20世纪50年代只有23个矿山被授权开采铀矿。铀由南非原子能局垄断收购，只卖给英美两个国家。南非的铀成为美国军用和民用铀的主要来源。有位政治评论家在20世纪50年代中期曾一语中的地指出：这就是"不论美国会怎样不喜欢斯揣敦（白人）政府，但是却要对它表示容忍的原因"。

半个多世纪以来，金矿生产为南非财政提供最大最稳定的资金来源。1952年南非产金367.6吨，向南非政府提供1 500万英镑税款，向矿主提供2 400万英镑利润。从1910年南非联邦成立以来，仅金矿就提供了4.24亿英镑税款。金矿收入一直为南非工业化提供充足的资金。南非工业化在1945年后加快发展，1950年南非国民收入超过20亿兰特（约10亿英镑）。

南非制造业发展较为迅速。南非利用各种原料和初级产品特别是黄金换来的巨额外汇来发展制造业：钢铁工业、化学工业、金属加工业、机械制造业和交通运输业，并充分利用外国投资者所提供的资金和技术，让制造业从落后发展为先进。制造业产值10年内（1961—1970年）从210万兰特增加到310万兰特，涨幅为47%。20世纪60年代其增长率平均为8.5%。在南非总产值中所占份额从1946年的17%提高到1967年的20%和1976年的27.6%。然而，南非制造业和各种工业飞速发展的原因既有经济方面的因素，也有政治方面的因素。

国家的大力扶植和财政支持，就是政治方面的因素。马兰政府上台后（1948年）变本加厉地推行种族隔离政策，先是遭到英联邦国家（南非是英联邦成员国）的抵制和反对，而后又遭到联合国逐渐加重的制裁。历届南非国民党政府坚持臭名昭著的种族主义政策,为了冲破制裁,采取了一些未雨绸缪和事后补救的措施。这些措施首先是从白人国家的利益和安全出发的。主要措施和"对策"如下。

一是为抵消经济制裁,南非政府进一步发展出口替代工业。有些国家早在20世纪40年代中期就断绝同南非贸易,并禁止向南非出口某些商品。南非国民党利用第二次世界大战期间因受战争影响大批日用品进口减少或断绝而发展起来的进口替代工业,加以巩固和扩大,掀起进口替代新热潮,短期内使南非市场的日用工业品绝大部分均能自给,少数产品尚能少量出口,如各种纺织品(1976年有606家纺织工厂)、成衣(高档服装)、日用器皿制造、家用小机械和化学工业(生产工业炸药,军用炸药,各种药品疫苗、抗生素等)。以纺织业为例,1960年南非已建有棉纺纱锭20万锭、30个棉织厂,毛纺纱锭6万锭,10个毛纺厂,以及8个毛织厂。

二是利用国家资本发展机械制造业、汽车制造业。到1976年"南非制"的汽车中,由南非制造的部件已达66%。生产各种机动车及部件的工厂已增加到685家,拥有职工近10万人。1970年汽车工业产量达29.8万辆,其中小轿车为20.2万辆。

三是动用国家机器力量大力攻关,基本解决了煤、油、气三大能源问题。由国家投资并动员白人技术力量,建立起大型的煤、油、气公司。南非缺乏石油矿藏,但煤蕴藏量十分丰富(338.14亿吨),产量巨大。为对付经济制裁解决石油进口困难,南非集中科技力量解决"煤变油"尖端技术难题,从煤中提炼石油以及用天然气合成燃油,并取得突破,技术居于世界先进水平。1955年此技术基本成熟,正式投产,当年石油产量价值130万兰特。20世纪50年代至70年代接连建立三个大型煤、石油和天然气公司(SASOL萨索尔公司),其中第二个公司规模比第一个大10倍。20世纪60年代初年产汽油2.3亿公升和其他液体燃料3000万公升。基本上解决了南非因受制裁而缺乏燃油的问题。

四是大力发展军事工业。第二次世界大战期间,南非军工生产在英国帮助下有相当大的发展。1963年8月7日联合国安理会以9票对0票的表决,要求联合国全体成员国不向南非运送军事装备。南非政府针对联合国"181号决议"(对南非实行非强制性的武器禁运),投入巨资和大量技术力量,将南非军火工业在较短时间内加以完善化、系统化和先进化。为此,1964年国家成立两个军工机构:国家军备局和国家军火公司,1977年合并为"南非军备公司"。1981年军事预算高达24.65亿兰特,比1960年增加了55倍。1975年葡属非洲瓦解后，南非政府利用美国和西方一些国家同苏联在南部非洲的争夺，花大价钱从欧美国家引进军事科学和技术，扩大军工生产，军工企业资产达到12亿兰特。南非军备公司领导10个国营厂商，并通过它们指导1 200家私营军火生产公司，全国生产军火的工人达10万人，成为南半球最大的军火生产国。1981年生产军火价值12亿兰特。至80年代南非不仅能生产先进的战斗机、导弹、重炮、雷达、电子制导系统，高级电子计算机和火箭燃料，而且还有能力秘密制造核武器。它的两座原子反应堆（1982年和1983年先后建成），年产400公斤钚，可供制造40—50颗原子弹。南非白人政府总理向世界夸耀其武器生产技术已达到西方主要工业国水平。

值得注意的是，南非军事工业的发展促进了民用工业水平的提高。南非白人当局将军事工业技术转让给阿非利卡白人的民营工业，从而推动了采矿、冶金和机器制造业的技术跨越式发展，大大加速了南非工业化和现代化的进程。1982年南非外贸组织总经理宣称，南非工业水平已得到很大提高，过去许多工业技术设备都依靠从国外进口，到70年代中期制造业自我装备能力获得显著提高，已有能力供给南非工业设备需求量的80%，并已开始向外出口工业制成品，其中包括工程、采矿、石油和电子工业方面的技术设备。这在20世纪70年代中期的非洲大陆是绝无仅有的。

五是动用国家机器全部力量扶植阿非利卡人经济（详见下节）。

西方国家和日本的大量投资　战后，英国仍然保持着南非最大投资国的地位，至20世纪80年代初，英国直接投资约有50亿英镑，并在南非拥有1 200家英国公司。英国的著名大公司如尤尼莱佛公司、帝国化学工业公司、英国石油公司、邓禄普公司、联合工程公司等都是南非的重要投资者，其资本分布在南非诸多企业之中。特别是英国贝克莱银行和标准银行约占南非各商业银行总资产的2/3。美国、德国、日本等国资本也蜂拥进入南非，尤其是美国，为南非战略矿藏资源所吸引，投资增长速度有后来居上之势：自20世纪50年代中期以来一直保持着年均追加投资1.4亿美元的增长速度；至1981年直接投资总额达26亿美元，公开宣布的数字为30亿兰特。美国为了避免国内反种族主义运动的谴责，许多数字并不公开。它在南非约有350个公司，主要分布在汽车制造、炼油和电子工业上。美国几大石油公司如壳牌石油公司、飞马石油公司、德士古石油公司和加州美孚石油公司都在南非炼油业中投入巨资。通用电器公司在南非家用电器和电机产品的生产中也占有重要地位。德国在南非投资国中居第三位。1978年估计投资有23亿美元，其后增长很快，主要集中在化学、机械和汽车工业上。著名的西门子、赫施公司等在南非均有投资。法国投资占第四位,占外资总额5%,集中在军事装备、建筑、石油等行业。[1]日本投资大约排第五位。日本政府表面上禁止日资对南非投资,但日本私人资本对南非投资的热情很高,往往由它们在欧洲和美洲的公司投资。1982年通过这类方式,日本丰田汽车公司在南非子公司,赢利额在所有外国在南非公司中拔取头筹。

外资对南非经济发展起了关键性作用:第一,外资带来了先进的设备、技术和最新知识。第二次世界大战后头30年,南非的许多新兴工业如机械、汽车、纺织、炼油、电子、原子能和军事工业都是依靠外资和外来技术建立起来的。有的学者认为,1957—1972年南非国内生产总值增长,有2/3是靠外资引进新技术完成的。第二,外资直接帮助南非经济维持较高的增长率。南非本身资金不足,外国资本一度(50年代)占到南非新投资的35%。南非经济官员认为,仅靠南非本身积累,在最好情况下,南非国内生产总值年增长率也只能达到4.5%;要使增长率超过5%,就要靠外国资本的输入。第三,南非除个别年份外,对外贸易几乎年年入超,造成国际收支赤字。南非不能靠影响其经济发展的限制进口方法来解决这一棘手问题,外国资本的大量输入帮助解决了这一经济难题。

二、阿非利卡人的经济实力茁壮成长

阿非利卡人经济的崛起 20世纪50年代到60年代阿非利卡人经济实力有了突飞猛进的发展。从1954—1964年,阿非利卡人经济在国民经济的几个私有经济部门所占比例迅猛增长:工业从1%上升到10%,商业从26%增加到31%,金融业从10%增加到21%,采矿业从6%上升到10%。

出身为开普省阿非利卡人农场主的马兰上台后,采取多种方式扶植和壮大阿非利卡人的力量。为了加大阿非利卡人在南非白人中的人口比例,马兰政府在"南非公民法"中竟采取釜底抽薪的伎俩以降低英裔白人的人口比例。1949年6月通过的"南非公民法"取消了关于英国和英联邦移民自动取得南

---

[1] 在陈一飞主编的《开拓南非市场:环境与机遇》一书(中国社会科学出版社,1994年版)中,由夏吉生撰写的第二章《南非对外经济关系》对南非外资数目有不同的估计。他认为,1985年在南非的外国资本,包括直接投资和间接投资,大约400亿美元,其中英国资本最多,约150亿美元;美国次之,130亿美元;德国25亿美元;法国20亿美元。见该书第59页。

非公民权的规定，改为必须等待5年时间，才能由南非政府决定是否给予公民权。在经济方面采取的扶植方式有：以国家资本主义抬升阿非利卡人经济力量；利用银行贷款；采用各种优惠条件。如前所述，南非国民党首先扶植阿非利卡人立足于金融业。1918年成立的桑兰投资公司，到1949年资产已达3 000万兰特，19年后，1968年其资产再增加10倍，达到3.34亿兰特。同样，桑兰保险公司的资产到1968年也增至0.91亿兰特。阿非利卡人农业合作社的资金绝大部分都储存在阿非利卡人兴办的金融机构。这些措施有力地促进了阿非利卡人金融资产阶级的兴起和迅速壮大。

尽管阿非利卡人的制造业在国民党政府扶植下发展很快，制造业公司数量增加3倍，但阿非利卡人制造业起点过低，与英裔白人制造业比较起来仍处于绝对劣势，差距颇大。他们大多数是雇工12人以下的小企业，而且多是与农业关系密切的乡镇企业，设厂于农业地区，并不在中心城市，因而一直未能成为南非制造业的主导力量。

国民党政府利用政权极力使阿非利卡人资本挤进英国资本盘踞的老巢——矿业。在1953年以前，南非所有的矿业公司都掌握在西方资本主要是英国资本手中。1953年，南非政府采取国家资本主义形式，由人民联邦投资公司出资成立"麦博联邦矿业公司"。这是由阿非利卡人控股的唯一矿业公司。当年南非政府曾将政府电力公司的煤炭合同授予它。后来又陆续让它得到4个国有公司的煤炭合同。1958年麦博公司吞并了资产达3.5亿美元的通用矿业公司，1962年又打进了石棉业。通过合股并资等手段，1967年其资产上升到3.5亿兰特，成为南非第三大矿业公司。至1978年，阿非利卡人控制了南非30%的金矿业，40%的铂、35%煤炭、50%石棉生产、40%的铬矿。这是国民党使用手中政权，经过多年经营才使阿非利卡人集团占有这样大的份额。但阿非利卡人在农业、渔业和林业仍占有83%的绝对优势（1964年）。另外，尽管阿非利卡富人大大增加，但阿非利卡穷白人并未减少，在非洲大陆各国也只有在南非才看得见白人（阿非利卡人）开出租车、公交车和电梯。

阿非利卡农场主与农业现代化　荷裔阿非利卡人占南非白人多数，阿非利卡农场主（以前著作多称其为布尔农场主）又占白人居民的多数，对国民党来说他们是投票机器和"大票仓"，既保守又具有强烈的种族主义意识（对黑人、混血人和亚裔人）和狭隘的民族主义意识（对英裔白人和英国人），在历次大选中都对国民党上台或继续执政立下汗马功劳。他们成为国民党白人种族主义政权稳固的社会基础，许多国民党政要也出身阿非利卡农场主。随着南非工业化的进展,为增强阿非利卡农场主的经济力量,南非农业的机械化和现代化已势在必行。历届国民党政府从政策、资金、技术、市场等各方面扶持阿非利卡农场主实现农业现代化。首先,通过颁布一系列法令(1913年的《土著土地法》、1931年的"土著管理和土地法"、1950年的"集团住居法")确保阿非利卡人的土地所有权和对土地的控制,从法律上确定其大土地所有者的地位。其次,同样靠法律力量,如1953年的"班图劳动力法"等法令确保农场主获得稳定的黑人廉价劳动力。再次,使用国家力量建立体系健全的农业生产体系,在金融、农副产品加工和销售、农业生产资料配置等方面向农场主提供各种考虑周到的高质量服务,帮助他们进行获利甚丰的农业商品生产,其水平之高在发达国家中亦属罕见。

这套服务体系包括:首先,1968年建立土地银行("南非土地和农业银行"),专门向农场主、农业合作社、农副产品加工和销售单位以及其他农业生产机构,提供短期、中期和长期信贷,以支持它们的业务运作。其次,建立农业综合组织和合作组织。前者主要负责生产和销售各种农业生产资料;后者负责为农场主自发组织的农业合作社的成员代购各种农业生产资料,加工和销售农副产品。南非白人共有各类农业合作社284家,其中初级社243家,中心社41家。再次,建立22家农业管理董事会,协助销售农副产品,通过制定配额,协调农业的均衡发展。最后,设立驻外农业代表机构,由农业部和农业开发部在比利时、法国、美国和南部非洲各国首都和地区组织机构中设立,任务是及时向南非农业组织通报国外农业发展状况,提出农业政策调整建议,并协调与各种国际农业组织之间的关系。这一套农业服务体系在辅助农场主实现农业现代化过程中起了很重要的作用。

鉴于一部分阿非利卡农场主文化水平较低(以"粗俗的布尔农场主"闻名于世),南非白人政府的农业教育和培训工作做得十分出色:总共建立了主要为白人服务的19所农业职业高中和6所农业学院;在正规大学中也开设农业、畜牧学、兽医学等课程供白人农场主进修,并有权授予毕业证书。相比之下仅供黑人的农业训练班,数量和质量悬殊都极大。

白人政府为农业基础设施不惜投入巨资。白人农业区灌溉沟渠纵横,运输公路四通八达。至20世纪60年代已建成八大灌溉体系,共可灌溉10.72万公顷土地;其后继续扩展灌溉体系,使灌溉面积扩大到30万公顷以上,部分地区改变了农业缺水状况,成为丰产区。水利措施最大受益者都是阿非利卡农场主。1946年的"水土保持法"将国家对农业的支持重点置于改进阿非利卡人农场的耕作方式和提高单位面积产量上。到1968年已有666个地区的土地受惠于"水土保持法"的良好效果。

阿非利卡农场机械化进展迅速：20世纪50年代有拖拉机约3万台以上，到1962年就超过12万台，其中有4万台集中在德兰士瓦产粮区。农业现代化还突出表现在生物技术现代化上。政府资助的农业机构在推广优良品种，实现农作物、畜禽良种化方面做了很多工作。南非农业科研实力很强，水平很高，处于世界先进行列。农业研究机构多（重点机构有12个），研究范围较广，并切合实用。研究成果通过咨询和推广，迅速化为农业生产力，如70年代培育的特级玉米比原产量提高1倍多，多品种的肉用牛也引人注目。

在白人政府确保农业发展的一系列措施下，阿非利卡大农场主的财富迅速上升，导致阿非利卡农场主分化，一批人数不多、实力雄厚的大农场主睥睨市场，控制了南非农业的相当大部分。到20世纪60年代，1%的农场主占有14%的农业生产值，16%的农场主占产值的65%。尽管国民党从选票考虑不愿意看到阿非利卡农场主人数日益减少（农业区占有的议员席位比例要比实际人口多得多。1948年国民党击败统一党就靠这一招），但无法抗拒的市场规律仍使许多阿非利卡小农场主不断退出农业，迁入城市。1946年阿非利卡人从事农业的人口占南非白人总人口的30%，1954—1955年下降到23%，1960年再降到16%。从70年代到90年代，南非商品性农场数量从10万多个减少到不足6万个。但进城的阿非利卡人哪怕沦为"穷白人"也仍然是投国民党票的铁杆保守派。

尽管20世纪七八十年代的南非存在着阿非利卡农场主的严重分化，但向着现代化迈进的农业生产（实际上是阿非利卡人的农业）仍非常稳定。靠着农业设施的完善，全国1 400万公顷土地已有1 200万公顷实现灌溉化。尽管自然条件不是十分有利，南非的农业生产水平仍在世界上居于比较发达的行列，已经能够做到粮食和农副产品自给有余，在好年景还能有相当数量的出口，属于为数不多的粮食净出口国之一。

总之，退出英联邦之后南非经济的发展使它成为自成体系的资本主义经济。单纯出口矿产品和农产品的现象消失了，它基本上不再是一种殖民地经济。1970年它的制造业产值占国民生产总值的27%，而矿业仅占11%，农业仅占9.5%。有150万人在制造业中就业，而在矿业中就业的为60万人，只有200万人从事农业。1960—1970年其国内生产总值翻了一番。也正因有这样的工农业基础，才使南非白人政府在联合国经济制裁面前有恃无恐，态度顽固。

三、黑人的生活：从乡村进到城市

在城市黑人的社会地位 南非当权的白人从几十年执政经验中深知：必须尽一切可能保持他们对城市的独占权。1948年在南非第九届议会第五次会议的辩论记录上记载了南非前矿业部长斯塔拉德上校的发言："我们把土著居民带进城市应遵循的标准是：工业是否需要；白种人是否需要……我认为（非洲人的）老婆住在城里是令人讨厌的。他们在农场上也许还可以给人方便。但我对这个问题的看法是：我们应当实行流动工人制度；事实上就是实行现在矿山所实行的同样的政策。"

阿非利卡白人总结出两条原则：第一，除非是需要黑人的劳动，否则不准他们进城；第二，"可以让他们为我们干活，但不能让他们和我们住在一处"。从战后到1994年，南非白人让这两条现之于法律，严格执行这两条，通过"集团住居法"把黑人赶到白人城市的外围、与城市截然划开的"土著人特区"和贫民窟。1956年8月25日，白人政府命令约翰内斯堡的10万多非白人在一年内离开自己的家宅，以便给白人腾出地盘。南非经济高涨，白人过着天堂般的日子，黑人的居住条件和居住环境却不断恶化。进城做工的黑人被称为"流动劳工"，不能住在城里，只能住在郊外。在约翰内斯堡等工业城市出现了亚历山大德里亚、屏姆维尔、莫罗卡等城镇贫民区。这些地区出现了数以千计的用麻布袋、纸板、废油桶、碎木搭成的小屋和窝棚，连最起码的卫生设备和自来水都没有。简易的土路尘土飞扬，垃圾成堆，臭气熏天。仅"亚历山大德里亚镇"一小块"豆腐"大的地方就拥挤不堪地住着9万多名黑人。约翰内斯堡城市委员会印行的一本名为《一个居住的地方》的小册子，关于"公共厕所"有如下记载："地面是由质量粗糙而且受潮的一层水泥铺成的，有无数积留尿水的洼坑……这些洼坑有斜度不大的层级通向很不卫生臭味熏天的粪池，必须用手来淘干，这就使相当多的尿液漏出来而从许多小孔流到外面去。便坑是用橡树干搭成的，让人几乎不能使用，尤其是妇女、上年纪的人和儿童，结果是地面上肮脏到不可形容的地步……最近有一个小孩掉进这类深池淹死了。人口约3.4万的男人、妇女、儿童共同使用561个这一类的脏臭和令人厌恶的厕所。"[①]

[①] 约翰内斯堡城市房屋委员会：《一个居住的地方》。转引自约翰·根室：《非洲内幕》，下册，世界知识出版社，1957年，第585页。

有些市镇小区如索菲亚镇靠黑人自己努力,情况渐有改善,但约翰内斯堡白人居住区的伸展,使索菲亚镇又变成"插花地",与白人居住区毗邻。按"集团住居法"必须把索菲亚镇的6万多非洲人连同他们建立已久的店铺、教堂和学校完全驱逐出去,以满足人口日多的白人居民和从欧洲招来的白人移民(技术人员)的居住需求。1955年2月黑人开始被撵出索菲亚镇。有些在该镇居住了40年的家庭接到通知,限定在10小时内搬走。他们和他们的家具被装上搬运车,由警察押送到一个叫米都兰的新区去。此地离约翰内斯堡约20公里,与莫洛卡区毗邻。这种强迫拆迁将使约翰内斯堡成为更加白人化的城市,它是国民党斯揣敦政府通过"西部地区迁移计划",把住宅区的种族隔离从设想变成事实的重要步骤。

除了家庭仆役,所有黑人都不许住在城内,而他们工作的工厂车间却绝大多数在城内,工资最低的黑人不得不住在离工作场所最远的地方。每天上下班他们都需要跋涉一二十公里的路程,公交车几乎是他们唯一的交通工具。但市政当局在公交车票价上又企图再度盘剥他们。1957年公共汽车公司又要将从亚历山大德里亚镇到约翰内斯堡的公交车票价从4便士涨到5便士。黑人被迫抵制,举行罢坐公交车运动。连政府调查委员会也承认:"与工人工资比较,甚至与他们整个家庭的收入比较,现在的运输费均已超过非洲工人的支付能力。可以说他们是什么钱都无力支付的,除非进一步削减已经吃不饱的食物,否则实在无法应付任何新的开支。"为抵制公交车涨价,非洲人排成长达5公里的队伍步行15公里到约翰内斯堡去上班,干完一天苦工再步行15公里回家。报纸报道:"许多洗衣妇背着沉重的衣物,佝偻着肩、赤着足,拖着脚步往前走。"这是50多年前南非经济最繁荣时期出现的历史画面。

这些非洲人身上都揣着五六种通行证:第一种是居留许可证,第二种是住宿许可证,第三种是雇主发给的证明书,第四种是宵禁通行证(夜班工人用)……任何顾主都可以颁发通行证,甚至一个白人家的孩子也可以给保姆颁发用任何纸片做的通行证。研究南非关于土著的法律的路温教授曾指出:黑人即使是愿意严格遵守法律,也会发现这简直是不可能的。"今天黑人的法律地位是,警察可以不论白天黑夜的任何时候逮捕在约翰内斯堡大街上走路的黑人,而任何主管的检察官可以毫不困难地找出一些可以控告他们的罪状"。仅仅1954年到1955年,因违反"通行证法"而遭到逮捕的人不下968 593人,其中861 269人被判有罪。"通行证法"剥夺了黑人的行动自由。黑人动辄得咎,寸步难行。

在南非白人政府统治下，仅1954年被投入监狱的黑人有1 032 421名。达到南非黑人（包括妇女、儿童）总人数850万人的1/8。监狱人满为患。斯揣敦政府把这批非洲"犯人"变成由监狱当局控制和剥削的廉价劳动力：每天向金矿提供1 400名长刑期犯人，每人收取"租金"2先令；为国营铁道和港务系统提供2 600名囚犯劳动力；供给私营和国营工厂若干囚犯劳动力。监狱当局把刑期不足5个月的黑人（多是触犯"通行证法"）出租给阿非利卡农场主，每名劳动力按日从农场主处收取9便士"租金"。单此项收入一年达523 270美元（1952年数字）。白人政府同意阿非利卡农场主在其农场附近修建监狱。1953年共有13座"私人监狱"出现在农场上。司法部斯沃特（Swart）把这些"私人监狱"誉为阿非利卡"（农场主）事业的纪念碑"。试看这些"纪念碑"里的生活。1956年5月17日约翰内斯堡《新世纪》登载一篇报道："一到晚上，在农场做工的犯人脚上就被套上脚镣，锁在他们睡觉的小屋子中央一根柱子上捡土豆，只要他们试图伸伸腰，就要挨鞭子。"

　　在南非，对待黑人的刑罚是配套的：白人政府对非洲人使用鞭笞由来已久，在斯沃特任司法部长时把鞭笞犯人（主要是黑人）的刑罚写成法案，促使议会通过"鞭笞法案"。当斯沃特在议会提出"鞭笞法案"那一天，他大模大样地带着一根九尾鞭进入会场并让人拍照，洋洋自得，不可一世。斯沃特这一丑恶行径恰恰深刻地反映了他所代表的种族主义政权确是黑人的死敌。《哈泼斯新月刊》曾报道受笞黑人的痛苦情景："他挺着身子站着，一丝丝绽破的肉挂在背后，大滴大滴的血沿着他的大腿倾注下来。九尾鞭飕飕地响，向他的肩头横打下去。他那双眼睛布满血丝，嘴唇战栗不停，两手痛苦地扭曲着；然而他仍然保持沉默。直到鞭子第三十次落下时，皮开肉绽的他低沉地呻吟了一声，充满肉体遭受折磨时的痛苦，晕倒了。"

　　这件事使斯沃特以"酷刑杀手"驰名于国际新闻界。另外一件事使他"扬名天下"：作为司法部长，他有权"指名"任何人是共产党员，不管此人是否真的是共产党员，根据他所热衷制订的"镇压共产主义条例"，他有权不许此人担任任何公共职务。他作为司法部长，权力无限，他能够以一纸命令禁止南非联邦任何男人、女人或儿童在国内任何城镇或其他地方居住或工作，甚至禁止他（她）前往任何城镇或其他地方。斯沃特实际上成了南非暴政的化身。本身就暴虐的种族主义政权，需要有这样一个暴虐变态的人物。斯沃特引以为豪的一件事是，在他担任司法部长期间，黑人和有色人受鞭笞数字从1951年的27 622下，增加到1952年的49 111下，增加了78%。就是这样一个对南非非白人充满变态的仇恨的人物却官运亨通，1961年5月31日在南非晋升为南非共和国总统。

走投无路的黑人被迫廉价出售自己 种族主义歧视的4张"网"张开着，逼迫黑人以最廉价的方式出售自己的劳动力。第一张网，"通行证法"："通行证法"一般只准黑人6天内就要找到工作，否则在城里找工作的非洲人便属违反"通行证法"，或遭监禁，或被罚款，或受鞭笞。为避免任何一种惩罚，黑人往往只能得到各类工作的最低工资，白人雇主借此制订极不合理的低薪资。第二张网，"工种限制"：从农村涌入城市的黑人人数众多，表面上劳动力市场形成过剩。黑人只许担任非技术工种。白人政府向来不屑于对黑人进行职业技术培训，黑人都是非熟练劳动力，只能担任非技术工种，雇主可以任意压低工资。第三张网，"单身住居"之网：严酷的通行证制度如种族隔离法迫使绝大多数黑人进城做工，却没有固定的工作地点，前程渺茫，朝不保夕，不能拖家带口，只能将妻子儿女留在"保留地"。在各金矿工作的黑人一般都住在compound（有译"营地"或"围栅"）里。位于丘陵地带的"营地"，竟住有28.5万—31.5万黑人工人，家属进不来。工人只有做单身汉，或在合同里注明合同期内同意与他们的妻子分居。这使得矿主或雇主只需付出养活一个工人的工资，而其妻子儿女的生活则让已贫瘠不堪的保留地来负担，维持着饿不死的生活。第四张网，"不许加入工会"：矿主或雇主既要维持白人雇员的高工资，又要保证自己获得高利润，只有靠压低黑人工资才有可能。举金矿为例：1953年南非各大金矿雇佣黑人294 598人，每人年工资平均为171美元，雇佣白人40 708人，每人年工资平均为2 910美元，两者相差17倍。黑人祈求无门。白人可以组织工会，黑人无权组织工会或合同规定"不许加入工会"：南非政府长期拒绝承认任何黑人（矿工或其他工人）工会的合法地位。因此，黑人长期以来没有任何工会来保障其合理的工资收入。

金矿工人的工资比其他厂矿的工资相对要高一些：每天工资为2先令4便士至3先令2便士，但这是以损毁身体健康为代价的！每天在38℃以上高温的矿井里工作十几小时，很容易得肺炎、硅肺病等职业病。无论身体多健壮的非洲工人在深井下连续工作9个月以上，身体都将面临垮掉的危险。当9—18个月后合同期满回到家乡保留地时，许多工人羸弱不堪，身体完全垮了。有的患有肺病还会传染给家人。与此同时，另外一批更年青、身体健壮的男劳动力离开保留地，到金矿下井顶替那些撤回来的半残的劳动力。1954年是南非各金矿的"好年头"，共产金411.7吨，获利润3 800万英镑，但这也是非洲金矿工人健康损毁最严重的年头之一。南非每年生产的大部分黄金先运到英国，然后又流入美国，进入美国的地下金库。

黑人廉价劳动力是吸引英、美、德、日等国大量投资南非的最基本原因，投资利润率高是决定性因素。美国商业部估计，1979年美国在南非的平均利润率达到18%，而在一般发达国家平均投资利润率只有13%，在发展中国家则为14%。

四、20世纪40—70年代国民党历届政府

马兰政府（1948—1954）和斯揣敦政府（1954—1958） 马兰执掌南非政府6年中，除了颁布一系列种族主义法令使他在国际社会中以极端的种族主义政客而臭名远扬以外，还力图与联合国对抗吞并西南非洲（纳米比亚）。这也使他被非洲国家斥为凶恶扩张主义者，并且极不得人心。

在第一次世界大战前，纳米比亚曾是德国殖民地，大战爆发后，1915年南非借口对德作战出兵占领纳米比亚。1920年国际联盟授权南非对纳米比亚实行委任统治。第二次世界大战后，纳米比亚成为联合国托管地。史末资建议西南非洲仍保留过去委任统治制的各种安排。但马兰的南非政府要求兼并纳米比亚，不过遭到联合国拒绝。1949年马兰政府指使南非议会通过"西南非洲事务修正法"，悍然把纳米比亚当作南非的一个省，并拒绝执行国际法院关于南非须向联合国提供年度报告的判决。1953年马兰给予西南非洲4个参议员和6个众议员名额进入南非议会，增强了国民党在议会的多数地位。

马兰国民党执政的社会基础，有20世纪30年代成立的极右的国民党保守派支持他执行极端种族主义政策，1918年成立后一直蛰伏的兄弟会（Afrikaner Broederbond）是亲法西斯秘密组织，到马兰上台时便蠢蠢欲动，要走上前

1918年兄弟会领导团体

台。兄弟会的成员精干,人数甚少,只有3 000多人。马兰上台被视为它的一大成就。1948年90多名国民党议员候选人,有60名是兄弟会分子。马兰内阁14名阁员中有10名是该会成员。这个国民党领导成员的核心组织,极端仇视黑人,甚至对英裔白人和英国人也采取疏远、排斥和反对态度。它主张在南非建立一个阿非利卡人主宰的共和国。这个兄弟会组织对国民党头几届政府执行极端政策所起的推波助澜作用不可低估。

当马兰国民党以为他们已绝对控制了议会,便极力抬高议会的权力以压制最高法院。1952年3月20日,南非最高法院宣判马兰总理的种族立法无效。马兰便于5月29日指使议会通过政府倡议的一项限制最高法院权力的法案。有了这项法案,执政的国民党政府便可为所欲为了。马兰的第一号助手、副总理斯揣敦出身阿非利卡大农场主,直到从政,在德兰士瓦的内尔斯特鲁姆仍拥有一座规模巨大的畜牧场。他也是一个肤色观念极强的种族主义者。他的名言是:"如果欧洲人失去了他的肤色感,他就不可能仍然是一个白人。"他公开反对白人和黑人的合作关系,说"合伙关系就是慢慢地死亡",他只相信"主人和奴隶的关系"。1954年他接替马兰担任总理后,宣布其施政纲领中一个重要因素是共和主义。他认为如今与英联邦的关系是强迫阿非利卡人"把他们对国家的忠诚分成两半",这是阿非利卡人所不能忍受的。但斯揣敦也估量到在几年之内不可能让南非成为共和国。因此执政初期他的主要力量仍放在"强化"内阁上,把内阁中开普敦出身的有亲英色彩的阿非利卡温和派清除出去,使他的内阁成为北方人(德兰士瓦人)内阁。这一点他很快就做到了:14名内阁成员中至少有11人是斯揣敦派系的人,而且都是极端的种族主义者。如担任土著民族事务部部长的维沃尔德,担任司法部长的斯沃特,担任内政部长的唐吉斯,担任劳工部长的詹·德克勒克……他们组成了一个"强有力"的种族主义政府。这个政府在实行种族歧视和种族隔离政策上是"坚定而有能力的"。斯揣敦甚至敢做马兰暂时还不敢做的"无法无天"之事:一是规定议会是国家最高统治机构,否定最高法院有权判决议会立法的有效性。二是剥夺6万名混血种人选举权(1956年1月13日)。三是公然破坏南非多种族大学的自由传统,不准黑人进入所有名牌大学。四是

斯揣敦

以"叛国罪"对156名支持《自由宪章》的南非知名人士进行"叛国审判"。斯揣敦是种族隔离制的狂热信徒。他顽固执行背离世界潮流的种族主义政策，造成了黑人的大量失业，许多在城市的黑人生活毫无保障，形成南非社会的痼疾——盗窃、抢劫、谋财害命案件频繁发生。城市治安状况极差。甚至在约翰内斯堡市中心，天黑以后外出散步也不安全。出租车司机要求将乘客的姓名和住址（或旅馆房间号）记下来，以防"乘客"在他开车时从后面把他打昏劫财害命。陌生人夜间到索菲亚镇去常是有去无回。约翰内斯堡城的居民胆战心惊，高度紧张。大多数住户把手枪放在床边睡觉；许多家庭豢养恶犬保护住宅。

维沃尔德政府（1958—1966）和南非"退出"英联邦　斯揣敦执政4年没有整顿好社会治安，继任的维沃尔德也同样未能解决社会治安问题。他自己遭受过两次枪击，最后死于枪下。维沃尔德也是一个极端的种族主义者，坚信并奉行绝对完全的白人统治和"种族隔离"。1960年3月他一手制造了沙佩韦尔大屠杀惨案，杀害黑人70多人（见下章）。他也是一个更激烈的"共和主义"者（反英主义）。他在从政前担任《德兰士瓦人》报纸编辑。当时英王乔治六世和王后正式访问南非，到达约翰内斯堡，他不许《德兰士瓦人》提及此事。1960年5月在英联邦会议上，南非因沙佩韦尔事件遭到联邦成员国的猛烈抨击。马来亚和加纳决定抵制南非货物。维沃尔德决定借此机会在1960年10月5日就南非成立共和国一事举行公民投票。只有南非白人才有投票权。在1 000多万人口的南非只有160多万白人有投票权。在1 626 336张票中，赞成比不赞成成立共和国的多出74 580票。根据规定凡英联邦成员国成立共和国的需重新申请加入英联邦。为此，英联邦成员国1961年3月在伦敦开会。尽管当时英国首相麦克米伦希望南非能继续留在英联邦内，这对英帝国有利，但英联邦多数成员国特别是非洲和亚洲成员国对南非执行种族主义政策无法容忍，串联起来要对南非"重新申请加入英联邦"投反对票。

　　参加英联邦会议的维沃尔德感到南非坚持的种族政策已使南非在英联邦中越来越孤立。1961年3月8日英联邦各成员国总理开会。维沃尔德顽固坚持种族主义的立场遭到与会国家的严厉批评。眼看压倒性多数的英联邦国家不会同意南非保持其英联邦成员国的申请。麦克米伦1961年3月24日日记。显示，3月3日麦克米伦单独与维沃尔德会谈，建议他撤回申请。维沃尔德遂"决定撤回南非成为共和国后保持其英联邦成员国的申请"（1962年3月英联邦会议公报）。维沃尔德在回到南非时，南非国民党政府上演了一幕闹剧：举行盛大欢迎仪式将他当作"英雄"来接待。圆滑的维沃尔德轻而易举地将失败变为"胜利"。南非"退出"英联邦的举动对南非英裔移民是个打击,但英国人在南非的投资利益和防务利益丝毫未损。麦克米伦劝说维沃尔德自己撤回申请也是出于这一目的。英国为在南非历史上在种族歧视政策上投出的第一块石头(《新约全书·约翰福音》)而尝到了苦果。

维沃尔德"退出"英联邦后,在南非对非白人采取更严厉的镇压政策,他任命素以对黑人凶狠著称的沃斯特(Vorster)担任司法部长。1962年在沃斯特主持下,维沃尔德政府制定反破坏法等一系列镇压黑人的种族主义法律,规定严惩一切"破坏公共秩序"的人,凡参加罢工、示威、违反政府条例者均以"参加破坏活动"罪论处;凡张贴未经许可的标语和涂写口号者均视为敌视国家行动,至少判处5年徒刑,直至死刑。据此,1964年6月将曼德拉和7名黑人领袖判处终身监禁(见后文)。在沃斯特任司法部长期间,南非冤狱遍于国中,成为世界上按人口比例计算"犯人"最多的国家:每10万人中有279名在押犯;每8个黑人就有1人曾被警察或法院监禁过。南非死刑率也创世界纪录。60年代人口仅2 000万的南非,每年判处死刑的人数多达100人,被绞死的大都是黑人。沃斯特的"铁腕"受到阿非利卡人中冥顽不灵的种族主义者的一致赞扬,他被选为南非国民党党魁。1966年5月沃斯特又兼任警察、监狱部部长。

维沃尔德

沃斯特政府(1966—1978)和"班图斯坦计划" 1966年9月6日维沃尔德被一个希腊裔的莫桑比克人刺杀。9月13日沃斯特继任南非总理。他上任时宣称:"我将继续实行种族隔离,沿着前任所指引的道路前进,并且要走得更远。"他首先完成扩张警察国家的工作:1967年颁布以"反破坏法"为基础的"反恐怖法",将"阻碍交通"、"妨碍国家事务管理"、"用威胁手段企求某一(政治)目的"等均列为恐怖行动。警察可以逮捕任何涉嫌者,拘留时间不限。他扩充秘密警察队伍,建立"国家安全局",在全国密布侦探网。1976年春制定的"国内治安法",采用所谓预防性的逮捕措施,从而取消了南非人民仅剩的一项法律保障。

　　沃斯特政府最大一项种族隔离措施是加紧推行"班图斯坦计划"。在维沃尔德政府时期，1959年已颁布"班图自治法"，计划把632个部落自治机构，按所属族别拼凑成8个班图斯坦自治区（后增加到10个），在班图斯坦自治区内分别设立南非白人政府一手操纵的立法会议和自治政府。原保留地均称班图斯坦（后改称"黑人家园"）。1964年，3块互不相连的特兰斯凯保留地硬是被南非政府按其规定的立法程序变成"班图斯坦"，建立了"自治政府"。1966年沃斯特接替被刺杀的维沃尔德担任政府总理时，非洲和南非的情势已发生巨变，他的首项任务便是加紧推行"班图斯坦计划"（详见后文），以挽救其白人种族主义统治。

第十九章
"班图斯坦（黑人家园）计划"的强制执行和南非政府逐渐陷入困境

一、非洲大陆情势发生剧变

非洲大陆情势剧变和联合国惩罚南非措施 1956年苏伊士运河危机事件和英法侵略军被迫从埃及撤军以后，1957年1月麦克米伦接替艾登担任英国保守党政府首相。他是一个对非洲事务较有远见的政治家。1960年1月5日至2月15日，他访问非洲多个国家，认识到"非洲民族主义将在整个非洲大陆迅速扩大"。2月3日他在南非议会演说，提出"变革之风已经吹遍这个大陆，不管我们喜欢不喜欢，民族意识的这种增长是个政治事实。我们大家都必须承认这个事实，并且在制定国家政策时把它考虑进去"。前文已经提到维沃尔德固执坚持南非种族主义政策，不得不被迫"退出"英联邦。

"民族要解放，国家要独立"在非洲大陆已经形成不可阻挡的历史潮流。1952—1958年，六个非洲原殖民地（或半殖民地）国家宣告独立。1960—1968年，33个非洲殖民地国家宣告独立。这些新独立的非洲国家都加入联合国，联合国增加了32个新国家（有些国家两国合并成一国）。这在很短时间内大大增强了第三世界国家在联合国的力量。在这些新独立的黑人国家中，有的国家如博茨瓦纳、莱索托、斯威士兰与南非有共同边界。另有3个与南非有共同边界的地区葡属安哥拉和葡属莫桑比克两个殖民地及津巴布韦（南罗得西亚），正在以激烈的武装斗争争取民族最后独立。新独立的非洲黑人国家密切关注南非境内2 000多万被剥夺了平等权利的黑人兄弟的命运，并全力支持南部非洲尚未取得独立的黑人地区（安哥拉、莫桑比克、南罗得西亚和纳米比亚）尽快获得真正的独立地位。他们以联合国大会为平台向南非的种族主义政策发起挑战。在国际会议和地区会议上严厉谴责南非的种族主义制度。

1963年成立的非洲统一组织,在历届首脑会议上(每年一次)几乎都对南非每一项种族主义罪恶行动进行谴责并作出相应的反对的决议。非洲统一组织成立专门机构对南部非洲未独立国家的民族解放运动给予支持和援助,特别是对被迫流亡国外的南非"非洲人国民大会"、"泛非主义者大会"和纳米比亚民族解放组织"西南非洲人民组织"给予大力援助。非洲统一组织配合联合国主张对南非实行强制性制裁。

1966—1970年,联合国一年比一年安排更多力量审议南非政府采取的种族政策。联合国每一届大会都严厉谴责南非政府的种族隔离政策为无视联合国宪章和违反人道罪,不止一次重申大会承认南非人民斗争的合法性,并以其支配下的一切手段取消种族隔离和种族歧视,要求南非政府根据普选制在整个国家实现多数人的统治。

联合国大会对一些国家(指美英等)和经济利益集团在军事、经济、政治及其他方面继续同南非合作而鼓励了南非继续执行反人道的种族主义政策表示极大的遗憾。联合国对所有国家提出4项要求:一是同南非政府断绝外交、领事及其他正式关系;二是同南非断绝一切军事、经济、技术及其他合作;三是停止对南非出口商品实行关税和其他优惠并停止对在南非的投资提供便利;四是保证在其国注册的公司及其国民遵守联合国关于这个问题的各项决议。

联合国大会还要求所有国家和国际组织中止同南非种族主义政权及其各组织和团体进行文化教育、体育和其他交往。1962年联合国大会决定设立特委会:"反对种族隔离特别委员会",在联合国大会休会期间随时审议南非当局的种族主义政策,并向联合国大会和安理会提出报告。

这些措施是联合国自1945年成立以来对个别会员国曾经采取过的最严厉的惩罚措施。此举证明南非白人政权的种族主义政策已激起世界各国的公愤,南非政府的种族隔离行径被看作对全世界的羞辱,是人类的一大耻辱。

非洲新独立的绝大部分国家和中国等安理会常任理事国都同南非政府断交或拒绝建立外交、领事等关系,并中止同南非白人政权及其各组织和团体进行文化、教育、体育和其他来往(只有马拉维(尼亚萨兰)一个黑非洲国家同南非建立外交关系)。与南非断交或中止交往的国家日益增加,呈现联合国历史上从未出现过的对种族隔离制的同仇敌忾的现象。

南非白人政府以攻为守的政策 20世纪60年代南非政府在中南部非洲以赞比西河为界而筑起的"白色防线",并未能堵住自北往南奔腾而来的非洲大陆独立运动的浪头。1974年,葡萄牙发生政变,卡埃塔诺政府垮台,莫桑比克和安哥拉迅速取得独立。沃斯特失去葡属殖民地这两个"左膀右臂"("侧翼卫士")。南部非洲坦桑尼亚、赞比亚、莫桑比克、博茨瓦纳和安哥拉等国于70年代中期组成"前线国家",支持南非人民反对南非政府种族主义政策,努力执行联合国对南非的政治、军事制裁决议,拒绝同南非政府来往。1974年下半年以后,"前线国家"多次举行首脑会议或部长会议,谴责南非政府的种族主义新举措,支持纳米比亚的独立运动,讨论南非入侵邻国造成的局势问题。鉴于南非白人政府拒不执行联合国大会有关决议,1974年第29届联合国大会中止了南非出席联合国大会的资格。南非政府陷入十分孤立的境地。

素以对黑人"强硬"著称的沃斯特1966年上台执政那一年,面对着28个黑人掌权的非洲国家,他已经不可能执行他前辈那样"以堵为主"的对付黑非洲国家的政策。尤其是1966年9月和10月贝专纳独立成立博茨瓦纳共和国,巴苏陀独立成为莱索托共和国,1968年9月斯威士兰也宣告独立之后,"白色防线"面临崩溃。沃斯特政府为延长种族主义政权寿命,召集"智囊团"积极谋划变换政策和手法,开始念起"和平经"并发表对非洲国家关系的政策声明:要对非洲国家"友好"、"睦邻",对非洲形势变化表示"高兴"和"同情",要求非洲国家同南非实现和平,加强合作等。沃斯特政府的外长马勒宣布:南非已同12个非洲国家的高级官员进行过接触,已有144名非洲国家官员来访,南非已有10名内阁成员访问过黑非洲,出访各国的南非官员达145人。沃斯特自己还访问了马拉维、象牙海岸等地。沃斯特政府这些政治秀,其目的一方面是想摆脱南非在非洲大陆极其孤立的地位,另一方面是企图阻止非洲黑人

巴苏陀曾使用过的邮票

国家对南非黑人反种族主义斗争进行支持。

但综合70年代中期整个非洲大陆的形势特别是南部非洲形势来分析,其中隐藏着更深刻的原因。

第一,1974年4月葡属殖民统治的突然垮台出乎沃斯特政府意料。沃斯特原来估计在南非的经济和军事支援下,莫桑比克和安哥拉的殖民统治无论如何也能再支撑几年。南非当局担心这突然崩溃造成的巨大冲击,会在南部非洲引起连锁反应和多米诺效应:首先激发南非国内黑人反种族主义斗争,以致提出普遍选举权和多数统治的要求;其次会加强纳米比亚摆脱南非统治的独立斗争。南非需要在政治上采取对策,缓和与消除这些冲击,以便争取时间,适应新形势带来的影响。沃斯特政府开始与非洲新独立国家"对话",就是这种策略的体现。

第二,改变南非过去在政治上采取"硬碰硬"的僵硬做法,需要有经济的措施来作铺垫。沃斯特政府越加认识到,南非过去在政策上,主要是利用南非拥有的非洲大陆上最大的经济实力作为负面施压工具,而不是作为经济诱饵。这无疑是一种失策。在南部非洲历史上形成的南非经济的龙头老大地位不是短期能够改变的。无论在铁路运输、沿海港口、进出口贸易、各种经济联系方面还是劳务输出方面,南部非洲10个国家都要依赖南非,在财政、金融、技术上难以自立。南非白人政权往往借经济手段在政治上施压,逼南部诸国就范。小至拒发车皮运货、禁止季节劳工入境,大至封闭边境,停止经济来往,无所不为。南部黑人诸国对南非白人政权这些施压手段恨之入骨,却又无可奈何。沃斯特在他执政的后半期,面对国际社会反种族主义的制裁措施日益严峻,越来越多国家加入制裁行列,南非国际市场变狭窄,外贸渠道不畅,便策划改变手法,打"经济牌":利用60—70年代南非经济的快速发展,日益加强的经济实力,以及南部非洲既存的经济纽带来拓宽南部非洲的市场,以"共同发展经济"为诱饵来松动和缓和南部非洲诸国对南非种族主义的反对。沃斯特提出建立"南部非洲经济共同体"的主张,向邻国伸出橄榄枝,但南部非洲国家反应冷淡。

第三,沃斯特在罗得西亚问题上企图采取舍车保帅的策略。1963年中非联邦垮台后,史密斯等人搞片面独立,建立少数白人政权,企图倚靠仅占人口3%的白人在罗得西亚建立白人政权,一统天下。十几年以来南非花费巨大的人力、物力、财力来支持这个越来越没有希望战胜黑人游击队的白人政权。仅国防开支就需补助其50%的开销。到70年代中期,罗得西亚这个无底洞每天吞噬100万美元的军事开支,南非需负担其一半——50万美元。沃斯特想卸掉这个沉重包袱,同"前线国家"达成妥协。此时,正值美国国务卿基辛格到南部非洲进行穿梭外交,提出"实现多数人统治,保护少数人权利"的解决罗得西亚问题的基本原则。1976年6月在巴伐利亚会晤中,基辛格首先压制沃斯特接受它。当时正值南非发生"索维托事件"(详见后文),沃斯特需要以制压史密斯让步的姿态来减轻国际舆论对南非的压力。于是,本着舍车保帅的策略,沃斯特对史密斯施加压力。同年9月24日史密斯发表讲话,同意通过谈判向多数人政权过渡。罗得西亚问题又拖了三四年才得到最后解决,但沃斯特亲身经历了这场惊涛骇浪似的施压——在谈判的过程中,深感南部非洲形势紧迫,时不我待,必须大大加快南非境内的"班图斯坦计划"的进程。

二、班图斯坦(黑人家园)计划的强制执行

班图斯坦计划是一项殚精竭虑的殖民计划　整个20世纪60年代,班图斯坦计划进展缓慢。所谓"班图斯坦计划"是为了实现"种族隔离"卑劣的政治目的而被人为炮制出来的,它既违背自然规律又违反经济发展规律,更是一个践踏社会公德、违反伦理和人道主义的罪恶的计划。因此执行起来困难重重、矛盾百出。尽管马兰、斯揣敦和维沃尔德历届国民党政府都力图尽早实现"班图斯坦计划",进而实现南非白人与黑人的地区隔离,但仅仅将300多块保留地在地图上"合并"成10个班图斯坦(黑人家园)就花费了多年时间,更不用说实际操作。

首先,10个"班图斯坦"的"国土"人为拼凑的状况:经过多年的"归并"、"凑整"以后它们仍分散在92块互不相连的土地上。班图斯坦"国土"的支离破碎在世界所有国家历史上都是绝无仅有的。夸祖鲁面积仅31 550平方公里,却分散在44块"国土"和144个"黑点"上。博普塔茨瓦纳面积仅3.8万平方公里,原来分散成19块,归并成7块后,3块在开普省北部,3块在德兰士瓦省西北部,1块在奥兰治省,相距最远达600公里。1977年博普塔茨瓦纳"总统"曼戈佩巡视全境,不得不跨越"白人国家"边界12次,才走遍自己的7块"国土"。其次,南非白人政权把南非面积122万平方公里土地中的106万平方公里划分给约300万欧洲白人,而约1 000万非洲人却被限制在总面积仅约15.8万平方公里彼此分隔开来的"家园"中。南非白人每1 000人占有土地面积多达247平方公里,而且大多是肥沃或蕴藏着丰富的矿产资源的土地。

黑人每1 000人占有土地面积最多的为18平方公里,最少的仅0.3平方公里,而且大多是贫瘠、缺乏矿产资源的土地。按人均占有土地面积计算,白人占有土地面积竟比黑人多25倍至500倍。最后,黑人居住在班图斯坦"国土"上的不到其人口总数的一半。

各班图斯坦概况如下:

博普塔茨瓦纳面积38 000平方公里,由6块组成,法定人口210万人,实际人口88.7万人,每千人占18平方公里。

文达面积6 500平方公里,由3块组成,法定人口45万人,实际人口26.5万人,每千人占14.4平方公里。

莱博瓦面积22 000平方公里,由7块组成,法定人口220万人,实际人口108.7万人,每千人占10平方公里。

特兰斯凯面积41 000平方公里,由3块组成,法定人口420万人,实际人口175万人,每千人占9.7平方公里。

加赞库布面积6 800平方公里,由5块组成,法定人口81万人,实际人口27.6万人,每千人占8.3平方公里。

夸祖鲁面积31 000平方公里,由44块组成,法定人口500万人,实际人口210万人,每千人占6.4平方公里。

斯威士面积3 700平方公里,由3块组成,法定人口59万人,实际人口11.8万人,每千人占6.2平方公里。

西斯凯面积5 300平方公里,由19块组成,法定人口87万人,实际人口52.7万人,每千人占6平方公里。

南恩得贝莱面积750平方公里,由1块组成,法定人口24万人,每千人占3平方公里。

巴苏陀·夸夸面积480平方公里,由1块组成,法定人口170万人,实际人口2.4万人,每千人占0.3平方公里。

总计面积155 000平方公里,由92块组成,法定人口1 860万人,实际人口704万人。

"班图斯坦"实质上是白人南非的"内部殖民地" 南非白人政府实质上是将"班图斯坦"作为"内部殖民地"来规划和施行的。本来,班图斯坦的阶段性目标和最终目标以及权限放开程度都有严格的规范,不得随意跨越,然而实际上,其施行和实现的进度以及"放权"程度随着南部非洲各国民族解放运动的形势发展而有相应的安排。

第一，这几十块被随意割裂和拼凑的土地上，计划陆续成立10个班图斯坦，它们在最后将成为"独立"的国家。[①]1956年斯揣敦政府宣布由最大保留地——特兰斯凯首先成立第一个班图斯坦的地方权力机构：特兰斯凯地方当局。与此同时，其他保留地则逐渐实行部落自治或"准自治"。近300个零散保留地建有632个部落自治机构。1959年维沃尔德政府颁布"班图自治法"，计划将632个部落自治机构按所属族别，拼凑成8个班图斯坦自治区（后增至10个）。在班图斯坦自治区内分别设立由南非政府一手掌控的立法会议和自治政府。

但这种"准自治"勾当骗不了特兰斯凯的非洲人。特兰斯凯爆发了一系列激烈的反抗行动。1960年南非政府宣布特兰斯凯处于"紧急状况"，由维沃尔德政府实施紧急条例。1962年维沃尔德政府宣布拟给予班图斯坦最终发展为"分立的黑人国家"的权利，并立即着手搞一个班图斯坦自治样板。同年通过"特兰斯凯宪法"。1963年5月，南非议会通过决议，建立第一个班图斯坦特兰斯凯。特兰斯凯地区遭受19世纪9次殖民侵略战争，面积仅剩4.14万平方公里。60年代居住在保留地内的有科萨人150万人，混血种人1.4万人，白人1.8万人（多为英裔小业主、公务员及其家属）。特兰斯凯班图斯坦设有（地区）立法会议和行政会议（自治政府）。立法会议有议员109名，其中45名由居民选举，其余64个席位归60个部落首领和4个最高酋长占有，由白人政府任命。由议员的多数"选出"总理，领导自治政府。

第二，班图斯坦"自治政府"的权力受到很大限制。立法会议的权力只限于内政、教育、科学技术、工商农林业、地方治安、劳工、财政等方面。班图斯坦的立法会议所通过的一切法律均必须由南非总统批准。重要的大权如外交、国防、移民、货币、信贷和运输等权力，班图斯坦的行政机构均不能置喙。这些权力一律由南非白人政府和白人议会过问。例如南非政府在特兰斯凯设置总专员，总揽大权，所有有关"内部安全"事项全部掌握在总专员手中。

第三，所有非洲人将取得所属的"黑人家园""国籍"。例如所有科萨人都被宣布为特兰斯凯班图斯坦的"公民"，不管是否住在特兰斯凯。有许多科萨人出生在南非其他地方，从来没到过特兰斯凯，但也必须拥有特兰斯凯班图斯坦的"国籍"。据1960年调查，南非全境共有340万科萨人，其中住在特兰

[①] 1974年后南非白人政府将"班图斯坦"改称"黑人家园国家"。但不少著作的作者仍将"班图斯坦"、"黑人家园"、"班图家园"等多词混用。

斯凯以外的占一半以上。1963年选举"特兰斯凯班图斯坦"的立法议会45名议员。去登记的男女选民只有88万名，其中住在特兰斯凯的科萨人选民61万名，而没有去登记的科萨人选民有几十万人。这种没有代表性的议会通过的所有法律却被认为适用于所有科萨人，包括向来不住在特兰斯凯的科萨人。住在城市和各矿区的科萨工人也得服从他们从未见过的、早已瓦解的部落的首领的管辖和统治。实际上，这是另一种企图对黑人中的工人阶级和知识分子加强控制的做法。

在白人政府完全控制之下推行"班图斯坦" 1951年颁布"班图权力法"（又称"班图立法会议条例"）以后，国民党历届政府都把"班图斯坦计划"视为维持南非白人统治和"白人至上"的一根救命稻草。维沃尔德政府更是不遗余力，执政第二年1959年就颁布"班图自治法"，1963年他以特兰斯凯保留地作为"分别发展"的样板，颁布"特兰斯凯组成法"，表示要"不惜一切代价，实现政治分离"。然而特兰斯凯1963年选举和地方自治政府成立后也产生了一些白人政府预料不到的作用：一是假戏真做地促进了科萨人政治活动的积极性，使一部分历来对政治不关心的科萨人对自己的政治命运也开始关注起来。为此，南非白人政府派驻特兰斯凯的警察力量自1961年后增加8倍，增设36个警察分局。二是围绕建立班图斯坦，黑人形成赞成和反对两派。反对派占绝大多数，赞成派多为旧日部落上层分子（他们觊觎更多的高官厚禄供自己享有）。三是在特兰斯凯定居的科萨人出现了要求实现特兰斯凯真正独立的呼声，但散居于南非全国的科萨人（人数可能占半数以上）则反对班图斯坦这种"假独立"戏法。四是南非一部分白人感到南非的"完整"受到了破坏（至少12.7%的国土要"变成"10个班图斯坦）；有些阿非利卡人官员不愿对黑人居住地区过多放权。

因此，在1963年以后的若干年内，除特兰斯凯外，南非政府窥测方向，放慢步伐，未敢全面开展"班图斯坦计划"。沃斯特在60年代后期对"班图斯坦计划"实施期间，采取延长4个阶段的时间安排。按规划，"班图斯坦"需要经过4个阶段才能成为"独立国家"：一是成立"地方当局"；二是成立"立法会议"，在南非当局监督下制定某些法律和法令；三是成立"自治政府"，设立黑人总理和内阁；四是宣告"独立"，成为南非境内的"黑人国家"。沃斯特政府拖长第一和第二阶段时间。但到60年代中后期，林波波河以南3个黑人国家博茨瓦纳（1966年）、莱索托（1966年）和斯威士兰（1967年）分别取得独立，这给予同属南班图语系的南非黑人反种族主义运动很大推动。沃斯特政府加速推行"班图斯坦计划",1970年和1971年分别颁布"班图家园公民资格法"和"班图家园宪法条例"两项加速推行"班图斯坦计划"的法令;1972年6月宣布茨瓦纳自治(改名博普塔茨瓦纳),10月举行大选,成立"自治政府";同年,西斯凯、克瓦祖鲁、莱博瓦等分别成立"自治政府"。1974年葡萄牙发生政变,1975年莫桑比克和安哥拉正式独立,南部非洲形势遽变。1975年8月沃斯特政府为阻止安哥拉黑人政府对西南非洲人民组织的支持,开始不断对安哥拉发动军事侵略,出动坦克部队,1 000多名南非军人占领安哥拉的库内内省省会,并深入安哥拉内陆腹地数百公里。同年7月沃斯特政府又制造了索维托惨案(见后文)。沃斯特政府的"缓和"、"对话"的假象已被他自己一一撕破,遭到联合国和国际社会的一致谴责,陷入空前孤立。

为了摆脱内外交困的境地,沃斯特变换手法以守为攻,于1976年10月26日宣布特兰斯凯黑人家园"独立",把他对付南非黑人最狡猾、最具欺骗性的一招使出来。特兰斯凯自1963年成立"自治政府"已有13年,沃斯特及其政府幕僚权衡利弊,一拖再拖,一直未上演"班图斯坦(黑人家园)计划"的最后一幕——"独立"。为什么延宕13年终于上演"独立"这最后一幕?

首先,除了国外施加压力和周边国家的形势的逼迫外,南非国内黑人斗争日趋激烈,索维托事件后南非人民同仇敌忾的抗暴斗争之激烈程度,超出白人政府的预料。一大批黑人组织如雨后春笋般出现。沃斯特感到他的政府比任何时候都更需要在南非境内装扮出南非黑人同非洲大陆30多个黑人国家一样享有"自主"、"主权"的假象,欺骗国际社会,以摆脱内外交困的窘境。

其次,沃斯特政府及其幕僚们看到南部非洲一些黑人国家独立后国内两派(或多派)斗争反趋激烈,黑人独立国家之间的矛盾冲突也反倒愈加激烈,从中获得启发。白人种族主义者更加坚信罗马帝国的分而治之的原则是统治黑人的最为有效的法宝。让南非2 000万黑人按其固有的不同语系——北恩戈尼语(祖鲁人)、南恩戈尼语(科萨人等)、苏陀语、茨瓦纳语,分散在不同地区,拼凑成10个左右的黑人家园,让其"独立",只要"驾驭得当",就可以继续维持白人在整个南非的实际统治地位。几年来已经取得"自治"地位的10个"黑人家园"无一不由白人稳固地控制着,让沃斯特政府颇具信心。

最后,在"黑人家园"中已经培养了一批由旧部落头人充当的傀儡,他们的身家利益与南非政府控制"家园"、间接统治的利益基本一致。以特兰斯凯为例,从20世纪50年代调整特兰斯凯统治机构时起,白人政府就任命了近千名酋长和头人担任公职。到1975年年末,在"自治政府"中任公职的已有近

6 700人。其数字和比例早就大大超过布尔氏（Bull）在20世纪20年代的统计：特兰斯瓦每1 000人居民就有1个酋长和头人对其实行统治。对于头人乃至首席部长的选拔，白人政府有一套严格的控制程序。特兰斯凯一名著名酋长波托曾反对种族隔离，他虽在立法议会由选举产生的45个议员中赢得30票的赞成，但在1963年12月立法议会推举首席部长时却"落选"了，因为特兰斯凯立法议会其余60名议员是由白人政府任命的傀儡，他们推举一个著名的傀儡人物马坦齐马担任部长。南非政府对由马坦齐马一类人物来主持"自治政府"是放心的。这些政坛人物公开要求南非白人政府替特兰斯凯训练军队，以便使特兰斯凯军队能同南非"共和国的军队并肩作战"，来扑灭黑人的反抗斗争。

沃斯特政府对于自身对特兰斯凯家园的经济命脉的控制是颇有信心的。它通过国有资本科萨发展公司向特兰斯凯黑人商人发放贷款，1968—1975年共贷款746万兰特，而1972年在特兰斯凯成立的非洲商业协会及其9个分支机构也是受南非白人控制的。南非政府鼓励白人资本家到特兰斯凯投资，开设工厂，也鼓励当地黑人建立商站和杂货店，收购农产品和推销商品，一些被迫从"白人地区"返回特兰斯凯的黑人商人也加入了当地的商业活动。特兰斯凯黑人经营的小企业发展颇快。小规模的农业原料初级加工厂、食品制造厂、农具制造厂和小手工业工厂获得贷款后也陆续建立起来。到1976年，约有70多家小工厂企业。这些黑人商人和企业主兴办的企业、工厂都是在南非政府和"自治政府"的支持和培植下发展起来的，因此，沃斯特政府放心地认为这也是它在黑人家园可依靠的社会基础。

另外，南非政府又与特兰斯凯"自治政府"签订了49个在军事、警察、货币和司法领域"密切合作"的条约，以及70多个协议，将军事、国防、外交、金融、交通、邮电和劳工管理权全部置于南非政府控制之下。尤其值得注意的是，南非最高法院仍是特兰斯凯的上级法院。

"独立"后的班图斯坦（黑人家园） "独立"后的特兰斯凯家园，南非白人政府与它"建交"，并派了一位驻特兰斯凯的"大使"。这个"大使"坦率地承认：他在乌姆塔塔（首府）"实际上是在管理这个国家"。1976年南非政府越俎代庖替特兰斯凯拟订一部"宪法"，种族隔离部分完全照抄南非共和国宪法条文。以后，凡黑人家园"独立"，"宪法"均照此炮制。

1977年12月，博普塔茨瓦纳黑人家园宣布"独立"。这个"家园"面积3.8万平方公里，"国土"由6块组成，国土之间相距最远达600公里。1979年

9月文达黑人家园宣布"独立"。这个家园面积6 500平方公里,由3块土地组成"国土"。1981年12月西斯凯黑人家园宣布"独立",这个家园面积5 300平方公里,"国土"由19块土地组成。此后,"班图斯坦计划"日薄西山,每况愈下,再也炮制不出表面上"独立"的黑人家园,直至1994年南非白人政府垮台。

南非白人政府对"独立"后的黑人家园最迫不及待要做的一件事,就是宣称各黑人家园属下的黑人已取得所属的黑人家园的"国籍",而丧失南非国籍。因此,上千万黑人将永远在法律和政治上不可能拥有或取得南非的公民权,而被白人统治集团视为"梦魇"的南非黑人的选举权和被选举权也因此终于"一笔勾销"。这样,占南非人口70%以上的黑人,在世代居住的占南非87.3%的国土上,将丧失一切政治、经济和法律上的权利:选举权和被选举权;享有自己国土上的自然资源和由他们创造的巨大的社会财富的权利;为结束白人种族主义统治、掌握南非命运而斗争的权利。因为黑人家园的"国籍"使他们在法律上成为南非共和国的"外侨",在87.3%国土上成为"外国人"。

1970年的"班图家园公民资格法"规定,凡住在"白人地区"的每个黑人均须取得其所属的班图斯坦的"国籍"及"国籍"证明书,否则将取消其在"白人地区"从业和居住的权利。原来"独立"前在"白人地区"的黑人拥有双重"国籍",在"独立"后,按黑人家园的"宪法"便被剥夺了"南非国籍"。1976—1981年共有300万特兰斯凯的科萨人、200万茨瓦纳人和文达人、近百万西斯凯的科萨人的南非国籍被剥夺。

"独立"后居住在"白人地区"的黑人劳动力,包括已居住在该地区数代的"常住居民",统统被纳入"流动劳工"系统,待遇等同于从莫桑比克、马拉维入境的流动劳工。他们作为"外籍劳工"被剥夺了要求享有任何南非公民的经济、政治权利的资格。随时可以被遣返"家园"。早在家园的"自治政府"阶段,已开始遣返"多余的"黑人劳工及其家属到各班图斯坦安家。1960—1970年10年间白人政府借口将实行班图斯坦计划,已从"白人地区"遣送160多万黑人到班图斯坦。"独立"后,遣送老弱病残到"所属黑人家园"的做法变本加厉。原本贫瘠、缺乏资源的"黑人家园"变得更加拥挤不堪,成为老弱伤残的黑人的消化地。

沃斯特政府以优惠条件鼓励白人资本在"独立"后的黑人家园与"白人地区"的交界地带设立工厂或开办农场。安排黑人劳动力居住在"家园"境内而前往交界地带的白人工厂或农场做工。让白人雇工头到附近家园内招募健壮的黑人劳动力,这样白人工厂便可以不提供住宿,以降低劳动力成本。边界地带的工厂企业付给黑人的工资比"白人地区"已很低下的黑人工资还要低64%。更廉价的劳动力使白人资本趋之若鹜，短期内黑人家园境内就办起116家南非白人资本公司和11家外国公司。

从成立"自治政府"到黑人家园"独立"，白人政府大大加速了对黑人的土地掠夺和资源掠夺的过程。他们频繁提出"土地归并方案"，兼并和掠夺"白人地区"的黑人土地，所谓"黑点"几无幸免。1960—1970年有65.5万户垦户（所谓擅自占地者）和10万个"黑点"上的黑人农民被抢走土地、赶出"白人地区"。仅1973年宣布的"归并方案"，其被"归并"土地的黑人就达100多万人。1975年5月南非议会通过"土地合并计划"，要将黑人家园土地再合并成36块。

家园的"自治"和独立并不会减少白人政权对家园内资源矿藏的疯狂掠夺。70年代初，白人当局从莱博瓦（佩迪）和博普塔茨瓦纳两个家园攫走几乎所有新发现的重要矿藏的勘探权和开采权。1975年从克瓦祖鲁的沿海地区割走一块富钛矿地带。1978年以"安全"为名，割走文达家园一块600平方公里的边境地带。博普塔茨瓦纳境内29个矿区全归白人资本所有。

在这样的强取豪夺下，10个黑人家园民穷财尽，其生产总值只占南非生产总值的2%。其中农林业占5.8%，采矿业占1.5%，制造业、建筑业和燃料动力工业只占0.3%。

南非白人政府导演的黑人家园的"独立"闹剧，大大激化了南非黑人与白人政府的矛盾。对抗的白热化已到了一点就着的程度。取消黑人南非国籍的做法激起了非洲人的普遍愤怒。克瓦祖鲁人首领布特莱齐愤懑地警告说：用南非国籍换取一个毫无意义的"独立"，将意味着黑人的毁灭。

黑人家园的"独立"使南非土地问题更加尖锐化。因为白人政府坚持以1936年土地法解决家园的土地问题，以此重申南非黑人只能占有南非国土的12.65%的既成事实。黑人家园的领导人坚决反对白人政府把1936年规定的土著保留地的范围硬性规定为黑人家园的最后边界。如此强取豪夺的土地划定意味着南非12.65%的国土不得不养活南非近1/2的人口，且不说还需要不断接纳被"白人地区"赶出来的人口。家园土地本来就是瘠薄、缺水，单位产量极低，每公顷玉米产量仅1 300公斤。黑人家园土地充其量只能养活现住人口的1/4。家园里另外3/4人口的出路何在？

因此，家园"独立"并没有减少黑人劳工的流动，却加剧了黑人求职的困难。流入城镇的黑人劳工人数日益增加。城镇黑人占黑人总数：1960年为

38%，1970年为53%，特兰斯凯和博普塔茨瓦纳等家园"独立"后，1978年城镇黑人人口已占黑人总数的57%，达1 000万人以上。南非的经济发展和工业化的进展，需要越来越多能承担技术工种的熟练工人和技工，而南非境内主要劳动力——黑人却更进一步处于流动劳工状态。黑人家园的"独立"加剧了这种非正常状态。作为上层建筑的南非国家机器层出不穷地进行行政上的人为限制，这同南非经济发展的客观需求之间的矛盾越来越尖锐。恩格斯曾指出，如果国家权力沿着经济发展相反方向起作用，就会"给经济发展造成巨大的损害"，甚至造成经济"崩溃"，南非70年代末开始的经济衰退就证明了这一点。

三、彼得·博塔政府及其"总体战略"（1978—1989）

沃斯特政府不光彩地下台 沃斯特政府至1981年止制造的4个黑人家园，实际上是4个傀儡国，受到国际舆论的严厉谴责，没有得到世界上任何国家的承认。这是极其罕见的。联合国安理会和联合国大会曾多次谴责南非的班图斯坦政策，敏锐地指出这一政策是"为了巩固种族隔离，破坏这一国家的统一和领土完整，并使少数人统治永久化"。联合国秘书长的声明要求国际社会"决不承认建立特兰斯凯或其他所谓班图斯坦作为单独的政治实体"（新华社联合国1976年10月25日电讯）。

沃斯特面对世界各国舆论的谴责，十分孤立。利令智昏，他让财政部长霍伍德把南非在国外的一批黄金转为"秘密基金"，又让情报部长马尔德、新闻秘书鲁迪动用这笔基金去收买国内外媒体，贿赂国内外有影响的新闻界人物和政界人物，替他的政府及其政策涂脂抹粉。为此他共花掉7 750万美元。为了收买美国《华盛顿明星报》，竟出高价1 100万美元。这桩丑闻被揭露后，南非国内外舆论哗然。沃斯特百般掩饰，又抛出鲁迪等人当替罪羊，让马尔德和国家安全局长辞职，但越描越黑，无济于事。最后，沃斯特以"健康情况欠佳"为由，于1978年9月20日被迫辞去总理职位，忍痛把担任了12年的总理宝座让给其亲信、国防部长彼得·博塔。然而自己又恋栈不肯下野，10月10日又宣布就任第四任总统一职。南非白人统治集团内部

博塔

矛盾加剧，勾心斗角，丑闻继续被揭露，朝野上下沸沸扬扬，沃斯特当了8个月的总统，就再也干不下去，被迫于1979年6月下台。1982年沃斯特这个制造索维托惨案的种族主义者头目，心力交瘁而死。

彼得·博塔的"总体战略" 经过内部一个多月的明争暗斗，彼得·博塔于1978年9月28日接任总理一职。博塔在国民党内以执行强硬路线著称，原是沃斯特政府仰赖的一根重要支柱，也是一个所谓的"强人"。他力图将南非的"改革"和发展形势完全控制在他所允许和规定的限度之内。早在他担任沃斯特政府国防部长等要职时期，他就是一个能拿得出整套纲领和成套办法的干将，因而颇受白人统治集团的青睐，最终被选中在"危难"时刻来接沃斯特的"烂摊子"。当时的南非，国内政局不稳，在国际上日益孤立；黑人反抗日益加剧，白人对种族隔离制度的前途开始失去信心。博塔一伙把苏联、古巴在安哥拉南部的驻军以及非洲民族解放运动统统看作"共产主义煽动的进攻"。

早在1977年博塔当国防部长的时候，为维持南非白人政权和挽救日益加深的种族主义统治危机，他就曾提出过"总体战略"概念。面对国际社会的经济制裁和舆论谴责，南非境内非白人（黑人、混血人、亚裔人）的持久的、益趋激烈的反种族主义斗争和南部非洲诸国南非黑人和纳米比亚争取独立的支持，博塔认为"在冲突的情况下保证和维持国家主权的进程，通过战争的演变，已经由单纯的军事行动转变为完整的国家行动……在我们当前生活的时代中，解决冲突要求在一切领域——军事的、心理的、经济的、政治的、社会学的、技术的、外交的、意识形态的、文化的等方面，采取互相依赖和协调一致的行动"。博塔的助手、接替他担任国防部长的马格拉斯·马兰又作了进一步诠释："总体战略""意味着建立全国性的目标，根据这项目标，一切社会资源都在一种协调的水平上加以征集管理，以保证国家的生存。这个国家的每一项活动都必须被看作和被理解为全面战争的一种活动"。[①] 由此可以看出，博塔的"总体战略"就是要将维护南非种族主义政权当作一场战争来打，充分利用国家机器的力量，动员和集结一切方面力量，统一规划，协调行动。博塔刚上台就提出"要不适应，要不死亡"的口号，决心施展他的"总体战略"。

首先，博塔深知南非不平等种族主义制度是靠暴力维持的。他惧怕黑人的军事反抗，"总体战略"的基点是大力加强南非白人的武装力量。在博塔一伙心目中，离开军事实力南非白人政权连一天也存在不下去。沃斯特政府

[①] 夏吉生：《南非种族主义政权的"总体战略"》，《光明日报》1981年10月23日。

的"防务费用"为9.3亿美元,已是全非洲最高的,博塔政府到1980年将其增加到29亿美元,增长了3倍。南非武装人员5年内(1974—1979年)增加近1倍,从26.9万人扩充到49.4万人。各类武装人员占南非18—45岁男性白人人口的近一半。另外还配备了4万名警察和警察预备队。南非几乎达到"全民(白人)皆兵"的程度:所有17—65岁男性白人均必须服兵役。其中包括每年3个月、连续8年的国内执勤;随时可能派到纳米比亚去执行10个月以上的"边境任务"。南非白人逃避兵役者和逃兵越来越多,每年有1/6白人青年以各种方式逃避兵役。白人当局为此发出通缉令;"反恐怖法案"第6条规定,拒绝服役处以3年徒刑,刑满仍须继续服役,若再次拒绝服役,则将继续坐牢直至65岁。滥征兵丁促使一些南非白人加入反对种族主义斗争的行列。

军事工业的迅速发展也占有南非有限劳动力的过大比例,军工方面雇用了9万人,超过整个工业劳动力的5%。阿姆斯科尔一家军备公司就雇用2.5万人。预算超过20亿美元。南非白人政府为防范黑人,在和平时期却实行战争状态的规定,任何企业包括外国公司均必须应南非政府要求生产军用物资;凡被定为军事关键性企业者,必须同军队和警察合作,采取严格安全防范措施,建立完全由白人组成的突击队。这使不少企业苦不堪言。直达基层的国家安全控制系统,共有500多个由军警控制的合作管理中心遍于国中,监督各个地区的"治安"动向,阻止黑人革命。

博塔政府与前几届政府不同,他领会到南非白人政府30年来执行严酷的种族主义政策在国际上到处碰壁,甚至已开始影响到外国资本投资,于是他上台伊始便以"改革"面目出现,宣称要"改善种族间关系",对种族隔离法令作一些修改。这些虽都是些表面措施,却逐渐走向"深化",如取消黑人不准进白人专用餐厅、剧场,不能与白人同乘一辆公交车,不得参加白人体育比赛活动等小的种族隔离;放宽对城镇黑人租地建房的限制;有条件地允许黑人组织工会;乃至1984年取消了"通行证法"。博塔作出了一些前几届政府没敢做的"宽容"动作,受到国民党内坚持全面实行种族隔离的阿非利卡人的反对。有些评论家因此把博塔称为"开明派",将其反对者称为"顽固派"。实际上,在白人(少数)统治和黑人白人"分别发展"等根本问题上,博塔政府与前届沃斯特政府一样没有作出让步。它加紧推行班图斯坦计划,上台后又炮制了两个班图斯坦"独立"(文达和西斯凯)。

然而,博塔政府最具有深谋远虑的措施是,力图在黑人城镇和黑人家园通过改善比较富裕的黑人的教育、生活条件和增加就业机会,培植黑人的中产阶级，作为"改革"的社会基础，让他们成为白人和广大贫穷黑人之间的"缓冲"。另一项是对流动劳工"内外有别"的政策，对进入南非的境外（莫桑比克、莱索托、马拉维等）流动劳工，同南非境内（黑人家园）流动劳工加以区别对待，以缓和"就业"压力和黑人邻国的抗议。对南非黑人在小学教育基础上加以适当的半技术工种培训，以保持相对稳定的城市黑人劳动力。更重要的是，由于南非经济发展，对技术工种和半技术工种人员的需求不断增长，需要把这一部分黑人工人安置为"永久城市黑人"。尽管白人政府小心翼翼地推行这一措施，但黑人开始越来越多地从事半技术工种，这是南非资本主义社会适应国际越来越激烈无情的资本市场竞争的需求，是一种不依主观意志为转移的客观需求。更多的黑人向半技术工转化，这一措施在20世纪70年代的南非社会可能还只是撕开了南非种族主义政策的一条缝隙，但这条缝隙不断扩大并必将毁灭种族隔离制度的威力是不容低估的。

"星座计划"遭到冷遇　　在对外关系上，博塔政府挖空心思要达到"长远"效果。为此，他首先对南部非洲诸国提出"星座计划"。虽然"星座计划"是沃斯特的一项"未竟事业"，但博塔又对其加以系统化和美化。1979年4月博塔在防务白皮书中就提出了两种设想：一是建立南部非洲"反对共同敌人的共同防御方案"，二是建立"地理－经济利益共同体"。在此基础上，组成一个"南部非洲国家星座"。要求参加国进行"合作"，并签订"互不侵犯条约"。博塔充分利用历史上形成的南部非洲其他国家经济上对南非不同程度的依赖拟订"星座计划"："边界三国"莱索托、博茨瓦纳和斯威士兰在铁路运输上都依赖南非，莱索托境内只有一条1.5公里长铁路将其国土与南非铁路联系起来；博茨瓦纳、斯威士兰通往海岸港口（马普托港、德班港等）的铁路均受南非资本控制；通过这些铁路的进出口货物各占三国进出口贸易的2/3以上。三国的石油全靠南非进口（转口）。三国都是"南部非洲关税同盟"的成员，每年从南非分到的共同关税虽只占总关税的2.58%，却占三国财政总收入的一半以上，其中，占莱索托和斯威士兰财政收入的第一位，占博茨瓦纳财政收入的第二位。三国另一项主要收入是输出劳工的收入，1979年博茨瓦纳输出南非的劳工占其工人就业总数的32%，莱索托占83.5%，斯威士兰占15.2%。南非政府经常威胁邻国，要把150万流动劳工遣送回国。三国都靠南非提供粮食补贴：它给博茨瓦纳和斯威士兰的补贴每年约为250万兰特。1977年停止给莱索托补贴，莱索托市场玉米价格就上升了15兰特。莱索托和斯威士兰的另一项主要收入来自南非白人的周末度假旅游业。博塔政府凭借南非的庞

第十九章 "班图斯坦(黑人家园)计划"的强制执行和南非政府逐渐陷入困境　309

大的经济和军事实力,企图组成以南非为首的军事—经济集团,由近及远扩大"星座计划":内圈先包括"黑人家园"、博茨瓦纳、莱索托和斯威士兰;第二圈包括津巴布韦、安哥拉、莫桑比克(战事停顿后)和纳米比亚;第三圈则囊括赞比亚、马拉维、扎伊尔、加蓬和中非共和国。"星座计划"企图达到三方面目的:一是进一步全面控制南部非洲诸国;二是造成南非对邻国友好的假象,以摆脱日益孤立的境地,欺骗联合国一些会员国;三是利用南部非洲的丰富资源和战略地位,吸引美国等西方国家的投资,进而利用西方大国对苏联向南部非洲渗透和扩张的担心,[①]拉拢西方大国特别是美国。然而,事与愿违,第一和第二方面的目的迅速成为泡影。1980年津巴布韦真正独立后,4月1日"南部非洲发展协调会议"正式成立,成员国排除了南非及被它占领的纳米比亚,而包括了上述所有南部非洲国家。9国组织的宗旨与"星座计划""针锋相对":强调集体自力更生,摆脱对南非的经济依赖。只有"星座计划"的第三方面目的及博塔的"改革"计划得到美国的迅速回应:里根在1981年3月3日电视谈话中表示"要向南非这样的友好国家打开大门"。

博塔的"宪政改革"划分出种族敌对营垒　早在南非白人政府炮制"黑人家园"的"自治政府"和"独立国"之时,博塔便将幻想当现实,把一切都建立在"家园制度能够在现实中实现的假定上",[②]他认为黑白的种族矛盾已经缓和,自欺欺人地以"家园计划已经成功"作为基础,又着手进行所谓的南非"宪政改革",企图解决混血人和亚裔人的问题。1983年9月经议会通过的新宪法,主要改动的内容有两方面:一是建立"三院制"议会,除白人议院(178席)之外,另设有色人议院(85席)和亚裔人议院(45席),给予有色人和亚裔人有限的参政权。通过划分"自己的事务"(社会福利、教育、卫生等一般事务)和"共同的事务"(防务、外交、国家预算等),使有色人议会和亚裔人议会

1928—1994年种族隔离时期的南非国旗

---

① 南非人力部长杜普勒西斯1985年11月29日对联邦德国《世界报》说:"如果西方继续施加压力,不能排除出现这种事态发展(同苏联结成卡特尔)。我们已经在钻石买卖方面同俄国人进行了合作,我们对他们非常了解"。见法新社波恩1985年11月29日电讯。
② 《泰晤士报》1983年10月6日。

无权过问防务、外交、财政、司法和工商业等重大问题,他们的权力只限于管理本种族内部的社会福利、教育和文化等问题。有色人和亚裔人在南非政权中从来没有多少发言权,特别是在全国性事务上,他们只是给白人政权装潢门面的。他们同黑人一样仍然在种族主义法律的桎梏下,遭受种族歧视和压迫,至多居于二等公民地位。如今,这些"二等公民"付出的代价是要被正式地合法地征兵,以解决南非兵员匮乏的问题。二是新宪法规定总统成为国家行政首脑,集过去总统和总理的职权于一身,拥有前所未有的大权。1983年新宪法通过,1984年博塔水到渠成,当选为南非的执政总统,从此大权独揽,一心捍卫白人利益。

然而,新宪法解决不了南非种族主义的根本矛盾。10个"黑人家园"中有6个家园领袖发表联合声明,谴责"新宪法"巩固白人至上地位,却排斥人民大多数,① 把国家划分为种族敌对的营垒。联合国大会坚决拒绝承认博塔炮制的新宪法。

美国政策影响下的安哥拉—南非协议和"因科马蒂条约" 为了迫使安哥拉和莫桑比克停止对南非和纳米比亚民族解放力量的支持,博塔政府自1978年上台后一直在肆无忌惮地利用南非巨大的军事优势对邻国发动袭击,并支持邻国反政府力量搞武装暴乱,造成邻国政局不稳。

博塔之所以敢于肆无忌惮地对邻国使用武力,除了凭借南非的强大军事力量外,更让他有恃无恐的是,他摸透了美国政府的决心,要在南部非洲与苏联搞冷战,以取得战略优势。1981年1月里根政府上台,它否定前任卡特政府的南非政策。里根把南非视同为盟国,给博塔政府撑腰。里根政府认为,1975年葡属两殖民地独立后,苏联与安哥拉和莫桑比克新政府签订"友好合作条约",并在安哥拉建立军事基地,两国已落入苏联的势力范围。而南非最大的非洲人组织——南非非洲人国民大会也受苏联的支持。按美国政府冷战思维逻辑:一旦非国大在南非执政,南非共产党将会以统一战线形式掌握国家政权,苏联将主宰南非。里根政府描绘的这一图景自然引起美国统治集团歇斯底里的恐惧。博塔政府抓住美国强烈关注苏联在南部非洲渗透的特殊心理,反复宣传,特意渲染苏联威胁,标榜自己在南部非洲已成为"防止共产主义进攻"的防波堤,强调南非国民党政府自1950年颁布"镇压共产主义条例"以来

---

① 1983年,南非白人、有色人和亚裔人加起来不过780万人,只占南非人口的27%,黑人却有2 300万人,占总人口的73%。

所起的巨大作用等。里根政府明确其南非政策是："谋求同南非建立一种更为积极的关系,即以共同利益、共同信念和加强沟通为基础的关系。"[①] 具体说来就是:一要保持南非国民党政权的稳定;二要阻止共产党人或亲苏力量在南非掌权;三要借重南非在南部非洲的军事地位和经济力量威慑南部非洲新独立国家,防止其向苏联靠拢;四是促使南部非洲诸问题均以有利于美国的方式来解决。美国频繁地给予南非白人政权以支持,以至于"南非领导人无论(对黑人)做了什么事情,他们都不必担心会受到华盛顿的惩罚"。

据英国报刊统计,1975—1981年年底南非对独立后的安哥拉发动了165次陆上袭击,451次空袭。到1982年年初这些侵略行动已造成安哥拉70亿美元的损失,上万人死亡,而流离失所的难民达16万人。迫使新独立的安哥拉政府不得不把每年预算的50%以上用于防务。

在1975—1983年8年间,由于南非的直接和间接侵略所造成的莫桑比克的经济损失达3.33亿美元。共有900家农村商店、495所小学、86个医疗卫生所和145个村庄遭受破坏。1983年10月,南非政府派遣武装小分队长驱直入,袭击了设在莫桑比克首都马普托、距萨莫拉总统府仅有1公里的"南非非洲人国民大会"的办事处。南非的侵略给刚刚独立不久的两个前葡属殖民地的主权国造成巨大的损失。它们独立后几年经济不仅没能得到恢复,反而有所倒退。兵连祸结,民不聊生。

在这样的军事和经济的高压下,美国利用两国的困难,以提供援助进行拉拢,并派负责非洲事务的助理国务卿克罗克到南部非洲进行穿针引线活动,促成并直接参与了南非与安哥拉、莫桑比克的接触和会谈。1984年2月16日安哥拉和南非在卢萨卡达成一项"脱离军事接触"的安哥拉—南非协议:入侵安哥拉南部的南非军队撤离安哥拉领土;"西南非洲(纳米比亚)人民组织"游击队不能再以安哥拉南部为通道进入纳米比亚。1984年3月16日,莫桑比克总统萨莫拉·马谢尔与南非总统彼得·博塔在流经两国注入马普托湾的因科马蒂河畔签订了互不侵犯的睦邻条约。该条约规定,缔约双方相互尊重主权和独立,互不干涉内政。条约在缔约国不支持对方的反政府力量方面,作了详细而具体的规定,这些条款意味着南非停止对它所扶植起来的反对莫桑比克政府的"莫桑比克全国抵抗运动"的支持,而莫桑比克则不再允许南非的民族主义组织"南非非洲人国民大会"以莫桑比克为通道进入南非。然而,条约

[①] 克罗克1981年8月29日讲话,美国《国务院公报》1981年10月号,第26页。

却无任何条款禁止南非凭借历史上造成的莫桑比克对南非的经济上依赖而随意刁难和损害对方。据《非洲》季刊估计,自1975年以来,由于南非故意减少从莫桑比克招募劳工,致使莫方少收入外汇5.86亿美元,南非单方面降低驶往马普托港的运输费,这一举措只有利于南非,它使莫桑比克铁路和港口减少了2.48亿美元收入。

正如国际舆论普遍认为的,南部非洲紧张和冲突的主要原因一直是南非种族主义政权所推行的残酷的种族隔离政策。联合国反对种族隔离特别委员会也明确指出这一点。而两项条约的签订亦给南部非洲的局势带来暂时的缓和。国际舆论自然不约而同地指出南非白人政府是矛盾的焦点:只要南非当局继续坚持种族隔离制度,南部非洲就无和平可言。博塔错误估计形势,顽固坚持种族隔离制度,在"因科马蒂条约"签订仪式上说"每个国家都有权按照自己合适的方式安排本国的事务"。① 他踌躇满志,仰仗有美国里根总统给他撑腰。果然,里根总统遥相呼应,1985年8月24日在加利福尼亚度假时迫不及待地为博塔政府辩护,妄称"南非当局已消除了我们国家曾经出现过的那种种族隔离状态,即在旅馆、饭店和娱乐场所等地实行的种族隔离政策,所有这些均已消除"。② 里根这番替博塔政府的辩护遭到国内外舆论的严厉抨击。《华盛顿邮报》登出该报记者从约翰内斯堡发回的专电,以记者目击的种族隔离现状同里根的辩护词作了尖锐的对比。《纽约时报》指出,南非的种族隔离现状,仅仅"从某种形式上有所改善,但在许多地区仍然广泛盛行种族隔离政策,而且受到法律保护"。白宫发言人斯皮克斯26日赶紧出面向记者解释,里根总统是指南非当局只是"部分而不是全部"消除了种族隔离状态。斯皮克斯还说,里根总统已经意识到了这一点。但因内

种族隔离制下有色人儿童只与有色人儿童在一起

---

① 《人民日报》,1984年3月17日。
② 《人民日报》华盛顿1985年8月27日专电。

外舆论仍然不依不饶地对里根袒护南非种族隔离制度进行批判和抨击,在记者招待会上回答记者提出的"总统是否确实认为南非已消除种族隔离状态"的问题时,里根承认他所说的南非种族隔离已经消除的话是"不谨慎和错误的",他说:"我原来并未打算那样说……我无意中给人造成了一种印象,即我认为种族隔离已彻底消除,对此我感到抱歉。"里根又对记者说:"我知道种族隔离并未完全消除,而且在某些方面并未得到改善。"① 里根在全世界舆论界面前不得不就他替南非政府的种族隔离政策辩护一事认错,此事对南非博塔政府和白人统治集团的震动极大。世界上唯一的超级大国总统出于冷战战略利益的考虑为南非的种族隔离政策辩护竟落得如此罕见的尴尬下场,说明全世界的人心所向——对种族隔离制度的底线只能是彻底废除。

在美国公众和国会两院的压力下,里根总统于1985年9月9日宣布对南非政府实行有限的经济制裁:一是将禁止在美国销售南非金币;二是禁止美国银行向南非政府提供新的贷款;三是禁止向南非政府及与种族隔离制度有关的机构出售电脑设备;四是禁止向南非出售核设备,除非它签署"防止核扩散条约";五是禁止向南非出售军事设备。② 里根最终作出这一有限制裁的决定,是担心一旦他否决参院比"有限制裁"厉害得多的"制裁南非的法案",有可能遭到两院的否决。这将对他推行其整个第二任期内(1985年1月至1989年1月)的各项重大行动产生十分消极的影响。博塔政府以极其忐忑不安的心情注视着他的保护伞——里根总统的第二任期内的一举一动,他们对里根宣布的措施"不像国会的立法那样严厉"而暗暗"感到高兴"。③

---

① 《人民日报》1985年9月8日。
② 《人民日报》华盛顿1985年9月9日专电。
③ 博塔1985年9月9日讲话,据法新社比勒陀利亚1985年9月9日讯。

第二十章
南非非洲人日益加强的反抗运动

一、非国大领导南非非暴力抗争运动

"山雨欲来风满楼" 南非非洲人在第二次世界大战期间积蓄了巨大的斗争力量。数以万计的黑人、有色人从北非、东非和意大利战场等地复员归来。这些征尘未洗、带着许多新思想、新感受的年轻一代非洲人,一踏上南非各口岸——德班港、伊丽莎白港、开普港,就强烈地感受到几年来已很不习惯的南非对非白人人种的种族隔离措施——回到生来属于自己的祖国土地却感受不到归属感。他们在北非、意大利、地中海诸岛看到世界上并不是到处都有黑白隔离的鸿沟。打开的眼界加强了南非黑人的自信心:南非的种族隔离必须取消。

但是欢庆第二次世界大战胜利的礼炮声尚余音在耳,1948年马兰的国民党上台执政。白人种族主义者右翼力量变本加厉推行种族歧视政策和种族隔离制度。马兰国民党效法法西斯:企图消灭一切反对派,并把一切反对种族主义的人都当作"共产党人"予以惩治。1950年9月马兰政府颁布"镇压共产主义条例"。1950年6月22日南非共产党在该议案成为法律之前就自动解散,保护了众多党员免受10年的徒刑。

非国大发起"全国蔑视不公正法运动" 1944年成立的"南非非洲人国民大会"的"青年联盟"挺身而出,向马兰国民党出笼的一系列种族隔离法令发起全面挑战。1950年纳尔逊·曼德拉被选为"青年联盟"主席。他与非国大主席莫洛卡、总书记西苏鲁等领导人一起以极大的热忱投入反种族主义斗争。1952年非国大与南非印度人大会共同发起"全国蔑视不公正法运动",在全国各大城市发动群众,同时向南非白人政府提出废除6项令人憎恶的种族主义法令:限1952年2月29日之前废除"通行证法"、"镇压共产主义条例"、"集团居住法"、"班图权力法"、"限制（保留地）牲畜繁殖法"和"选民分别登记法"。同时，在全国征集抵抗种族主义立法的"志愿者"签名运动，有1万人应征。6月26日这一天，由34岁的曼德拉担任"蔑视运动"全国志愿者总指挥，率领全国各地志愿者有组织地反对种族隔离法律。他们不顾警察的暴力威胁，不顾被雇主开除，参加蔑视活动，有些教师过去一向不参加活动，也冒着丢掉工作的危险加入蔑视运动行列。他们从只准白人通过的入口进入火车站和邮局，并模仿美国黑人反对种族歧视时所做的，坐进种族隔离的场所，坐在专为白人准备的座位上；不顾种族隔离禁令进入俱乐部和剧场；故意不带"通行证"；在罚金和坐牢两项选择中只选择后者。结果，在整个运动期间有8 557人被捕（南非警察年度报告说逮捕人数为8 429人）。不过新的志愿者又不断投入运动。蔑视运动如同野火般烧遍全国各大城市和工业中心，但很快就受到残酷镇压。南非白人种族政权掌握着国家机器，拥有最犀利的武器——全副武装的军警。东伦敦非国大支部事前得到星期日（11月9日）举行祈祷集会的特许。当天，群众正在唱赞美诗时，乘坐3辆军车的全副武装的警察要求祈祷集会立即解散，还没等集会者立即离开，警察已开始端着刺刀向群众扎去。这次警察暴力行动导致8人死亡。在伊丽莎白港、丹佛尔、金伯利都发生了警察暴力事件，导致数十名黑人死亡，伤者无数。正如后来的非国大领导者卢图利一针见血地指出的，有时警察的所谓"反动乱"，甚至发生在"动乱"之前，一言以蔽之，马兰政府一直期望有暴力事件发生。11月底，莫洛卡、曼德拉、西苏鲁等几十名非国大领导人全被逮捕，并被送上法庭。坚持了6个月的蔑视运动失去了领导，不得不暂时停止。

约翰内斯堡的一家邮局

蔑视运动虽然没有达到预定的目的：废除种族主义法令，但它最重要的意义是教育了广大的黑人群众，使他们认识到自己的力量。曼德拉对蔑视运动的意义作了十分深刻的阐述："它召唤出巨大的社会力量，并影响了全国成千上万的人。这是一个促使群众在政治上发挥作用的有效方法，是对政府的反动政策表达愤慨的强有力的手段。这是向政府施加压力的最好途径之一，并且对国家的稳定和安全构成极大的威胁。它鼓舞并唤起我们的人民摆脱被征服的、屈从的唯唯诺诺状态，而成为一支有斗争性的、毫不妥协的战斗队伍。全国都变成了战场，争取解放的力量与反动邪恶的势力进行着殊死的较量。我们的旗帜在每一个战场上飘扬，成千上万的同胞团结在它周围，我们掌握着主动权，争取自由的力量展开全面进攻。"

1952年12月在非国大代表大会上，卢图利当选为非国大全国主席，曼德拉当选为第一副主席，西苏鲁再次当选总书记。在大会前几天，曼德拉等52名黑人运动领导人被南非白人当局禁止在6个月内参加任何集会。曼德拉的行动被限制在约翰内斯堡地区，并被禁止同时与一个以上的人交谈。通过"蔑视运动"，非国大的影响空前扩大，会员从7 000人增至10万人以上。

人民大会运动和"自由宪章" 马兰在镇压了"蔑视运动"后于1954年下台，接替他的总理职务的是史揣敦，一个被美国记者约翰·根室形容为"属于最危险类型的狂热者——一个脾气暴躁而心肠冷酷的人"。他一上台就组成所谓"北方人内阁"，又进一步通过立法，强化国家机器的镇压手段。"刑法修正案"、"公共安全法"先后出台，据此，史揣敦政府可以宣布南非某一地区或全国进入紧急状态，限制非白人的政治活动并肆意镇压。这个政府赋予警察部门更大权力：给予警察以参加任何集会的权力；"不经上级批准"和"没有搜查证"，可以搜查任何住宅的权力。在南非，一个警察国家已建立起来了。它的镇压目标是各个"国民大会组织"。

在这样越来越严酷的条件下，"南非非洲人国民大会"、"印度人国民大会"、"有色人（混血人）国民大会"（1953年成立）和"民主人士大会"（进步的白人组织）酝酿建立统一战线，组织"人民大会联盟运动"，以形成多种族民主运动，共同反对白人种族主义统治。1954年3月21日"全国行动委员会"成立，共8个成员，由每个发起组织各推选两名代表，以协调运动进程。卢图利任主席，西苏鲁任秘书长。6月底，各大会联盟组织在各地召开群众大会。卢图利主席号召发起5万人签名运动，推动人民大会运动的开展。同时，通过各地的行动委员会征求人民对起草"自由宪章"的意见。

在人民大会运动热火朝天的准备阶段，史揣敦政府将国民大会的领导成员：西苏鲁、卢图利、曼德拉（已软禁）或监禁，或强令辞职，使第一线的组织工作人员不得不全部换班。但运动的准备工作仍继续进行。

1955年6月25日星期六，"人民大会"在克里普敦镇一个私人足球场草坪上正式举行。2 874名代表齐聚一堂：有2 222名非洲人代表，220名印裔人代表，320名有色人代表，112名白人代表。因受管制而不能到场的卢图利认为这次大会是1910年南非联邦成立以来第一个真正有代表性的会议。斯揣敦政府如临大敌，派遣大批警察在会场内穿梭巡行。警察对会上的发言一律记录，逐个登记与会代表姓名，到处拍照，特别是给白人代表拍照作为欲加之罪的证据。

大会第二天（26日）通过"自由宪章"，会议进入最高潮。"自由宪章"用英语、科萨语和苏陀语宣读。它庄严宣布："南非属于所有生活在这里的人民，黑人和白人；任何政府都不能宣称有统治的权力，除非它符合全体人民的意愿"。宪章每念完一段，台下代表便以欢呼声表示赞成。大会通过了"自由宪章"。

"自由宪章"作为人民大会联盟的政治纲领，是经过广泛调查和认真讨论后起草完成的。确实，在南非从未有一个文件受到民主运动如此广泛的讨论和拥护，它对种族主义政策构成严重的、巨大的挑战。在南非，第一次不分种族、不分意识形态、不分政治和宗教信仰，在共同文件中一致谴责和唾弃形形色色的种族主义，它使民主力量有了明确的目标和宗旨，在一个共同的行动纲领下团结起来。这个宪章不仅仅列举了一系列民主改革要求，而且是一部值得为之奋斗的革命性的文件。与会者认识到，不结束南非现存的经济和政治体制，宪章所设想的变革就不可能实现。很明显，自由宪章并不是一个社会主义的蓝图，而只是人民中各个阶级和集团在民主基础上达成的共同纲领。

这样一部得到南非人民广泛拥护的共同纲领使种族主义政权如坐针毡，极其恐惧。当大会通过自由宪章时，一队持枪警察冲上会议主席台，给大会冠以叛国罪嫌疑。随之，气势汹汹的大批骑警封锁了会场所有进出口，不准任何人离开会场，没收了会议的所有文件和大会募集的捐款。但大会仍在平静的凯旋般的气氛中进行。结束时，与会代表起立高唱"上帝保佑非洲"。

"叛国审判案"的斗争　然而，南非人民仍然面临着敌强我弱的严峻形势。1955年9月27日凌晨，斯揣敦政府组织了南非历史上最大一次搜捕行动，出动1 000多名警察搜查500人以上的住处、办公室。搜走信件、记录、日记和书籍，作为正在策划的"阴谋审判"的证据。自6月间"自由宪章"大会召开之后，斯揣敦就与其内政部长、司法部长等紧锣密鼓地策划所谓"叛国审判案"。

经过周密策划，1956年12月斯揣敦政府在全国范围对"人民大会运动"领导人以"重大叛国罪"为名进行大逮捕。各地被捕的领导人中有律师、教授、牧师、医生、商人和工会工作者。12月5日凌晨，警察几乎倾巢出动，军用飞机从机库调出，警察同时敲开200家住宅大门，进行搜捕。这一天有曼德拉等144人被捕，几天后西苏鲁等12人也被捕，被军用飞机运到约翰内斯堡中央监狱集中关押。被捕者共156名，其中黑人105名、白人23名、印度人21名、有色人7名。斯揣敦政府指控他们是在外国帮助下力图推翻现政府，建立一个"共产党政府"。非国大和其他国民大会邀请许多律师包括著名律师布拉姆·费舍尔、诺曼·罗森伯格、莫里斯·弗兰克等组成强大的律师辩护团，并筹集大笔辩护基金，为可能的长期审判提供资金支持。审判那天，斯揣敦政府模仿希特勒德国"国会纵火案"，制造歇斯底里的氛围，出动6辆军车和全副武装士兵，警戒着囚车向法庭进发，受审者被关在一个个大铁笼中，好像他们都是"洪水猛兽"。支持人民大会运动的群众挤满法庭内外进行"旁听"。预审开庭后，辩护律师首先抗议对被告的侮辱性待遇，要求法庭拆除罩在被告席上的铁囚笼，迫使法庭将笼子撤走。代表政府的检察官宣读长达1万多字的公诉书，不实的指控不时被淹没在群众不满呐喊和歌声中。警察向抗议的人群开枪，击伤20多人。

政府的起诉书是完全站不住脚的，它提出荒谬的逻辑："参加南非国民代表大会和承认'自由宪章'是旨在建立共产主义制度的行为，这预示着革命……"首席辩护律师对政府的指控进行义正词严的驳斥，指出"自由宪章"的主导思想是"不同肤色的人一律平等"，所有非国大成员都同意"自由宪章"和载入宪章的这一原则；正在进行的审判案实际上是要给主张"不同肤色的人一律平等"这种思想定罪。这次审判案引起国际社会的关注，国际法学家委员会专门派观察员旁听。哈佛大学法学院院长欧文·格里斯沃德也赶来旁听，并向《泰晤士报》写专稿报道审判过程。由于官方缺少罪证，也为了缓和国际舆论的压力，初审几个回合后，1957年12月底，大法官宣布停止对61名被告的起诉，其中包括卢图利、坦博等领导人。

正式审判于1958年8月开始。这次审判在众目睽睽之下，明显地划清了正义与非正义的界限，使一些有正义感的南非白人对种族主义政权的认识更加清醒，他们是创立"叛国辩护基金"的主力军，其中包括开普敦大主教、约翰内斯堡和格雷厄姆斯敦的主教、开普敦大教堂的教长、全体自由党和工党的议员、兰德大学校长和许多教授。审讯中，仅法庭对曼德拉一个人的"罪证"列举就占了法庭记录400页。一位坚持种族隔离制度的阿非利卡人律师贝克在法庭上挑衅地盘问曼德拉："你的自由对欧洲（白）人不构成直接威胁吗？"曼德拉明确回答："不，它不会构成对欧洲人的直接威胁。我们不是反对白人，我们反对的是白人至上。在这与白人至上的斗争中，我们得到了一部分欧洲人的支持。很清楚，非国大始终坚持种族和睦方针，我们谴责任何人鼓吹的种族主义。"1959年1月19日，法庭再次宣布撤销对64名被告的指控。但曼德拉却仍在被指控名单之内。直到 1961 年 3 月 29 日法庭才宣告剩下的所有被告无罪。一场以莫须有罪名起诉的所谓"叛国案审判"竟拖延了 4 年之久。种族主义国家机器已经将它的镇压功能发挥到极致,但在正义面前,它因失道寡助而越来越显得苍白无力。

非国大的分裂和沙佩韦尔事件　接替 1958 年 8 月病死的斯揣敦上台执政的是维沃尔德,他与其前任乃一丘之貉,是一个极其疯狂的种族主义者,他一手制造了沙佩韦尔事件。1960 年 3 月沙佩韦尔事件发生的时候,非洲国民大会因内部长期存在思想分歧,已经分裂成两个派别,这在一定程度上削弱了人民斗争。"自由宪章"一些条文对"多种族主义"的表达把这种分歧表面化了。"非洲主义者"主张非洲人"自己干",他们对泛非主义的民族思想对南非黑人的号召力作了很高估计,认为"多种族主义"口号不能唤起非洲人的民族意识,因而在心理上不能摆脱自卑和对进步白人的依赖,他们反对在组织上与印裔人和进步白人联合,在民主制方面不提一人一票问题,担心非国大领导权被白人夺走(泛非主义者对"自由宪章"开首第一段的表述很不放心)。他们之中最尖锐的说法(并不符合事实)是:"一群黑羊由一只白色牧羊狗来牧放。""多种族主义者"基本观点是要区别白人统治者与普通白人(进步白人),对否定其他种族在南非的权利的政策深以为忧。1958 年 11 月 2 日在非国大的德兰士瓦大会上,两派实际上已经分裂。勒巴洛带着一批"非洲主义者"退出大会,当时最大最强的非国大约翰内斯堡分会也随着非洲主义者走了。1959 年 4 月 6 日"非洲主义者"组成"泛非主义者大会"(简称"泛非大"或 P.A.C.,曾一度称为阿扎尼亚泛非主义者大会),由曾是曼德拉的好朋友、35 岁的索布克韦任主席,勒巴洛任总书记,由前"青年联盟"多位领导人组成执委会。初期"泛非主义者大会"的积极分子多是城镇的普通黑人群众。"宪章派"(包括曼德拉等一批领导人即"多种族主义者")迅速巩固了他们对非国大的控制,并成为"正统"。

拥有 3 万名成员的泛非主义者大会于 1959 年 12 月在德班举行年会,并拟定战斗行动计划:短期内在全国单独举行反对"通行证法"的非暴力运动。计划"1960 年采取第一步行动,1963 年采取最后的行动,以实现自由和独立"。泛非大要求广大群众采取不服从方式,宁可遭到逮捕,以履行"不保释、不辩护、不罚款"的口号,企图以此种活动使南非全国社会生活陷于瘫痪。"泛非大"确定以 3 月 21 日为反"通行证法"运动开始的日子。非国大则决定以 1960 年 3 月 31 日为组织全国的"反通行证日"。3 月 21 日在泛非大领导下的成千上万群众故意不携带通行证出门,向警察局走去,任由警察逮捕,以便让成千上万的被捕群众将南非监狱塞满。索布克韦等一批领导人在约翰内斯堡的索维托区被捕。在德班、东伦敦、开普敦、恩扬加等地都有大批群众因不带通行证而被捕。

在南非钢铁中心弗里尼欣市的沙佩韦尔镇是流动劳工和失学青年聚居地区。反对"通行证法"的群众约有5 000人,聚集在警察局前。300名警察和增援的装甲车同手无寸铁的群众对峙着。一直坚持到下午1时15分,警察向群众开枪,人们向四周散开逃跑。警察在群众背后开枪,共发射743发子弹,当场打死69人,其中有8名妇女和10名儿童,绝大部分是背部中弹;另有180人被打伤。与此同时,在开普敦的兰加黑人城镇的单身宿舍区有6 000人集会。下午5时45分,警车驶进住宅区,借高音喇叭宣布禁止集会,命令人群3分钟内离开现场,随即以警棍驱逐人群。警察殴打手无寸铁的群众,激起愤怒的群众以投掷石块还击;警察开枪,杀死6人,伤49人。

"白色恐怖"笼罩南非 沙佩韦尔和兰加惨案震动了世界。全世界都为南非白人政权赤裸裸的暴力屠杀所震惊。联合国安理会通过一项决议,严厉谴责南非政府的屠杀行为。非国大积极支持并投入反通行证的斗争,卢图利主席当场烧掉自己的通行证。南非各地群众纷纷行动起来,抗议白人政府的屠杀暴行,烧毁通行证。泛非大计划组织3万人向开普敦进军的运动。反"通行证法"群众运动掀起全国性高潮。维沃尔德政府迷信暴力镇压,凭借其掌握的强大军事力量于3月30日宣布实行"紧急状态法",并在全国范围实行大逮捕,2 000多名解放运动积极分子被投入监狱。1960年4月8日,维沃尔德政府宣布非洲人国民大会和泛非主义者大会为"非法组织",这一结论是由绝大多数都是种族主义者的白人议会以128票对16票批准的。根据"非法组织法",白人政府可以对非国大和泛非大的任何成员实行监禁和罚款,甚至判处10年徒刑。近2万人短期内被逮捕。卢图利主席被隔离管制,泛非大主席索布克韦被判3年徒刑。在南非,和平示威已失去了合法地位。南非社会因沙佩韦尔惨案而陷入动荡不宁,许多白人居民惊恐万状,纷纷向国外移民。1960年4月9日即维沃尔德颁布实施"非法组织法"的第二天,一个被南非时局弄得精神失常的德兰士瓦白人农场主开枪击伤维沃尔德,南非政府一时陷入异常紧张的状态。

二、非国大领导的暴力斗争

非国大走向暴力斗争 在维沃尔德养伤期间,由外交部长代理内阁总理职务。在此期间和维沃尔德恢复总理职务期间,南非政府凭借日益增长的军事实力和经济实力,继续顽固坚持种族隔离政策。对外,维沃尔德引用"联合国宪章"第二条第七款拒绝联合国责难;以成立共和国和不惜退出英联邦来顶住和回避英联邦成员国对南非种族政策的批评;对其他国际舆论的批评则采取"鸵鸟政策",一概置若罔闻。对内,维沃尔德政府加强镇压措施毫不放松,对《通行证法》只停止执行几天,后又全盘恢复,并作好周密准备,要将非国大的所有中高级领导人全部逮捕,投入监狱。由于南非种族主义政府决定以一切手段包括以赤裸裸的武力来镇压非洲人的非暴力斗争,使得和平、合法的斗争在南非和纳米比亚无从存在。实践证明,在南非单靠非暴力的、公开合法的斗争是不可能动摇白人种族主义统治的。非国大和泛非大不得不思考新的战略和斗争方式。

比泛非大更富有斗争经验的非国大在极严酷的环境下,为了保存力量,坚持斗争,开始在国内外作重大的长期斗争部署:派坦博潜出南非到国外建立联络点和代表机构。派曼德拉秘密短期出国到北非、东北非、西非一些新独立的国家访问,介绍南非反种族主义斗争情况;到阿尔及利亚考察武装斗争基地,学习武装斗争经验;并到英国同英国在野党联系沟通;最后,他在埃塞俄比亚学习军事技术并军训几个月。泛非大也派罗巴洛科到国外建立办事处和沟通国外渠道。曼德拉1962年7月回国。在一切准备就绪的时候,维沃尔德政府又开始了大逮捕。

非国大能否经受得住这一系列严酷斗争的考验?它一直是个组织松散、权力分散,各省分会自行其是,仅仅习惯公开号召,只熟悉合法斗争的组织。曼德拉早在20世纪50年代初期就坚持要整顿组织,实行"M—计划"。这个计划要求非国大从基层组织抓起,建立严密的街巷小组,逐级组成区域、城镇的领导机构,归属于中央执行委员会的集中领导。但由于几十年的和平斗争,各级干部只习惯于合法斗争,党内元老卢图利、马修斯等反对将非国大"神秘化、集权化",倾向于仍保持各省分管状态;又担心实行集中领导会让约翰内斯堡的青年干部控制整个非国大组织机构及其所领导的运动,因而M—计划的实行在50年代初期并不顺利,只在东开普地区年轻领导干部中得到响应,并在东开普和德班附近的一些黑人城镇得到贯彻。但严酷的斗争环境迫使已不能"合法存在"的非国大,精简领导机构,转入地下。非国大的全国执行委员会由25人减为7人,除曼德拉(在1961年3月29日以前他还得随时应"叛国案"之审)外,6位执委全不暴露,转入地下。不久,当局就对他发出逮捕令。曼德拉也完全转入地下,藏身之地遍布全国,凭借人民的掩护继续从事秘密活动。

非国大终于脱离英裔自由派白人迷信合法斗争的影响,并摆脱甘地的非暴力、不合作主张的影响，走上了暴力斗争道路。这是在南非种族主义政府暴力镇压的逼迫之下，全党才艰难地几经犹豫选择的道路。曼德拉较早形成关于"暴力反抗不可避免"的思想。1961年5月他在发表的声明中指出："时至今日，全国上下不断提出的问题仍然是：当我们与之打交道的政府所采取的野蛮行为，给非洲人带来那么多痛苦和灾难之时，继续呼吁和平与非暴力，在政治上是否正确？难道我们对这一问题的争论还没有告一段落吗？"随着斗争环境日益残酷，这一思想得到非国大越来越多青年领导人的共鸣。西苏鲁、坦博和乔·马修斯（元老马修斯教授之子）等支持曼德拉的主张。非国大主席卢图利最后也同意武装反抗已不可避免，但坚持要求继续保持非国大的非暴力传统和特点，武装力量只与非国大相联系，而不与非国大成为一体，即单独建立从事武装斗争的力量。全国执委会授权曼德拉组建武装力量"民族之矛"，批准他挑选任何他认为合适的人选。"民族之矛"可以吸收白人参加（非国大则不吸收）。最早参加组建"民族之矛"的有后来担任南共总书记的乔·斯洛沃、杰克·霍奇森（南共党员）和拉斯提·伯恩斯坦等人。

"民族之矛"的武装斗争　在曼德拉的领导下，全国建立了若干个战斗小组，在战斗性最强的东开普地区较快发展起来。"民族之矛"采取哪一种武装斗争形式，当时是经过反复思考的。公开的革命，在南非国内建立战争根据地，实行武装割据，根据南非条件是不可能的，因为南非是非洲大陆各国中现代化程度最高的国家，拥有发达的铁路、高速公路、普通公路，四通八达，又有发达的通信工具，无线电通信遍布全国；白人政府的武装力量是非洲最强的，拥有直升机等装备，短时间内机动兵力即可到达任何出事地点。但南非也存在"薄弱环节"，现代化设施和基础设施容易受到破坏，如电站（包括核电站）、变电站、高压线路、油库等能源设施、现代化交通设施等。大面积停电将造成经济生活的瘫痪。曼德拉和"民族之矛"领导小组决定采取"破坏方案"，主要破坏经济设施，不伤或少伤人员，通过"有组织有计划破坏能源工厂，干扰铁路运输和电信业"吓跑外国资本，使南非经济遭受严重损失。这种对南非国家经济的极大消耗，无疑会促使选举人考虑自己的处境，并迫使白人政府重新考虑其种族政策。

1961年12月16日"民族之矛"实施第一次行动：引爆了设置在约翰内斯堡、伊丽莎白港和德班的仅具象征性建筑上的炸弹。后来"民族之矛"行动小组在纳塔尔又炸毁了3座高压电缆的铁塔，使德班陷入一片漆黑。但曼德拉领导暴力斗争不到8个月时间就重陷囹圄。1962年1月9日，由乔·马修斯陪同,曼德拉秘密出国访问(见前文)。7月回国后于21日在利里斯利夫农场向非国大工作委员会和"民族之矛"全国最高指挥部汇报出访情况。南非当局侦知曼德拉已回到国内,将搜捕网收紧。8月4日曼德拉又到纳塔尔的斯坦格秘密会见卢图利,汇报出国情况,5日驾车回约翰内斯堡,在接近哈威克瀑布的途中(仍在纳塔尔境内),被3辆警车截住,从此失去了28年的自由。

"民族之矛"各小组执行"破坏计划"的行动继续进行。至1964年3月10日共发生203起严重的破坏事件,官方列出193起破坏行动。以地区统计,伊丽莎白港行动最多,进行了58次;开普敦35次;约翰内斯堡31次。由于最高指挥部严格限制,针对个人的行动很少,只有少数几次是针对告密者、警察和政府的合伙者。最高指挥部开始着手游击战训练计划。1962年12月以后在西开普马姆瑞地区的丛林中建立一个培训基地,课程包括格瓦拉游击理论、政治学、经济学,战地训练如急救措施、战地电话的使用、无线电装置和油印机的使用。但很大一批游击战人员是送到境外的非洲国家去培训的。

泛非主义者大会坚持为自己保留利用一切能够利用的手段来反抗一切暴政的权利,也毅然决然开展武装斗争,建立自己的武装力量"波戈"。泛非大的目标是到1965年使南非摆脱白人的统治。1962年11月21日夜,泛非大领导的一队武装黑人袭击了帕尔警察局,有5名黑人牺牲,附近的2个欧洲人被打死。另有几百人被警察逮捕。泛非主义者大会的泛非主义主张与新独立非洲国家的意识形态是一致的,因而在一段时间内它在非洲国家中似乎得到了更多的支持。但是泛非大武装斗争遭受重大挫折,1963年3月它在山区之国莱索托准备武装起义的计划,被南非当局破获。大批"波戈"战士被捕,被监禁在大西洋中的罗本岛。

非国大和泛非大斗争环境愈加艰苦 1962年10月22日,曼德拉在经过两个月法庭上英勇、机智的斗争后,被判5年监禁,并被押往大西洋中罗本岛监狱。南非形势急转直下。种族主义政府面对非洲大陆独立浪潮的汹涌南下,黑人斗争的日趋激烈,决定加速将南非彻底变成警察国家,大规模逮捕非国大和泛非大领导人,力图击垮"民族之矛"和"波戈"武装力量,以维持白人统治。南非白人议会1963年5月1日通过"一般法修正案",为国家机器法西斯化提供法律根据。修正案有三大"新规定":一是对任何政治反对派可实行"90天不必进行审判的关押",在此期间警察可以不间断地审讯,甚至毒刑拷打,而不必将案件交给法院审理;关押期间不许被关押者与外界联系。二是任何一个警官均可因怀疑某人有政治上的"不法行为"而将其逮捕,不必有任何证据。三是对于已服刑（正在关押）的政治犯，可借口该人释放后会进行"推进共产主义为目标的活动"，而继续予以无限期关押。此后警察国家南非，密探数量一增再增，无孔不入，遍布全国各部门。

西苏鲁等非国大领导人在极其困难的情况下仍坚持斗争。1963年6月16日，西苏鲁通过地下无线电台向南非人民发表一封《告非洲儿女书》，分析眼下极端严峻的形势，号召南非人民团结起来，继续坚持斗争。非国大地下领导机构和"民族之矛"指挥部均设在约翰内斯堡北面里沃尼亚地区的利里斯利夫白人（阿非利卡白人）农场里。在曼德拉被捕后，非国大领导人继续讨论如何完成他制定的开展游击战争、以武装斗争推翻白人政府的计划。"民族之矛"起草了相应的"马伊布耶计划"提交给最高指挥部讨论。1963年7月11日正当最高指挥部成员在利里斯利夫农场聚集讨论这项计划时，没有料到政府密探已通过一个黑人告密者探明他们在利里斯利夫农场的秘密中心，正计划一网打尽。由韦克中尉领导的一队便衣警察冲进农场，逮捕了正在讨论"马伊布耶计划"的西苏鲁、戈马·姆贝基、阿赫莫德·卡特拉达（凯西）、拉斯迪·伯恩斯坦、罗伯特·希波尔和刚从中国完成训练回来的雷蒙·姆赫拉巴等6人。重要文件悉被查抄，包括"马伊布耶计划"讨论稿、曼德拉访问非洲诸国日记以及其他几百份文件和100张地图，外加一架电台和

19世纪60年代警方突击搜查时，一些非国大活动分子包括曼德拉，就藏在这间茅草屋内

天线。从搜抄的文件中扩大线索，又逮捕了哈罗德·沃尔佩莫索莱迪和姆兰基尼。其中1 250件"证据"与已判5年监禁的曼德拉有牵连。"民族之矛"3个地下活动点均被查抄。白人政府立即准备里沃尼亚审判。已与世隔绝9个月、体重减轻了20公斤的瘦骨嶙峋的曼德拉从罗本岛被押回比勒陀利亚监狱。在这里，他见到西苏鲁、姆贝基等人才知道发生了惊天动地的大事。

里沃尼亚审判　联合国大会以前所未有的106票对1票通过决议要求释放里沃尼亚审判中的被告和南非所有在押的政治犯，它反映了全世界对南非

政府种族暴政的愤怒。1963年8月7日联合国通过181号决议,认为南非形势已对国际和平构成威胁,决定对南非实行非强制性的武器禁运。刚成立不久的非洲统一组织明确表示反对白人种族主义政权,支持南非黑人斗争并给予援助。但南非政府置若罔闻。国际著名律师自愿担任被告的辩护律师,其中有南非阿非利卡人律师布拉姆·费舍尔、沃农·布朗基等人。其中也有很多人是南非共产党人。费舍尔律师首先为曼德拉等11名被告争取推迟审判3周时间,以便于他们恢复体力和做好法律方面的准备。

1963年10月29日开庭。在其后漫长的历时数月的审判过程中,曼德拉、西苏鲁、姆贝基等非国大领导人以压倒性的凛然正气表现出南非黑人反对种族主义政权的决心和勇气,吸引了国际社会的广泛关注和普遍支持。南非政府极力歪曲事实,力图把非国大的反种族主义斗争说成国际共产主义的暴乱阴谋,以期引起世界反共势力的呼应和支持,特别是美国国内反共势力的共鸣。因此,他们拼命在查抄物资中寻找"证据",罗织罪名。当他们找到曼德拉一篇《如何做一个好的共产党员》的手稿时,如获至宝,大喜过望,企图据此证明曼德拉是共产党员。但曼德拉平静地指出这段话全引自中国共产党人刘少奇的著作《论共产党员修养》的英译本,让这些识字的打手们查书去。

曼德拉和西苏鲁等人与辩护律师们商议:在法庭上一定要理直气壮地讲清楚,为什么在南非必须进行暴力反抗。他们在道义上不感到有罪,因为除了诉诸暴力外,他们没有别的选择。他们决定,不把这次审判当法律问题,而要将其变为政治问题。曼德拉等非国大领导人决定利用法庭作为讲坛,自豪地阐明非国大的政治主张。

1964年4月20日,曼德拉在比勒陀利亚最高法院的法庭上宣读了他的闻名世界的法庭供述。他的义正词严和坚忍不拔感动了他的同志们和南非人民。曼德拉说明了非国大在白人的种族主义统治和压迫下,如何进行了几十年的和平方式的反抗,但白人政府对之无动于衷,却进行越来越残酷的暴力镇压,最终非国大和几乎一切伸张正义的组织均被当局取缔,被迫走上武装反抗的道路。"民族之矛"有节制的"破坏活动"也没有达到迫使南非政府改变态度的目的,政府却进一步威胁并采取了更强硬的态度。这迫使"民族之矛"不得不考虑采取更强硬的行动。"如果战争是不可避免的,我们希望战争在对我们人民最有利的条件下进行。对我们的前景最有利的战争是游击战争,它对双方人员的伤亡危险最小"。曼德拉明确指出,非国大的斗争是真正的民族性质的斗争,它是非洲人民的斗争,是由他们自己的苦难、自己的经历所激励而进行的斗争,是一个为生存权利而进行的斗争。西苏鲁作为第二号被告,并作为被告辩护中的主要证人出现于法庭。他与原告展开长时间针锋相对、机智、幽默的舌战。记者们说他完全不像处在被告的地位。他把法庭当作他难得的讲坛,公开阐述自己的观点。他与姆贝基以及另外两名南非共产党人滔滔不绝地讲清了非国大与南非共产党的差异。

南非白人政府对曼德拉这一批反种族主义的斗士恨之入骨。维沃尔德政府妄图将他们判处死刑,从肉体上消灭他们。但南非人民(包括一部分白人)掀起了惊涛骇浪似的抗议怒潮,而且出现了全世界范围的抗议运动。联合国安理会通过决议强烈要求南非停止审判,对被告实行赦免,释放所有因反对种族隔离而被关押、被判死刑的人。强大的抗议运动迫使南非政府有所顾忌。而曼德拉等人视死如归的精神赢得全世界人民的尊敬。1964年6月12日,南非法庭判处曼德拉、西苏鲁、姆贝基、姆赫拉巴、莫索莱迪、姆兰基尼和凯斯拉塔等8位非国大领导人和成员终身监禁。其他7位领导人当天便被投入暗无天日的罗本岛监狱。除丹尼斯·戈德伯格因是白人政治犯被押入比勒陀利亚监狱外,黑人妇女则被关押在奥兰治省的克龙斯塔德监狱。审判结束后,南非政府的密探和告密者在全国各地嗅闻"民族之矛"的踪迹,并实施逮捕。流亡国外的非国大组织承认里沃尼亚审判"沉重打击了(我们)运动的核心力量","这是一次严重的挫折"。不仅泛非大和"波戈"的领导人连普通成员也遭大批逮捕。司法部长确认,有214名"波戈"成员被判谋杀罪和企图谋杀罪,395名被判破坏罪,126名被判"非法离境罪";820名"波戈"成员以参加地下活动的罪名分别被判罪。

南非国内的黑人运动从此进入了历时十几年的低潮。

第二十一章
黑人斗争再掀高潮,白人政府内外交困

一、南非经济呈现衰退

镇压功能耗费大量资金 1964年南非政府把非国大和泛非大领导人和大批普通成员关进监狱,表面似乎进一步取得了社会的平静。但极度强化国家机器的镇压功能耗费了大量资金。全国分布近千个警察站,仅警察人数就达3.3万人;又成立后备役警察部队,由白人志愿人员组成,分担正式警察部分职能,随时准备转为正式警察。南非警察配备最精良的"防暴设备",可归入世界最先进行列。还有受到特殊训练的特种部队,任务是对民主运动进行秘密监视、盯梢、卧底和暗杀等。

监狱遍于国中。南非两三千万人口的国家竟拥有200多所监狱,20世纪60年代初以来监狱人满为患,是世界上关押人数占人口比率最高的国家。1975—1984年10年间仅因违反"通行证法"被拘捕、关押的非洲人数就多达1 900万人次,其中1975—1976年一年就多达38万人。

20世纪70年代南非军队约为4.4万人,准军事部队7.8万人。1971—1972年度军费为3.16亿兰特(约合4.42亿美元)。南非军队最重要的职能之一是越境袭击设在邻国(莱索托、莫桑比克、安哥拉等国)的黑人解放组织。1974年以后在防务开支中设立的"国防设备和活动特别款项"占军事开支的40%,主要用于购买南非自己生产不了的重型武器和发展军工生产。南非军队只招募白人(黑人不许持枪),庞大的军队占用了本已缺乏的大批白人劳动力和技术力量,既使白人的人员配置捉襟见肘,又造成人力资源的巨大损耗。南非隐性的军事开支要比公开的军事预算数字大得多,许多巨额拨款隐蔽在政府其他部门,均用于军事目的的开支。

这些镇压机构既耗费了南非大量资金又损耗了原先充沛的国力,用于军队、警察和监狱方面的开支已占政府总支出的30%,也占了很大比例的白人人力资源。1975—1985年南非军费继续疯狂增长,这一时期军费增长为500%。它的唯一作用是延长了白人统治的时间。而白人统治,到20世纪80年代以后只起到加剧国内外诸方面矛盾、破坏社会稳定的作用,越来越起着自掘坟墓的作用。

经济发展出现停滞下滑现象 自1948年南非国民党上台执政,30年来南非经济一直呈现增长势头,即使在60年代初大肆镇压国内黑人运动时期,经济增长势头也一直毫无衰减的迹象。这既给白人统治集团壮了胆,也持续不断地吸引着外国投资。但到了1975年,隐藏在深处的经济衰退因素开始悄然起作用。突出表现在国内生产总值(GDP)的增长率上。1975年南非国内生产总值增长率为2.9%,比1974年的8.3%下降了5.4%。其后几年都继续下降,1976年为1.3%,1977年为0,1978年为2.9%,1979年为3.2%。即使1980年博塔采取了"改革"措施使当年恢复到7.8%,也没能恢复到1974年的水平(8.3%),而从1981年以后更出现了严重的负增长:1982年为-0.8%,1983年为-1.8%,1985年为-1.2%。经济增长下滑已成定局。

南非制造业向来是非洲大陆工业之佼佼者,但其增长势头亦严重受挫。1975—1980年间年均增长率为4.1%,1980—1985年年均增长率为-1.2%,这是南非自19世纪80年代矿业革命以来从未出现过的。南非工业制成品主要出口对象为非洲大陆各国,在并未受到其主要对手埃及严重竞争的情况下,其占世界制成品出口总额的比重也从1975年的0.33%下降到1985年的0.27%。重要原因当在于制造业设备老化率升高,已比1984年高出30%。建筑业进入萧条期更为明显,经多年建设,办公用房和中高等收入的白人家庭住房的市场已经饱和,而黑人在城市中无力建房、购房,1981—1987年建筑业下降31%,就业人口也减少10%。采矿业亦无发展可言,1980—1993年产值折合美元计算分别为156.3亿美元和142.9亿美元,实际下降了106亿美元(以上据沐涛折算,见《南非现代化研究》第126页)。矿业产值下降主要在于黄金、金刚石等传统矿产品的市场不景气。铀的产量在1994年以前一直坚挺,80年代中叶年产量曾达8 280吨,位于世界第二位,而1994年猛降到1 669吨,勉强居世界第六位。黄金生产的"黄金时代"已是明日黄花,1970年曾达年产1 000多吨的历史记录,1980—1993年一直停留在600吨左右,而且继续下降的趋势明显。

经济衰退还表现在物价上涨、失业率上升和债务危机三个方面。1960—1970年间南非通货膨胀率平均为2.7%,1971—1980年平均为10.6%,1981—

1990年平均高达14.7%。就业率降低，失业增加：1960—1974年正式部门每年提供就业机会15.7万个，而1975—1985年年均只创造5.7万个就业机会。制造业情况更为严重：1970—1975年制造业就业机会年均增长4.1%，1976—1980年减少到1.5%，1981—1985年年均增长下降1%，已有负增长。1990—1993年失业人口节节上升，1990年全国失业人口为17.37万人，1991年为24.78万人，1993年为31.33万人。由于出口增长率下降和国际收支出现赤字，南非到80年代已出现债务危机。1981年南非外债总额为187亿美元，占国内生产总值25.4%，其中短期债务占57.9%，到1985年，外债总额增至270亿美元，占国内生产总值的50.7%，其中短期债务比重增大，已占总债务的72%。南非政府已到了无力偿还到期债务的地步，1985年不得不与债权国谈判重新安排偿还期，并宣布在未达成协议前暂停还债。

经济衰退的最大受害者是黑人。绝大多数居民的生活水平下降，广大黑人生活更趋贫困。到1989年，南非生活在最低生活水平线下的人口占南非总人口的40%。如果把特兰斯凯、博普塔茨瓦纳、文达和西斯凯4个"独立"的黑人家园的贫困人口计算在内，这个比例还要高得多。这4个家园的绝对贫困户占其总人口的81%。

国际社会的制裁及其效果 第二次世界大战后，沦为殖民地数量最多的非洲大陆国家民族解放运动风起云涌，用殖民大国英国首相麦克米伦的话来说："变革之风已经吹遍这个大陆，不管我们喜不喜欢，民族意识的这种增长是个政治事实，我们大家都必须承认这是事实，并且在制定国家政策时把它考虑进去。"这句颇为清醒的话是他1960年2月3日上午在南非上下院联席会上演说时说的。南非当局对包括南非黑人在内的非洲民族民主运动20多年来采取视而不见的鸵鸟战术，对这个运动所提出的要求无动于衷，仍然坚持在南非和纳米比亚实行种族隔离制度。南非的顽固态度已到了令人发指的地步，引起全世界的公愤。联合国在绝大多数会员国的要求下对南非实行了制裁。南非所受到的国际各种制裁次数之多和时间之长在世界各国历史上是首屈一指的。

1960年3月南非发生沙佩韦尔事件后，安理会不顾南非抗议，讨论了这一问题，并于4月1日通过一项决议，指出此种情势如在南非继续存在将危害国际和平与安全。安理会促请南非政府放弃它的种族隔离和种族歧视政策。联合国大会于1961年4月和11月两次讨论南非问题，并对南非政府"继续完全无视"联合国和世界舆论一再敦促它取消种族歧视政策表示遗憾。大会要求所有国家考虑采取单独和集体行动来促使南非放弃这些政策。1962年11月联合国通过决议,要求各会员国采取包括同南非政府断绝外交关系等具体措施,并设立一个"11人特别委员会"(后扩充为17人)对南非种族问题继续加以注意。1965年12月15日,联合国宣布,对南非普遍实施经济制裁是实现这一问题和平解决的唯一办法。

国际制裁因涉及各国特别是西方大国利益并未真正严格实行,这正是造成南非当局有恃无恐的原因之一。真正"动真格的"制裁已拖到了20世纪80年代后期。由于国际形势变化,美苏争夺非洲趋于缓和,大国对南非的国际制裁才渐趋严格。1979年之前,只有武器禁运和石油禁运才具有实质性意义。1985年是西方大国对南非实行制裁的转折点,发生了几件具有重要意义的制裁事件:4月,欧洲议会几经反复才决定4月18日宣布对南非实行有限的经济制裁。5月31日,法国总理法比尤斯宣布,若南非18个月内不结束种族隔离制度,法国将停止对南非的投资;7月24日,法国召回驻南非大使并宣布冻结在南非的投资。北欧国家和加拿大、澳大利亚、新西兰等相继宣布对南非实行有限经济制裁,并召回驻南非大使。6月5日,美国众议院通过对南非实行有限经济制裁的决议,包括禁止发放新的投资、禁止输出核技术和电子计算机等,美国参议院也通过类似决议;9月,美国总统里根在国会两院压力下,以签署行政命令的方式宣布,禁止向南非输出计算机、提供新的贷款、输出核技术和从南非进口金币。英联邦首脑会议上,达成8点制裁南非方案:一是禁止向南非进行新投资,二是禁止在南非以利润进行再投资,三是停止从南非进口农产品,四是停止同南非发展旅游业,五是停止同南非公司签订合同,六是停止同南非保持空中联系,七是中止同南非签订双重免税协定,八是中止向南非开展贸易上的一切政府援助。

1986年,美国国会通过"全面反对种族隔离法",禁止向南非进行新投资和提供贷款,禁止从南非进口钢铁、煤、铀、金币、纺织品、农产品等,中断同南非的直接空中联系。此后,美国各州政府又宣布禁止各州美国公司同南非做生意。中国政府和人民一贯谴责南非当局推行种族主义政策,坚决支持南非人民反对种族隔离和种族歧视,争取基本人权和种族平等的斗争。1952年1月19日,中国总理周恩来就明确表示"站起来了的中国人民完全理解并深切同情南非的非白人及一切被压迫民族的苦难"。1955年6月15日,又致电南非人民代表大会,"祝贺大会在团结南非各民族各阶层人民反对种族歧视,争取自由和民主权利的斗争中获得新的成就"。1957年12月12日,毛泽东主席致电非国大第45届年会"对南非人民争取基本人权和反对种族歧视的斗争表示同情和支持"。实际上,中国政府早在20世纪50年代就同南非种族主义政权断绝了一切来往,并拒绝建立任何政治、经济的联系。中国对世界各国政府对南非白人政权的制裁都表示赞同和支持。在中国1971年恢复联合国合法席位后,作为安理会常任理事国,中国旗帜鲜明,态度坚定,在联合国通过谴责南非种族歧视和种族隔离政策以及制裁南非的有关决议中,都起了重要的作用。1986—1987年,欧共体、日本、北欧、英联邦等先后宣布扩大对南非的制裁。欧共体决定禁止从南非进口黄金、钢铁、铀、煤、纺织品、农产品,禁止向南非进行新投资和出口石油。此次国际性制裁分量较重,实行的时间较长,一直延续到90年代初南非被迫启动政治民主化进程之后才陆续宣告结束。

国际制裁最显著效果首先表现在使南非急遽减少了外国投资和贷款。外国在南非的直接投资至1980年累计为165.19亿美元,由于许多外国公司撤出南非或撤走投资,到1985年降到109.19亿美元,5年内减少56亿美元;1986—1990年又有11亿美元流出,10年内流出资本67亿美元。外国对南非贷款也显著减少,美国银行对南非贷款从1984年的50亿美元降到1986年的30亿美元。其次,外国投资和贷款的急遽减少影响了南非白人投资者信心,他们也悄悄将资金投向国外,使南非固定资本投资1987年比1981年减少了31%。再次,南非失去一些传统出口市场。南非对美出口额从1985年的22.38亿美元减少到1989年的18.61亿美元。到1988年,南非损失出口外汇收入50亿美元。然后,武器禁运方面的效果却颇为有限。武器禁运虽使南非只能从以色列获取一些尖端武器和军事技术,但它早已得到了所需要的东西,南非多年经营的军事工业已基本能自给。南非购买以色列武器占以色列出口武器的35%。以色列竟敢冒天下之大不韪,帮助南非于1979年进行一次约4 000吨TNT级当量的核爆炸试验。1973年非洲和阿拉伯产油国作出对南非禁运石油的决定,迫使南非不得不以高价从黑市购买石油;并付出高成本,从煤中提炼石油。虽获得成功,但也只能满足其所需的30%。最后,国际制裁使南非外汇收入锐减,外债数目上升,特别是短期债务遽增,从1980年的60亿美元增至1985年的270亿美元。金融危机无疑使困难重重的南非经济雪上加霜。

南非经济衰退的原因分析 20世纪60—70年代南非的经济繁荣与日本战后经济的恢复发展,曾被一些学者认为是第二次世界大战后世界的两大经济奇迹。但南非经济的表面繁荣早已潜伏着深刻的衰退因素,一旦诸种因素相叠加,便会形成难以收拾的局面。

首先,南非种族隔离制度和殖民时期的运作造成了二重性经济,即先进发达的"白人经济"与落后的"黑人经济"同时并存。在别的国家表现为"城乡差别"的经济发展悬殊,和贫富收入的巨大差别,在南非则都表现为极不得人心的"种族收入和待遇的不同"。占总人口14.1%的白人拥有南非财富的80%,而占人口80%的黑人仅有远低于20%的财富,因而具有特别的尖锐性,一旦出现经济失衡便会在政治上引起两大社会集团的严重冲突。"黑人家园"政策的推广实际上进一步阻碍了黑人地区的城市化,使勉强维持生活的诸多小农经济,不仅享受不到现代化阳光的沐浴,反而进一步凝固在落后的农业生产方式上,劳动生产率得不到提高。到80年代农业生产值下降到仅占国内生产总值5%左右,而农业的劳动人数(绝大多数是黑人)仍然占总人口过大的比例。

南非经济上的巨大反差首先突出表现在白人和黑人的工种悬殊和收入悬殊上。据1970年统计,南非全国就业人员766万人,黑人为570万人,占70%,几乎全是非技术工种和少量半技术工种,领取非技术工种的低下工资。沃斯特政府为了振兴南非经济和提高黑人工人劳动积极性及购买力,从20世纪70年代起逐步提高黑人工资,但在种族隔离制下,差距的缩小极其有限。试看1980—1988年差距缩小相对较大的制造业中白人和黑人工资的变化:1980年,黑人2 688兰特,白人11 472兰特;1981年,黑人3 252兰特,白人13 596兰特;1982年,黑人3 852兰特,白人15 780兰特;1983年,黑人4 428兰特,白人17 748兰特;1984年,黑人5 004兰特,白人20 028兰特;1985年,黑人5 628兰特,白人22 188兰特;1986年,黑人6 538兰特,白人24 940兰特;1987年,黑人7 824兰特,白人28 380兰特;1988年,黑人9 430兰特,白人32 906兰特。黑人与白人工资比的差距从1980年的4.27∶1,缩小到1988年的3.48∶1,略有缩小。但实际收入的差距却进一步扩大了,从1980年白人比黑人平均每年多拿8 784兰特,到1988年白人比黑人平均每年多拿23 476兰特。黑人家园中黑人农民年均收入更比白人少得多。由于黑人贫困,1991年南非国民生产总值仅有911.67亿美元,均摊到各种族居民头上,人均收入为2 560美元,只略高于博茨瓦纳的2 530美元,大大低于西非加蓬的人均3 780美元。据1988年统计,在南非全部个人收入中,白人占有54%,而人数为白人6倍的黑人(包括其他非白人)仅占有36%。白人和黑人的生活条件相比竟如天壤之别。不仅上层白人生活极其舒适、豪奢,就是一般白人(如白人工人)家庭也多半拥有花园洋房,居室宽敞明亮,拥有电器设备、草坪、游泳池、汽车一应俱全,并雇有黑人仆役多人,有司机、园丁、厨师、男仆、贴身女仆供其驱使。广大黑人除极少数"中产阶级"(人数正在增加)生活较为富裕外,只能居住在白人城市附近的黑人城镇,白人地区的"非法居留营地"或工矿区"围棚"的单身宿舍,住房多为火柴盒式的简陋建筑或洋铁皮搭成的棚户,拥挤不堪,人满为患。"黑人家园"情况更惨。黑人失业率远高于白人,就业工资又仅有白人的20%—25%。南非75%以上居民人口处于如此贫困状态,国内市场能有多少购买力?当白人的消费已达到饱和状态,黑人购买力极低,而制造业的产品出口率又大大降低,影响了扩大再生产时,这样的南非经济能不衰退吗?

其次,种族隔离制造成南非经济地区发展不平衡。南非工业和主要城市集中于4个地区,即德兰士瓦省南部的比勒陀利亚—兰德—法尔三角地区,开普省西部的开普半岛地区,纳塔尔省的德班—派因敦—彼得·马里茨堡地区,开普省的伊丽莎白港—埃滕哈赫地区。这4个地区集中了南非白人的67%,有色人的55%,亚裔人的89%,而黑人仅26%;南非工业品的75%在此地生产。在同一地区,有的只相隔几公里,就出现两个相差极其悬殊的世界。在同一个生产部门(如农业)有的用电脑控制,有的仍用人力从事笨重的体力劳动。

再次,种族隔离制的产物之一——"班图教育法",使教育经费完全向白人倾斜。以1987—1988年为例,教育经费总额为91.92亿兰特,白人学生人均为2 772兰特,而黑人(不包括4个教育状况更差得多的"家园")学生人均费用为595兰特,黑人和白人经费之比为1∶4.6(此前均在1∶5以上)。1979年黑人学校的教师与学生之比为1∶49,白人学校的师生比为1∶20。10年级(高中毕业班)的学生种族比例,白人为69%,黑人只有4%;每万人中(1987年)有白人大学生310名,黑人大学生只有35名;黑人人数为白人的6倍,白人大学生比黑人大学生多9倍。1990年不同种类高校中黑人、白人的学生人数是:技术学院,黑人12 965人,白人54 753人;师范学院,黑人31 894人,白人9 944人;技工学校,黑人17 452人,白人60 085人;普通大学,黑人94 870人,白人154 261人。

这种歧视性教育制度制约了黑人教育水平的提高,造成黑人工程师、技工、大学毕业生的严重缺乏,影响了南非劳动生产率和产品质量的提高。这是南非从劳动密集型产业向资本密集型产业过渡步履极为缓慢的原因。种族隔离政策极大地限制了黑人劳动力资源的开发,从深层次上制约了南非经济的进一步发展,并且已到了十分严重的地步。

最后,20世纪70年代中期种族隔离制再度掀起南非黑人运动高潮(见下一节),直接造成外国投资剧减、南非外国公司撤资和南非白人资本大量向国外转移,这也是南非经济衰落的重要原因。

二、黑人反抗运动再次掀起高潮

罗本岛监狱斗争显示黑人英勇不屈的精神 罗本岛监狱的看守狱卒全部是阿非利卡白人,对黑人极其仇视和凶恶。黑人政治犯在罗本岛监狱受尽虐待。寒风呼啸,曼德拉、西苏鲁等人与囚犯一起吃煮玉米豆,冬天穿着短裤囚衣,铐着脚镣在石灰场做苦工,眼睛泪腺受石灰损害而被堵塞。罗本岛孤悬海上,探监不易,囚犯过着与世隔绝的生活。曼德拉等33名重要政治犯被单独关押在一处,只允许直系亲属每半年探视一次,每次30分钟,每半年收一次字数不得超过500字的拆封家信。狱方多方刁难探视的家属,使有些政治犯甚至十几年见不到家人,只能在放风的场地上,遥望桌山。

南非当局对里沃尼亚审判的33名政治犯采取杀人不见血的策略:用长期监禁消磨他们的意志,消除他们对黑人解放运动的影响,并让世界忘掉他们。但曼德拉及其战友在狱中坚持学习、锻炼身体并不断地同狱方斗争。由于狱中战友们大部分都没受过高等教育,曼德拉、西苏鲁、姆贝基等人提倡自学,鼓励很多人念函授大学。曼德拉自己继续念伦敦大学研究生课程,并自学阿非利卡语,

2013年奥巴马携夫人和女儿参观罗本岛曾关押曼德拉的监狱(左上方建筑)

达到大学入学考试水平。在漫长的监狱生活中,他们从未放弃自己的信念:对暴力和武装斗争考虑得更加周密、认识得更加完善——必须要有严密的组织系统去贯彻执行暴力和武装斗争的方针。他们在狱中关心、讨论并影响南非黑人解放运动。监狱不许他们读报,曼德拉捡到一张报纸,如饥似渴地读起来,为此他曾被关3天禁闭并不准吃饭。

在极端困难的情况下,曼德拉等人仍坚持狱内斗争,非国大狱中人员组织了自己的"最高机构"领导核心,有曼德拉、西苏鲁、姆贝基和姆拉巴。他们不去

影响非国大驻国外组织的政策,他们知道自己已不处于斗争第一线,不了解情况,没有条件对南非形势作出判断,他们的"最高机构"只用于进行狱内斗争。

尽管狱中看守都由阿非利卡白人担任,曼德拉等非国大领导人认为,他们有责任教育和影响所有的人,包括这些狱卒。曼德拉等人对他们以礼相待,尽可能做转化工作,以崇高的人格力量影响他们。一些阿非利卡人看守逐渐对他们减少敌意,增加了同情,有意识地放松监督,给他们交谈机会。可以想象,这在南非是多么不容易的事情!这也显示出曼德拉等非国大领导人的广阔胸怀,以及身处逆境,仍以天下为己任。

在监狱外,南非当局却一再折磨曼德拉夫人温妮,将她单独监禁491天,出狱后又实行5年的软禁,使温妮有两年多未能去罗本岛探视曼德拉;并用种种极端卑鄙的关于温妮的谣言折磨曼德拉的精神。

20世纪70年代南非当局残酷镇压"黑人觉醒运动",又把许多青年政治犯送进罗本岛监狱。当时年轻一代南非革命者比老一代更加"激进",但缺乏斗争经验。虽被隔绝了十几年,曼德拉等人仍是新一代青年心目中的领袖。他们关心这些青年政治犯,分别与他们秘密交谈,沟通两代革命者的感情,对他们影响甚大。他们很多人仅有中学水平,曼德拉、西苏鲁等人特别重视他们的学习和教育问题,使他们得以继续读书,并通过函授获得了学位。有的人出狱后成为20世纪80年代黑人反抗运动的杰出组织者。

曼德拉的"教育计划"实际上在罗本岛监狱中形成了一个"曼德拉大学",影响越来越大,国际红十字会给他们寄来大批书籍,监狱当局扣下后,再伪称是监狱发给他们的。南非当局十分害怕曼德拉、西苏鲁等的影响进一步扩大,便于1982年4月将曼德拉等几位主要领袖押往开普敦监狱,以断绝罗本岛监狱的"火种"。

"黑人觉醒运动"及"索维托事件" 20世纪60年代中期由于非国大和泛非大领导成员大批被捕入狱或逃亡国外,南非革命领域出现了"真空",自由派乘机控制了南非"大学生同盟"。1968年黑人大学生脱离了"大学生同盟",自建"南非学生组织",它标志着黑人运动逐渐摆脱了低迷状态,开始复苏,并形成后来称为"黑人觉醒运动"的核心。一位杰出的组织者斯蒂夫·比科脱颖而出,担任"南非学生组织"第一任主席,他被认为是"黑人觉醒运动"的创始人。比科出生于1946年,是在种族隔离制形成并充分发展的年代中长大成人的。1966年他考入纳塔尔大学医学系,1972年因参加黑人社团活动而被开除学籍。他到全国各地向群众宣传,讲解"黑人觉醒运动"的思想和主张,号召黑人丢掉自卑感,以黑肤色为骄傲。比科年年遭到指控和关押。比科这一代黑人运动领导人与老一代领导人有三个显著不同的地方:一是不再将"平等"而是将"解放"作为他们的斗争目标,认定黑人解放首先是思想和心理上的解放,号召黑人去掉自卑心理,树立自尊与自信。二是"黑人觉醒运动"认为黑人、有色人和印度人在南非都属于"黑人"范畴,都是被压迫民族,均应团结一致反对白人统治,争取黑人解放。这一新概念对促进三者团结起了积极作用。三是将学生和青年作为"黑人觉醒运动"的先锋。有了这样的思想方面的准备,"索维托事件"成为这一运动的高潮就不难想象了。

  黑人解放运动自20世纪60年代初期进入低潮,十几年后,种族隔离制下的多种矛盾一个也没有解决。"于无声处听惊雷",南非当局错估形势以为白人统治已臻巩固,力图进一步推行对黑人的奴化教育。1974年宣布拟在黑人中小学实行一半课程以阿非利卡语作为教学语言。多年以来,南非中学均以英语作为教学语言。阿非利卡语是阿非利卡白人专用的基于荷兰语的变种语言,对黑人来说几乎毫无用处,中小学教师和学生均须从头学起,徒然增加掌握知识的难度。当局真正的目的是要加强对黑人奴化教育。这一强制奴化的措施引起黑人学校的抗议和罢课。1976年上半年抗议活动遍及所有黑人学校。1976年6月,当黑人学校要求取消这一无理决定而遭拒绝后,中小学黑人学生走上街头以示抗议。

  6月16日清晨,约翰内斯堡西南索维托镇,1.5万名10—20岁的黑人学生上街示威,要求白人政府取消以阿非利卡语作为教学语言的强行规定。警察向学生开枪,100多名学生躺在血泊中,绝大多数学生是背部中弹。① 警察的暴行激怒了学生,他们烧毁了警车,捣毁所有象征种族主义统治的东西。示威活动受到非白人学生的广泛支持。8月,数十万黑人(包括有色人)工人举行罢工声援学生,抗议当局血腥镇压学生。沉寂了十几年的革命斗争,由青年学生重新掀起高潮,并且一开始就具有暴力的倾向,使色厉内荏的白人当局慌了手脚。7月5日白人当局宣布取消在黑人学校实施阿非利卡语教学的决定。学生运动在南非各地持续进行了18个月。1977年6月,"索维托事件"一周年,40多所中学3 000多名学生坚持罢课几个月,要求取消"班图教育制度"。

---

① 1976年6月16日开始的黑人学生抗议运动在以后数月中被枪杀的黑人学生和群众的人数,各种资料统计不一,最高数字估计死500多人,伤1 000多人。见 Riley, E., Major Political Events in South Africa 1948-1990, Oxford, 1991, p.145.

500多名黑人教师罢教，抗议"班图教育制度"。

南非反动当局故伎重施，力图使学生运动"群龙无首"。非国大领导人曼德拉等数十人已囚禁在罗本岛等地监狱十几年，早已无法与国内革命运动互通信息。沃斯特政府又将50名学生运动新领袖抓进监狱。斯蒂夫·比科在1977年被关押3次。1977年8月18日被捕后，他在监狱中遭到毒打，脑骨多处破碎，于9月12日死在狱中，年仅30岁。比科被迫害致死，激起国内外强烈的愤怒和抗议。9月24日，在比科故乡威廉斯王子城有2万多黑人群众冲破警察的层层阻挠参加了葬礼。长长的送葬行列气势磅礴，预示着新的风暴将要到来。南非全国黑人学校120万学生全部罢课。10月19日沃斯特政府宣布18个南非反对种族隔离组织为非法；封闭两家黑人报纸；大肆搜捕著名的黑人领袖。这是继1960年和1964年两次大镇压以后又一次最大规模的镇压行动。联合国反对种族隔离特别委员会主席莱斯利·哈里曼于19日发表声明，强烈谴责南非种族主义政权实施的禁止18个反对种族隔离的组织活动，指出这些暴行是一个垂死政权的绝望挣扎。哈里曼宣布，种族主义政权使黑人群众及一切真正的民主主义者没有别的选择，只有进行武装斗争来消灭这个罪恶的政权，让人民掌握权力。

非国大代表塔米·姆兰比索在联合国驻地纽约，发表声明指出南非当局镇压18个黑人组织是企图通过镇压迫使所有那些可能在杀害比科事件中作证的个人和组织不敢说话。非国大决心加强反对种族主义政权的斗争。泛非大在坦桑尼亚首都发表声明，决心开展坚决的武装斗争和人民战争，为必将到来的时刻做好充分的和更加有效的准备。"索维托事件"发生后，南非的城市游击队袭击活动大大增加，不断发生爆炸事件，在德兰士瓦省东部，游击队与南非警察之间小规模战斗显著增多。

索维托的斗争开辟了南非人民斗争的新局面 1976年"索维托事件"以后，南非黑人每逢6月16日，都开展"索维托事件"周年纪念活动，掀起一次次斗争小高潮。1980年4月18日津巴布韦宣布独立，"南非共和国"成了唯一残存的种族主义堡垒，南非的斗争形势再次发生变化，出现新特点。

一是南非人民反抗种族主义斗争的主力队伍不断扩大。"索维托事件"中青年学生成为主力。但很快黑人工人加入并扩大了主力队伍，成为南非最重要的政治力量。黑人工人经济斗争和政治斗争并举，参加人员数以万计，斗争队伍强大，他们时而以提高最低工资的经济斗争为主，时而以争取平等权利的政治斗争为主，此起彼伏，互相呼应，几乎不曾间断。无论长期工（连续在一地区住满15年或受同一雇主雇佣10年以上,可获得在当地居留并寻找职业的权利)还是短期工(从农村、保留地招来的黑人劳工,多为一年合同工,一年后遣返回乡),他们都受到种族主义政策的限制和压迫,在工种、工资、居住地点和期限等方面备受歧视。长期工和短期工既有共同的斗争目标,又有不同的斗争要求,他们轮番作战,此呼彼应。开普肉类加工厂工人刚结束坚持了一个多月的为增加工资而举行的罢工,伊丽莎白港十几家工厂的7 000多名汽车工人又举行大罢工,使南非汽车制造和装配业面临全面停产的局面。南非黑人工人罢工次数和参加人数逐年成倍增加。1979年罢工101次,参加者有15 496人,占工人总数的68%;1980年罢工207次,参加者有56 286人,占工人总数的91.1%;1981年罢工342次,参加者有84 706人,占工人总数的91.23%。

南非工人的斗争开始结出胜利的果实:1979年当局允许黑人工人组织工会,取消原"劳工法"第77条有关职业保留的全部规定(即黑人可从事某些技术工种)。1985年成立了拥有50万会员的"南非工会大会"。1986年举行了两次150万工人大罢工。

从20世纪70年代末起,有色人学生越来越多地加入黑人的斗争行列,到80年代初他们也成为主力队伍的一部分。1980年4月间,有色人学生首先在开普敦掀起反对种族主义教育政策的斗争,后迅速发展到各大城市,10万名黑人和有色人学生参加罢课,斗争坚持了两个多月。

二是城市游击战活动显著增加,并逐步升级。1980年1月黑人游击队袭击比勒陀利亚一家银行后,4月初用火箭榴弹等武器袭击了约翰内斯堡白人区警察局。6月初又一举炸毁该城的南非煤石油和煤气公司的8个大储油罐,造成700多万美元的损失。游击战士以手枪、手榴弹向警察开火,在黑人城镇进行巷战。非国大和泛非大都强调要将工作重点放到国内的方针。1985年袭击事件发生136起,比1984年增加38%;1986年发生200起,比1985年增加47%。

三是新旧黑人解放组织在国际上的地位大大提高,不仅得到联合国承认,而且受到世界绝大部分国家的支持。西方政府也主动与他们接近,并认识到没有黑人解放组织参加,南非的任何解决方案都是行不通的。黑人在斗争中提出更加明确的实现多数人统治的要求。他们不满足于白人总统博塔迫于形势提出的枝节性的改良方案,而要求根本的变革,首先要求得到宪法上的平等的公民权利——一人一票权。

四是严酷的斗争环境使黑人运动陷于分裂,一定程度上削弱了斗争力量。

首先是"黑人觉醒运动"的四分五裂。其次是出现了以夸祖鲁酋长布特莱齐为首的"民族文化解放运动",它自1976年以来迅速发展壮大,已拥有30万成员,但却与"黑人觉醒运动"形成强烈的敌对。最后是非国大被迫转入地下后,通过其他组织进行公开活动,但在相当长的时期内对"黑人觉醒运动"和"民族文化解放运动"这两个新兴黑人组织表现出漠不关心,后又采取敌视态度,以致这3个反对白人种族主义的黑人组织长期未能制定出一项共同的战略,也未能迅速对白人政府形成严重威胁,使其得以长期利用分裂来延续其统治。这种分裂状态到1983年才有所变化。

1983年5月德兰士瓦省32个黑人组织首先组成"联合民主阵线",呼吁全南非不分种族、不分肤色和宗教团结起来,为建立一个不分种族、不分肤色和宗教信仰的统一民主国家而努力奋斗。1983年8月"联合民主阵线"全国大会在开普敦召开。会上选举出3个全国主席和1个总书记。"联合民主阵线"包括黑人、有色人和亚裔人的570个组织,拥有会员200万以上,成为20世纪50年代以来反对白人统治斗争者最广泛的联合。

另一个统一战线组织是有图图主教参加的"全国论坛",它是以黑人为核心的组织。这两个统一战线组织在反对种族隔离制度、争取多数人统治的总目标上是一致的,在具有共同利益的重大问题上能采取共同行动,例如在反对1983年博塔的"三院制宪法"和动员黑人抵制地方政府选举的斗争中都起了很大的作用。图图主教(1931—)是出生于德兰士瓦的黑人,曾就读于南非大学、英国伦敦大学皇家学院,获神学硕士学位,1975年任约翰内斯堡英国圣公会教长,1978年任南非教会理事会秘书长。1983年以后,图图作为"全国论坛"17人全国委员会的委员,积极支持黑人争取平等权利的斗争,呼吁国际社会对南非白人政府施加压力并实行经济制裁,迫使其结束种族隔离制度。南非政府为此多次撤销图图的出国护照,并将他关押审查。1984年图图获得诺贝尔和平奖。

三、20世纪80年代后期博塔政府的内外交困

白人右派势力频频反扑 博塔所代表的南非白人社会力量曾被认为是"开明派",他自己也以"开明派"自诩。但这种"政治派别"的划分只有相对意义。因为在南非白人社会中还有一支极端的右派势力——真正过了时的社会力量,被称为"保守派"。保守派存在的种族主义基础早已腐朽不堪,却仍

然坚持"白人至上"的思想意识和种族隔离制度。这一腐朽势力苟延残喘，为保持白人的绝对权力不时发动反扑，在寿终正寝之前作最后的挣扎。这股右派保守势力主要由阿非利卡白人组成，在国民党内外都有：在党外他们于1969年另组"重建国民党"，反对与讲英语的白人合作，反对与任何黑非洲国家建立外交关系，主张禁止任何非白人混合编队的球队访问南非，以免混淆"黑白界限"。在党内，国民党党员中有相当多的右派观点的同情者。他们对国民党领导人物和政府首脑沃斯特、博塔等迫于形势作出的"改革"姿态和"改革"措施，一概予以坚决反对，并扣上"出卖白人利益"的帽子。但他们一直未能在议会取得席位。而对博塔威胁最大的是来自德兰士瓦省的国民党分部，那里拥有大批右派观点"同情者"。1982年这批公开或潜在的右派终于在特鲁尼赫特率领下，以反对"三院制宪法改革"为名分裂出去，公开组成"保守党"，并迅速在白领工人、职员、警察、下级军官中拥有相当多的支持者。保守党在1983年和以后几年的议会补缺选举中不断取得席位，颇具声势。在1987年的大选中，保守党一举夺得20个席位，取代以英裔白人为主的"进步联邦党"而成为议会的"第一反对党"。特鲁尼赫特攻击博塔政府主要集中在三点：一是它企图与黑人分权必将导致白人丧失权力；二是博塔现行政策将使"大量财富转移到黑人手中"；三是博塔出手太软，镇压黑人运动不力，不能充分保证白人安全。特鲁尼赫特此人极具煽动力，登高一呼，很能拉到选票。博塔对他有十分戒心，因而处处要掂量他们的竞选能力，考虑这批右翼白人的意见，颇受掣肘。

保守党的群众基础是80年代以来南非国内出现的形形色色的右派，如效仿纳粹形式的"阿非利卡抵抗运动"、"阿非利卡文化组织"以及准备建立的"白人家园"等。右派活动不限于宣传、竞选活动，而是层出不穷地制造对黑人的袭击、暗杀等暴行。南非报刊不断刊载白人烧死黑人妇女，枪击黑人儿童，故意轧死黑人的暴力消息。一时南非某些城市成了类似于19世纪60年代以前的美国南部城市，令人生畏，黑人望而却步。博塔政府对右派暴力活动过于软弱，不敢大力镇压，而白人军警更是对此采取纵容态度，听之任之，以致白人右派势力在20世纪80年代的南非猖獗一时，气焰十分嚣张。右派的活动还从另一方面动摇了博塔的政权，博塔政府为巩固白人政权渡过难关的任何"改革"，几乎都遭到右派的反对和干扰，被攻击为"对白人的背叛"。右派势力从根本上否定博塔的"改革"，抨击他的"每一改革都引起了新的要求，如不予以满足则为鼓动动乱与暴力提供基础"，并把南非种族冲突和黑人斗争归因于国民党政权允准改革。右派力量威胁到博塔政权的稳定和生存,它迫使博塔政府在80年代后期的政治危机中一度向中左方向摇摆。

阿非利卡白人进一步分化 阿非利卡白人早就不是铁板一块。自第二次世界大战以来,特别是1948年以来,历届白人政府在经济政策上执行向阿非利卡人倾斜政策,培植他们的经济力量。随着阿非利卡人的中产阶级大量涌现,从中又崛起了一批阿非利卡人的工矿企业家。这批茁壮成长的阿非利卡资产阶级受到南非长期缺乏劳工、被国际制裁和社会加剧动荡的刺激,对"种族隔离制"越来越采取批判和反对的态度。阿非利卡人最进步分子加入南非共产党,并且增强了非国大和泛非大的左翼队伍。曾在"叛国案审判"中为非国大被捕成员担任辩护律师的费舍尔等人就是阿非利卡白人中杰出者的代表。越来越多进步的阿非利卡白人冲击了博塔的"种族隔离制"底线。脱离了博塔国民党当权派的控制,逐渐形成了国民党左派领袖人物德克勒克的社会基础。

1989年1月,博塔突患轻度中风,不得不辞去国民党主席的职务,而由德克勒克继任国民党主席。十分恋栈的博塔离职养病两个多月就迫不及待于3月份重新视事,此时,他发现国民党党务和政府政务已非他所能完全控制了。

全国紧急状态为博塔自己唱起挽歌 1985年似乎是博塔政府鼓吹"改革"最起劲,"迈出步子最大"的一年。但这些都是表面热闹,属于"花点子",没有触动"种族隔离制"的根本。喧闹一时的"三大措施":一是允诺重新给予因"家园"独立而丧失南非公民权的黑人以公民权;二是废除令人憎恶的"禁止混合婚姻法"和"不道德法";三是废除禁止不同种族人参加同一政党的"禁止政治干涉法"。但其他更重要的数以百计的种族隔离法律的存在,使这些法律废除的意义大大降低,甚至无甚意义。在右派势力掀起的一阵反对声中,博塔终于在1985年8月15日在德班举行的国民党代表大会的讲话中,亮出他的底线:一是不可能在一个单一的国家内实行一人一票制;二是不可能在议会里设置第四院(黑人院);三是他不准备领导南非白人和其他少数集团走上一条让位和自杀的道路。①

这次表态性的讲话是与他在1985年7月已采取的重大行动相配合的。博塔宣布对36个黑人城镇实行紧急状态,以此作为他对"反对黑人参与地方选举"的强硬回答。仅这一年(1985年)南非就有近900人丧生,3.8万人被关进监狱,其中包括2 644名3岁以下儿童与母亲。南非黑人并未被吓倒。尽管大

---

① 路透社德班1985年8月15日讯。

批工会领导人被捕入狱，黑人政治活动严格受限，1986年5月1日和6月16日黑人工会仍成功地组织了两次均有150万工人参加的全国大罢工。1986年6月博塔宣布全国进入紧急状态，军队开进黑人城镇。1986年这一年每天平均被拘押的人数为114 220人，南非监狱人满为患，已超过容量1/3。黑人工会领导人成为南非当局迫害的主要对象，大批被关押，不少人被枪杀。1988年的前11月，有110人被处死刑。博塔也撕下了他"中左"的面具，赤裸裸地放手镇压。

1987年5月南非的大选给博塔造成暂时的假象。1987年的大选结果出来了：博塔的国民党席位从117席增至123席，已超过半数；保守党增至21席；而进步联邦党减少7席，仅剩19席，失去"第一反对党"的地位。这次大选部分地反映了白人分化和政治惶惑的状态。保守党议席的增加反映部分阿非利卡白人重新投入右派势力范围，而大部分白人包括一些"开明派"继续留在国民党阵营。一些从利润出发赞成放松工种限制的白人企业家，面对黑人罢工的猛增，又同意国民党政权加强对黑人的镇压，他们仍然不愿意在一个统一的国家内给予黑人平等的政治权利。这就再一次支撑了博塔坚守"底线"，使其政权得以继续维持一段时间。

然而，比国民党增加6个席位更加影响南非时局的是，国民党内部因不满博塔政策而出现的向中间偏左方向靠拢和退党的现象。国民党议员怀南·马兰，南非驻英大使丹尼斯·沃雷尔辞去大使职务，脱离国民党，独立参选，并且成功当选。南非广播公司副董事长、多年的政府智囊人物泰尔·布朗歇等企业界、知识界知名人物也都纷纷退党。甚至一向作为国民党"思想库"以研究种族理论著称的斯泰伦博斯大学，有28名教授和讲师在同博塔进行了3小时激烈辩论之后，退出国民党。1987年，301名学者联名要求博塔政府改变种族隔离制度，并宣布退党。各省基层退党人数更多。退党者不满博塔在1987年大选中所标榜的种族主义"底线"，主张取消种族主义法律、吸收占人口73.4%（1985年数字）的黑人参政。

更值得注意的一种现象是，从1989年开始，白人政党和团体纷纷自发到国外与非国大会谈。1987年7月，前进步联邦党主席斯拉伯特曾组织61名南非知名人士代表团到塞内加尔同以情报部长姆贝基为首的非国大代表团进行了3天会谈，充分了解非国大对南非的政治主张。当时这还是孤例。到了1989年，主动要求同非国大在国外不同场合进行联系的活动越来越多。这一年共有30多个来自南非白人各界的代表团到国外与非国大公开会晤。非国大俨然成为解决南非问题的最关键的政党。这对博塔政府形成巨大的压力。

右翼保守党人受1987年大选席位增加、成为"第一反对党"的鼓舞,活动更加频繁,他们越发相信白人垄断选举权是保住白人政权的唯一道路。在1988年市议会选举议席的变动,进一步显示白人又大规模向右转。保守党一举夺得南非90个市议会的控制权,在德兰士瓦省,保守党控制了全部95个城镇中的60个。11月12日,620名当选保守党议员举行会议,一致决议在他们掌权的市镇恢复"微型种族隔离"。在某些城市的公共场所一些趾高气扬的白人到处重新树立"白人专用"的牌子。保守党在其掌权的市镇肆无忌惮地倒行逆施,使一部分白人怀疑白人的"议会政治"解决南非种族主义问题的可能性,他们更加倾向分权于黑人的政治主张,从而加速了白人内部进一步分化,人心思变。而觉醒的黑人在南非激烈的政治斗争中进一步认识到,时代已发展到20世纪80年代末,部分白人仍然固守其"白人至上"的种族主义信仰,垄断选举权并形成几个顽固堡垒,在这种情况下,只有壮大黑人的政治、经济力量,使更多的白人难以承受种族隔离制所需付出的沉重代价,南非的政治局面才有可能发生实质性的变化。

1987—1988年白人的中央和地方选举后,黑人反抗高潮更进一步高涨,1987年罢工次数高达1 128次,劳动日损失5 626 602个,相当于1986年的4.6倍。罢工斗争对南非经济形成巨大的威胁。"黑人家园"中黑人的斗争也迫使当局不敢继续拼凑更多的"独立"家园。

德克勒克政权取代博塔政权 弗雷德里克·威廉·德克勒克比起博塔,在种族、家庭出身和官宦生涯方面没有一点有"亲黑人"的因素,只是他是一位识时务的政治家。他同样是阿非利卡白人,他的祖父、父亲和姑父姑母都是曾参与制定种族隔离制度的南非政界要员。德克勒克原是德兰士瓦省一名律师,他在执政的国民党中一直被视为党内右翼,种族隔离制度的忠实信奉者和维护者。他曾公开批评南非高官格拉比·博德竟为了结束南非在国际体育界的孤立而同黑人民族主义者会晤。他任教育部长时,因支持实行种族隔离的学校而备受谴责。但处在20世纪80年代的时代旋涡中,他能正视现实,认清历史发展方向,努力摆脱出身、早期官宦生涯带给他的局限性。他对南非黑人和白人力量进行对比并作出了符合实际的估计;从博塔11年惨败的

德克勒克

总统经历中,总结出可资借鉴的教训。

1989年1月18日博塔总统突患轻度中风。但恋栈的博塔直到2月2日才辞去国民党主席职位。德克勒克仅以8票优势继任为党主席,但他迅速巩固了自己的地位。尽管党内群众希望德克勒克继任下任总统职位以带领国民党赢得当年即将举行的大选,但患病的博塔却青睐霍尼斯,任命他为代总统,打破了国民党主席向来担任政府首脑的惯例,暴露出国民党领导层的尖锐矛盾。于是,为了总统一位,德克勒克与霍尼斯、外交部长博塔、财政部长杜普雷斯展开了争夺大战。德克勒克不像博塔,没有安全和军事部门的背景,但他迅速与改革派结盟。3月2日博塔迫不及待宣布他作为总统重新视事,但却心力交瘁,昏昏沉沉,控制不了局面,支配不了内阁,最后不得不于8月14日宣告辞职。连续执政11年的博塔最后不得不在众叛亲离之下黯然离去,给德克勒克留下了南非的烂摊子和几点极深刻的教训:一是南非的唯一出路在于结束白人少数统治,必须与黑人分享权力;二是不应排斥非国大,必须通过政治谈判解决南非问题;三是白人国家机器不是万能的,前车可鉴,靠镇压手段阻挡不了广大黑人群众对种族主义的反抗。

1989年9月举行的大选结果进一步推动上任伊始的德克勒克总统大幅度改变政策。国民党仅获得93席,丧失了27席,得票1 053 523张,占总票数48%,30年来首次低于50%;保守党获得39席,增加17席,得票685 250张,占总票数31%;由进步联邦党和"全国民主运动"等合并成立的民主党获33席,增加14席,得票451 514张,占总数21%。短短两年时间,南非白人中左翼和右翼力量都异乎寻常地增大。在这种形势下,如果国民党不大幅度改变政策,白人选民将继续向右或向左靠拢,国民党的第一大党前途难保,或向保守党或向民主党合并,将丧失自身特点、不再掌握主动权。从另一方面看,大选后国民党加上民主党席位仍占70%,仍拥有支持改革的70%的选民。两年来力量对比的迅速变化迫使举棋不定的德克勒克当机立断。而其政策关键首先在于如何对待非国大。

四、非国大准备进行新形式的斗争

曼德拉为跨出牢门而斗争　从1980年起,南非国内外掀起了一场"释放曼德拉运动"。无条件释放曼德拉成为南非人民和国际社会舆论共同的呼声。博塔政府一直玩弄有条件释放的把戏,要求曼德拉首先宣布放弃武装斗争。1985年1月31日,博塔在议会讲话时说:"政府愿意考虑在南非释放曼德拉……现在需要他做的,是无条件地放弃以暴力作为实现政治目的的手段。"曼德拉明确答复这不是他个人自由问题,在狱中会见美国法学教授塞缪尔·达什时,他提出三原则:一是我们要的是一个统一的南非,而不是人为分裂的"家园";二是在议会中要有黑人的代表权,而不是有色人和亚洲人新建立什么议会;三是人人有选举权。

1986—1987年曼德拉几次要求会见司法部长科特西。科特西希望了解非国大在什么情况下可能停止武装斗争,未来的南非如何在制度上保障占少数的种族的利益。1987年年底博塔政府指定一个由高级官员组成的委员会准备与曼德拉进行秘密讨论。该委员会以科特西为首,包括博塔亲信国家情报局的尼尔·巴纳德博士。曼德拉以西苏鲁作为征求意见的第一人。很快便得到西苏鲁、姆拉巴、卡特拉达和姆兰盖尼等人的赞同。与政府接触的第一个成果是,1987年11月5日南非政府无条件释放年老多病的戈马·姆贝基(里沃尼亚案中最年长者,也是塔博·姆贝基之父)。

1989年1月曼德拉在其单独囚禁的监狱会见从波尔斯摩尔监狱来的西苏鲁等4人,与他们讨论了将提交博塔的一个政策声明。在这个声明中,曼德拉异常冷静地指出,"当前非国大拒绝宣布放弃暴力斗争,并不是政府面临的真正问题。真正的问题是,政府还没有准备进行谈判,没有准备与黑人分享权力"。他一针见血地指出博塔仍坚持其"底线"——不与黑人分享权力。这份声明由于博塔患轻度中风直到1989年3月才递交到他手中。

如上所述,博塔在1月18日中风之后急于恢复他对权力的掌握,与国民党主席德克勒克和内阁成员都产生了很深的芥蒂,明争暗斗已掩盖不住了。而更令他不顺心的是他所坚持的政策比起他的身体更加失去了活力。他已经无力成为国民党迈向新时代的领袖了。7月5日与曼德拉的会晤中,虽然这位有"大鳄鱼"之称、令下属发抖的博塔表现得彬彬有礼,但一个实质性问题也没谈妥:当曼德拉要求他无条件释放所有政治犯时,博塔表示,他恐怕做不到。实际上,博塔在这段时间将全部心思放在力图抓回并巩固其失去的权力上,而对他与曼德拉的谈判并无真正的准备。然而,这次半小时的会见在南非历史上是颇有意义的,这是白人政府首脑在总统官邸第一次与非国大领导人正式会晤,其政治"作秀"成分也是一目了然的。

1989年8月14日德克勒克继任总统。他的政敌博塔被左右两派势力逼迫,黯然下台,给他最深刻的启示是,只有同占人口绝大多数的黑人分享权力才能最稳妥地保护白人的经济利益。他表现出的政治态度为顺应时势。他首先接连表达几个与博塔以及历届白人政府首脑完全不同的政治姿态：一是准许黑人举行和平集会和示威；二是向在反对白人大选中遭警察镇压的死难黑人家属表示慰问；三是取消十分扎眼的海滨和一些居住区的种族隔离；四是会见图图大主教；五是无条件释放西苏鲁等8名黑人运动领导人。对于重大问题的解决如释放曼德拉，他留待以后谈判中，作为白人政府"一再让步"的余地。德克勒克一方面顾忌和防范保守党右派闹事；另一方面急于在世界舆论面前树立他的改革派形象，表现得颇为踟躇。在这期间，他频繁地与自己的心腹深谈，例如与历任多年外交部长的皮克·博塔多次密谈，深入了解南非在国际社会中空前的、极其孤立的处境。深入了解真实的情况，促使他下决心谈判。12月13日，德克勒克与曼德拉举行第一次会晤，虽然德克勒克在两件大事上仍心存顾虑——无条件释放曼德拉和非国大合法化，但同德克勒克的第一次接触以及德克勒克会后的表现，使曼德拉对新任总统的改革决心深信不疑。1990年1月25日曼德拉公布了他在半年前尚在监狱中递交给博塔的5 000字的政策声明（名曰"备忘录"），这份声明的基本精神是得到非国大批准并得到不结盟国家和联合国的支持的。声明重申：第一，非国大在谈判开始前决不放弃武装斗争；第二，决不与南非共产党断绝关系；第三，在黑人多数统治问题上不作任何妥协；第四，坚决支持非国大的政治经济政策。这4项主张是非国大全党坚持的基本原则。所以一位英国记者斯帕克斯评论曼德拉说："历史上很少有政治犯能在监狱中对本国事务的发展起如此重大的作用。"

识时务的德克勒克迈出重要一步 1990年年初，聚集在南非的世界各国记者有2 000多人。2月2日在开普敦举行的议会上，德克勒克用阿非利卡语和英语宣布：第一，取消对非国大、泛非大和南非共产党等组织的禁令；第二，释放由于参加这些组织而被关押的政治犯；第三，部分解除紧急状态；第四，撤销对国内33个组织的限制；第五，近期无条件释放曼德拉。议会中保守党议员如闻晴空霹雳，右翼首领特鲁尼赫特要求立即举行大选，以检验德克勒克改革措施在白人选民中的接受程度。广大黑人运动、白人民主运动者以及整个世界舆论都颇为赞扬德克勒克，认为他向政治解决南非问题迈出了决定性的一步。

1990年2月10日德克勒克在记者招待会上宣布将于次日释放曼德拉。2月11日开普敦时间下午4时15分（北京时间晚上22时15分），被关押了27年、年已72岁的曼德拉满怀胜利的微笑迈出了监狱铁门。

第二十二章
南非的纷扰局面和黑人取得普选权

一、白人黑人两大阵营内派系林立

白人右派加紧反对政府的行动 20世纪90年代最初几年,当南非千万黑人为庆祝曼德拉出狱而欢呼歌唱、翩翩起舞的时候,南非社会正面临着极其复杂的矛盾和混乱的秩序。南非白人右派势力不甘心"白人至上主义"就此没落和白人垄断权力就此消失,正处心积虑地作困兽之斗。

右派势力分为两支,一支是以保守党为核心的公开反对派,他们在前台公然反对种族和解,反对非国大和国民党废除种族隔离制的任何努力。在曼德拉出狱第二天,特鲁尼赫特在开普敦召开群众大会谴责德克勒克政府的种族和解行动。值得注意的是,右派群众集会人数比以往增加了一倍多。头年,1989年9月竞选时,他的听众不足1 500人,而白人右派反对曼德拉出狱的集会,与会群众增加到3 000多人。有些保守党工人甚至威胁要举行罢工来反对政府对黑人让步。

右派另一支极右势力则公开鼓吹以暴力反对黑人运动。他们组成的"暗杀团"10年来已在海内外执行了80起暗杀行动。暗杀对象为反对种族隔离制的积极分子和同情非国大的白人学者、律师。德克勒克当选总统后,"暗杀团"的暗杀名单上又增加了图图主教、有色人领袖阿兰·博萨克、德克勒克、皮克·博塔、法律和秩序部长伏洛克、国防部长马兰。曼德拉出狱后,"暗杀团"扬言要同时刺杀曼德拉和德克勒克。"暗杀团"分子到处制造混乱,弄得人心惶惶。他们极力挑拨南非各民族之间的关系,唯恐天下不乱。

黑人各族之间的矛盾与冲突 黑人各族之间(特别是祖鲁族与科萨族之间)的不和,表面上与布特莱齐个人野心有关,但实际上出于白人政府的挑拨和蓄意制造事端。布特莱齐出身于祖鲁王族一个富裕家庭。母亲是祖鲁王室公

祖鲁战士

主,父亲是酋长。他毕业于黑尔堡大学、纳塔尔大学。年轻时曾加入非国大的"青年联盟",曾是曼德拉的亲密朋友。1967年任祖鲁大酋长,在南非白人政府推行"黑人家园"时期,布特莱齐于1972年任夸祖鲁"黑人家园"的首席部长。1975年他在非国大默许的情况下创立(实际上应是恢复)"祖鲁民族文化解放运动"(简称"因卡塔",Inkatha)。这是在非国大、泛非大和南非共产党被取缔后存在的较大的、合法的群众组织。南非政府只允许它作为"部族组织"而存在,因而它拥有的100万成员都是祖鲁人。"因卡塔"成立后,在布特莱齐的领导下各方面越来越迎合白人政府的需要,在政治上渐与非国大分手甚至对立,政治主张越来越与非国大背道而驰。布特莱齐主张:首先,南非最终要建立"种族联邦制",大联邦由白人两个部分(阿非利卡白人、英裔白人)、黑人10个"家园"为基础组成联邦,加上混合种族和部族的"特别联邦区"组成。在黑人联邦内优先照顾各部族集团利益;在白人各邦内以白人利益为主;在混合种族特别联邦内,照顾各种族、部族的平等利益。其次,实行"多战略",反对武装斗争,要求和平谈判;反对暴力;反对国际对南非的经济制裁。再次,各种族分享政权,但不提一人一票。布特莱齐以其"极温和"的立场备受白人集团的青睐。白人谋士们见到南非白人少数统治终将结束,不久后黑人多数必将掌权,为退一步着想,正需要有一位政治上亲白人的"黑人领袖"来维护白人在南非的非正常利益。美英政府长期以来对极温和派的布特莱齐颇感兴趣,一心要抬出他的"黑面孔"来抗衡非国大。布特莱齐在南非黑人中的政治资本在于,当3个"黑人家园""独立"时,他曾激烈反对夸祖鲁家园"独立",维护"南非统一"。当黑人各派的政治组织纷纷被沃斯特和博塔政府取缔,唯有"因卡塔"被允许存在,布特莱齐乘机在祖鲁人中大力发展组织力量,使"因卡塔"成为拥有百万之众的庞大组织,并且"一花独秀"。南非激进派黑人组织猛烈抨击布特莱齐,称之为"第三势力"。①

布特莱齐的所作所为对于南非两个最大的黑人民族——祖鲁人与科萨人屡次发生冲突甚至武斗,死伤甚众,负有难以推卸的责任。

曼德拉对南非形势的认识十分冷静,富于理性,尊重事实。他明白正如白人阵营不是铁板一块一样,黑人阵营亦非一块铁板。在他背后的黑人阵营中各派在政治、经济问题上存在着相当大的分歧,他清醒地权衡:对白人集团多大程度的让步(让步是绝对必要的),是各派黑人能够接受,又不损害黑人根本利益的。

二、南非社会三大政治力量各自愿望的冲突

曼德拉、德克勒克和布特莱齐是90年代上半期南非社会3位举足轻重的历史人物。他们既反映所代表的种族(民族)、阶级或集团的意志,同时又表现出他们个人的意志,而后者在一定历史时期曾发挥颇大的作用。

90年代初期曼德拉的杰出作用　曼德拉个人的思想、意志、风格和品质在南非1990—1994年的非常时期起了巨大的积极作用。1944年以来长时期的斗争经历,尤其是27年在白人监狱的铁窗生活和特殊的斗争,将他磨炼成政治上十分成熟的黑人领袖。在长期斗争中,包括极艰苦的逆境中,他坚持3项不可动摇的原则:要在南非实现一人一票的政治平等权利;广泛发动群众;废除种族隔离制度之前坚持武装斗争。然而,他又是正视现实的务实的政治家,熟谙原则性应与灵活性结合,他深知历史造成的南非黑人同白人双方在经济、政治、军事和文化诸方面力量的悬殊,使黑人迄今远未达到能对白人"迫降"的地步。基于这一符合实际的估计,曼德拉还在身陷囹圄之时,一直就深思熟虑两个问题:一是应如何正确对待统一国家中(黑人)的多数统治问题;

----

① 《非洲共产党人》季刊,1986年第104—105期。

二是如何适当对待白人的要求：需要有政治结构上的保证，不使多数人统治意味着黑人对白人的统治。①

　　1990年2月非国大"合法化"后，曼德拉着重抓几件大事，都抓得既准又稳。一是对重新在南非本土立足的非国大本身，他抓基层建设，实施他几十年梦寐以求的M—计划。这个计划要求从基层建立严密小组，逐渐组成区域、城镇的领导机构，隶属于中央执行委员会。在非国大被禁期间，这一计划在一些地区遭破坏。曼德拉要求重新将支部建立到南非绝大部分地区（除夸祖鲁这个布特莱齐的针插不进水泼不进的"独立王国"和个别白人地区），会员人数迅速增加到了100万—170万人。二是在加强非国大内部团结方面，曼德拉本人的崇高品质起了很好的作用。他自出狱后威望如日中天，80%的黑人拥护他，但他很尊重多年在国外奋战、体弱多病的党主席坦博，视之如兄长，自己只愿担任副主席，直至积劳成疾的坦博去世。对待非国大党内带有激进思想的派别集团，他积极去做工作，努力阐明在当前力量对比下，"一人一票制"不应当、也不可能意味着立即实现黑人多数统治，成立非国大内阁。对1959年从非国大分裂出去的激进的泛非大，曼德拉更是多方努力，交换意见，协调立场，争取其参加政治谈判。对"阿扎尼亚人民组织"（"黑人觉醒运动"），他也做好团结工作，成立双方联合委员会，讨论促进团结的工作，耐心协商"经济纲领"中"国有化"的提法。对黑人的右翼组织，他努力争取"黑人家园"领导人站到群众民主运动一边支持非国大的立场。曼德拉力图说服非国大一些领导成员同意他同布特莱齐会晤。因有些领导人认为这样的会晤将提高布氏的地位，而这正是一心想成为"黑人领袖"的布特莱齐所企求的。这样一来非国大对于他们在黑人中最大的对手祖鲁人首领，团结工作做得不够，策略上也欠周全，其严重后果不久就显现出来了。三是对待白人集团，尽管非国大与非洲人大多数民族主义政党一样，从未脱离非洲民族主义传统，在纲领中亦未提出社会主义目标，但白人企业家集团仍担心非国大执政后将实现"国有化"，大多数白人则普遍担心"黑人多数统治"将意味着"黑人对白人的统治"。曼德拉1989年尚在狱中就向白人传达信息，非国大将在同白人政府谈判中作出某种妥协，并在"国有化"问题上解除白人企业家的担心。1990年6月（出狱后第五个月），他对"多数人统治"进一步进行试探，提出"多种族统治"的概

---

① Mandela Document, A.N.C, 1990.1. Riley, E., *Major Political Events in South Africa*, Oxford, 1991. p.214.

念,即他认为"存在着非国大同国民党的一些成员和其他党派组织联合执政的可能性"。① 后来曼德拉又明确表示,即使非国大在未来选举中获多数支持,第一届非种族政府也将由各个政党共同组成。与此同时,曼德拉也需要试探他的这些建议在自己的盟友中能得到多大的支持。对白人执政者德克勒克总统,曼德拉采取又打又拉的方式。打,主要是揭露其两面策略,并发动群众运动施加压力,促使他正视现实,采取后来备受欢迎的态度。曼德拉所做的这些工作都是为加强黑人之间团结,扫清与白人政府进行政治谈判的障碍,以取得谈判的主动权。

德克勒克的两面策略　德克勒克善于观察形势,他果断采取的重大措施建立在对形势的缜密观察和思考上。首先,他认为南非形势已发展到极为严峻的地步:黑人的觉悟和反抗已到达任何血腥镇压都压制不下去的程度,对白人政府正形成越来越难以承受的压力。连续5年的全国紧急状态(1985—1990年)几乎不起什么作用。白人政府的唯一选择就是坐下来同非国大进行谈判,否则只能是被"改向的潮流冲走"。② 其次,如果南非不根本改变政策,国际社会对南非各方面的制裁特别是经济制裁只会是越来越严厉。1985年以来南非资金外流至少已达110亿美元,外汇储备随之猛降,只剩下19亿美元,已有550家外国公司搬出南非。经济形势极端严峻,对政府运作造成巨大压力,对白人资本集团形成很大冲击。政界和工商界越来越多白人不仅认识到种族隔离制度非改不可,而且已经付诸行动,着手探索黑人白人和解共存的可行出路。

基于对形势的日渐清醒的认识,德克勒克一正式就任总统就敢放手去做前任总统博塔犹豫多年终未敢出手去做的事。他在1990年6月为自己塑造起"和平谈判、政治解决"的可信形象,并开始遍访欧美诸国,希望解除国际制裁,以便在未来争权斗争中,尽可能多地保存白人的既得特权。他自以为已奠定了一定基础,便将重点转向"权力分配"上。他先打出了反对"一人一票制"的幌子,扬言实行一人一票选举将不可避免地导致黑人多数统治,因而是"完全不能接受的"③。实际上他反对的是所谓"赢者取得一切"的黑人内阁制,要求得到的是一人一票制下的对白人有利的权力分配,尽量缩小黑人在权

---

① 法国《解放报》(Libération),1990年6月6日。
②《新非洲人》杂志(New African),1990年3月号。
③ 英国《泰晤士报》(Times),1989年5月13日。

力分配中的比重。因而不久他又提出要实行"照顾不同集团利益"的两院制（即非经普选产生的上院拥有对下院议案的否决权）等四五种政治方案。其中包括：需要规定少数人政党在政府中占有一定代表，重要的宪法条文应以75%多数通过，实行中央分权，加强地方政府权力等。目的实际上是要更多地保持白人特权。

为此，德克勒克"三管齐下"：一方面紧紧握住现政权，把政治、经济大权继续留在他自己手中，反对成立过渡政府，尽量拖延政治谈判时间，以竭力维护白人利益和特权的行动来"抚慰"、分化白人右翼力量，争取更多白人对他个人的支持。另一方面极力分化黑人阵营，支持布特莱齐的"因卡塔"，扩大黑人各组织间的矛盾，怂恿并利用黑人地区的暴力冲突，坐收渔利，以牵制和削弱非国大。1990年8月，德克勒克竟准许"因卡塔"成员可以手持"传统武器"长矛、刀、斧游行集会。这一居心叵测的举措无异给黑人组织间暴力冲突火上加油，使手无寸铁的非国大支持者在冲突中遭受巨大伤亡，从而更加激化了非国大与"因卡塔"的矛盾，导致暴力冲突不断升级。1990年几个月的暴力冲突总数超过前3年的总和。有证据证明，有些黑人组织间暴力冲突是德克勒克为政治需要而加以怂恿的。更有甚者，德克勒克的阁僚、法律秩序部长伏洛克通过秘密政治拨款等手段，让保安警察系统暗中资助"因卡塔"10万美元，由南非军队帮助"因卡塔"进行军事训练。另一方面德克勒克也知道黑人的真正领袖是曼德拉而不是布特莱齐。因此，德克勒克压抑不住地采取上述动作的潜在目的在于，让曼德拉既成为可以谈判的对手，却又不至于过于强劲。

布特莱齐扮演部族余孽　布特莱齐在非国大合法化和曼德拉被释放后，日益感到他在黑人阵营中的地位降低，"因卡塔"的作用在下降。这种反差更刺激了他的个人政治野心，他扬言"我过去一直是，现在仍然是在舞台中心"。[①] 为了提高自己的政治地位，他决定采取两项强硬措施，一是把以部族为基础的"因卡塔"从原本的纯文化组织改建为全国性政党，活动范围由纳塔尔省扩及全南非，并号称已拥有党员230万人；二是在与南非白人政府会谈中，他建议由曼德拉、德克勒克和他本人组成左右南非和谈进程的"三人集团"，即并驾齐驱的三驾马车。

1990年7月14日因卡塔自由党成立，开始到纳塔尔省以外征集党员，与

---

① 美国《时代》杂志（Time），1990年5月7日，第23页。

非国大对抗。这些举措使黑人流血冲突迅速蔓延到约翰内斯堡周围的黑人居住区。从8月中旬起,黑人居住区的暴力冲突越演越烈。"因卡塔"的支持者与非国大的支持者之间的大规模暴力事件与日俱增,从8月至10月,死于冲突的人达1 382人,伤4 000人。仅索维托等黑人居住区9月初死亡人数就达800人。12月初冲突再起,一周内死亡人数达200人。1990年因冲突而丧生的人数竟达3 500人,比前5年死亡人数的总和还多。1991年新年伊始,黑人居住区又陷入暴力冲突。布特莱齐领导的因卡塔就是这样在90年代初权力分配的斗争中扮演了不光彩的角色。德克勒克在一段时间内需要制造黑人内部鹬蚌相争的局面。英国记者多次报道,南非白人政权内部的极右分子多次通过运送武器、训练"因卡塔"军事骨干和挑拨离间等手法,挑动祖鲁人的民族主义情绪,极力在"因卡塔"和非国大之间制造事端。南非的白人情报部门和警察部门直接插手了黑人城镇的暴力冲突,加剧了事态的恶化。

三、南非种族和解的方向不可扭转

非国大的"最后通牒" 1991年4月5日非国大全国执委会针对白人政权分裂黑人组织,不断怂恿暴力冲突的行径进行揭露,并向德克勒克政府发出"最后通牒",要求禁止在公共集会、游行中携带武器,包括冷兵器;公开解散所有暗杀组织(暗杀团等)和从境外招募的雇佣军;撤销明目张胆制造冲突事件的国防部长马兰以及法律和秩序部长伏洛克的职务。如果政府在5月9日前不满足非国大的要求,非国大将退出所有谈判(当时正在进行召开政党会议的讨论)。

自曼德拉出狱和谈判断断续续开始后,世界上数以百计的报刊派驻记者到达南非采访。7月中旬,《每周邮报》揭露白人政府有关部门资助"因卡塔"10万美元搞暴力冲突,人证俱在。"因卡塔"丑闻使德克勒克狼狈不堪。两年来精心塑造的"改革派"形象大受损伤,不得不撤掉国防部长以及法律和秩序部长的职务。

1991年10月,曼德拉乘胜前进,召开"爱国阵线大会",组成了近百个政党参加的非洲人广泛统一战线。"爱国阵线"所属组织于1991年11月举行了两天300万人的总罢工。南非全国经济生活基本停顿,黑人的斗争力量今非昔比,已具有撼动整个南非社会生活的能力。白人企业经济受损颇巨,深感切肤之痛。这一震动世界的行动向南非白人政府显示,它已不可能排斥"爱国阵线"而企图解决南非社会的任何问题。力量对比越来越朝有利于黑人的方向转化。曼德拉继续对德克勒克采取"又打又拉"的策略，根据情况变化更多地采取"拉多打少"的方法。

白人极右派的挣扎 白人极右派力量对德克勒克的改革极端不满，攻击德克勒克为白人"叛徒"，出卖白人利益，极端派甚至铤而走险，于1991年8月出动500多名武装分子（"阿非利卡抵抗运动"）以武力阻止德克勒克在阿非利卡人聚居的小城发表讲话。这一疯狂行动迫使德克勒克摊牌，动用警察力量，当场击毙3人。白人改革派与白人极右派的矛盾白热化。非国大考虑到这一形势变化，在揭露"因卡塔"丑闻后，为避免白人右翼加大对政府的影响，主动采取行动，推动政治上陷于困境的德克勒克加紧谈判步伐。德克勒克在左右夹击下举棋未定，他的态度变化取决于三个因素：黑人力量的消长，白人改革集团对他的支持程度，国际社会的态度。7月份"因卡塔"事件使他削弱非国大的企图严重受挫。为挽回颓势重塑形象，德克勒克在1991年9月召开的国民党代表大会上，提出了新宪法草案：一方面正式同意给黑人以公民权，从而在国际上为自己赢得声誉；另一方面又提出新两院制，坚持白人的政治否决权，坚定地表达白人集团力图维持白人特权的意志。

四、南非进入制宪谈判

制宪谈判的准备阶段 1991年年底，南非开始进入制宪谈判的准备阶段。曼德拉黑人阵营中的激进派和德克勒克白人阵营中的右派都纷纷出台显示力量。11月29—30日，南非各种族的20个政党在约翰内斯堡召开制宪谈判的预备会议。黑人方面"阿扎尼亚人民组织"拒绝参加会议，泛非大与会第二天就退出。白人方面保守党抵制会谈。12月20—21日召开了有南非19个主要政党和政府的400多名代表参加的第一次"民主南非大会"。"阿扎尼亚人民组织"、泛非大和白人保守党又拒绝参加。曼德拉和德克勒克面临着在各自阵营中能得到多大支持以及己方阵营能支持他们作出多大让步的棘手问题，都心中无数。

首先是德克勒克遭到白人右翼的猛烈冲击。其上台两年以来的政策一直受到白人右翼掣肘，拥有39个白人议会议席的保守党（德克勒克在议会能基本控制94席）一直扬言他们才真正代表白人利益。德克勒克对蛮干的100多个极右小党（有的只相当于"战斗队"）并不害怕，他最担心的是保守党中

"新右派"势力的增长,后者新近主张建立南非的"白人以色列",搞阿非利卡人自治,分裂南非共和国。而最令德克勒克发怵的是,新右派力图与其他较理智的右翼集团联盟,可能会把他的一部分支持者拉走。德克勒克在新宪法草案中对黑人公民权上的让步,触动了右翼的"白人至上"的敏感神经,激起了保守党的疯狂反对,他们扬言德克勒克政府必将导致"黑人统治"。保守党党魁特鲁尼赫特宣称:德克勒克不能代表南非白人,也无权代表白人同黑人谈判。

1992年2月19日,南非白人在德兰士瓦省波切夫斯特鲁姆地方补缺选举中,保守党候选人以9 246票对2 140票击败了国民党候选人。计票后(20日)保守党乘机掀起大浪,宣称补选结果证明南非白人已不再相信德克勒克执政以来的改革,白人仍然需要种族隔离制度,如果举行白人公民投票,保守党必定战胜国民党。德克勒克接受这一挑战,次日(21日)宣布,将于3月17日举行18岁以上全体白人的公民投票,以表明对政府改革的态度。3月17日,登记的白人公民329万人中约有280万人参加投票,占85%,其中有1 924 186张票支持德克勒克,占投票总数的68.61%,反对票共875 619张,占31.2%。德克勒克获得了压倒性胜利。投票前,南非白人报纸原先估计支持和反对票大抵相等,甚至反对票可能会稍多于支持票。①

白人公民投票的结果表明,白人集团进一步分化了。支持德克勒克废除种族隔离制的白人,不仅有英裔白人,而且拥有相当多的阿非利卡人(荷裔白人)。在总共15个选区中(多数是阿非利卡人选区),德克勒克在14个选区中获胜,仅在彼得斯堡选区失利,获得42%的选票。阿非利卡人中工商业者已深深意识到种族隔离制对他们眼前利益和长远利益的损害,理智地转向赞成废除种族隔离制。这是关键性的变化。

德克勒克在公投中对右翼力量的压倒性的巨大胜利,一方面使他进一步看清了大多数白人已赞成废除种族隔离制度,更加坚定了他对改革的信心;另一方面,他却过分陶醉于这种胜利,而淡忘了他的白人支持者在南非不分种族计算的全体居民中仅占很小的比例,试图以他在己方(白人)阵营的胜利向对方(黑人)索取过分的"战利品"。这一冲昏头脑的非理性的行动使得刚落在保守党首领特鲁尼赫特身上的"历史的嘲弄",可能也会落到他自己的身上。

制宪谈判中的斗争 1992年3月23日,当庆祝公民投票胜利的焰火还在闪烁的时候,德克勒克就突然提出要非国大必须解散其在国外的组织,作为继

---

① 路透社约翰内斯堡1992年3月16日英文电。

续政治谈判的先决条件。同时，在制宪问题上提出更苛刻的要求，不仅坚持两院制，要求上院对下院拥有否决权，而且要求未来的制宪机构所通过的任何议案均需获得75%以上票数，这实际上是要求让少数白人议员对任何议案均拥有否决权。当非国大谈判代表在谈判桌上一让再让到70%票数时，国民党代表仍咄咄逼人，又提出有关地方政府条款的通过也需要75%票数。德克勒克这种得寸进尺的举动直接造成了1992年5月第二次多党协商的"民主南非大会"的失败。6月，政治谈判搁浅。与此同时，南非警察（白人右翼大本营）不断制造黑人地区的暴乱冲突。一时，南非暴力事件失去了控制，伤亡人数直线上升。实际上白人集团的愚蠢做法正使事件走向反面。社会动乱和暴力事件开始向白人居住地区蔓延。白人住宅区的不安宁引起白人上层的不安。富裕白人拖家带口移居他国、资金流向国外的趋势大大增长。

非国大代表在政治谈判中过多的让步引起黑人阵营的不满和批评。曼德拉终于了解到他的各方盟友究竟能够支持他作出多大让步，于是适时地改变策略，决定以攻为守。

以非国大为首的三方联盟大力组织其成员向西斯凯、夸祖鲁、博普塔茨瓦纳和夸夸4个"黑人家园""和平进军"。其打击目标是"黑人家园"的亲政府独裁政权。1992年9月7日，西斯凯黑人保安部队在比晓开枪扫射。群众死亡30人，受伤200多人，酿成震惊世界的惨案。"比晓惨案"暴露出非国大组织上的弱点：基层组织混乱甚至失控（M—计划未在一些"黑人家园"地区得到贯彻）；地区领导与中央缺乏沟通；以及非国大一些成员存在"唯我正确"的不利团结其他黑人组织的"老大思想"。

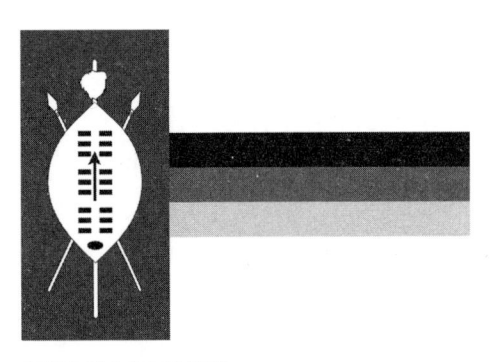

夸祖鲁黑人家园的旗帜

夸夸黑人家园的旗帜

比晓惨案还暴露了黑人各大派暴力冲突不断升级有其自身根源（包括历史根源）。"黑人家园"中传统部族首领集团中当权派的愿望是维护其既得权位和利益，他们是布特莱齐的天然"盟友"，拥护"联邦制"和地方分权。黑人各派的分裂，实际上是黑人内部的权力之争，也是未来南非权力重新分配的一种较量。

非国大需要调整它在权力分配中的地位。

制宪谈判进入实质阶段　随着1992年制宪谈判进入实质阶段，布特莱齐出于私心，迫不及待地企图在同白人政府的谈判中与非国大平起平坐，在权力分配中形成三足鼎立的局面。1992年6月17日发生在博伊帕通的58人被杀的惨案，"因卡塔"应负主要责任。"比晓惨案"发生后，布特莱齐加紧与西斯凯等"家园"当权派举行小型"最高级会议"，商议联手对付和打击非国大。布特莱齐没有想到，当他把事情做到极端，也就把他破坏黑人团结的面目暴露无遗了。白人集团愈来愈多的中间派要求社会稳定，将布特莱齐视为南非的"不安定因素"避而远之。于是布特莱齐的"政治作用"也就基本到头了。

1992年全年死于政治暴力者超过3 000人，比上一年猛增30%，造成严重的后果，加剧了南非经济的恶性循环。几年来，南非经济增长为-2%，人均国民生产总值下降9%，私人投资剧减，每年资本净流出约12.8亿美元。经济状况的不断恶化不仅对白人资本家和南非政府造成很大压力，也对有望组成未来政府的非国大领导成员形成颇大压力：担心接手一个难以恢复的经济烂摊子。全国已有600万人口失业，占南非劳动力的40%，社会动乱，已"接近于灾难状态"[①]。

经受两年多政治暴风雨和频繁暴力灾难的黑人和白人各政治组织，对各自的实际力量和所处地位有了较为清醒的认识。于是，对当前可能达到的政治妥协，开始能够以现实和理性的态度去思考，希望能够解决南非的中心问题——权力分配。

非国大内部以曼德拉为代表的稳健力量的各项主张，逐渐为激进各派所理解和接受；同样，稳健力量在谈判中可让步的幅度也受到激进力量的制约，作了合理的调整。用曼德拉的话来说，对前一阶段，"各方都承认他们的过失"。在变化了的条件下，非国大再次作出重大的政策调整：一是缩小群众运动的规模，以适应南非现实经济所能承受的能力；二是化解黑人组织中的难点，改正对"因卡塔"的一些过激做法，主动缓解与"因卡塔"之间的紧张关系，以减少白人政府从中渔利的机会；三是主张与白人右翼中分化出的新右派（阿非利卡人民联盟）会晤，争取其参加多党和解与对话；四是正式提出分享权力的设想。

非国大正式提出与黑人、白人、有色人等各政治力量分享权力的设想是一

---

① 路透社南非约翰内斯堡1992年7月14日英文电。

个重大突破。非国大、泛非大等组织许多领导成员长期以来坚持"一人一票制"实际上就是坚持黑人多数统治,大选后建立"胜利者内阁"是他们的政治向往。这种搬用"英制内阁"的似乎合理的想法,在南非现实政治力量对比下,尤其在政治过渡时期是难以实现的。从曼德拉多年来对南非的政治经济问题、民主革命阶段的冷静思考中,可以看出他从来不属于那种坚持要从白人少数统治直接向黑人多数统治过渡的强硬派。但是富有政治阅历的曼德拉警觉地注视着他背后的各派力量在什么时候和在多大程度上能支持他在分享权力上作出让步。两年来,他机敏地在稳健派和激进派之间寻找平衡点和突破口。"比晓惨案"后,焦头烂额的非国大各派及其同盟者,在"让步程度"上终于达成某种共识。耐人寻味的是,首先于1992年10月提出非国大为首三方联盟(包括非国大、黑人工会大会和南非共产党)可以接受的分享权力原则建议的,是被人们视为"最激进左派"的南非共产党,它是以其主席斯洛沃个人名义提出的。非国大经过决策机构全国工作委员会的讨论,对谈判战略作了重大调整,把不切实际的"通过谈判迫使现政权投降的战略"调整为"通过谈判分阶段过渡的战略"。曼德拉对此作了明确的概括:即使非国大在大选中获胜,也要同大选失败者分享权力。这种十分明智的态度,表明非国大的政治水平更上一层楼。非国大中央于1992年11月正式通过的分享权力的文件散发到基层讨论。

德克勒克经历了1992年6—9月非国大发动的黑人群众运动的冲击,终于从3月份白人公决胜利的微醺中清醒过来。首先,现实力量对比的变化一直是促使他改变政策的最大推动力。德克勒克政府成员经过两年多的谈判,特别是在非国大表示接受分享权力原则后,认定只有与非国大合作才能够维持南非社会稳定,更能确保白人集团的某些既得利益,而因卡塔自由党不仅当不了黑人阵营的领头羊,连充当分化黑人工具的作用也已越来越小,在未来南非政治角逐中充其量不过是一股地方力量而已。其次,德克勒克看到一再拖延政治谈判进程会事与愿违,大大加剧南非的全面危机,损害到白人根本利益。本届政府任期只至1994年9月,若未能在此之前达成双方均可接受的协议,就可能意味着南非和平谈判的失败,重蹈博塔的覆辙。德克勒克审时度势,决定改变轻视黑人觉醒、力图削弱黑人分享权利能力的做法,在几个关键问题上作出让步。最后,德克勒克充分倚靠白人公决中68%白人对他改革的支持。鉴于右派势力已失去逆转改革进程的势头,为了削除政府部门内部反映右派势力的军情部门对他的掣肘,并挽回屡遭损害的声誉,他果断地改组内阁和军情部门,削弱政府内的右翼力量及其后台,并解散了专事镇压黑人的31旅和35旅。

五、历史合力决定南非种族制度的最后结果

谈判结束:首次一人一票制大选 由于双方都调整了政策,做到互谅互让,并向对方方案靠拢,趋同倾向日益显露出来。从1992年9月签署《谅解备忘录》后,经过多次会谈(三轮双边"丛林密谈"),谈判进程出现了转机。非国大正式提出在过渡时期分享权力,建立全国团结政府,这对谈判最后进程起了重要推动作用。原先在1991年12月尚抵制"民主南非大会"(多党会议)的党派如泛非大和白人保守党的新右派等,都先后表示愿意参加恢复后的多党会谈。许多小党从"分享权力"中看到参政希望,对参加多党谈判的兴趣骤增。1993年4月初,多党制宪谈判恢复,与会党派增至26个。在会场以外,白人阵营和黑人阵营的极右翼的破坏活动也达到更加激烈的程度,力图最后拖延和阻挠政治过渡。但是多党谈判比较顺利地进行,到1993年下半年,右翼的力量和影响均呈现下降趋势。1993年11月多党制宪谈判终于取得突破,通过了"过渡宪法草案"。12月22日南非议会正式通过"南非共和国宪法草案"。1984年种族主义宪法("三院制议会宪法")和有关"黑人家园"的法令随之废除。

南非白人种族主义统治在法律层面上宣告结束。

1994年4月26日开始举行"一人一票"的大选,5月6日选票计算结果出炉。非国大获得约1 220万张选票,占有效票数62.65%;国民党获得约390万张选票,占20.4%;因卡塔自由党获约200万张票,占10.5%;白人自由阵营(原保守党)约获42万张选票,占2.2%;民主党约获33万张票,占1.7%;泛非大约获24万张票,占1.2%;非洲基督教民主党约获8万张票,占0.5%。[①]

权力分配的最终结果是每个集团都没有完全达到自己原来的愿望。各方都作了让步和妥协,出现的是"谁都没有希望过的事物"。

过渡时期的中央和地方权力结构 既然各方在权力分配上达成了都能接受的妥协,有条件地实行了"分享权力"(或称"分享民主制"),曼德拉所代表的非国大只能同意放弃立即实行黑人多数统治。德克勒克所代表的国民党

---

① 路透社约翰内斯堡1994年5月6日英文电。

也放弃成立两院制议会的要求,同意成立在一人一票基础上通过普选产生的一院制议会(自然也就放弃白人在上院拥有否决权的要求)。这实际上形成了主要由非国大与国民党联合掌权的格局。这次大选结果,400个议席分配如下:非国大252席,国民党82席,因卡塔自由党43席,原白人保守党9席,泛非大5席,基督教民主党2席。新政府包括27名内阁部长。任何党派只要占有20席都具有产生1名内阁部长的资格。按此比例:非国大拥有产生17位部长资格,外交部、国防部和安全部的部长均由非国大成员担任;国民党占7个,包括财政部长等;因卡塔自由党占3个。按肤色统计:黑人部长14名(包括内政部长布特莱齐),白人部长7名(包括南非共产党主席斯洛沃),有色人3名,亚裔人3名。显然,这样组成的内阁完全不同于非国大原来所追求的一党内阁,而是各党分享权力的内阁。

关于总统制达成的妥协:总统由国民议会选举产生,既是国家元首也是政府首脑,由曼德拉任总统,基本符合非国大愿望。德克勒克放弃了原来主张:在过渡时期由三大党领袖联合执政,轮流担任总统。曼德拉同意由德克勒克出任副总统。其办法:规定凡在国民议会中占有80个席位(即20%议席)的政党有权提名一位副总统。大选后,按议席比例,由德克勒克任第二副总统,非国大塔博·姆贝基任第一副总统。但总统所拥有的权力基本上符合德克勒克所希望的,比1984年宪法规定的总统权力要小得多。

姆贝基在演讲

在中央和地方分权问题上各方也讨价还价,互相妥协,而不是按某一种族或政党的意愿办事。南非经济发展的需要使各派力量都支持南非为"统一主权国家",下面划分9个省,各省的法规不得违背国家宪法条款。原先,白人和黑人的右翼组织都提出过"地区自治"的要求。布特莱齐实际上企图实行联邦制,要使"南非国家"成为由各享有国家主权的自治邦组成的"政治联合体",架空中央政府。为实现地方分权目的(实际上要让夸祖鲁地方权力尽量膨胀),布特莱齐反对"南非临时宪法"(1994年),一再以抵制大选进行要挟。直至4月19日,离大选仅一周,才由曼德拉、德克勒克和布特莱齐签署了"和解与和平协议备忘录"。布特莱齐宣布因卡塔自由党参加大选,因其党内许多中央执委已表示要参加大选,他已别无选择。

经济纲领方面达成妥协 关于国有化问题,激进派组织如"阿扎尼亚人民组织"曾提出国有化的要求,最终要实现社会主义。白人企业家和外国资本企业家害怕国有化,忧心忡忡。非国大以前也打过"国有化"旗号,但在六易其稿后,非国大于1994年1月17日公布的"经济重建与发展纲领",其经济政策基本务实,不提"国有化"。南非白人资本家和外国资本家基本稳定下来,表现出投资信心和积极性。土地问题是涉及多数黑人的问题,非国大决定在大选后6年内(2000年前),重新分配30%的农业土地,用赎买方式征得土地以补贴价格卖给缺地黑人,解除了目前土地所有者(主要是阿非利卡人农场主)害怕土地被无偿收回的担心。

历史人物的评价 南非种族主义统治终结所体现出的历史的力量,引人深思。南非成立了各党分享权力的民族团结过渡政府。其所实现的历史性变革,是南非从白人种族主义统治向种族平等社会过渡的新纪元的开始,同时也是非洲大陆历时近百年的民族解放运动的历史性任务的完成,种族平等为人类文明史揭开了新篇章。这一结局的出现,不是任何一个人的意志,既非完全按照曼德拉的意志或德克勒克的意志,更不是按照布特莱齐的意志。3个人的意志(实际上也是他们所代表的种族集团的意志)之间发生冲突,互相牵制,无法实现或无法完全实现本集团的意志。这说明南非事变的进程不是个人意志的产物,而是一个作为整体的、不自觉和不自主地起着作用的历史力量(合力)的产物。而每一种意志对历史力量——合力都有所贡献,或对结局都有所作用,并融汇到合力之中。

曼德拉所起的历史作用是最杰出的。他比非国大其他成员更为高明、更有远见。他能从黑人长远利益考虑,而不为眼前利益所左右;对黑人人口优势和白人经济优势均有深刻的理解,他在谈判中娴熟地将原则性与灵活性巧妙结合,取得突破性的进展。他深刻地认识到,南非的经济发展与社会稳定的关系;黑人的经济发展,缩小黑人与白人之间的经济差距,都将取决于是否能做到:既不使黑人因期望值过高而失望,又不可挫伤白人的生产积极性。这种高明的认识使他在组成民族团结政府问题上,作高瞻远瞩的考虑。如此,黑人对他执行的政策增加了信任,部分白人对他也产生了信任感。这一切使他背后坚定地跟着3 000万黑人,在南非历史转折时期起了不可取代的作用。

德克勒克的历史功绩在于能审时度势，顺应历史潮流，牢记"不适应即灭亡"，实行真正的改革。其难能可贵之处在于：他的早期政治观点属于白人右翼；比起前任，他同军方的疏远关系使他不具有博塔那样强的实力，但他能紧紧依靠白人改革派的支持，并不断扩大一心支持他进行改革的白人队伍。在几个关键时刻，他能吸取前任总统的教训，作出明智的抉择。1990年年初他吸取了博塔曾在政治上排斥黑人和非国大的教训，使南非真正走向政治解决的道路。1992年6—8月南非处于空前的群众运动高潮时期，他审慎地对比双方力量，未走博塔老路，而与非国大重开谈判，从而与曼德拉一起奠定了成功谈判的基础。作为一个资产阶级政治家，他舍弃500万白人总统职位，而去担任4 000多万南非人的第二副总统，是值得称道的。种族平等的新南非的诞生有他一份功劳。后来，他与曼德拉一起获得了诺贝尔和平奖，应该说这是国际社会对他的公正评价。

布特莱齐在几十年政治生涯中基本上走的是下坡路。早期参加非国大，后来反对夸祖鲁"黑人家园""独立"，要求释放曼德拉，这些都是他的积极方面。但进入20世纪80年代后，他的地方主义和部族主义思想进一步滋长，个人野心膨胀，充当了白人政府的工具，他对黑人暴力冲突不断升级，黑人死亡上万人负有难以推卸的历史责任，也给祖鲁人的光辉历史涂上一个污点。90年代他一再要求祖鲁地区自治(实际上是想独立)是违反南非统一主权国家的历史潮流的。直到大选前一周他仍顽固表示不参加大选。最后，他被迫参加大选是因为害怕因卡塔自由党拒绝大选将使整个纳塔尔地区选票落入非国大手中。抗拒历史潮流、置地方利益于国家利益之上，使他一度成为南非历史的负面人物，扮演了不光彩的角色。他的因卡塔自由党在90年代初南非政治事变中的作用，基本上是充当白人政府对付非国大的政治筹码。但这一角色的另一面也为非国大提供了一面行进中的反光镜，借以调整政策。布特莱齐的个人政治悲剧在于昧于国内外形势的发展，违抗历史潮流，他不甚了解：即使"部族基础"也正在他的脚下坍塌，随着南非迅速城市化，祖鲁人同科萨人和黑人其他部族之间的通婚与日俱增，死守部族政治在南非已没有前途。

历史是众人的事业。当然还有许许多多历史人物的意志如卢图利、图图主教、坦博、西苏鲁、维尔容等，他们对20世纪90年代中期南非种族主义统治的结束这一历史结局作出了不同的贡献，本书限于篇幅在此节中略而未提，只是挑出这3个种族集团的代表人物进行分析，以窥全豹。

第二十三章
占人口多数的黑人掌权后的南非

一、成就巨大,问题不少

过高的期望 种族主义在南非长期的统治,造成南非各民族、黑人白人之间在经济、政治、文化和社会地位上的巨大差距,以及种族歧视思想、情绪在一部分白人中根深蒂固,这一切不是短短几年就能够消除的。实现一人一票选举和建立民族团结政府之后,南非新政权面临艰巨的任务。

从1993年年末开始谈判、举行大选到成立新政权,非国大领导人曾对南非人民作出许多许诺,曾过于简单估计南非当时和未来的形势及经济困难,造成南非举国上下对新政府和未来若干年寄予不切实际的、过高的期望。在多党会议达成协议后,曼德拉兴奋地宣告:"现在我们可以一起来着手让我们的孩子们得到平等的教育权利,并开始清除无家可归、饥饿失业等状态。"新政府劳工部长姆博瓦尼承诺:"人人将有住房和医疗的权利,非国大政府将实行10年免费教育。由政府主持的公共工程,将开始为无住房的南非人建造有电力设备、自来水和电话的住宅",甚至许诺提供带花园的房子。

但是,鉴于当时的力量对比,南非是通过和平谈判,双方互作

孩子们在校园里

妥协、让步才成立的新政府。谈判达成的协议对未来新政府作了许多限制，新政府不可能如革命后的新政权那样对财富、资源等进行重新分配，以解决社会不公，而且南非的经济命脉几百年来一直掌握在白人手中。新政府无法肆意而行。"重建与发展计划"是非国大在执政前制定的，曾规定10年内要解决250万人就业问题（年均25万人），每年要建造30万户住房，为1 200万人提供清洁饮用水，为所有人提供电力，并提供居民电信设施、医疗设施和社会保险等。计划虽几经修改，1994年4月规定5年内将动用390亿兰特（年均78亿兰特）实施该计划，但新政府发现它每年为此项计划最多只能提供25亿兰特，实际执行起来每个财政年度还只拨给了8亿—10亿兰特，[①]与原先承诺的期望相距甚远。但大选后短期内南非就实现了各民族政治地位平等、动乱减少、社会平静，这一切有助于全国经济增长：1994年国民生产总值就克服了负增长，达到年增长2.5%；次年，1995年提高到3.3%，通货膨胀也降到20年来最低点。

黑人实现了社会地位平等　　新政府在改善黑人生活，缩小长期种族主义统治造成的社会各种差距方面作出了可贵努力。进入政府部门的黑人（多为非国大各级领导成员）的社会地位和生活待遇可以说发生了天翻地覆的变化。黑人已在议会和政府占了多数，并进入政府各种委员会和办事机构任职。许多白人在政府和议会里接受黑人官员的领导，[②]尽管有的白人公司企业为了争取政府订单和外国投资也聘用黑人，但白人企业、工厂、商店和团体的部门经理几乎全是白人，而清洁工则清一色全是黑人。黑人的中、小企业家较前有所增加，黑人资本得到了发展机会。达到A级消费水平的黑人（包括各级政府黑人官员）有380万人。但新政府成立后几年内，得益的黑人在黑人总人数中毕竟还只占少数。

失业、无家可归、社会治安和艾滋病仍是大问题　　1994年年初，南非全国公私各行各业职工总数为741万人，有劳动能力而没有正式工作的人（失业者）却有600万人，每年又有达到就业年龄的30万人加入此行列。这些人中绝大部分是黑人。没有职业、没有固定收入甚至没有住所，是南非黑人最大的困难。新政府成立后虽然经济发展由负增长进展到年增长2.5%（1994年），但经济初步发展却没有增加多少就业机会。此种状态延续了十几年，成为新

---

① 南非《商业日报》，1996年1月4日。
② 黑人当上各部门中、高层官员。当时出现一个颇大的失误：黑人官员比照原南非政府白人官员的薪水领取令黑人咋舌的高额工资，与当时黑人工人的工资悬殊极大。

南非的痼疾。1993年至1995年3月底,27个月,新提供的就业岗位只有5.2万个,与600万的失业大军相比,只是杯水车薪。

南非在黑人掌权前夕约有700万人没有正式住房,[①] 黑人掌权后,在1995年一年已有83 073户稍有钱款者购买了价格在15万兰特以下的住房,整体住房情况得到改善。但无家可归者仍大有人在。原定计划每年要为无房户建造30万套住房,并解决其吃水和用水问题,但由于资金短缺,财政拨款与原计划相差甚大,每年只能建房1万套。1994年5月至1995年9月的17个月共公款建房10 163套。此后速度稍有加快,每月达2 000套。但与非国大的允诺仍相距甚远。广大无家可归者失望之余,纷纷采取行动,集体占领空地搭盖窝棚,或占据空房,甚至占领约翰内斯堡市中心已被关闭的空楼。有些已拨给"重建与发展计划"的空地也被强行占领,引起了社会震动。从1995年下半年起,警察按法院命令,对非法强占者实行大规模驱赶,以致发生了占领者持枪抵抗,进而发生冲突的不幸情况。1996年年初"全国无家可归者组织"提醒政府,他们

索维托的住房

---

① 南非《商业日报》,1993年11月18日。

"不是非法入侵者,只不过是一群要求有个栖身之地的人"。

与此相联系,社会治安问题一直很严重,偷盗抢劫者作案频繁,但破案率极低。在约翰内斯堡等著名城市,抢劫事件频有发生。据警方资料,南非每天有52人遭谋杀,为美国的9倍;每30分钟发生一起强奸案;每9分钟有一辆车被盗;每11分钟发生一起武装抢劫案。据悉有480个犯罪辛迪加在南非活动,其中有187个是国际性犯罪集团。有些作案者专抢外国人(如习惯带大量现金的华人、华侨),甚至外交使团,造成极不好的国际影响,使部分投资者对南非望而却步,并阻碍了旅游业的进一步发展。这些犯罪活动是南非多年的痼疾。新政府成立后,仍有过多人口无以为生,有些人铤而走险,造成治安状况难以根本好转。艾滋病感染率很高,蔓延范围甚广,成为南非面临的严重社会问题之一。新政府采取了种种措施,1996年5月提出"全国犯罪防范战略",犯罪活动多少受到一些遏制,治安状况稍有好转。

二、政党组合多变,社会维持稳定

制定新宪法取代临时宪法 1994年的临时宪法是90年代初南非各派政治力量和平协商与政治较量的产物。它虽然是南非第一部种族平等和保障各族人民尤其是黑人民族基本权利的宪法,曾发挥过重大的作用,完成了一定时期的历史任务,但在权力分配上,它不能不是一部维护多党合作,实行权力分享的临时宪法,仍有许多重大问题没有完全解决。如中央与地方关系,"联邦制",是否实行总统制,土地问题如何解决等。所以它只是一部临时性的、过渡性的宪法。① 在它产生、公布和施行(1994年)之后,南非的制宪过程并未完成,各方人士仍在为制定一部取代"临时宪法"的新的正式宪法而努力。

1995年11月22日南非公布了供进一步讨论的新宪法草案,安排3个月时间,在1996年2月20日前继续听取各党派和公众的意见。据悉,新宪法讨论过程中,听取了社会各界200多万条意见。有争议的问题达60—70项之多。争议主要在以下四个方面:第一,是否有必要继续实行"权力分享"原则。非国大主张"民族团结政府"在5年期满后将不再继续存在。1999年新大选选出的占多数席位的党派组成的新政府将实行"英式的""多数统治原则";处于少数席位的国民党仍主张继续实行"权力分享"。第二,国家体制仍然是一个争执不休

---

① 南非《商业日报》,1996年4月24日。

的问题：是采取单一制还是联邦制，包括中央与省、基层政权之间的关系和权限应如何界定。第三，关于财产、教育、劳资关系、言论自由、知识产权、环境保护、紧急状态等属于基本权利法案的条款和内容应如何确定。第四，政权机构的组成和职能应如何调整，如参议院是否保留，国民议会议员人数、行政机构形式如何定等。有的重大问题，如参议院存在与否，经过协商，非国大和国民党终于同意以地方议院取代参议院。由此制宪进程取得了重大突破。但直到规定期限（1996年2月22日）前几天仍存在三大问题：财产所有权、教育和劳资关系问题。经过艰苦谈判，各方终于在正式宪法付诸表决前的最后一刻，达成一致。新宪法于1996年5月8日在制宪议会上以421票赞成、2票反对、10票弃权的绝对多数获得了通过，并于1997年开始分阶段实施，逐步取代临时宪法。

新宪法最明显不同于临时宪法的地方有五个方面：一是取消多党联合组阁的规定，确定了在议会取得多数的党单独组阁的制度（仿英国威斯特敏斯特制度）。即从各政党按比例分享权力改为由大选中的多数党执政。二是全国共划为9个省：东开普省、姆普马兰加省、夸祖鲁/纳塔尔省、北开普省、北方省、西北省、自由州省、豪登省和西开普省。① 三是议会分为两院制：国民议会共设400个议席，200个席位由全国大选产生，另200个由省级选举产生。参议院改为 National Council of Province（有译全国省级事务委员会或"省务院"），共设90个议席，由各省的代表团组成，每省10议席，以维护各省合法利益。四是修改宪法的议案必须有2/3议员的支持才能通过。五是规定了司法独立和宪法法院的最终裁决地位。②

新宪法遵循了临时宪法确定的"宪法原则"，即，确认了统一的南非、法律面前人人平等、三权分立三大基本原则，保证了不同肤色公民的各项基本权利。新宪法可以说是总结了临时宪法实行两年多来的经验，广泛考虑了中下层群众的意见和建议，因而进一步发展和完善了"临时宪法"。它对21世纪南非的民主进程和社会发展产生了巨大的促进作用。但新宪法没有也不可能解决各种社会力量（和各阶级）的所有分歧，甚至一些重大的分歧。因卡塔自由党因宪法不主张实行联邦制而退出制宪会议，不参加新宪法的表决投票；白人右翼自由阵线则对新宪法投了弃权票；国民党虽然投了赞成票，但对新宪法没有规定继续实行多党参政原则很是不满，因而在新宪法通过的第二日

---

① 首都仍分为3个：比勒陀利亚为行政首都，开普敦为立法首都，布隆方舟为司法首都。
②《南非共和国宪法》（1996年5月8日制宪议会通过）。

（1996年5月9日）未到任期结束，就毅然决然宣布退出民族团结政府，接着又宣布退出除西开普省以外的各省政权机构。这些都给新宪法在南非的顺利实施带来了不利影响，显示出各党派和地方势力对中央各省权力的觊觎和争夺。

政党的重新组合　新宪法通过后，由于政党任务的变化、所代表的社会力量的变动（此消彼长）以及政党之间互相拉拢和挖取对方成员等原因，各政党发生了很大的变动——重新组合甚至更名。其中尤以国民党变化最大。1997年国民党内部分化加剧，总书记梅耶退党，德克勒克辞去国民党领袖职务。原行政主任范斯考尔奎克当选国民党第八任主席。1998年9月国民党改名为新国民党，并更换新的党旗和标志。国民党由于历史上长期实行种族隔离政策，声名狼藉。该党虽从1990年起就向所有种族开放，却少有人问津；此后尽管雄心勃勃仍以大党自居，却改革乏力，内部分歧加深，在南非政坛影响日渐式微。在1999年大选中，该党得票率锐减，仅占6.87%，沦为第四大党（民主党得票率为9.56%，因卡塔自由党为8.58%，分别为第二和第三大党）。

1932—2000年南非纹章

2000年其与民主党合并，不久又退出。在2004年大选中，选情每况愈下，得票率下降为1.65%，仅得7个议席，相当于一个小党派。

民主党原主要成员为英裔白人，2000年与新国民党合并后改名为民主联盟。2001年10月新国民党退出联盟，该党仍保持最大反对党地位，代表英裔白人工商金融界利益。2001年后为壮大力量，其改变战略，致力于建成包括黑人、白人党员在内的人民党。为了选举，2003年9月与因卡塔自由党结成"变革联盟"，在2004年大选中得票率上升到12.37%，获50个议席（2005年因实施"议会转党法"而降为47个议席）。

南非共产党一直与非国大紧密合作。它从1921年成立后长期处于"非法"状态，但始终坚持其"社会主义的工人阶级政党"性质。经过80多年的斗争，南非共产党在政治上日益成熟，越来越重视调研南非的国情，而不是从

"本本主义"出发来制定党的战略。南非共产党认为南非基本上是一个经过特殊殖民主义发展的、依附性较强的资本主义社会,当前的任务仍是推进以黑人彻底解放为目标的民族主义革命。南非共产党同1985年成立的拥有170万会员的南非工会大会结成十分密切的关系,在关键问题上具有共同看法。这两个左派组织对非国大把国有资产私有化作为促进经济增长的重大举措持有不同看法,认为这样做将会增加失业,损害工人利益。但南非共产党一直是非国大最重要的盟友,非国大领导层中有近1/3是南非共产党成员。党员未超过10万人的南非共产党成员一直在非国大旗帜下参加大选,1994年获50多个议席,4人担任内阁部长;1999年大选获得约80个议席(近1/3的党派议席),6人担任内阁部长,并在不少地方政府中有党的干部任职。南非共产党看来更像一个干部党类型的先锋队。但南非共产党的党员人数呈下降趋势。

因卡塔自由党虽早在1990年就向所有种族开放,但一直坚持实行"联邦制",仍被视为具有浓厚地方主义色彩的政党。它多次与右翼力量结盟,1996年起一直在夸祖鲁/纳塔尔省主政。布莱特齐在与非国大的激烈斗争中,虽然有时不惜在祖鲁地区挑起暴力冲突,但也一直没有退出联合政府,颇恋于部长的官位,自得于曾两次出任"代理总统"。但该党在祖鲁地区的传统势力却稍有削弱。与"民主联盟"党结成"变革联盟"后,2004年大选中获6.97%选票,28席。在夸祖鲁/纳塔尔省议会选举中得票率降为36.87%,丧失了该省第一大党地位。

联合民主运动成立于1997年,是由曾任特兰斯凯"黑人家园"统治者和非国大高层、副部长级的霍洛米萨(黑人)与退出国民党的"温和派"领袖梅耶(白人)共同组建的第一个多种族政党,它在突破南非政党的种族模式上具有意义。但该党在政策上并没有多少新意,难以成为南非强有力的反对派。在1999年大选中得票率为3.42%,仅为第五大党。在2004年大选中得票率下降到2.28%,获6个议席,却上升为第四大党。

阿扎尼亚泛非主义者大会(泛非大)虽曾在历史上有过"光辉的过去",但其锋芒被非国大所遮蔽,在1994年和1999年大选中得票率都不高。在2004年大选中仅获得0.73%的得票率,获3个议席。在城市青年和农村黑人激进组织中有些影响。

1994年大选以后十几年中,南非各派政治力量的消长和彼此关系的演变,显示出:由于国民党的衰退以及非国大与因卡塔自由党稍趋接近,原来的三党格局及其影响都发生了较大的变化——国民党和因卡塔自由党之间以及它们与其他反对党之间均未能形成联合力量,各自为战,以致互相争斗,力量分散,完全无力与非国大较量,结果,非国大"一党独大"的趋势进一步发展。

"一党独大"下的非国大的变化 非国大本身也在发生变化。非国大坚持"多数统治"原则,并在1999年6月2日举行的第二次大选中得到实现:非国大在国民议会400个席位中占266席,比上届增加14席,已占总席位的66.5%,接近2/3(即可实施修订宪法的多数)。一方面非国大更为强大,另一方面反对党的力量却更加分散,这种状况在南非显然还将维持一段时间。在1997年12月举行非国大第50届全国代表大会时,曼德拉辞去非国大主席的职务,大会选举出以塔博·姆贝基为首的新领导集体。1999年大选后,原第一副总统塔博·姆贝基出任南非总统,雅各布·祖马出任副总统。非国大在9省地方选举中,赢得7省绝对多数,在夸祖鲁/纳塔尔省与因卡塔自由党联合执政。

雅各布·祖马出生于1942年,祖鲁族人,1959年加入非国大后曾因反对种族隔离而被判入狱10年,1975年起流亡国外加入非国大领导层,负责情报事务。1991年当选非国大副总书记。非国大执政后,他是该党"镇守"夸祖鲁/纳塔尔省的要员,任该省非国大主席并兼经济旅游事务厅厅长。1999年出任副总统。2005年6月8日开普敦高等法院以行政罪和欺诈罪判处祖马副总统的原财政顾问沙伊克有期徒刑15年,并"确认"沙伊克与祖马之间构成"腐败关系"。6月14日,姆贝基总统宣布将副总统祖马解职。由菲姆齐莱·姆兰博—努卡任副总统,她是南非历史上首位女性副总统。2007年祖马获得平反,又当选非国大全国主席,再次成为非国大冉冉上升的政治明星。祖马仕途跌宕起伏的原因有待于今后对南非档案研究的揭晓。按惯例,祖马应是2009年大选时非国大总统的提名候选人。

非国大在2004年第三次大选中又以超过2/3的绝对优势获胜,获69.68%的选票;在9个省地方选举中赢得7省2/3的票数,并在西开普省和夸祖鲁/纳塔尔省分别同新国民党和因卡塔自由党联合执政。2005年9月南非实施新一论"议会转党法"以后,非国大在国民议会的议席增至293席,再次掌握了修宪和立法所需的2/3多数。在全国9个省议会(起参议院作用)的议席,都达到或超过半数。非国大的执政地位更加稳固。

三、非国大塔博·姆贝基执政时期的南非

经济迅速发展,新问题层出不穷 1999年大选,非国大大获全胜。81岁的曼德拉功成名就,悄然引退。1999年6月姆贝基就任南非总统,开始了他连

续8年(2004年二次当选)的总统职务生涯。如上所述,1999年大选所形成的各派力量对比,继续朝有利于非国大方向倾斜,加强了非国大的执政地位,对姆贝基执政是极为有利的。但非国大5年执政下来,在其支持度最高的3个省——东开普省、西北省和北方省的得票率却有所下降。反映3省非国大官员的腐败、低效,颇失人心;另外执政党在改善农村地区黑人经济条件方面着力不够,也颇令一部分黑人失望。

姆贝基面对的最大挑战是南非的经济发展。1994—2003年国内生产总值年均增长2.8%。如果除去受亚洲金融危机影响的年份,年均增长达3.5%,可算是不错的成绩。人均国内生产总值的年均增长为1%。财政赤字从非国大执政前1993年占国内生产总值的9.5%,降到2002—2003年度的1%。公共部门债务也从1994年占国内生产总值的64%,降到2003年的50%。国际外汇市场的净负债1994年是250亿美元,到2003年已归零,这也是颇了不起的成绩。

姆贝基与布什碰杯

消费品物价年均上涨率7.3%,仍居高位,但比1993年已下降了一半。制造业颇有发展,其产品占出口总值,1994年为25%,2003年增长到38%,10年来已提高了13%。私人部门投资10年间年均增长为5.4%,反映投资环境有所改善。这些业绩都是姆贝基执政期间令海内外称道之处。

南非完全摆脱了种族隔离时期的对外经济关系的孤立状态,很快加入了几乎所有国际经济组织,并对外资采取开放政策:外资更加看好新南非的投资前景,把南非看作开启南部非洲市场的钥匙。[1]1997年南非资本净流入上升到202亿兰特,比1996年增加近5倍。外资大量流入使南非在贸易出现85亿逆差的情况下(1997年),仍有较充足的外汇储备。1997年年底,黄金和外汇储备达到285亿兰特(约60亿美元)。由于基础设施齐备,各方面条件均佳,南非已成为世界各国与非洲国家签订自由贸易协定的首选国家。欧盟、

---

[1] 南非《公民报》,1998年3月9日。

南美市场共同体和南部非洲发展共同体等区域经济组织越来越多地与南非签订自由贸易协定。进一步的对外开放又更加促进南非的经济发展：2004年南非全年GDP增速达3.7%。2005年南非政府制定《南非加速和共享增长计划》（ASGI），继续加速经济发展，全年GDP增长达4.9%。国内生产总值达2 400亿美元，人均国内生产总值上升至5117美元，通货膨胀率为3.4%，但官方统计失业率，2006年3月仍高达26.7%。

2004年南非制造业增长4.2%，占国内生产总值近1/5（19.1%），雇佣的劳动力占全国14.8%。制造业中汽车制造等新兴出口产业发展较快。南非能源产业一向发达，约占南非国内总产值的15%，发电量占全非洲的2/3，其中约92%是火力发电（南非煤藏储量为338.14亿吨，占世界总储量的3.7%，是世界第六大产煤国，是蒸汽煤第四大出口国），多为坑口发电，属于世界上电费最低的国家之一。南非开普敦附近建有非洲唯一的科布尔核电站，发电能力为184.4万千瓦。2003年南非天然气产量93万吨，冷凝液体燃料10.4万吨。南非萨索尔公司的煤合成燃油与天然合成燃油技术成熟。[①] 近年来由于南非和南部非洲经济的快速发展，对电力需求猛增，曾被视为"非洲发电厂"的南非出现了"供电紧急情况"，2007年年初以来不断出现停电现象。若不加速发展电力工业，在以后5年可能将影响南非经济的强劲增长，并使南部非洲遭遇大面积停电，经济可能面临巨大损失。

黄金工业100多年来是南非工业化过程中的王牌产业，为经济发展提供了大量资金。南非金矿储藏量3.6万吨，占世界总储量的40%。百年来南非一直是世界最大的黄金生产国和出口国，黄金出口额占全部对外出口额的1/3。南非的金矿石产量巨大，但品位较差（含金量少），黄金开采向地层深处挖掘，成本节节上升。国际市场黄金价格下降对南非黄金生产影响最大。南非2002年产金398吨，2003年373吨，仍居世界产金量第一的地位，但2007年其产金量第一的"宝座"便被中国所取代。

土改道路不平坦 新南非成立前夕，种族主义的土地法律有些已废除，但土地占有极不合理状况并未改变。非国大一直主张采取和平的、法律方式解决土地问题，但难度极大。1993年临时宪法首将财产列为公民基本权利，非依法律不得剥夺。1996年正式宪法规定了公民的土地回归权利，国家进行土地

[①] 南非煤合成燃油技术同中国有技术上合作。这一技术为煤储量丰富的国家提供了解决燃油的途径之一。

改革是为公共利益。姆贝基总统一再针对邻国津巴布韦发生黑人老战士驱赶白人农场主事件，表示南非政府将采取一切必要手段制止破坏法律的行为，安定了南非白人农场主的心。对个别黑人自发占领土地和白人农场主驱赶黑人佃户的事件，南非政府也加以制止和批评。在执政8年后非国大政府2002年表示土地改革步伐将加速：在2015年前将把30%白人农田有偿地重新分配给无地的黑人。

南非土地改革与非洲其他国家特别是津巴布韦等南部非洲国家比较，有三方面不同的内容：

一是实现土地回归之不同：南非非白人土地自1652年300多年以来一直被白人殖民者肆意剥夺。实现土地回归是要把1913年《土著土地法》实行以来（不是1652年以来）被强行剥夺的黑人土地归还黑人，而1913年以前被剥夺的大量土地（约占全南非土地87%）明确不在此限。根据1994年11月8日《土地回归权利法》规定，所有南非人有权要求归还1913年6月19日以后被强行剥夺的土地或得到相应的财政赔偿。土地回归工作进展十分缓慢，在1995年至2000年5年内，仅有10%的土地申诉受到调查和交付"土地回归权利委员会"讨论，而在6.9万起土地回归申诉中，获得解决的不过4 000起，仅为5.7%。从2002年10月25日采取较为认真的行政手段以后，获得解决的申诉增加，达到35 137起，略近半数，归还土地50.560 6万公顷，获得赔偿金120亿兰特，受益者达424 643人。[①]

二是土地重新分配不是通过强力，而是通过市场购买土地，使需要土地的南非佃农、农业工人、穷人等获得居住土地和生产土地。购买土地的费用以及其后使用土地的费用由国家给予财政支援。非国大的"重新和发展计划"原规定在5年内（即到1999年年底）将30%的白人农田重新分配给无地的黑人，5年到期后再延期15年，即延至2015年实现此一目标。30%白人农田共约2 500万公顷，每年至少需转移土地164万公顷，但按当时速度，2015年仍有完成不了之虞。国有土地是土地重新分配的重要来源。国有土地名义上约有3 200万公顷，但大部分已被部落村社所使用，可资分配的国有土地不过200万公顷。更多的土地需靠动员白人农场主抛售。这就涉及市场价格、商业银行介入等困难问题，因此土地重新分配进程极为缓慢。

三是确定土地所有权和使用权：其目的在于使每个南非人在土地的占有

[①] 南非出版的《商业日报》，2000年7月5日；《比勒陀利亚新闻》，2002年11月8日。

权和使用权方面获得法律上的保障。白人农场主通过1913年《土地法》等法律在土地占有权方面是明确的；而多数黑人在黑人家园（保留地）和通过1936年《信托土地法》获得的土地上的居住权、占有权和使用权都是不明确的，甚至不具有"合法权利"。因此土地改革第三方面的内容就是要通过1996年《土地改革（佃农）法》、1997年《扩大土地所有权和使用权安全法》和1996年《村社财产协会法》等法律，既保护农场工人和佃农不受任意驱赶，并为其保障长期土地所有权，又在法律上承认村社作为法人对已拥有的土地具有合法权利。这些法律行动涉及1 500万黑人的土地权利问题。

　　应该看到，十几年来南非土地改革进展并不理想，问题甚多。主要困难和存在问题有四方面：一是白人农场主的抗拒。白人农场主占有过多土地，是既得利益者。阿非利卡农场主又是南非社会最保守的势力。土改每走一步都遭到白人农场主的反对。政府通过和平赎买方式让他们交出土地，但他们就是不肯放弃（出卖）土地。二是前黑人家园土地问题也很复杂、棘手。由村社控制和部落酋长管辖的土地数量不少，部落酋长担心土改会侵犯他们控制土地的固有权利，有很深的抵触情绪，而采取消极应付态度。三是在土改一再拖延过程中，无地黑人"擅自占地"，白人农场主驱逐黑人佃农和工人，农场主遭到袭击的事件频频发生，这些都对土改形成很大的干扰。受损者既有白人农场主，也有非白人农民，后者比例上升。政府和警察局把袭击当作普通刑事犯罪，而白人农场主认为这是对他们的"驱赶运动"。四是经费短缺及组织领导和计划安排上存在种种不足之处。政府表面上似乎把土改放在很重要的地位，但每年拨付土改的经费仅7亿兰特（2002年），仅占年财政预算的0.3%，想靠这一点点经费要在15年内分配全国30%的土地，实属杯水车薪，无济于事。非国大领导者"严重低估了土地改革的复杂性和所需要巨大的投资"。欧盟曾对南非土改经费给予一些资助，荷兰在1996—2000年也曾资助1 700万兰特，以充实土改经费，增添工作人员和设备，但这些外来资助数额都极其有限。无地黑人农民对土改颇为失望。

四、新南非在非洲大陆的重要作用

　　新南非拥有的经济实力　20世纪七八十年代以后，国民党白人政权实行的"星座计划"在南部非洲遭到惨败。如上所述，这一计划的失败原因主要不在经济方面而在政治方面。南部非洲已独立的十几个黑人国家和各族人民坚决反对南非白人政府在经济上控制毗邻国家的计划和白人政府以此维持种族主义政权的企图。这使博塔总统的"星座计划"刚一出台便注定了要失败。

1994年黑人政权在南非建立以后，南部非洲形势完全改观。国际社会停止或废除了对南非的一切制裁和抵制，新南非政府成为各国政府热诚欢迎的新伙伴。黑人掌权的南非成为非洲名副其实的地区性的政治和经济强国。十几年来它所产生的政治影响越来越大，对南部非洲乃至整个非洲经济发展所起的带动作用也越来越显著。南非无论在资源、技术人才和经济的综合发展方面都拥有很强的实力。

南非矿产资源十分丰富，多项金属和非金属矿产储量据2003年探明都位居世界前茅。黄金储量3.6万吨（占世界总储量40.4%，下同）、铂族金属7万吨（70%）、锰40亿吨（80%）、钒1 200万吨（32.6%）、铬55亿吨（72.4%）、钛2.44亿吨（27.8%）、硅铝酸盐5 080万吨（37.4%），这些矿产储量均居世界第一位。蛭石1 000万吨（40%）、锆1 400万吨（17.4%），储量居世界第二位。氟石8 000万吨（16.2%）、磷酸盐25亿吨（5%），居世界第三位。锑25万吨（6.4%）、铀29.8万吨（1.6%），居世界第四位。煤338.14亿吨（3.7%），还有钻石（金刚石）、铅等，均居世界产量第五位。锌1 500万吨（3.3%），居世界产量

钻石矿场

第六位。铁矿石15亿吨（0.9%），居世界第九位。铜1 300万吨（2%），居世界第十三位。

在非洲大陆50多个国家中，南非国力最为雄厚。2000年南非国内生产总值占撒哈拉以南非洲的47%。占整个非洲工业产出的40%、矿产产出的45%。2001年南非国民收入总值占非洲22.85%，占南部非洲70.3%。南非移动电话用户占非洲比例约40%，并具有在非洲领先开发能力。南非能源生产能力巨大。能源业产值约占南非国内总值的15%。电力工业较发达，年发电量占全非洲2/3。国营企业南非电力公司是世界上第七大电力生产业和第九大电力销售企业，拥有世界上最大的干冷发电站，供应南非95%和全非60%的用电，2002年其销电量达1 879亿度。但随着经济的发展，南非电力生产现已跟不上经济发展的需求，2008年屡次发生停电，电荒已威胁南非经济并给南部非洲造成大面积停电。这是南非政府必须密切关注的。

放眼非洲的南非经济　南非凭借其资源、技术优势和废除种族隔离制后在非洲政治地位的节节上升，其经济发展计划并不仅限于南非122万平方公里国土境内。以此为背景，南非第二任总统姆贝基成为非洲复兴的倡导者。他放眼整个非洲，呼吁南非人不仅要为南非的富强，而且要为非洲的复兴作出贡献，要让21世纪成为"非洲的世纪"。实事求是地说，由于天时、地利、人和的条件，姆贝基主政的南非的确在"复兴非洲"的许多方面都起了或将要起主导作用：在南非推动下，非洲国家制定了"非洲发展新伙伴计划"；建立了相应的机构，积极推动非洲一体化进程；加强非洲国家在教育、通信、经济统计、公共卫生等方面的合作。为此，姆贝基政府还批准建立"非洲复兴国际合作基金"，作为南非援助非洲的启动基金。

南非积极开拓非洲市场　1994年8月南非加入南部非洲发展共同体（SADC）。该共同体目标是要建立"自由贸易区"。1996年8月地区贸易协定签订，共同体的14个国家将在8年内分阶段取消进口货物和服务贸易的关税，取消非关税壁垒，逐步取消现存的对成员国原产地货物的进口限制，最终实现地区贸易自由化。这一共同体的建立为新南非提供了广大的国外市场，不仅使南非传统的矿产品出口大量增加，而且制造业产品的出口也大幅度增加，使南非出口额激增。1991年（"禁贸"解除后）南非向非洲国家出口额为50亿兰特（约18亿美元），2002年增长到430亿兰特（约43亿美元）。2004年为484亿美元，2005年南非出口额已占其国民生产总值的22.9%，主要出口产品为黄金等多种金属、金属制品、钻石、食品、饮料、烟草以及机械和交通运输设备等，其中矿

2005年曼德拉与布什　　　　　　　　　　　　曼德拉与克林顿

产品仍占相当大比例。南非出口额的大宗仍在发达国家，因它们需要南非大量矿产资源。2005年南非十大出口目的地为日本、英国、美国、德国、澳大利亚、比利时、中国、西班牙、斯威士兰。其中只有一个是南部非洲国家。其对非洲出口仍以制造业产品为主，包括钢铁制品、化工产品、塑料和橡胶产品，以及机械和交通运输设备等，多为高附加值产品。

南非一方面是非洲最大的接受投资国。向南非投资的多为发达国家：1994—2002年南非吸引外资累计1 290亿兰特，2003年外资净流入激增至634亿兰特，2005年吸收外国直接和间接投资共505亿兰特（2005年汇率年平均值：1美元=6.36兰特）。另一方面，南非又是对非洲大陆进行投资较多的国家。它是非洲大陆唯一拥有具备国际竞争力的跨国公司的国家。在发展中国家50家最大跨国公司中南非占了7家。南非酿造公司已进入世界最大酿造公司之列，在全世界包括非洲国家在内的40多个国家中控制了160个工厂。"南非英美公司"在收购加纳的阿散蒂金矿后，其金矿规模已跃居世界前几位。

南非已成为非洲国家的最大的外部投资来源。南非对非洲投资1994年为54亿兰特，1990—2000年南非对非洲投资总额共125亿美元，2001年为268亿兰特。在1990年国际社会逐渐解除对南非经济制裁之前，南非在非洲的投资（主要在南部非洲）仅有85项，而到2004年3月南非80多家公司在非洲投资项目多达460个。这些南非私人部门在非洲的投资（不少是南非白人资本）项目，除南非传统的优势产业如矿业、土木工程建设、农业、旅游业、制造业和服务业外,近年来又增加或加大了在非洲国家能源产业的投资(石油、天然气)和在信息通信技术行业的投资。南非国有企业包括公共部门在非洲的投资采取两种形式:一是为非洲国家的发展项目提供资金;二是为南非企业在非洲国家的业务提供金融支持。

随着"非洲发展新伙伴计划"的实施,南非主导在非洲大陆兴建一批跨地区的大型基础设施项目,如包括南部非洲、西非和东非地区的电力网,西非4国天然气管道系统,环绕非洲大陆的海底光纤通信电缆,非洲西海岸海底电缆和非洲东海岸从南非德班到非洲东北角吉布提的海底光纤电缆,这些电缆工程已告完成。海底电缆的铺设大大提高了非洲国家之间和非洲与非洲大陆以外国家的电信联系,缩小了非洲与世界其他地区的现代化通信的差距。南非交通网络公司下属的铁路网公司在非洲十几个国家参与运营和管理铁路运输,其所属的港口管理当局也为非洲国家的港口管理提供了培训和咨询。南非建筑业在非洲产油国家也有大幅度的扩展。近年来在安哥拉、尼日利亚、刚果(金)以及几内亚湾的产油国家——加蓬、喀麦隆和赤道几内亚的石油和天然气部门,南非的贸易和投资都有很大增长。南非一些地方政府对外投资也相当活跃,如西开普省政府计划建立"西非地区石油和天然气服务中心",其目的在于帮助南非企业开发从安哥拉到尼日利亚的非洲西海岸的近海石油和天然气资源,计划把西开普省发展成为非洲的石油和天然气供应港。南非的公私企业已经可以为非洲西海岸国家提供诸种服务:整修油田船舶、建造采油平台,提供培训和人员服务,使西开普省逐步成为开发非洲特别是西部非洲的石油天然气的理想基地。对非洲工业化起到很好的作用。

新南非在非洲不可低估的政治作用 新南非首任总统曼德拉曾在非洲政治中起过不可取代的作用。曼德拉本人具有广阔的人道主义情怀,他一生从事的反对种族主义歧视的事业使他成为一位国际性人物。1993年他与德克勒克共同获得诺贝尔和平奖,进一步提升了他的国际地位和在非洲的影响。在青年时代,他曾迅速摆脱"加尔维式"的黑人"族粹"派思想的影响,摒弃"黑色沙文主义"。这具体表现在他对家乡(科萨人)的部落传统陋习的叛逆,拒绝按"部落长辈"旨意接任当地传统酋长职位。接受先进的西方思想,使他身上表现出一些令传统酋长不满意的"西化色彩"。但是,一身西服、操流利英语的曼德拉却成为非洲黑人解放的旗手。在受西方先进文化影响方面,曼德拉自己并不讳言。他在1996年7月——已担任新南非总统两年后——访英时宣称:"在反对种族压迫的斗争中,英国的民主制度是我们前进的航标,而英国广播公司

BBC的'世界快递'节目是我们这些囚禁在南非白人政权监狱里囚徒的救命绳索",使我们打破了白人当局的新闻封锁。1990年出狱之后曼德拉不仅为南非黑人的自由而奔走,而且也为全非洲的黑人的自由、解放而工作。1994年以后作为一国总统,他以年近80的高龄仍从繁忙公务中抽出时间为国际和平事务到处奔波,在非洲各国的纷争中斡旋,辛勤工作。但由于非洲各国情况极其复杂,曼德拉的不少活动并不成功,耗费了他不少精力。例如他在斯威士兰王国推进"民主化"的活动。1999年曼德拉的总统任期结束,他正式引退。但我们仍能在21世纪世界政治舞台上看到曼德拉作为国际活动家的忙碌的身影。

在曼德拉之后,塔博·姆贝基的南非外交基本上是退守非洲,他更重视在南部非洲的外交。在"后曼德拉时代",新南非外交的个人魅力已大为减少。此时,以南非所具有的政治、经济和军事实力,其外交在非洲大陆发挥更加现实的作用,其范围限制于:一是积极调解非洲地区冲突,在冲突的国家投入大量物质资源,进行政治运作(主要为调解),以实现地区的和平、安全与稳定,例如自1999年以来,积极参与埃塞俄比亚、厄立特里亚、刚果(金)和布隆迪的维和活动。二是为非洲经济恢复和增长作出扎实贡献,在非洲多国积极发挥政治作用,南非在民主政治发展和反腐败等方面力图为其他非洲国家树立榜样,起示范作用。三是在推动非洲政治、经济一体化方面发挥了主导作用:例如积极推动非统组织向非洲联盟的转变,积极促成泛非议会和非盟委员会等主要机构的成立;敦促成立"非洲互查机制",以保证"非洲发展新伙伴计划"的顺利实施,到2005年已有24个以上非洲国家加入该机制。

可以预见,南非以其实力和多方面的经验,在国际事务中将发挥越来越重要的作用,包括在南非举办一些重要的国际会议。

21世纪南非将对非洲经济发展起带动作用 1994年以来新南非已经在非洲经济发展中起到"火车头"的作用。其对非洲大陆经济发展的带动作用将更加具体地体现在四个方面。

首先,在改变殖民主义统治遗留的畸形经济结构中起更为积极的作用。非洲大陆许多国家独立后几十年来仍基本维持与前殖民主义宗主国的垂直经济依赖关系,而与非洲国家的经济联系相对较少,缺乏相互依存的关系。新南非在非洲大陆的贸易和投资将推动非洲国家之间的横向联系,对非洲经济一体化起促进作用。

其次,南非将与第三世界国家一起推动非洲大陆基础设施建设。自19世纪以来非洲的公路、铁路、港口、空中航线(空港)和通信设施基本上是为了满足殖民宗主国掠夺资源和军事方面的需求,路线走向主要是从原料产地到港口,极少有为非洲国家之间经济联系而修建的交通设施。南非参加的多项南部非洲区域性的和全非性的基础设施项目,将对非洲大陆的发展产生深远的经济影响。

再次,南非在整合非洲金融市场服务业的地区市场方面具有积极作用。南非拥有成熟的和现代的金融系统与专业人才。南非的大型商业银行已在非洲开拓市场,它们带动了非洲资本市场和相关服务业的发展,对未来非洲应对全球化的挑战做了必要的准备。

最后,南非现代化企业在非洲大陆起了表率作用。南非大企业运营比较规范,国际信誉较高,在1994年以后这些大企业受到南非现代化法律体系和非政府组织的监督,这在非洲大陆是罕有的。这些南非现代企业参与非洲大陆的不少投资项目,并起了领头的作用。在21世纪,这些都将十分有利于吸引外资和国际金融机构对非洲的投资,也有助于提高非洲企业的国际竞争能力。

按照萨米尔·阿明的"以世界市场上的竞争力"作为衡量标准划分的四类国家,南非仍属于"那些已实现工业化但显然还没有竞争力,需要进行果断的结构改革来达到这一点"的国家。尽管如此,可以预计,在21世纪,南非对本国农村腹地的开拓以及它对开拓非洲大陆的势头将会越来越强劲,并可能掀起高潮。

五、南非列入"金砖五国"之一

非国大从1994年4月成为南非执政党以后,一直不间断地执政。在2014年5月7日南非第五次全国大选中,仍以62.5%的较高得票率再次获选。雅各布·祖马在2007年12月举行的非国大第52次全国代表大会上当选党主席,2012年连任主席,并于2014年当选南非总统,掌权至今。20多年来南非政局较为稳定。但南非经济发展起伏甚大。2006年南非开始实施"南非加速和共享增长倡议"的计划,加大了政府干

左起奥巴马、祖马、祖马夫人和奥巴马夫人

预经济的力度。2005—2007年经济年增长超过5%。

但受世界金融危机影响，2008年年均增长下降至3.1%，2009年竟跌落到-1.8%，一度陷入衰退。国际经济环境逐渐转好后，祖马政府采取几项措施，2011年经济增长3.5%。当前，受全球经济增长缓慢和政治危机的拖累，南非经济总体呈现低迷，增长乏力。

在国际政治方面，非国大成为执政党后，南非政治地位发生质的变化。许多抵制南非种族主义的亚非拉国家陆续同南非建立或恢复外交关系。南非从众矢之的、"国际弃儿"，一跃成为许多发展中国家特别是"金砖国家"竞相承认并与之建立战略伙伴关系的荣耀之国。这个非洲最南端的国家，在国际关系的舞台上开始闪烁出引人注目的光芒。

2006年，一向拒绝同南非种族主义政府发生任何关系的中国，同南非签署了"中南关于深化战略伙伴关系的合作纲要"。2010年两国又签署了"全面战略伙伴关系协议"。南非成为中国签署此类协议的首个非洲国家。在此前后，印度、巴西、俄罗斯同南非也确立了战略伙伴关系。从此，黑人掌权的"南非共和国"的国际地位蒸蒸日上，其经济地位和作用亦渐居非洲大陆诸国之首。正像非洲黑人所歌颂的：在非洲次大陆南端，在印度洋和大西洋汇流处的上空，一只硕大的强壮有力的"领头雁"正展翅飞翔，它的高亢鸣声引领着50多只大雁组成的雁群整齐有力地飞翔。非洲大陆50多个独立国家在发展经济和建立商业贸易方面，大多翘首南望，希冀同南非建立更加密切的关系，以增强自身在非洲之分量。越来越多的国际会议寻求在南非尤其是好望角召开。"好望角"真的成为希望之角。

当然，南非是否能在今后非洲一些国家的冲突中继续发挥稳定的作用，取决于多种因素。其中祖马继任者的责任，是难以估计的。

第二十四章
不同程度反映多种族社会现实的南非各民族文学

南非各民族文学反映了南非多种族社会的现实。读者可以从其真实、扭曲或歪曲地反映现实，以及反对或助长种族隔离制度上，分辨和衡量其本身的文学价值。对此，国际社会也自有公道。近年来，南非有两部长篇小说获得诺贝尔文学奖。

一、17—18世纪的"日记体文学"

在荷兰移民（包括一些法国和德国移民）登陆好望角建立开普殖民地的一个半世纪，是南非文学的沉寂时期。合乎规范的荷兰语正在被发音和语法上都越来越不同的"布尔语"（后正式称为"阿非利卡语"）所取代。但阿非利卡语要堂而皇之地成为文学语言还得假以时日。不仅来到南非的越来越多的英国人觉得"布尔语""粗鄙"，就连身在祖国的荷兰人也觉得它要登上大雅之堂还需要时间的磨合。于是在这一时期，用荷兰语在南非土地上写成的有关南非的记叙性的"日记"、"游记"之类便成为勉强摆得上桌面的南非文学作品。

首先受到青睐的是范·里贝克的《日记》。它本来是一本向荷兰东印度公司逐日做公务报告的册子，由于范·里贝克这位做过医生的公司职员颇有文采，记叙事物栩栩生动，令人喜欢当作游记来读，因而不胫而走，成为喜欢异国情调的读者"阅读率"颇高的读物，抬高了它的文学身价。当然，这部"日记"颇有内容，它记叙了居民点的兴建，移民日常生活的困苦，新土地的开拓和创业的艰辛，以及与当地土著居民的贸易和往来关系等。32岁的作者以其文采和才华使得"日记"充满着开拓新土地、与南非严酷的大自然搏斗的浪漫主义情调。作者作为亲历者和目击者以其缜密的观察,加上具体入微、翔实生动的描述,竟使现代读者也被深深吸引,为之叹服。在范·里贝克的生花妙笔下,在福尔斯湾内嬉戏的海豹、鲸鱼,在桌山脚下平原上漫步的象群和犀牛都栩栩如生,呼之欲出。范·里贝克的"日记"似可列为南非殖民文学的第一篇。

到18世纪,接踵而来的许多探险家、旅行家、猎人,他们写了大批游记和日记类作品,最后一部日记是狄尔克·范·雷耶连的《日记》,年代为1802—1806年,是此类文学的尾声。在这一批文学作品中《亚当·塔士日记》(1705—1706年)最具知名度。作者是一位普通市民,他用身历其境的老百姓的眼光,以朴实、逼真的笔触,描述了第一批移民的艰难生活,布尔人自身形成的习俗、忧患和期望,以及如何同东印度公司殖民当局的蛮横行为作斗争。与身为总督的范·里贝克处处流露出的"官气"不同,亚当·塔士是一介平民,他能自内而外、自下而上地观察早期开普殖民地的一切,以敏锐的洞察力和精确的心理分析,真实而幽默地再现当地当时情景。虽然他本身也是殖民者(贫穷的移民),却不失民主性,因而,他的作品胜过前后150年的同类体裁的、由官员和富裕殖民者写的任何作品。

二、承前启后的19世纪南非文学

阿非利卡文学作品的出现 尽管宗主国和旅居南非的荷兰人一再攻击布尔人

非洲野生动物

非洲大羚羊

非洲水牛

"搞坏了"荷兰语,已定居南非一百多年的"布尔人"仍孜孜不倦地为把"布尔语"(阿非利卡语)提高为文学语言而努力——主要是让它越来越多地渗入出版物,方法是用阿非利卡语写许多政治评论、儿童读物和诗歌登载在民间刊物上。19世纪30年代中期开始的"布尔人大迁徙"事件给予痴爱阿非利卡语的散文作家和诗人以难得的机会。受到"大迁徙"的刺激,他们文思汹涌、"佳作迭出",写了大量散文、诗歌,歌颂和赞美大迁徙的领袖人物:雷蒂夫、马里茨、比勒陀利乌斯、特里卡特、波特吉特等。50年代两个布尔人共和国——德兰士瓦和奥兰治的成立更使阿非利卡语有了用武之地,它在布尔人自己的圈子里获得了官方语言的地位。1975年布尔人成立了保护阿非利卡语的"真正阿非利卡人协会",次年出版了其机关刊物《爱国者》杂志,阿非利卡语如虎添翼。

早期阿非利卡语文学作品的艺术水平是很低的,但气势却是很旺的,大多歌颂布尔人同"卡弗尔人"或英国人打仗时的"英勇气概"。奥兰治自由邦总统赖茨(Reitz,任期1889—1895年)创作的《非洲诗歌50首》已经充斥着不加掩饰的种族主义思想。而这种种族主义思想意识在以后一百年中竟成为阿非利卡文学机体中的一个毒瘤,不断生长、扩散,影响了整体的文学质量。

英语文学产生了大作家 用英语写作的白人作家中出现了一批同情非洲人遭遇的作家,如克利普斯和勃林格尔,他们都主张要保护非洲人的权利,但他们没有意识到南非正在变成一个种族主义国家。

在这些作家中出现了一位堪称19世纪南非优秀大作家的,她就是奥里芙·旭莱纳(O. Schreiner, 1855—1920)。她出生于贫穷的英裔白人家庭,父母都是传教士。她自学成才,给阿非利卡农场主当过七年的家庭教师。1883年她的第一部长篇小说《一个非洲庄园的故事》正式出版,在欧美风行一时。此书她用的是男性笔名——拉尔夫·艾恩。当时无论在南非还是英国,男女地位不平等,社会对女作家怀有很深的偏见。旭莱纳的作品关注种族间、阶级间、男女间的不平等,同时与弥漫在南非文学中的浪漫情调格格不入。小说把南非开普的风景写得异常生动,引人入胜,加上此书内容拥有丰富的想象和动人的故事,因而深深打动了读者。在本书开头,她这样描写南非卡罗荒野的景象:"一轮非洲的满月,从蓝色的天空把清辉倾泻在辽阔凄寂的原野上。在惨白的月光下,那长着一层只有几英寸高的南非杂草的干沙地,那环绕在平原周围的矮山,以及那伸着指形长叶的乳树林,全都添上了一种扑朔迷离而又几乎是阴气逼人的美色……"

她的第二部小说《马绍纳兰的骑兵彼得·海尔凯特》(1897),则把矛头直接指向罗得斯和他所奉行的帝国主义政策。写了英国士兵的逐渐觉悟,他们在反抗英国南非公司殖民扩张而发动的起义中,明白了"对黑人进行这种没道理的战争,实在叫人烦死了,我们本来根本就用不着进行这场战争"。

旭莱纳是南非世纪之交杰出的民主主义者、著名的政治家。她花费11年时间写成的《关于南非的思考》到1923年才出版。这本书表明她对南非这个国家进行过深入的研究,洞悉南非国家特点的形成有着深厚的历史原因和地理原因。她对南非"种族问题"的评述,直至今日看来,仍是真知灼见,具有预见性。

奥里芙·旭莱纳1

奥里芙·旭莱纳2

南非黑人的口头文学 1821年约翰·本恩传教士首先在赫拉夫-里内特"创造"出科萨文字,其后,以基督教会传教士为主的白人就分别在讲北恩戈尼语、南恩戈尼语和苏陀—茨瓦纳语的黑人中,以拉丁字母写当地语言,"创造"出祖鲁语、苏陀语和茨瓦纳语的文字。在整个19世纪,黑人都处于识字阶段,尚未进入文学创作阶段。文学习作大概晚至19世纪末方才起步。在这之前,只有民间口头文学流传。其内容主要是班图各族中的英雄史诗。自17世纪中叶以来,反抗荷兰和英国的殖民侵略,保卫家园、守卫土地的斗争大大促进了黑人的英雄史诗的发展。18—19世纪被称为南非民间口头创作的"黄金时代"。祖鲁人、巴苏陀人都创作了一些长诗。19世纪祖鲁大诗人马戈尔瓦内在民间口头创作的基础上,创作长诗歌颂祖鲁领袖恰卡,通过《恰卡》的艺术形象,体现祖鲁人民的伟大力量和英雄主义。巴苏陀人的民间文学中也有歌颂莫舒舒的长篇诗作。在部落领袖领导部落群众进行最后一次人民大起义——1906年班巴塔起义之后,祖鲁地区出现的不少民间口头诗作,成为现代文学萌芽时期的作家如维拉卡兹、考普等人创作的素材。最初的萌芽状态的现代文学明显地传承了英雄史诗的传统。

祖鲁人抗击英军

祖鲁勇士军舞

三、20世纪上半叶的南非文学

1913年南非白人议会通过了《土著土地法》，整个20世纪20年代通过了一系列种族歧视的法律和法令，南非开始了将种族主义法律化的时代。南非文学也从"殖民文学"进入"抗议文学"阶段。

阿非利卡文学的崛起 可以肯定地说，阿非利卡文字的创作进入20世纪后才达到"文学"的水平。它的书面语言才获得真正的承认，尽管在两个共和国范围内，19世纪末阿非利卡语就已被一些政治力量作为"官方语言"来使用。

20世纪初出现了几位有点名气的诗人：塞里尔斯（1865—1940）、托求斯（1877—1953）和雷波特（1880—1947）。他们诗歌的共同点是，不遗余力地赞美他们参加过的英布战争中的布尔人（阿非利卡人）；大胆吸收甚至模仿荷兰和英国的欧洲浪漫主义文学遗产。雷波特的诗具有一种更接近活生生的民间语言的崭新笔调。他的《流浪者之歌》一出版便成为风靡一时的作品。雷波特的作品（包括小说）

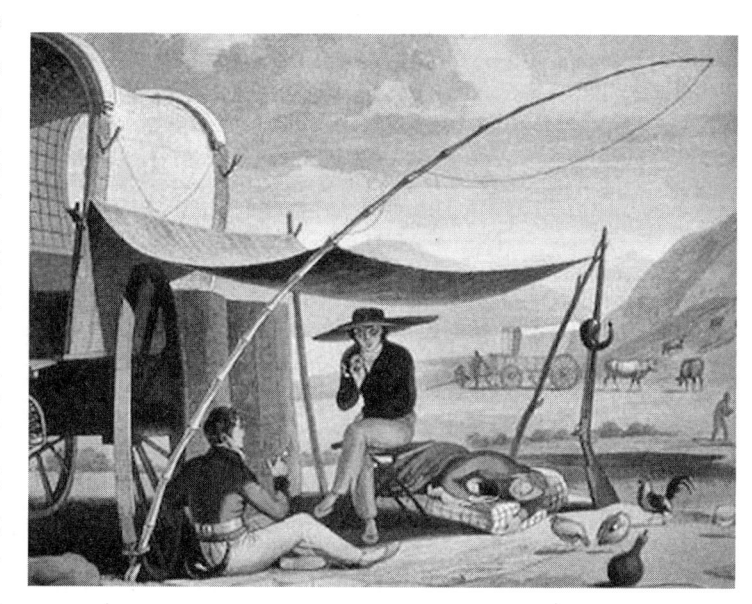

牛车帐篷里的布尔人一家

热衷于向其闭塞的同胞介绍外国的生活、自然风光和欧洲古代的习俗。他的作品还有一个特点：试图客观地塑造土著居民形象，探索他们的内心世界。与雷波特同一类型的作家朗根霍芬喜欢写作幻想作品。他们的作品充斥着同时代布尔作家所共有的种族主义色彩。

20世纪20年代开始的布尔人城市化——破产的布尔农场主进入城市充当产业工人的浪潮在阿非利卡人作家的作品中得到了充分的反映。马尔荷比（1881—1969）、C.M.希维尔（1902—1957）和范·布鲁根（1881—1957）等作家都写出不少作品（包括长篇小说），美化农场田园牧歌式的生活、赞扬老布尔人的伦理道德和颂扬乡村比城市优越。布鲁根的成就较大。他的长篇小说《失望》（1917）已突破"殖民文学"藩篱，在人物性格刻画和语言方面已展露现实主义的色彩，作者越来越对描写布尔老百姓的生活和心理活动感兴趣。布鲁根的三部曲《阿姆比》（1924—1942），描写一个同自己"黑人"兄弟同样不幸的"穷白人"在残酷的阶级社会中为生存而斗争的故事。这部作品使他达到创作顶峰。一位"高贵的"阿非利卡人读者曾怒不可遏地向他指出："这就是你想向全世界介绍的阿非利卡人吗？"但有的文艺评论家公正地指出：阿姆比是"我们作品中第一个有血有肉的人"；"范·布鲁根的正直观察、细致入微的艺术，是我们的现实主义向前迈出的重要一步"。布鲁根把"穷白人"生活道路的坎坷归咎于社会制度的不公正和环境的恶劣，无论是侍候有钱的主人，或是在金刚石矿场劳动都是如此。这比起其他阿非利卡作家把社会罪恶的根源归之于（英裔白人的）城市对（布尔人）农村的欺凌，要深刻得多。

布鲁根还是第一位描写班图黑人生活的现实主义文学作品《鲍伊亚》（1931）的作者。米克罗则进一步深化了布鲁根所揭示的主题，他的三部曲《托英格斯》（1934）、《漂泊者》（1935）和《外来人》（1944）描写了一个无力为自己和家庭找到幸福的黑人青年托英格斯的苦难命运。斯胡曼是第一位研究非洲黑人的阿非利卡人学者，他在自己的作品中让非洲黑人（祖鲁人、斯威士人）自己现身说法，来叙述南非各民族的古代文化以及同"白人文明"的冲突。即使是写以传统猎人奇遇情节为主的作品（这类作品在阿非利卡作家中达到汗牛充栋的程度），斯胡曼也与众不同，他能写出非洲猎人和向导的内心世界，他们的人生观及其精神状态。斯胡曼也有肤浅之处，他把非洲人加以一定程度的美化，在把他们看成同为"大自然的子女"的同时，却看不到南非联邦大多数处于毫无权利地位的黑人居民的社会悲剧之深刻根源。

生于19世纪末的阿非利卡诗人难以摆脱"老布尔人"的情怀。在赫耶维尔（1894—1956）的诗中，表现出对布尔人一去不复返的"光荣过去"和"大迁徙"时代英雄业绩的怀念，而对当代现实，他以讽刺诗《升旗》进行了猛烈的抨击。艾贝尔斯是阿非利卡人第一个女诗人，

穿过卡鲁的布尔人

她的诗虽写于风云变幻的多事之秋，但她的诗关注的是阿非利卡妇女内心隐秘的世界。

英语文学人才辈出 英语文学创作并不限于英裔白人，其作者也包括用英语写作的阿非利卡人和黑人。英语文学作品数量是最多的。旭莱纳在20世纪头20年仍是英语文学创作的一名主将，她来回于南非和英国之间，作品亦在两地写作，因而影响遍及欧美，成为南非最有影响力的作家之一。米林（S.G. Millin, 1889—1968）是另一位有影响的女作家，《被上帝遗弃的人们》（1924）是她的成名作，讲的是英国传教士在科伊人（霍屯督人）中传教而迭遭失败的故事，通过一个有色人家族数代人的生活，深入研究南非"有色人种"的起源和生存。米林是白人，出生于立陶宛，5个月大就随犹太人父母移民到南非。她是一个思想很复杂的人，在上述小说中明显同情科伊人，讽刺传教士传教生涯的失败。她借科伊姑娘西蕾的口提出这样的问题："上帝创造出来的人有些是白人，另一些是黑人，如果不是为了以此来表示他们之间的不同，那又是为了什么？"她的长篇小

米林

说《天主显灵》以南非白人政府血腥镇压非洲一个教派的情节为基础，成功地揭露了20世纪30年代南非种族主义制度的祸害，并描绘出非洲农民的贫困状况。米林小说的艺术是出色的，她是写对话的能手，被认为是用英语写作的最优秀小说家之一。她也是南非文学现实主义的代表人物。可惜的是，这位多产作家从具有肤色偏见终于走向南非种族隔离制度和白人优越论的支持者，晚节不保。

肯贝尔（R. Campbell, 1901—1957）是出生于德班的英裔白人，被认为是20世纪前半叶南非最卓越的诗人。他在英语诗人中独树一帜，作品有强烈的抒情特点，他的最佳诗作被认为音调铿锵有力、意象生动逼真，富有活力。他在早期与人合办的杂志《鞭挞》中，尖锐地抨击剥削土著居民的英裔殖民者因循保守的寄生生活。他的诗歌中的讽刺语调也特别鲜明和尖锐。1930年他到欧洲以后，生活道路十分曲折。

与肯贝尔一样的英裔白人作家普洛美尔（1903—1973）生活在南非，也爱这个国家，可从来没有完全汇入这个国家，正如他在他所写的有关非洲的作品中所表现出的，他同这个黑人居住的国家存在着深层次的感情上的疏远，尽管如他所说，他们这伙白人作家"具有南非白人中极其罕见的一种品质——完全没有种族偏见"。他在《鞭挞》杂志中对南非种族主义社会进行严厉的抨击，致使他不得不流亡国外。普洛美尔在他的长篇小说《泰尔鲍特·沃尔夫》（1925）中表明，虽然受到欧洲价值观念的干扰，非洲将能够在自己的文明里面继续发展。他大概代表了生活在南非的表现最好的一类白人。"感情上的疏远"可能是难以填补的，它可能是文化上的差别所造成的感情深处的隔阂。

索尔·普拉彻在他的1915年出版的《南非的土著生活》中的照片

以英语写作的黑人作家　在文学划分上一般也把"有色人"和"亚洲人"的作家归入"黑人作家"这一类。20世纪以英语写作的黑人作家成批地成长。索尔·普拉彻（S. Plaatje, 1875—1932）是其中的佼佼者。他于1917年写的小说《穆迪》是南非黑人用英语创作的第一部长篇小说，它以19世纪奥兰治自由邦和德兰士瓦南部为背景，描述爱情和战争。

普拉彻（中间）在《世界的摇篮》舞台剧中

人物描写生动，用班图黑人讲故事的形式写成。针对1913年《土著土地法》，他写了一部《南非的土著生活》（1916），抨击剥夺黑人土地的立法。这部作品在全世界发行，受到欢迎，直至今日仍备受引用。他在英布战争（1899—1902）期间曾任随军记者，1901—1908年任《茨瓦纳报》编辑，1912年任南非国民大会总书记。他作为南非文学的作家又做过记者、编辑，在黑人作家中具有典型性。

南非当地人民族语言文学的崛起　　进入20世纪，南非黑人民族语言文学才真正摆脱了如19世纪大部分时间以翻译《圣经》和写宗教赞美诗为主的从属"文学"地位，而开始以趋于成熟的民族文字撰写文学作品。这中间还存在一个"过渡期"，最鲜明地表现在祖鲁作家R.德赫洛莫（1901—1971）和H.德赫洛莫（1905—1956）兄弟身上。R.德赫洛莫于1928年用英语写作了中篇小说《一个非洲的悲剧》。他的弟弟H.德赫洛莫以1936年发表的《为救人而杀人的姑娘》成为祖鲁英语文学的奠基人。这一时期英语文学作品接连面世。R.德赫洛莫转向用祖鲁语写作，几年工夫写下一批有关酋长的传记体的叙事作品，他的长篇小说《坏人的路径》（1948）描述约翰内斯堡土著居住区祖鲁人的生活。W.维拉克兹走的是同样道路，他在欧洲诗歌形式方面作了探索之后就回到非洲形式，出版了《祖鲁人诗歌》（1935）和《祖鲁地平线》（1946）。祖鲁戏剧似乎是"土生土长"起来的。祖鲁剧本极少是为实际舞台而创作的，大多是集中写某些酋长的生活插曲或涉及文化冲突的趣闻逸事。以书面形式出现的广播剧是很晚以后的事。因受种族主义迫害而流亡国外多年的祖鲁作家，也有一些又转向用英语写作。

用祖鲁语写作的文学作品有相当长时间集中于写祖鲁人领袖和国王。祖鲁最著名的作家约翰·杜贝虽然晚至1951年才正式出版他的《恰卡的卫兵》，但早在30年代就开始写作这部长篇小说。三四十年代出现了创作的小高潮：有罗·兹洛姆写的《恰卡》(1936)、《丁刚》(1936)、《姆潘达》(1938)，本·维拉卡兹写的《纵然长久》(1938)、《丁芝斯瓦约·卓贝的儿子》(1939)和《诚然如此》(1944)。这些历史小说有的取材于口头传说和口头文学，也有些是根据西方史学家写的带有偏见的历史著作。总的来说，这些文学作品带有非洲人爱国主义激情，对培养非洲人民族意识起了良好作用。

祖鲁首领

约翰·杜贝

约翰·杜贝和他的家人

第一位科萨语文学的重要作家是萨·穆凯伊（又译姆卡伊）。他在1914年发表了脍炙人口的《双胞胎案件》。他的长篇小说《唐·杰都》(1929)是南非第一部描写乌托邦社会的作品，突出表现了他对多种族非洲的一些高瞻远瞩的想法。与祖鲁作家热衷于历史体裁不同,科萨作家更喜欢描写现代生活。盖·辛科(1909—1962)写出了几部现实主义长篇小说,描述科萨地区新兴工业城市中科萨人贫民窟生活的惨状和道德沦丧的情景;他也是第一部科萨语剧本《戴比扎的狒狒》的作者。阿·乔尔丹(1906—1968)的长篇小说《祖先的愤怒》(1940),被认为是科萨语文学中最优秀的长篇,触及普遍性的主题:在侵入非洲人传统生活的欧洲文明的影响下,部族关系的瓦解。它描述科萨人酋长一个领地社会及其文化动乱的激动人心的故事,触及非洲文学一大主题——传统与现代间的冲突,有文化的青年主张个人婚姻恋爱自由,反对氏族权威的干预。

也许由于苏陀人强调母语教育,苏陀语出现的文学人才和读者似乎比南非其他民族语种都更多,可惜精品似乎不多。最负盛名也较有才能的莫弗肯(1923—1957)是获得博士学位的语言学家。他的短篇小说集《在旅途中》(1954)是用苏陀语创作的现代短篇小说的真正尝试。托·莫福洛(1877—1948)是以民族语言撰写作品的最著名的黑人散文作家。他于1910年写成的长篇小说《恰卡》,与祖鲁人所写的恰卡形象颇为不同。在他笔下,恰卡是一个残酷无情、欺世盗名、毫无恻隐之心的暴君。评论者在指出这一点时强调莫福洛所依据的有关恰卡的著作是西方史学家编写的,后者正是把恰卡写成残酷无情、视权如命的暴君。但我们也不应该忘记,莫福洛是苏陀人,在19世纪20年代恰卡所发动的兼并部落、统一国家的姆法肯战争中,苏陀人是属于德拉肯斯山以西被兼并的部落。但很多评论家认为它是一部真正的杰作。比利时学者艾·杰拉德称之为非洲对世界文学作出的一个比较重要的贡献。

上面提到过的索·普拉彻也是语言学家,他对茨瓦纳文字的文学化卓有功绩。他在1916年出版了著名的《茨瓦纳谚语》和《茨瓦纳语音读本》。他在1917年撰写的《穆迪》长篇小说是用英语写的(可能是为了扩大读者范围)。他把莎士比亚几个剧本译成茨瓦纳语,提高了茨瓦纳语的文学地位。他的译文质量证明他对茨瓦纳语的掌握是高水平的。对茨瓦纳语文学贡献最大的是被称为"茨瓦纳文学之父"的D.莫娄托。他的第一部长篇小说《莫克维纳》是用茨瓦纳人传统的讲故事方式,写茨瓦纳人的一支巴克维纳人的风俗习惯。

佩迪语文学的第一部作品是马姆金·帕拉写的《母牛的怒吼》(1935)。聪加语文学的第一部长篇小说《萨萨沃纳》(1938)是最早的用非洲民族语言写就的长篇小说,虽然出版较晚。作者是丹尼尔·马里维特,他以社会问题作为主题写作,但直到50年代,聪加语文学仍摆脱不了宗教倾向。

四、第二次世界大战后的南非文学

1948年阿非利卡人的国民党上台执政，变本加厉地推行种族隔离制度，严禁进步文学作品的出版。报刊几乎也全被国民党政府控制。许多进步的英裔白人作家被迫流亡到英国，在英国写作出版自己的作品。甚至一些阿非利卡人的进步作家也无法忍受毒化南非社会的种族主义气氛，纷纷避居欧洲。不少黑人作家流亡到美国和欧洲，为了能够出版作品转向英语写作。这种情况一直维持到90年代初期。五六十年代是非洲民族独立运动风起云涌的时期，南非反对种族主义的斗争也进入了新时期，受时代的影响，南非文学进入了空前繁荣的时代。在12年时间内（1991—2003年）南非两位作家获得了诺贝尔文学奖。由于在1994年前黑人一直处于备受歧视、毫无政治权利的地位，"抗议文学"长期占主导，文学与种族的政治经济问题的结合更加紧密。

阿非利卡人文学的分化 20世纪60年代开始从事文学活动的作家形成所谓"塞斯塔格尔"群体，他们在小说、诗歌、戏剧方面都富有创新精神。其中许多作家去过欧洲并在那里生活过一段时期，受到欧洲的强烈影响，以致欧洲新近发生的文学运动也被他们引进到阿非利卡文学。他们积极参加政治活动。他们的作品矛头指向种族主义独裁政权、种族隔离制度和种族歧视的思想意识。一些阿非利卡作家为了扩大读者面，改用英语写作。

阿非利卡诗歌成为南非文学中最保守的部分，以狄·奥帕尔曼为代表，逃避现实，崇拜假定的偶像，号召人们去追求永恒的神，坚决反对现代的社会生活方式。许多现代诗人步奥帕尔曼的后尘，有的则从宗教中寻求支柱。

勒鲁克斯最负盛名的长篇小说——"威尔盖文顿三部曲"：《在西尔博斯坦的七天》（1962）、《为魔鬼效劳的人》（1964）和《第三只眼睛》（1966），对阿非利卡人的心理进行比较深刻的探讨，讽刺南非社会的落后方面。安·布林克是最受欢迎的当代阿非利卡文学长篇小说家。他是双语作家，他的作品严正抗议种族隔离制度的非正义，抗议警察政权的反动行为，揭露阿非利卡人新资本主义的极端虚伪性。他的作品屡遭封禁。他把他的阿非利卡语作品如《注视黑暗》（1973，英文版1975年出版）、《大风中一瞬》（1977，英文版1977年出版）、《雨的谣传》（1978，英文版1978年出版）、《白茫茫的干季》（1979，英文版1980年出版）和《一连串的声音》（1982，英文版1982年出版）都用英文重写成英文版，以扩大读者范围。这也是这位阿非利卡人作家政治使命感的突出表现。布林克是剧作家，他把荒诞派戏剧移植到阿非利卡语文学中，在注意写作技巧的同时，也注意同政治主题的结合。

布·布里坦贝奇是"塞斯塔格尔"群体最重要的作家。他因反对种族隔离制度而自行政治流亡，在巴黎写作，反对阿非利卡人的来自加尔文教的思想意识。1975年他化装返回南非时被捕，被控以"恐怖主义"罪名，判刑7年。在狱中他仍然想方设法出版了几本诗集，他的诗篇充满创新精神的光辉，他对南非的反思也是深刻的。有评论家说，他被监禁使阿非利卡文学处于荒漠中。

阿非利卡人作家中还有艾·克里赫也是颇出彩的。他是双语作家，被认为是"国际主义者"，第二次世界大战中曾加入南非军队在北非作战，并在意大利被俘。促使他创作的动力是对法西斯主义和种族主义的仇恨。他根据亲身经历写了许多通讯和随笔。同时，他也是一位剧作家。他的后期作品，就其深刻性和技巧性都超过他早期的浪漫主义作品。

严格的审查制度使许多阿非利卡作家停止写作，有的转向英语写作以便在国外出版。因此，有的评论家认为，在南非国民党反动统治时期，重要的阿非利卡文学作品的创作已暂时停止。实际上，阿非利卡作家群体本身在分化，60年代一批当时年轻的作家登上文坛，他们反对歧视"非白种人"的政策，不赞成政府处处限制的文化政策，其中一名60年代人的领袖声称："我感到胸中对陈腐的传统和失去现实内容的概念充满了怒火"。许多人在反对《关于出版和影剧业法》的抗议书上签名。根据这一法令，南非政府只要认为有必要就可以禁止任何一部书籍出版或任何一部影剧上演。值得注意的是，阿非利卡文学中出现了一种扩大选题和注意社会问题的新倾向，这种倾向在当时代表着一种希望。当然，可以说只是一部分60年代人对歧视非白人的政策持批判态度。七八十年代南非国民党政府所制定的种族主义政策和种族隔离制度变本加厉。

南非英语文学的繁荣　南非国民党政府的文化高压政策（包括《镇压共产党法案》）并未能阻止南非英语文学走向繁荣。由于一批阿非利卡人作家和黑人作家转向以英语写作，并在国外出版，20世纪60年代以后出现了南非英语文学的繁荣。积累了二三十年后，南非英语文学厚积薄发，在12年时间内（1991—2003年）获得了两次诺贝尔文学奖。从历史上看，有两种时代都能够出现文学的繁荣。伟大的时代不一定都能产生伟大的作品，但一般能促使文艺繁荣。社会矛盾复杂、斗争尖锐的时代一般能刺激文学产品的"产量"，因为有太多的事物促使作家去写作。南非就是这样，离开了南非的作家，在宁静的侨居地仍然"骨鲠在喉，不吐不快"，这刺激着他们去写南非。南非反动的种族主义政权每天都在压迫黑人、有色人和反对种族歧视政权的白人,迫使居住在南非国内和国外的、不同肤色的作家不能沉默,都拿起笔去战斗。多灾多难的祖国所存在的种族和政治问题,一直萦绕他们的脑际,并主宰着他们的艺术想象。

亚伯拉罕最早两部长篇小说《城市之歌》(1945)和《矿工》(1946),关心种族和经济问题,描述南非非白人受尽白人的虐待和压迫。《霹雳前程》则反映种族隔离给各族人民带来的痛苦,写种族隔离制度对一位有色人教师与一位阿非利卡姑娘爱情的悲剧性影响。当阿非利卡人社区发现他们结成一对情人触犯了种族戒律时,就残忍地将他杀害了。美好的恋情终以悲剧结束。这部小说在南非国内外拥有广泛的读者,并有两种以上中译本。亚伯拉罕以南非为背景写了六部长篇小说,由于他脱离故国时间太久,缺乏亲身经历和体会,后来所写小说越来越脱离现实,多凭个人想象,一味感伤地对待不同种族间男女的爱情。但是他的《矿工》作为开创南非批判现实主义的作品,功不可没。

亚伯拉罕

南非最杰出的女作家内丁·戈迪默(N. Gordimer, 1923—2014)生在南非(斯普林斯),住在南非。她是个早慧的女孩,9岁就开始写作,15岁在杂志上发表短篇小说。她经历了南非30年的政治动乱,她的小说主要关注这些动乱对南非居民个人生活的影响以及人们对南非政治形势的态度。她具有惊人的洞察力。种族隔离制度对居民的各种限制,以警察为主力的国家机器对南非现实生活的腐蚀作用,通过她的缜密思维都得到编年史一样的条分缕析。她熟悉白人中产阶级的生活。在外人看来,这种生活具有世界其他地方少有的舒适、富裕、宁静的特点,戈迪默通过她的笔触却揭示出这种生活充满着枯燥无味、恐惧感、无力感,缺乏信任和自发性。随着南非形势趋于恶化,戈迪默的小说也发生了变化。她的许多故事如《毒蛇的柔和声音》(1953)、《六英尺土地》(1956),都揭露了"白人优越论"对黑人和有色人造成的不公正,而那些"正派的"白人自身也成为种族隔离制度的受害者,他们同时也是虚伪者。在力量对比还没有产生明显变化的时期,人们从作家的小说中感觉到对这个警察国家的反对似已无能为力。在长篇小说《说谎的日子》(1953)中她写一位年轻女子,尽管阿非利卡人对国民党1948年上台执政感到内疚,并有不好的预感,但她还是决定留在南非。应该说,这种状况在白人中产阶级中是有普遍性的。这部小说因其对兰德矿的社区有许多精彩的描写和睿智的评论而颇受读者的欢迎,在国外亦博得好评。在《陌生人的世界》(1958)中,她描述了在种族隔离制度下一个英国人的尴尬,他发现既维持同约翰内斯堡中产阶级白人的友谊,又维持同索维托"黑人居住区"熟人的友谊是绝对办不到的。这是种族政策造成的分裂社会的悲剧。《伯格的女儿》(1979)是一篇催人泪下、令人心碎的小说。她写一个阿非利卡人的共产党员被捕,死在狱中,他的女儿想在南非过一种不问政治的生活也办不到。这篇小说实际上写的是1976年索维托事件。戈迪默严厉谴责种族隔离,她在声明中说,如果将来她有一天离开南非,那也是因为她的"心被虚伪、欺诈和花言巧语所刺伤"。1991年戈迪默《七月的人民》获得诺贝尔文学奖。评奖委员会认为,她"以强烈而直接的笔触,描写周围复杂的人际与社会关系,其史诗般壮丽的作品,对人类大有裨益"。

库切(Coetzee, John Maxwell, 1940—)出生于南非,长大后曾到英国上学,后又回到南非。他主要作品有:《等待野蛮人》、《昏暗的国度》、《来自国家的心脏》、《耻辱》、《钢铁时代》等。2002年他赴澳大利亚,在大学中执教。2003年获诺贝尔文学奖。获奖理由是,他"精准地刻画了众多假面具下的人性本质"。

阿·佩顿(A. Paton, 1903—1988)是英裔白人作家,曾任教养院院长。1953年创建反种族隔离的自由党并任主席。他用英语写作,他的朴实无华的英语受到阿非利卡语和非洲语言某些节奏的影响。这种有特色的英语使他的小说具有感染力。佩顿的第一部长篇小说《哭吧!我亲爱的祖国》(1948)在国内外都引起很大的反响。故事是写一位乡村黑人牧师斯蒂芬·库马洛到大城市寻找儿子阿拉勃洛姆的过程;通过库马洛的所见所闻来抒发作者的见解,并以"黄金城"约翰内斯堡为例描述社会各阶层的生活,并揭露种族主义所造成的整个国家的问题。佩顿以现实主义的笔调勾画出现代化城市的面貌,并描绘了白人所创造的巨大而奇怪的奴役机器如何造成了使非洲人心灵破碎的"屈辱、困苦和难以忍受的贫穷"。佩顿对南非的现实十分不满,可是他拿不出任何诊治的药方,他的小说中的库马洛也提不出任何正面主张,只是劝黑人从宗教中寻找慰藉和"欢乐"。实际上,他的宗教劝善是前一辈老作家曾在作品中多次表达出的同一倾向的继续。尽管佩顿勾画不出南非社会发展的前景,但他在小说中所表现的批判性精神是非常出色的。他的第二部小说是长篇心理小说《太迟了,法拉罗勃(鹬)》(1953),针对南非国民党政府的"禁止不同种族性关系"的残酷道德法,通过一个爱上了黑人姑娘的阿非利卡小伙子彼得的不幸遭遇,揭示出南非当时糟糕的种族关系。作者通过这部作品表现出他是一位精细的心理分析专家。他让此书成为一大艺术成就。这两部小说都具有独特的风格,章法严谨,用词精炼,极富韵律感。佩顿的行文,尤其是在对话中,具有赞美诗的韵味。

艾·姆赫雷雷(E. Mphalele, 1919—)是一名黑人作家,用英语写作。他出生于比勒陀利亚贫民窟,为抗议种族隔离制度,1957年,38岁的他离开南非移居尼日利亚和肯尼亚。他的长篇小说《漂泊的人们》(1971)被认为是为许多南非黑人流亡者在非洲大陆到处流浪寻找新家所遭受的痛苦而发出的呐喊。自传体小说《沿着第二条大道》(1959)在描写比勒陀利亚黑人定居区居民生活的同时,刻画了一个黑人青年的艰苦成长过程;揭示出强行实施种族隔离法后,南非黑人所面临的处境。作者对此进行深刻、尖锐的社会批评。这两方面都精巧地结合在此书中,使此书成为南非名著。作为黑人作家,作者从一个角度透视南非白人(官僚)的特别心理。菲塞尔·施托费尔"早已习惯用两种不可调和的、矛盾的、对立的思想来考虑问题:黑的就是黑的,白的就是白的,别的都没有意义"。小说写菲塞尔使用了四年的非洲仆人杰克逊,一天早晨没来干活,没来叫醒他,没来伺候他用早餐,这破坏了菲塞尔的生活常规。仆人的失踪及其带来的种种不便,引起了菲塞尔的深思,他在思考中得出结论:他一向认为非洲人是一个"抽象的概念,而不是一个有血有肉、有心脏和理性的活人"。他心里又接连产生一些尖锐问题,开始对"自己过去所接受的种族主义产生了怀疑",而这是他的全部人生哲学可能走向崩溃的第一步。一位非洲人垃圾工勒鲍纳突然给他捎来了杰克逊父亲的一封信。菲塞尔在同勒鲍纳的交谈中更清楚地感到自己的不对,而勒鲍纳道德上的优越感使他产生一种无言的愤慨。作者笔下写出了菲塞尔就是这样不肯跳出他所习惯的观念的圈子:"他是白人,应当有白人的责任感,他始终认为属于白色人种和具有白种人的责任感,这二者是一码事"。

阿·古玛(A. Guma, 1925—)也是黑人作家,用英语写作。他出生于开普敦,积极反对南非白人政府的种族隔离政策,多次遭受监禁和软禁,1966年流亡到英国。他的文学作品反映了南非非白人痛苦生活的现实。在作者笔下,无论是囚禁黑人的监狱、贫民窟棚户区、白人居住的有豪华别墅的郊区,还是黑人被迫迁入的新设的班图家园,都描写得生动、鲜明、具体。古玛认为,南非这种社会结构只能产生病态、犯罪和寄生现象,而且遍布社会各个角落:如靠敲诈棚户区居民过活的小罪犯,靠其他囚犯伺候的粗壮有力、"多次进宫"的惯犯,靠压榨、盘剥广大的非白人种族而过奢侈生活的白人大亨。处在这样邪恶的社会环境下，古玛笔下的一些人物认为，没有什么合乎道德的行为可言；当自己被置于无法容忍的境地，必然要报以犯罪和残暴行为。这大概可以部分解释在南非种族主义制度下几十年混乱的社会秩序。因此，有人批评古玛笔下人物的艺术刻画是服从于特定形势的，更有人指责古玛借文学创作以再现报刊登载的特有事实，是不能成立的。但一般公认古玛笔下人物个个栩栩如生，场景生动逼真，准确使用各种方言使人物的语言十分出色，给读者以鲜明、活泼的全新感觉。这些艺术成就帮助他作出有力的立论。许多评论家认为，古玛是南非最重要、最出色、最成功的黑人作家之一。古玛擅长写中篇小说，其艺术特点是，让丰富的故事情节生动而快速地展开，以使他的小说具有明快的节奏感。他善于从生活中精心挑选出个别的、自认为最本质的画面，一下子吸引住读者。

古玛看到，在种族主义制度下，广大黑人被剥夺了土地。部族公社的迅速瓦解，城市化的出现，使南非"白人城市"充满了失去土地和生计的非白人，他们大多成为流氓无产阶级，构成南非的"社会底层"。古玛谈到自己的创作经验时说，"一个人要是想写作的话，毫无异议，他一定可以从千百万生活在这种可怕的环境中的非洲人、有色人和白人的生活中找到最丰富的素材。无疑，他们的苦难、愚昧、贫困正是作家灵感的丰富源泉"。古玛小说的主人公不乏这些"社会底层"的代表人物：失业者、流浪汉、盗贼、妓女、乞丐。其中篇小说《夜游》（1962）中几乎所有的人物都是流氓无产阶级。小说主人公是失业者麦克尔·安东尼斯，小偷威利、弗克利，流浪儿乔等，都生活在贫困、小偷小摸和暴力行为的漩涡中。他们很像高尔基笔下的流浪汉。高尔基这位文学大师能在19世纪俄国城市的小市民习气和种种诈骗行为等背景下，挑选出这些"不平常的人物"。古玛深受高尔基文学的影响，他笔下的有色人安东尼斯是被白人工厂主赶出工厂的失业者，为人粗鲁甚至有些虚伪，本质上却是一个善良的、有同情心的人，他对流浪儿乔有着深厚的人道主义感情，从自己口袋里仅有的几个钱中拿出1先令给乔，让他去吃一顿午饭。

古玛的另一部中篇小说《石头之国》（1967）让读者见识了南非白人政权监狱的黑暗及其使用非人道的刑罚的情景，让人看到强大的种族主义国家机器的阴森、残酷。古玛所着重刻画的五个囚犯并不都是善良的人，其中有无恶不作的匪徒布特切尔鲍，有强盗尤西·杜罗克，也有因斗殴而坐牢的索利等，但其中南非共产党员乔治·亚当斯的形象塑造得相当光辉。监狱囚室中弥漫着失望、悲观的气氛。那些作奸犯科的亡命之徒和一些悲观失望的难友都坚信"人人皆为自己"、"不是你吃掉别人,就是别人吃掉你"的人生哲学。在把种族偏见和种族歧视列为国家政策的南非社会里,他们这些人看不到除了"人人为己"以外还有什么别的出路。在牢卒心目中亚当斯是"最危险"的人物:他是反对种族主义的地下组织成员,以"反政府"罪名入狱。亚当斯这一形象让读者相信,实行种族壁垒的南非不是毫无希望的,正因亚当斯坚信"一个人不能单枪匹马去干"。南非监狱的石墙压制不住反种族主义战士的反抗。小说的情节虽然悲惨,但古玛的整个笔调是充满乐观情绪的。

富加德(A. Fugard, 1932—)是戏剧家兼小说家,他的父母是阿非利卡人和英国人。他在伊丽莎白港长大,26岁时曾在约城土著专员法庭办理黑人"违反"《通行证法》的案件,这番经历使他亲眼见到非洲人的不幸处境。根据这些素材他写了最早的几个剧本,并得以在他组建的多种族剧团演出。60年代富加德写了几个获得国际承认的剧本,场面简单,有的剧中人物只有两三个,便于演出,有点类似中国的活报剧,演员在演出中可以即兴发挥加进台词,深受黑人群众的欢迎。《西兹韦·班西死了》(1972)和《这个岛》(1973)分别表现《通行证法》和罗本岛政治犯监狱的罪恶。表演这类题材对演员具有真正的危险,而剧中角色承受着真正的社会苦难,二者的结合富有艺术性而又深具意义,在"长夜难明"的南非给黑人群众带来破晓的希望。1960年富加德还创作了一部长篇小说《佐才》(1979),他以现实主义手法描写的南非社会状况令人震惊,其艺术成就证明他是同样有功力的小说家。他还具有这样的才能,把局部的南非冲突转化为具有普遍意义的人类困境,给人以启迪。

布鲁塔斯(D. Brutus, 1924—)是一位有色人诗人,他曾因反对白人政权的种族主义政策而被关进罗本岛监狱,后又被迫流亡国外。他的诗集《警笛、铁拳、靴子》(1963),既包含大量的社会内容,又充满着对苦难国家的深爱,被誉为"绝妙诗篇"。他的狱中诗描述了他在狱中所蒙受的骇人听闻的凌辱和虐待。他后来发表的诗集都是在国外写的,正如诗集书名所表示的是在许多国家写的,如《中国诗抄》(1975)。他的后期诗篇遣词造句愈发简练、铿锵有力、朗朗上口,极富启发性。布鲁塔斯的抗议诗歌达到了这样的水平:诗歌既要对社会(政治)活动表态,但在美学方面又不屈从于它的社会责任。他的闲适、奔放的诗句给人留下的却是恬静和安详的印象:

我是一个歌手,在祖国大地上漫游,
满怀喜悦之情,走遍四面八方,

我要在活动中研究,
研究密林中一草一木,强似那爱不释手地呆坐。

参加了反对南非政府种族主义斗争以后,他的诗的韵律变了,感情色彩也跟着变了。

深夜里警笛嗥叫,
敲门声宛如霹雳,
痛苦使神经喊叫,
后来疼得变了形的脸上,
痛苦的表情渐渐强烈。
这吼叫原是无声,没完没了……

"于无声处听惊雷"正是南非20世纪90年代社会生活的写照。南非各族人民除少数白人外,通过各种文学形式期盼"雄鸡一唱天下白"。

南非当地人文学的成熟 维拉卡兹(1906—1947)曾被认为是最好的祖鲁语诗人,也是语言学家。在诗歌形式上他采用"非洲形式",他毕生都感到自己同人民呼吸相通。他的诗作描绘的大自然是很美的,如《黄昏》中所写:

轻盈的燕子回巢栖息,
觅食的蝙蝠翩翩起舞,
风儿倦了,无力从长空
驱走浮云片片。

但在《金矿场上》诗人向白人金矿主发出了雷鸣般声讨:

我们当牛作马,
干活,干活,永无休止,
活儿压得你喘不上气来,
愤怒使得你咬牙切齿,
矿锈把骨头腐蚀净尽,
直到你关节不能曲伸,力尽筋疲,

再把你弃如粪土,

这是谁强迫你,他凭借的是什么权力?

维拉卡兹的诗才是多方面的,有对大自然出色的速写(《丛山幽谷》),有哲理性思考(《晨思》),也有用扣人心弦的抒情笔调写的优美诗句(《我在听着》)。可惜维拉卡兹英年早逝,只活到41岁。在他死后一段时间,祖鲁语的诗歌创作表现平平,似乎未见更多佳作面世。

战后过流亡生活的祖鲁语小说家有好几位转向用英语写作。马·库尼尼(1936—　)写了两部重要的祖鲁史诗:《祖鲁大帝恰卡》(1979)和《几十年的圣歌》(1981)。他自己把它们译成英语出版。

1953年颁布的《班图教育法》对科萨语文学的影响是很复杂的。一方面强行发展地方语言教育,增加了能阅读地方语言书籍的读者数量,为科萨语文学作品扩大了市场;另一方面,也是最主要的,让语言修养不成熟的作者群占了支配地位,再加上审查制度不让思想品质优秀、艺术上乘的作品过关,使科萨语文学作品的质量迟迟不能提高,而这正是白人当局的阴险目的。到了1976年"索维托事件"爆发时,白人种族主义者"图穷匕首见",他们的目的是以阿非利卡语来取代英语作为教学语言,完全不是什么维护"黑人的民族语言"。

英军首领被祖鲁勇士围攻

70年代出现在科萨文坛最有发展前途的作家和诗人是齐托比勒·宽古勒(1934—1982),他的诗集(1970)所表现的理性内容和长篇小说《棍棒打斗》(1972)所带来的个人悲剧感,给科萨文学的复兴带来一点希望。科萨语的严肃性与戏剧性,到詹姆斯·乔洛比(1902—1976)写出《社会的阴影》(1958)的剧本时才得到真正的体现。乔洛比这个剧本集中写了城市经历带来的心理创伤。

第二次世界大战后,南非佩迪语文学以传统生活和现代生活为背景发表了较多作品。其中尤以马采皮(1933—1976)占主导。他拥有6部诗集和9部长篇小说,他的小说结构复杂,被认为是50年代初以来佩迪小说结构发展的顶点。

苏陀语文学在第二次世界大战后仍然不减其发展势头,作家队伍人才辈出。可惜最有才华的青年作家索·莫弗肯(1923—1957)英年早逝,留下作品不多。爱芙雷姆·莱索罗(1929—)是60年代较引人注目的作家,写过几部广播剧和多本诗集,其中最吸引人的是两部长篇小说:《木炭变成灰烬》(1960)和《黑马布莱克摩尔》(1968)。这两部小说都被用于青年的道德教育。

在60年代初期聪加语文学中出现了社会经济主题的作品,但没有产生重要作品。F.A.图凯塔纳(1933—)的长篇小说《希索米萨那》(1968)通篇肯定基督教拯救了人们。聪加语戏剧到60年代才出现。可能它是聪加人喜闻乐见的艺术形式,在十年中有很大发展。题材主要有两方面:一是描写伟大的祖鲁王的历史剧,如萨缪尔·巴娄伊写的《恰卡》(1960),这是聪加老百姓喜看的剧情。二是社会主题,如夫妻受教育程度不同带来的婚姻问题,流动劳工带来的家庭问题,婚姻自主问题等。最令人注目的是埃里克·恩康多(1930—)的政治题材剧本《穆鲁皮基·恩戈瓦纳泽》(1974),提出聪加人要摆脱白人压迫。恩康多又是多才多艺的诗人,他的诗主题多样,包括南非黑人的挫折和愿望。

被称为"茨瓦纳文学之父"的莫娄托的第二部小说《一个迷途的人》,写于1953年,题材有很大变化,集中写茨瓦纳人在城市生活中所遭受的灾难,作者认为他们放弃了旧的生活方式,也就失去了自己的一些道德力量。茨瓦纳语文学最有影响的作家应是D.P.莫尼爱西(1921—),他善写独特的、极风趣的对话。在长篇小说《混乱》(1961)和《近火者遭火烧》(1970)中,作家对人在恶势力面前孤苦无助的状况寄予极大的关心,并向人们提出警告。莫尼爱西的系列作品让人们对茨瓦纳文学的进一步发展寄予期望。

文达语文学是在僻处南非最北部中发展起来的。1937年《圣经》全文被译成文达语出版,为文达语书面语言确立了标准,一般认为这是文达书面语"确立"的开始。现代文达语文学的开始却要到20世纪50年代中期。第一部长篇

农场中的凉亭

小说《记住》(1954)是出自提塔斯·毛米拉的手笔,讲部落婚姻习俗的故事。E.S.马迪马的长篇小说《不是他》(1955)和《时代不同了》(1971)分别写了城市生活的弊病和城市生活的成功。M.E.R.马瑟瓦(1921—)的短篇小说《让我们想想看》(1956)写了"代沟"带来的冲突。毛米拉是文达语戏剧的创建人。他的第一部剧本《特希里娄》(1957)也是写部落婚姻习俗。文达人家园极其美丽的风光激发了R.R.马特西里(1933—)的灵感,写出了诗集《文达人家园的奖章》(1967),其后文达诗人辈出。文达语诗歌发展的前景,看来是传统主题和传统形式同现代写作技巧和城市生活之类题材的相互融合。

南非文学是成功的文学,是有希望的文学。文学是时代的镜子。近代以来南非各族人民经历了那么长时期的斗争:与大自然斗争,与殖民主义者斗争,与白人种族主义者斗争。复杂而惊心动魄的斗争,极其丰富的生活内容,十分尖锐的种族关系、人际关系,以及不同文化的交融,反映到文学上自然是万花筒般的绚丽多彩、动人心魄。12年里就有两位作家荣获诺贝尔文学奖,绝不是偶然的,而是瓜熟蒂落的必然结果。

本章不过是吸收外国学者的研究成果,粗浅地勾勒出南非文学发展的轮廓,作为前面"正史"的补篇,供读者参考。

附录
南非大事年表（1652—2014年）

1652年	荷兰东印度公司派范·里贝克船长在好望角的桌湾登陆，建立供应站，为荷船补充鲜肉、水果、蔬菜等。 此地成为非洲第一个白人移民地。
1657年	公司让雇员以自由民身份办农场，侵占桌湾后面的科伊人土地，供应站演变为殖民地。
1658年	运进黑人奴隶和马来奴隶。
1659—1660年	第一次"霍屯督人战争"（又称"荷兰—科伊战争"）
1673—1677年	第二次"霍屯督人战争"
1688年	约200名法国胡格诺教徒来到开普。
1699年	移民扩展到斯泰伦博斯。
18世纪上半叶	掀起了第一次殖民土地扩张热潮。殖民地边界向东扩展，到达东经21.5°。
1713年	从泊港欧洲船舶上传来天花，科伊人死亡殆半。
1714年	公司实行租地制度，取消世袭的农场制度。 白人突破开普半岛平原地区向内地高原扩张。进入内地的荷兰殖民者自称布尔人。
1721年	公司规定将黑人与科伊妇女的混血儿无偿送给农场主使用。这些人被称为"学徒"，18岁以下称童奴。
1755年	牛瘟流行，夺去了科伊人残存的牛群。 此时至1805年，科伊人逐渐减少，1805年只剩下20 006人，科伊人作为独立民族已消失。
1770—1795年	第二次殖民土地扩张高潮。

	1756—1763年,欧洲爆发了第三次商业战争。
	1768—1778年,内地增加了1 385个农场。
	布尔人依仗火器的优势,灭绝了桑人土著居民。
1770年	殖民地边界向东移到加姆图斯河。
1775年	边界东移到布须曼河下游。边界扩展到大鱼河上游,夺占了桑人和科萨人的土地——楚尔费尔德地区。
1778年	布尔人在奥兰治河南岸的科尔斯伯格竖立界标,布尔人土地扩张方向从东转向北。
1779—1781年	第一次"卡弗尔战争"(又称"科萨人战争")。布尔人在战争中第一次使用牛车战术。
1780年	开普殖民地边界移到大鱼河下游。
1785年	建立边区政府赫拉夫-里内特。
	布尔人挑拨科萨人部落内战。
	凯河以南的科萨人首领恩得兰比收回楚尔费尔德。
1789—1793年	第二次"卡弗尔战争"。
1795年	英国第一次占领开普。
	开普布尔人仿效成立赫拉夫-里内特共和国和斯韦伦丹共和国,均被英军镇压。
1799—1803年	荷兰东印度公司宣告破产。
	第三次"卡弗尔战争"。科萨人突破了1770年界线。布尔人持续近百年的向东扩张受到科萨人的有力阻遏,被迫转向北部奥兰治河方向扩展。
1800—1824年	奥兰治河南岸逐渐布满布尔人农场。
1803年	荷兰重新接管开普。1802年"亚眠条约"规定英国将开普还给荷兰,英国直到1803年才归还。
1806年	英国第二次占领开普,取代荷兰统治南非。1806年运进500名奴隶。
1807年	英国宣布废除奴隶贸易。
1809年	开普政府颁布"霍屯督人法令",限制科伊人自由迁徙,离开原住地均需携带通行证。
1811—1812年	第四次"卡弗尔战争"。英军把科萨人赶出布尔人40年未能侵占的楚尔费尔德地区。由此开始了第三次殖民土地扩张高潮。

1812年	规定布尔农场主可以收容科伊儿童作学徒,学徒制这一变相奴隶制合法化。
1814年	维也纳国际会议上,荷兰正式把开普殖民地移交英国。
1818年	祖鲁部落联盟盟主丁吉斯瓦约阵亡,恰卡继任。恰卡加强中央集权,使部落联盟渐向国家组织过渡。恰卡的姆塞恩瓦部落打败了恩德万德韦部落,姆塞恩瓦此后称祖鲁部落联盟。1818年后,奥兰治河以北卷入几十年的姆法肯战争(部落战争)中。恰卡将100多个部落并入祖鲁,奠定祖鲁国家基础。在此时期,苏陀人酋长莫舒舒建立了巴苏陀王国。斯威士兰人、马塔贝莱人、加扎人也分别在南部非洲建立王国。这些王国的建立推迟了殖民者的入侵。
1818—1819年	第五次"卡弗尔战争"。英国迫使科萨人割让大鱼河与凯斯卡马河之间土地。在大鱼河西岸建立军屯地带,由科伊混血人驻屯守边。
1820年	英国向南非移民5 000人。
1824年	英殖民政府规定奥兰治河为开普殖民地的北界。
1825年	旱灾,许多布尔人借避灾为由越过奥兰治河定居。
1828年	公布50号法令"关于改善霍屯督人以及开普其他自由的有色人种处境的法令"。 丁刚刺杀恰卡,继任祖鲁首领。
1829年	盖卡去世,其子散迪勒继位。
1833年	英帝国范围内废除奴隶制,1834年12月1日在开普生效。英对解放奴隶的白人许以补偿金。 英驱赶进入大鱼河东岸中立区的科萨人马科莫(盖卡之子)部落,导致第六次"卡弗尔战争"。
1834—1835年	第六次"卡弗尔战争"。
1835年	布尔农场主特里卡特率30多人离开开普,向达德拉戈阿湾进发。另一支迁徙队伍由范伦斯堡带49人,1836年到莫桑比克南部的尚加,被班图人消灭。 波特吉特迁徙队伍出发。
1836年	英国政府责令开普政府将1835年兼并的阿德莱德地区归还科萨人。1836年最后3个月,大批布尔人涌出开普殖民地,向

奥兰治河以北迁徙。布尔农场主雷蒂夫向印度洋方向出发，寻找出海口。布尔人在延续十几年的大迁徙中掠夺班图人的土地，遭到班图各族人民的激烈抵抗，最后占领了奥兰治河以北的纳塔尔、德兰士瓦、奥兰治等广大地区。

1837年	雷蒂夫发表《迁徙的农场主宣言》。
1838年	最后一支布尔人离开开普。由马里茨率领，向纳塔尔进发。雷蒂夫越过德拉肯斯山，进入纳塔尔。
	12月16日，血河之战。比勒陀利乌斯从开普赶到纳塔尔，支援布尔人，在恩康姆河畔打败丁刚。随后丁刚的兄弟姆潘达投靠布尔人，使布尔人在图盖拉河以南的纳塔尔地区建立了统治。
1840年	布尔人成立纳塔利亚共和国。英当局不承认其独立。
	丁刚在斯威士兰境内去世。
	随后布尔人将纳塔尔的10万祖鲁人迁往边境。
1842年	英发表声明，布尔人不得进入其条约国——格里夸兰、巴苏陀兰和庞多兰，以此种手段阻遏布尔人的迁徙。
	5月，英出兵占领纳塔尔。7月布尔军队投降。这是英布第一次军事接触。英国成立纳塔尔殖民地。
1846—1847年	第七次"卡弗尔战争"。英兼并了大鱼河和凯河之间整块地区，称为英属卡弗拉里西亚。
1847年	纳塔尔的布尔人不满英国对非洲人的政策，大批迁出纳塔尔，迁往德兰士瓦、奥兰治。
1848年	比勒陀利乌斯率领最后一批布尔人从纳塔尔迁走。布尔人大迁徙告一段落。
1849年	英在纳塔尔对非洲人开征茅屋税。黑人为了用现金交税，不得不离开保留地，外出做工。
1850—1853年	第八次"卡弗尔战争"。英利用布尔民团打败了科萨人。
1851年	6月30日，莫舒舒击败了支持布尔人兼并苏陀人土地的英军。
1851—1862年	英向英属卡弗拉里西亚移民1.2万人，主要人员是参加克里米亚战争的退役德国雇佣军。
1852年	1月，英布签订"桑德河协定"。英承认瓦尔河以北（德兰士瓦）的布尔人独立。

	英与苏陀人第二次战争,再遭失败。此后英国人退出奥兰治。
1853年	开普殖民地实施民选议会。
1854年	英布签订布隆方丹协定,给予奥兰治独立。布尔人将新独立国称为奥兰治自由邦。
1856年	纳塔尔实行代议制。
	祖鲁人大会,姆潘达的儿子开芝瓦约成为王位唯一继承人,始掌实权。
1857年	科萨人受骗发生"宰牲事件",陷入大饥荒,人口减少2/3,灾后幸存者沦为农场主的雇工,成为非洲人中最早的雇佣劳动力。
1858年	奥兰治的布尔人与苏陀人争夺卡勒登河和奥兰治河之间的土地,爆发第一次"巴苏陀战争",莫舒舒打败了布尔人。
1860—1863年	德兰士瓦总统小比勒陀利乌斯兼任奥兰治总统。
	开普敦—惠灵顿铁路修通。
1860年	第一批6 000名印度契约劳工到达纳塔尔。
1865年	第二次"巴苏陀战争"爆发。1866年,《塔巴博修条约》签订,苏陀人丧失大片土地。
1867年	奥兰治河南岸霍普敦发现金刚石。
	第三次"巴苏陀战争"。莫舒舒向英国求援。
1868年	在西格里夸兰的奥兰治河和瓦尔河汇流处的三角地带陆续发现金刚石矿。
	巴苏陀兰成为英国的保护国。
1869年	巴苏陀兰与奥兰治签订边界条约,奥兰治得到奥兰治河和卡勒登河之间的土地。
1870年	在奥兰治河北岸发现金刚石矿,吸引了数以万计的"探宝客",矿产发现地成为英、布争夺的目标。
	德兰士瓦总统伯格斯筹划修建从比勒陀利亚到德拉戈阿湾(马普托湾)的铁路。
1871年	西格里夸兰成为英国殖民地。后并入开普殖民地。
1875年	英、荷、德、葡诸国都想得到德拉戈阿湾,经德国总统麦克马洪仲裁,该地归葡萄牙。
1876年	英在伦敦主持召开南非诸国和殖民地会议,讨论建立南非联邦问题。英企图把南非的开普、纳塔尔、德兰士瓦、奥兰治四

	个地区结为联邦,建立自治政府,统一于英帝国范围内。伯格斯拒绝参加,会议失败。
	德兰士瓦共和国发动兼并北部佩迪王国的战争,久攻不下。
1877年	英国兼并德兰士瓦。接手与佩迪的战争,俘虏了佩迪国王赛库库尼。
1877—1879年	第九次"卡弗尔战争"。科萨人面对最强大的殖民帝国,进行100年的殊死斗争,终于失败了。
1878年	12月,英向祖鲁王国发出最后通牒,要求开芝瓦约在一个月之内解散军队,接受英国派遣的官吏。
1879年	1月,祖鲁开始抗英战争。在伊桑德卢瓦纳战役中重创英军。英军死伤1 600多人。
	6月,祖鲁一支小分队袭击英国援军,击毙路易·波拿巴(拿破仑三世)的唯一王子。
	7月,祖鲁人的公牛角战术在英军的方阵前失败,英军占领祖鲁首都乌伦迪,祖鲁军北撤,开芝瓦约被俘。
	后英军退出祖鲁兰,把祖鲁分成13个酋长国。
	英命令苏陀人交出武器。
1880年	罗得斯成立德比尔斯矿业公司。罗得斯1870年到南非,1872年到金伯利搞地产投机买卖,成为百万富翁。
	英国再次勒令苏陀人缴枪,遭到苏陀人反对。
	9月,爆发"反缴枪起义"。英军失败,让苏陀人仅登记枪支不缴枪。战后,巴苏陀兰国内分裂,莱蔡和几个兄弟互相闹矛盾。英利用此形势控制巴苏陀兰。
	12月16日,德兰士瓦布尔人举行人民会议,决定起义,反抗英国统治。推举克鲁格为总司令。
1880—1881年	第一次英布战争爆发。
	3月,双方开始停战谈判。
	8月,签订比勒陀利亚协定。英承认德兰士瓦自治,但英有权决定德兰士瓦外交事务,处理德兰士瓦同非洲人部落的关系。
1881—1884年	克鲁格要求英降低关税,以允诺开普—比勒陀利亚铁路从金伯利延长到德兰士瓦境内为条件。英仍拒绝。

	英国与德兰士瓦达成协议,双方共同保证斯威士兰独立。
1882年	布尔农场主在贝专纳兰(今博茨瓦纳)建立戈申、斯泰拉兰两个共和国,受德兰士瓦保护。此举阻碍了英国北上的道路。
1883年	开芝瓦约从英国流放地回到祖鲁。英企图让开芝瓦约出面解决祖鲁13个酋长国的内战局面。开芝瓦约第二次担任国王。但已无力挽回四分五裂的局面,于1884年2月去世。15岁的儿子迪尼祖路继位。
	保罗·克鲁格任德兰士瓦总统。
1884年	2月,迪尼祖路把祖鲁西部的一块土地让给布尔人,成立新共和国。
	英与德兰士瓦签订"伦敦协定"。"伦敦协定"规定,英不再过问德兰士瓦与非洲人的关系,禁止德兰士瓦兼并东面和西面的土地。(英方解释)仍保留"比勒陀利亚协定"中的对德兰士瓦外交事务的决定权。
	在兰德发现大金矿,蕴藏量十分丰富。自从南非发现金刚石矿和金矿后,人口激增,铁路等工业部门迅速发展。
1885年	英国占领贝专纳兰。
	7月,英国宣布庞多兰受其保护,遏制德国染指庞多兰的企图。
1886年	兰德金矿开始大规模开采。德兰士瓦抽取矿税,财政收入大增。
1887年	英兼并了迪尼祖路的领地。1897年,英把祖鲁兰并入纳塔尔殖民地。
	罗得斯成立南非统一金矿公司。
	布尔人向北扩张,进入马塔贝莱人地区,马塔贝莱国王洛本古拉(姆齐利卡齐之子)与布尔人签订条约,让与马塔贝莱兰。
	德国获得德兰士瓦北线铁路(比勒陀利亚—德拉戈阿湾)修筑权。
1888年	罗得斯成立德比尔斯联合矿业公司。垄断金刚石矿的开采。
	罗得斯与洛本古拉订约,规定未经英国许可,不得将任何部分土地出售或割让。洛本古拉与布尔人签订的条约实际归于无效。同年,罗得斯又派拉德骗取开采马塔贝莱兰全境的矿产特权。

	克鲁格将生产火药专利权让给德国,损害了英商利益。
	布尔人的新小共和国合并到德兰士瓦。
1889年	金矿的矿业同业公会成立,管辖几十家大公司和上百家小公司。
1890年	兰德金矿发现后,大批挖宝客涌入德兰士瓦,人口急剧上升。
	克鲁格将外地人入国籍的条件延长到14年,以此限制外地人的选举权。
1893年	洛本古拉领导马塔贝莱人民抗英。
1894年	克鲁格抬高德兰士瓦境内的铁路运价,遭到英商抵制。
1895年	北线铁路通车。
	斯威士兰成为德兰士瓦保护国。英将斯威士兰沿海的科西湾占领,阻止布尔人获得出海口。
	7月,英国保守党上台,张伯伦任殖民大臣。
	张伯伦批准罗得斯吞并德兰士瓦的计划。
	罗得斯派遣詹姆森率突击队袭击德兰士瓦,被布尔人击败。
1896年	1月3日,德皇威廉就詹姆森袭击事件召开御前会议,提出宣布德兰士瓦为德国的保护国,未获同意。
	1月4日,德皇拍电报给克鲁格,祝贺他在"未向友邦求助"的情况下打退了入侵的武装军队。
1898年	德兰士瓦的布尔人出动军队消灭了林波波河南岸最后一个黑人酋长国文达。
	德兰士瓦—奥兰治成立联邦机构,协调两国关系,联合对付英国。
	9月,英德签订条约,规定如葡萄牙需要"财政援助",英德两国将共同贷款,而以葡萄牙殖民地作抵押。以此德国停止支持布尔人共和国。
1899年	5—6月,开普殖民地总督米尔纳与克鲁格会晤,讨论外地人选举权问题。英提出保留宗主权,未达成协议。
	8月,会晤继续。德兰士瓦派史末资为首席代表。史接受外地人居住5年即获选举权的条件。但会议在宗主权问题上搁浅。
	10月9日,德兰士瓦向英国发出最后通牒,要求英撤走集结在德兰士瓦边境和开普的军队,答复期限48小时。
	10月11日,英布战争爆发。

1899—1902年	1899年10月11日—1900年1月,英布战争第一阶段,布尔节节胜利。
	1900年2—9月,英布战争第二阶段。英国大批援军增援南非,力挽颓势,攻入两个布尔共和国。
	1900年9月—1902年5月,英布战争第三阶段。战争进入游击状态,英军损失重大。布尔人死亡人口超过总人口的1/7。
	1902年5月31日,英布签订"弗利尼欣条约"。两个布尔人共和国被宣布为德兰士瓦和奥兰治殖民地。
1903年	总督米尔纳为解决铁路运价和关税问题,召开四方会议(4个殖民地),未使各方满意。
1904年	第一批华工到达南非,主要作为兰德金矿的廉价劳动力使用。1906年,华工达51 427人,以后逐年减少。
1906年	班巴塔起义。由1906年初英强行征收人头税引起。这是最后一次部落酋长领导的武装起义,迅被英军镇压。
	两个布尔人共和国得到内政方面的自治权,勾销了英国原答应给予黑人的选举权。
1907年	德兰士瓦黑人召开土著大会,反对剥夺黑人选举权。
1908年	英国召开开普、纳塔尔、德兰士瓦、奥兰治四方代表参加的"国民会议",没有一名非洲人参加。英国与布尔人首领就新自治领成立的基本原则达成协议。选举权仍按四个殖民地原有规定实行。
1909年	3月,四个殖民地的非洲人在布隆方丹召开土著会议,呼吁英国政府给予非洲人选举权。
	9月,英议会公布南非法案,南非联邦的第一部种族主义宪法出笼。
1910年	5月31日,南非联邦正式宣告成立。举行第一次白人大选,南非党获胜,原布尔人总司令博塔任新自治领地的第一届政府总理。
1912年	1月,各地土著大会和政治组织的代表在布隆方丹举行南非土著国民大会。成立南非非洲人国民大会(简称非国大)。主张以非暴力的、和平请愿的方式消除种族不平等。
1913年	通过《土著土地法》。非国大(ANC)到伦敦请愿,反对通过

	该土地法,无结果。
	南非党分裂。
1914年	1月,国民党成立,由退出南非党的极端派组成。
	8月,第一次世界大战爆发。政府就参战问题发生分歧。博塔、史末资支持英,赫尔佐格亲德,抗议政府派军进驻德属西南非洲。
	10月,布尔人极端派将领马里茨、德·韦特武装叛乱,12月被镇压。
	12月,英军占领德属西南非洲所有港口。
1915年	2月,南非军队占领西南非洲。
	7月,德军投降。战后,根据国际联盟的决定,西南非洲成为南非的委任统治地(1919)。
1918年	秘密组织阿非利卡公济会(又称兄弟会)成立。
1919年	博塔去世,史末资组阁。
	工商业职工大会在开普敦成立。非洲人下层组织为黑人工人争取物质利益。
1919—1920年	工商业职工大会发动大罢工,史末资政府予以镇压。
1921年	南非共产党成立。
	1—3月,兰德矿区2万多名白人工人举行大罢工。要求白人工人垄断所有的技术、半技术工种。罢工带有浓厚的种族主义色彩,非洲工人不支持罢工。
	3月,白人工人与非洲人发生流血冲突。3月底,兰德罢工被史末资政府镇压。
1922—1927年	南非白人政府通过三大种族主义法律。
	1922年,通过《土著事务法》,实行白人和黑人"分别发展"。
	1923年,通过《市区法》,非洲人只许住在特定的城市郊区,由政府官员管理黑人居住地区。
	1924年,通过《工业调停法》。黑人被剥夺罢工的权利。
	1924年6月,成立国民党和工党的联合政府。国民党领袖赫尔佐格出任总理。南非党下台。颁布一整套种族主义立法:
	1924年,通过"文明劳工通令",责成国家机关以欧洲人代替非洲人担任专门技术工作。1926年,通过《矿业和工场法》,

更具体地限制非洲人担任技术和半技术工种。1927年,通过《班图管理法》,政府随意撤换保留地内黑人酋长,未经政府许可不得进行集会。还通过《防止聚众闹事法》。通过《防止非道德法》,禁止白人与黑人通婚。

1925年　议会通过阿非利卡语代替荷兰语,成为"第二国语"。
非洲土著人国民大会正式改名为非洲人国民大会。

1928年　成立南非钢铁公司,为国营工业打下基础。
赫尔佐格政府制定《保护关税法》,保护南非白人资产阶级的利益。

1929年　南非政府开始向外派驻外交机构。

1930年　12月16日,南非黑人庆祝"丁刚日"的活动,德班群众烧毁通行证,遭到政府镇压。

1931年　英议会通过《威斯敏斯特条例》,肯定1926年帝国会议规定的自治领地位。南非正式具有自治领地位。

1932年　通过《土著劳动合同法》。规定非洲佃户工人一年中须有8个月听从地主支配,为地主无偿劳动180天。此项法令遭到黑人农民强烈反对。
12月,南非放弃金本位制。

1933年　3月,成立新的两党(国民党和南非党)联合政府。
5月,举行大选,两党获议会多数。

1934年　6月5日,南非党(史末资)和国民党(赫尔佐格)合并,取消原名,新党名为"统一南非国民党",简称"统一党"。原国民党右翼脱离统一党,马兰成立"纯粹国民党"。

1935年　12月16日,由非国大领导人倡议,在布隆方丹召开"全非洲人大会",南共、印度人、有色人的许多群众组织均派代表参加。

1936年　通过《土著代表法》,规定开普土著居民作为选民登记在另册。
通过《土著委托租地管理法》,彻底剥夺开普黑人在保留地外购买土地的权利。

1939年　"牛车防火哨"成立,该组织与阿非利卡公济会对第二次世界大战及第二次世界大战后的种族主义猖獗起极恶劣作用。
9月,对德宣战。导致史末资与赫尔佐格联盟破裂。统一党与工党组成新的联合政府。

1940年	成立国家资本主义的工业发展公司,推动了战时急需的钢铁工业发展。
	南非白人军队先后在埃塞俄比亚、利比亚、意大利、马达加斯加作战。
	组成统一国民党,由赫尔佐格代表白人中派与马兰的白人右派联合。
1941年	赫尔佐格退出统一国民党,另组新党——阿非利卡人党(南非白人党)。
1942年	皮罗成立新秩序党。比马兰更右,主张白人专制。
	颁布145号战时法令,禁止非洲工人罢工。
1943年	举行大选,史末资的统一党获胜。
	国民党出版的杂志上首次出现Apartheid(原意是分开,隔离)。
1944年	5月,非洲人国民大会召开群众大会,有黑人代表540人,代表60万人。大会通过《非洲人民权利法案》,要求黑人与白人一样享有真正的公民权利。
	成立非洲人国民大会青年联盟,主张激进,提出口号:"非洲属于非洲人"。反对白人统治一切。开始扭转非国大成立以来温和、无所作为的状态。曼德拉渐成为青年联盟的首领。
1945—1948年	史末资执政后期,白人种族主义反扑,通过《市区土著定居法》和《班图人迁移法》,授权政府把黑人迁到郊外特定住区。又通过加强通行证制度的法令。
1946年	开普发生反通行证运动。
	8月,兰德金矿10万名非洲矿工罢工,要求与白人享受平等权利。罢工遭到史末资政府镇压。
1947年	斯泰伦博斯白人大学成立南非种族问题研究会,炮制一套种族隔离"理论"。这套理论的实质是加强对非洲人的经济剥削和政治统治,企图永远保持白人上层对非洲人的统治。
1948年	马兰为首的国民党以"种族隔离"为竞选纲领,击败了史末资的统一党和工党的联盟,上台执政,组成新政府,马兰任总理兼外长。
1949年	通过《禁止混合婚姻法》,禁止欧洲人与非白人通婚。
	德班黑人与印度人冲突。

1950年	成立汤林森委员会，研究解决种族问题的可行方案。委员会调查了保留地现状。
	通过《人口登记法》。满16岁黑人必须领取通行证，注明种族、外貌特征等。无证者可随时逮捕。
	通过相关法律修正案，禁止不同种族非偶同居。
	通过《镇压共产主义条例》。凡"使南非发生政治、经济、工业或社会方面的任何变革的个人或组织"，均可被宣布为共产党人，立即逮捕、流放、驱逐，或限制其行动自由，或剥夺参政权利。被宣布为共产党的组织和刊物立即予以取缔，并没收其财产。该条例的目的是镇压反对种族主义的一切言论和行动。
	通过《特定住居法》。所有居民须按种族集团居住。
	非国大领导数十万南非人民在各地举行"全国抗议日"。
1952年	4月6日，白人大肆庆祝荷兰人登陆南非300周年。
	6月26日，非国大组织非洲人进行非暴力"蔑视不公正法运动"，要求废除六大种族隔离法。黑人故意不遵守这些法令，不带通行证，让警察逮捕。这天被捕的有8 557人。此后非国大组织迅速扩大，会员从7 000人增至10万人。
1953年	颁布《暴乱集会法》修正案。
	通过《公共治安法》。总督有权宣布全国或某一地区处于戒严状态，在此期间不通过法律手续可采取任何行动。
	通过《刑法修正案》。对参加抗议活动的非洲人可处以300镑以下的罚款，3年以下监禁，或10下鞭笞。
	通过《班图教育法》。授权政府完全控制对非洲人的教育。取消黑人受大学教育的权利。该法受到国际舆论谴责。
	在公共汽车等公共场所实行微型种族隔离。这些措施造成白人至上、高人一等，黑人自卑感的特殊心理状态。
1954—1958年	斯揣敦出任总理。
	通过《工业调解法》。重申黑人不准担任技术、半技术工种的限制。劳工部长有权在任何工业部门中执法保证白人就业。
1955年	6月25日，非国大等在约翰内斯堡附近召开南非人民代表大会，参加的组织有非国大、印度人国民大会、民主人士大会、

	南非工会代表大会、有色人等。26日大会通过"自由宪章"。"自由宪章"成为非国大和所有民主力量的纲领。
1956年	按《班图斯坦计划》，特兰斯凯地区成立地方当局和地区立法会议。
	12月，逮捕非国大等非洲人组织的156名领袖。
1958—1966年	维沃尔德任总理。
1959年	南非当局开始实施《班图斯坦计划》。
1959—1976年	《班图斯坦计划》进入第二阶段。1959—1962年鉴于非洲各国独立，联合国不断谴责种族主义，南非当局加速了计划的炮制。将632个部落、保留地逐渐合并成8个班图斯坦。1962—1976年，成立班图斯坦自治政府。权力有限，外交、移民、信贷等均由南非政府掌管。南非政府计划到1976年，炮制出10个班图斯坦。
1959年	6月，通过《班图自治法》。
	4月6日，创立泛非主义者大会(简称泛非大)。以索布克韦为首。成员由原非国大中反对自由宪章的派别组成，以部分青联领袖为核心。该组织主张建立非洲人统治的国家。
1960年	沙佩韦尔事件。70多名非洲人被枪杀，200多人被打伤。
	南非当局宣布非国大、泛非大为非法组织。索布克韦等近两万人被捕。并宣布全国处于紧急状态。
	沙佩韦尔事件使非国大、泛非大认识到，必须以暴力手段反对种族主义的暴力镇压，在南非条件下，单纯采取非暴力斗争手段行不通。
1961年	5月31日，南非成立共和国，结束了同英联邦的关系。通过第二个宪法。
	12月16日，非国大领导人曼德拉，率领武装组织"民族之矛"，袭击地方政府机关，炸毁高压线路，发动第一次武装斗争。
1962年	泛非大的武装力量"波戈"，攻打警察局失败，袭击附近白人住宅。
	8月，曼德拉被捕，被判处终身监禁(1964年判决)。
	联合国要求会员国与南非断绝外交关系，禁止与南非贸易、提供军火等。但英、美、日西德实际上未实行。

	"特兰斯凯宪法"产生。
1964年	特兰斯凯"班图斯坦"成为第一个自治政府。
1966年	9月,博茨瓦纳独立。
	10月,莱索托独立。
1966—1978年	沃斯特接任总理。
1968年	9月,斯威士兰独立。
1969年	4月,非国大在坦桑尼亚召开大会,选举坦博为主席。
20世纪70年代	国际市场金价大涨,1970年以前每盎司黄金值35美元,到1979年已涨到400美元。
	南非外汇收入剧增。西方资本对南非投资大增,促进南非经济发展。
1970年	公布《班图家园公民资格法》。白人区居住的所有黑人均须取得所属班图斯坦国籍。
1971年	12月,成立黑人大会。主张采取非暴力形式,实现黑人联合,根除种族歧视,实现各种族和解。
1972年	建立博普塔茨瓦纳"班图斯坦"自治政府。
	西斯凯"班图斯坦"建立自治政府。
1973年	实行归并方案。100多万黑人的土地被归并。住在白人区的黑人均变为流动劳工。
1974年	成立巴苏陀·夸夸"班图斯坦"自治政府。
1975年	限制黑人经商的规模。
	莫桑比克独立。
	南非白人政府袭击安哥拉占领库内内省会。
	安哥拉独立。
1976年	索维托事件。6月16日约翰内斯堡市郊黑人住区索维托的学生举行大规模游行示威,抗议黑人学校必须用阿非利卡语教学的规定。遭到军警血腥镇压。
	10月,特兰斯凯"独立"。
1977年	10月19日,南非当局取缔黑人大会等18个组织。
	12月,博普塔茨瓦纳"独立"。
1978年	成立斯威兹"班图斯坦"政府。
	彼得·博塔出任总理。采取"修补"种族隔离立法的措施。

1979年	9月,文达"独立"。
	10月28日,博塔发表执政演说。表示要改进南非的种族关系,使政府政策能适应国内外环境。
1980年	约翰内斯堡警察局受到反种族歧视的武装力量的袭击。80年代,小规模的暴力层出不穷。
	4月,南罗得西亚独立。
	7月,博塔政府推出"星座计划"。
1981年	12月,西斯凯"独立"。
1983年	8月25日,联合民主阵线成立,是当时最大的黑人组织。
	9月,南非通过第三部《宪法》。
1984年	大主教图图长期坚持反对南非种族主义制度,荣获诺贝尔和平奖。
	南非与莫桑比克签订《因科马蒂条约》。莫桑比克政府保证不让领土成为黑人武装力量的基地,南非白人政府保证不袭击莫桑比克。
	1月,联合民主阵线发起反对新宪法运动,征集百万人签名,主张建立不分种族的南非,反对剥夺非洲人的选举权和公民权。反对活动在黑人居住区持续几天,终被军警镇压。80多人被打死。
1985年	7月,博塔再次当选为总统和总理。博塔宣布南非36个黑人城镇实行紧急状态。3.8万人被关进监狱。
1986年	6月,博塔宣布全国进入紧急状态,期限两年(1988年6月又宣布延长一年)。
1987年	博塔的国民党虽增加6席,但党内出现向中间偏左方向靠拢和大批退党行动。
1988年	市议会选举显示部分白人向右转。
1989年	1月,博塔突患轻度中风。德克勒克继任国民党主席。
	7月,曼德拉被接到总统官邸与博塔会见。
	8月,博塔宣告辞去总统职务。德克勒克继任总统。
	12月,德克勒克与尚在狱中的曼德拉第一次见面。
1990年	1月,曼德拉公布"备忘录"(5 000字政策声明)。
	2月,德克勒克宣布取消党禁,释放政治犯。

	2月11日,被关押27年的曼德拉走出监狱。非国大"合法化"。
	5月2—4日,曼德拉率非国大代表团与德克勒克的政府代表团第一次会谈。
	7月,布特莱齐的因卡塔自由党成立。
	8月6—7日,非国大与政府第二次会谈,双方签署《比勒陀利亚备忘录》,非国大宣布暂停武装斗争。
1991年	6月30日,种族隔离制正式宣告结束。
	7月,非国大召开第四十八次全国代表大会,曼德拉当选为主席。
	12月,召开"民主南非大会",有19个政党参加,签署"意向声明"。
	年底,南非进入制宪谈判准备阶段。举行制定新宪法的谈判。
1992年	制宪谈判进入实质阶段。
	3月17日,白人公民投票,大部分人对德克勒克总统投信任票。
	9月,签署《谅解备忘录》。
1993年	4月,多党制宪谈判在中断9个月后恢复。
	11月16日,多党制宪谈判取得突破,通过了过渡性的宪法草案。
	12月10日,曼德拉和德克勒克在奥斯陆接受诺贝尔和平奖。
	12月22日,南非议会正式通过《南非共和国宪法草案》。
1994年	4月19日,布特莱齐正式宣布参加南非首次大选。
	4月26—28日,南非不分种族的第一次大选。非国大取得决定性胜利。
	5月,曼德拉当选南非共和国总统。翌日,南非新内阁宣誓就职。
	8月,南非加入南部非洲发展共同体。
	11月,曼德拉总统签署《土地回归权利法》,开始对旧土地法律进行清理和纠正。
	12月,非国大执政后第一次全国代表大会,曼德拉当选为主席,博塔·姆贝基被选为副主席,拉马福萨当选总书记。
1995年	11月22日,公布新宪法草案供讨论。
1996年	2月,南非举办南部非洲发展共同体协商会议。
	5月8日,制宪议会以绝对多数通过新宪法。

	5月9日,国民党宣布退出民族团结政府。
1997年	德克勒克辞去国民党领袖职务。
	12月,中国和南非签署两国建交公报。
1998年	9月,国民党更名为新国民党。
1999年	6月2日,南非第二次大选,非国大已占席位66.5%,近2/3的多数。塔博·姆贝基任总统,雅各布·祖马任副总统。
2000年	民主党与新国民党合并,改名"民主联盟"。翌年10月新国民党退出联盟。
2001年	12月,姆贝基总统应邀访华。
2002年	南非政府表示要加速土地改革的步伐。
2003年	年初,非国大在地方、省、全国议会中实施《议员转党法》。
2004年	4月14日,南非举行第三次大选,非国大获69.68%选票,议席超过2/3。姆贝基蝉联总统,祖马再次出任副总统。
2005年	南非政府制定《南非加速和共享增长计划》。
	6月,姆贝基宣布将副总统祖马解职。
	9月,非国大在全国和省、市议员转党实施中成为最大赢家。
2006年	3月,非国大在第三次地方政府选举中获66%选票,在3/4以上地方政府中执政。
2007年	祖马获平反,当选非国大全国主席。
2009年	祖马当选南非总统。
2013年	3月26—27日,金砖国家领导人第五次会晤在南非德班举行,会议发表《德班宣言》。
2014年	祖马连任南非总统。

主要参考文献

中文主要文献：

阿尼金：《黄金》，中国金融出版社，1989年。
艾周昌、沐涛著：《中非关系史》，华东师范大学出版社，1996年。
艾周昌、郑家馨主编：《非洲通史》近代卷，华东师范大学出版社，1995年。
奥尔德罗格·波铁辛主编：《非洲各族人民》，三联书店，1960年。
巴利茨基著：《种族主义在南非》，世界知识出版社，1957年。
巴兹尔·戴维逊著：《现代非洲史》，中国社会科学出版社，1989年。
陈翰笙主编：《华工出国史料汇编》，中华书局，1981年。
陈翰笙主编：《华工出国史料汇编》，第4、8、9、10辑，中华书局，1984年。
陈秀英主编：《世界经济统计简编》，中国物价出版社，1997年。
陈一飞主编：《开拓南非市场：环境与机遇》，中国社会科学出版社，1994年。
戴维逊：《古老非洲的再发现》，三联书店，1973年。
菲兹杰腊著：《非洲地理》，商务印书馆，1963年。
葛佶：《从〈自由宪章〉到〈重建与发展计划〉》，《西亚非洲》1996年第6期。
葛佶等著：《南部非洲动乱的根源》，世界知识出版社，1989年。
耿克民：《而今迈步从头越——南非共产党80年奋斗历程评析》，《西亚非洲》2000年第3期。
哈罗德·麦克米伦著：《指明方向》（麦克米伦回忆录），商务印书馆，1976年。
海因·马雷：《南非：变革的局限性》，社会科学文献出版社，2003年，前言第4页。
何芳川、宁骚主编：《非洲通史》古代卷，华东师范大学出版社，1995年。
何丽儿：《南部非洲的一颗明珠——津巴布韦》，当代世界出版社，1995年。
亨·耶内克著：《白人老爷》，世界知识出版社，1981年。

贾平:《南非经济剖析》,《西亚非洲》1986年第1期。
杰·汗泽尔卡、米·席克蒙德著:《非洲梦想与现实》,三联书店,1958年。
李安山:《非洲民族主义研究》,中国国际广播出版社,2004年。
李安山著:《非洲华侨华人史》,中国华侨出版社,2000年。
李安山著:《曼德拉》,学苑出版社,1996年。
李保平:《论里根政府对南非的政策》,载《西亚非洲》1994年第2期。
理查德·吉布逊:《非洲解放运动》,上海人民出版社,1975年。
联合国新闻部编,北京大学法律系编译组译:《联合国手册》(增编本)1966—1970,商务印书馆,1972年。
联合国新闻部编:《联合国手册》,第8版,商务印书馆,1973年。
刘海方:种族主义意识形态的形成与南非种族统治体制,2003年博士论文,存北京大学图书馆。
陆庭恩、彭坤元主编:《非洲通史》现代卷,华东师范大学出版社,1995年。
路易·约斯著:《南非史》,商务印书馆,1973年。
伦纳德·S.克莱因主编:《20世纪非洲文学》,北京语言学院出版社,1991年。
《马克思恩格斯全集》第23卷,人民出版社1972年。
《马克思恩格斯全集》第9卷,人民出版社,1972年。
马特塞布拉:《斯威士兰史》,山东人民出版社,1978年。
马兹鲁伊主编:《非洲通史》第1—8卷,中国对外翻译出版公司,联合国教科文组织,1985、1991、1992、1993、1998、2001、2003年。
麦克米伦:《指明方向》,商务印书馆,1976年。
米歇尔·博德:《资本主义史:1500—1980》,东方出版社,1986年。
莫伊谢耶娃著:《南非共和国经济地理概况》,河南人民出版社,1976年。
《南非官方年鉴》,1978年。
尼基福罗娃等著:《非洲现代文学》,下册,外国文学出版社,1981年。
塞利格曼:《非洲的种族》,商务印书馆,1982年。
《世界经济年鉴》,1990年,中国社会科学出版社。
世界银行:《1993年世界发展报告》。
《世界知识年鉴》(2001/2002),世界知识出版社,2001年。
《世界知识年鉴》(2006/2007),世界知识出版社,2007年。
苏联科学院非洲研究所:《非洲史1800—1918》,上海人民出版社,1977年。
苏联科学院世界经济与国际关系研究所编:《第二次世界大战后资本主义国

家经济情况（统计汇编）》，世界知识出版社，1962年。

威廉·艾菲厄斯·韩顿：《非洲的命运》，世界知识出版社，1958年。

西克·安德烈著：《黑非洲史》第1、2、3卷，上海人民出版社，1973年。

夏吉生：《南非临时宪法的特点和作用及新宪法的制定》，《西亚非洲》1996年第5期。

夏吉生：《新南非十年土改路》，《西亚非洲》2004年第6期。

夏吉生：《新南非政党制度的特色和发展》，《西亚非洲》1999年第5期。

现代国际关系研究所编：《南非经济》，时事出版社，1994年。

欣斯利主编：《新编剑桥世界近代史》第11卷，中国社会科学出版社，1987年。

旭莱纳：《一个非洲庄园的故事》，人民文学出版社，1958年。

杨立华编著：《南非黑人领袖纳尔逊·曼德拉》，北京社会科学文献出版社，1998年。

杨立华等著：《南非政治经济的发展》，中国社会科学出版社，1994年。

杨立华：《南非经济——放眼非洲谋发展》，《西亚非洲》2005年第6期。

杨立华著：《曼德拉——南非民族团结之父》，长春出版社，1995年。

杨人楩：《非洲通史简编》，人民出版社，1984年。

伊·德·尼基富罗娃等著：《非洲现代文学（东非和南非）》，外国文学出版社，1981年。

约·阿·霍布森：《帝国主义》，上海人民出版社，1964年。

约翰·根室著：《非洲内幕》，世界知识出版社，1957年。

张象主编：《彩虹之邦——新南非》，当代世界出版社，1998年。

照那斯图：《种族问题国际会议文集》，重庆出版社，1988年。

郑家馨：《南非开普殖民地的建立和殖民地扩张》，《世界历史》1981年第6期。

郑家馨：《南非三位风云人物与白人种族主义统治的终结》，《世界历史》1995年第1期。

郑家馨主编：《殖民主义史》非洲卷，北京大学出版社，1996年。

朱重贵等主编：《南非经济—贸易与投资指南》，时事出版社，1994年。

西文主要文献：

Ajayi, J.F.A. ed., *General History of Africa*, Vol.6, UNESCO, 1989.

Amery, L.S., *The Times History of the War in South Africa*, Vol.2, London, 1902.

Amore, A & Sanders, P., "Sotbo Arms and Ammunition in the Nineteenth

Century", in *The Jorunal of African History*, No.4, 1971.

Apartheid the Facts, The International Defence Aid Fund Research Imformation and Publication Department, 1983.

Arbowsset, T., A Narrative of Exploratory Toru to the Northeast of Colony of the Cape of Good Hope, 1852.

Ayandele, E.A., *The Growth of African Civilization*, Longman, 1971.

Ballard, C., John Dunn and Cetshiwayo "The Matorial Foundations of Political Power in Zulu Kingdom, 1857-1878", in *The Journal of African History*, No.1, 1980.

Barber, James & John Barratt, *South Africa's Foreign Policy: The Search for Status and Security 1945-1988*, Cambridge University Press, 1990.

Benson, M., *Nelson Mandela — The Mandela Movement*, New York, London, 1986.

Bettey, J.H., *English Historical Documents 1906-1939*, London, 1967.

B. Gray, *The Cambridge History of Africa*, Vol.4.

Blake, R., *A History of Rhodesia*, London, 1977.

Boxer, C.R., *The Pautuguese Seaborne Empire 1415-1825*, London, 1965.

Brookes, E.H., *Apartheid: a Documentary of Modern South Africa*, New York, 1968.

Brooke-Smith, R., *The Scramble for Africa: Documents and Debates*, Basingstoke, Hampshire: Macmillan Education Ltd. 1987.

Bryant, *The Olden Time in Zululand and Natal*, London, 1929.

Bryce, James, *Impressions of South Africa*, New York, 1900.

Buell, *The Native Problem in Africa*, New York, 1928, Vol.1-2.

Bundy, Colin, *The Rise and Fall of the South African Peasantry*, London, 1979.

Camerton F. ed., *An Illustrated History of South Africa*, Johannesbery, 1986.

Cecil, *Life of Robert Marquis of Salisbury*, London, Vol.4. 1932.

Ehret, C., "Catlle-keeping and Milking in Eastern and Southern African History; The Linguistic Evidence", *The Journal of African History*, 1967, Vol.1.

Clarke, S., *Invasion of Zululand*, Johannesbury, 1979.

Cohen, A., *British Policy in Changing Africa*, London, 1959.

Crodwer, ed., *The Cambridge History of Africa*, Vol.8, 1984.

Curtin, P., *The Atlantic Slave Trade: A Census*, Wisconsin, 1975.

Danziger, E.C., *Perspectives in History: A Documentary Study of South Africa History*

1849—1978, Cape Town, 1978.

Davenport, T.R.H., *South Africa: A Modern History*, Torento.

Davidson, B., *Africa in Modern History*, London, 1978.

Davidson, B., *The African Past*, Longman, 1964.

D. Livingstone, *A popular Account of Missionery Travels and Researches in South Africa*, London, 1875.

D. Robinson and D. Smith, *Sources of the Africa Past*, London.

Dufy, J., *Portuguese Africa*, Oxford, 1959.

Dugdale ed., *German Diplomatic Documents*, London, 1928.

Dutt, R, *The Economic History of India Under Early British Rule*, London, 1956.

Elphick, R., *Kraal and Castle Khoikhoi and Founding of White South Africa*, London, 1977.

Fage, J.D. & Oliver, R. eds., *The Cambridge History of Africa*, Vol.3—7.

F. Ellenberger, *History of the Basto*, New York, 1969.

Fieldhouse, D.K., *Colonialism 1870—1945*, London, 1983.

Fieldhouse, D.K., *Economics and Empire 1830—1974*, London, 1973.

Fieldhouse, D.K., Imperialism: An Historiographical Revision, in *The Economic History Review*, Vol. XIV, No.2, 1961.

Fieldhouse, D.K., *The Colonial Empire*, London, 1982.

Fisher, *The Transvaal and the Boer*, London, 1900.

Flint, ed., *The Cambridge History of Africa*, Cambridge, 1975.

Fortes, M. & Evans-Prichard E.E., ed, *Africa Political systems*, Oxford, 1950.

Fyfe C., *African Studies since 1945: a Tribute to Basil Davidson*, Longman, 1976.

Gallager, J. & Robinson, R., "The Imperialism of Free Trade", in *The Economic History Review*, Vol. VI, No.1, 1953.

Gann, L.H. & Duignan, D., *Why South Africa Will Survire*, London, 1981.

Gann, L.H. & Duignan, P., *Colonialism in Africa, 1870—1960*, Cambridge, Vol.1—4, 1969.

Gerald W. Fitg, *Africa a Social Economic and Political Geography of Its Major Regions*, London, 1957.

Guy, J. J., A Note on Firearms in the Zulu Kingdom with Special Reference to the Ango-Zulu war, 1879, in *The Journal of African History*, No.4, 1971.

Hailly, L., *An Africa Survey*, Oxford University, 1957.

Hammond-took, ed., *The Bantu-Speaking People of South Africa*, London, 1974.

Hastings, A., *A History of African Christianity*, Cambridge, 1979.

Headlam, C., ed. *The Milner papers*, London, 1933, Vol.2.

Harford Henry, *The Zulu War Journal of Colonel Henry Harford*, Piertermaritzbury, 1978.

Houghton, D.H. & Jennifer, D., ed., *Source Material on the South African Economy: 1860-1970*, Capetown, 1972, Vol.2.

Houghton, D.H., *Source Material on the South African Economy*, Cape Town, Vol.1-3, 1973.

Houghton, D.H., *The South Africa Economy*, Oxford University Press, 1976.

Human, Linda, *The Chinese People of South Africa*, University of S.A., 1984.

Schapera I., *The Khoisan People of South Africa*, London, 1960.

Jones, S. & Miller, A., *The South African Economy*, London, 1992.

Stuart J. and D. Malcolm, *The Diary of Henry Francis Fynn*, Pietermaritzburg, 1950.

Kennedy, P., *The Rise and Fall of the Great Powers*, New York, 1987.

Kieweit, *A History of South Africa*, Oxford University Press, 1957.

Kiewet, *A History of South Africa, Social and Economic*, Oxford, 1950.

Kiwied, C.W.DE, *A History of South African Social and Economic*, Oxford, 1964.

Legum, Colin, *The United Nations and Southern Africa*, Susser, 1970.

Leonard, C., *Paper on the Political Situation in South Africa, 1885-1895*, London, 1903.

Lipton, M., *Capitalism and Apartheid*, Wildwood House, 1986.

Lipton, Merle, *Capitalism and Apartheid: South Africa*, USA, 1985.

Livingstone, D., *Missionary Travele and Researches in South Africa*, London, 1875.

Livinstone, D., *Missionary Travel and Researches in South Africa*, London, 1858.

Lodge, T., *Black Politics in south Africa Since 1954*, Longman, 1983.

Lovejoy, P.E., *Transformation in Slavery*, Cambridge University, Press, 1983.

Macmillan, Speech to the House of Assembly in Cape Town, The Union of South Africa, 1960.

Magubane, B.M., The Political Economy of Race and Class in South Africa, *Monthly Review Press*, USA, 1979.

Malherbe, *Education and The Poor White*, Cape Town, 1932.

Marais, *The Cape Coloured People*, Johannesbury, 1957.

Mararise, J.S., *The Fall of Kruger's Republic*, Oxford, 1961.

Marks, S. & Atmore, A., *Economy and Society in Pre-industrial South Africa*, Longman, 1980.

Marks, S. & Atmore, A., Firearms in Southern Africa: A Survey, in *The Journal of African History*, 1971, Vol.12, No.4.

Marks, S., Khoisan Resistance to the Dutch in the Seventeenth and Eighteenth Centuries in *The Journal of African History*, 1972, Vol.13, No.1.

Marks, S. & Rathbone, R., *Industrialization and Social Change in South Africa*, Longman, 1982.

Marks, S. & Trapido, eds., *The Politics of Race, Class and Nationalism*, Longman, 1987.

Mason, *The Birth of a Dilemma*, Oxford, 1958.

Maylan, P., *A History of the African People of South Africa*, New york, 1986.

Melanie Yap and Dianne Leong, Man, Colour, Confusion and Concessions. *The History of the Chinese in South Africa*, Hong kong University Press, 1966.

Fortes M. and E. Evans-pritchard, *African Political Systems*, Oxford, 1950.

Miller, P., *Puritan State and Puritan Society*, Cambridge, 1956.

Moodie, D. ed., *The Record a Series of Official Papers Relative to the Condition and Treatment of the Native Tribes of South Africa*, Armsterdan, 1960.

Mtshali, B.V., *Rhodesia: Background to Conflict*, New York, 1967.

Muller, ed., *500 Years, A History of South Africa*, 1988.

Wilson M. and L. Thompson, *The Oxford History of South Africa*, 1969.

Nalhaniel Lsaacs, *Travels and Adventures in Estern Africa*, Cape Town, Vol.1.

Neame, *The History of Apartheid*, London, 1962.

Neumark, *Economic Influences on the South Africa Frontier 1652-1836*, Stanford, 1957.

Newton, A.P., ed., *Select Documents Relating to the Unification of south Africa*, Longman, Vol.1.

Okoye, F.N.C., "Dingane: A Reappraisal", in *The Journal of African History*, No.2, 1969.

Oliver and Atmore, *Africa since 1800*, Cambridge, 1972.

Omond, R., *The Apartheid Handbook*, London, 1986.

Pakenham, T., *The Boer War*, London, 1979.

Palmer, M., *The History of Indians in Natal*, Oxford, 1957.

Parsons, Neil, *A New History of Southern Africa*, New York, 1983.

Maylam Paul, *A History of the African People of south Africa*, New York, 1986.

Peires, G.B. ed., *Beford and After Shaka*, Grahamstown, 1983.

Pienaar, Sara, *South Africa and International Relations between the Two World Wars*, Witwatersrand University Press, 1987.

Pillay, V., Transnational Corporations: Allies or Instrument of Apartheid, in *Ground Level*, No.4, U.S.A., 1980.

Plaatje, S.T., *Native Life in South Africa*, Longman, 1987.

Postel, A., *The Mineral Resources of Africa*, Philadephia, 1948.

Price, R.M., The Apartheid State in Crisis, Oxford University Press, 1991.

Richardson, Peter, *Chinese Mine Labour in the Transvaal*, London, 1892.

Riley, E., *Major Political Events in South Africa 1948-1990*.

Robinson, R. & Gallagher, J., *Africa and Victorians*, London, 1961.

Robinson, R. & Gallagher, J., The Imperialism of Free Trade, in *the Economic History Review*, VI, 1953.

Sanders, P., Moshoeshoe, Chief of Sotho, London, 1975.

Saunders, C., *Historical Dictionary of South Africa*, London, 1983.

Schapera, I. ed., *Western Civilixation and Native of South Africa*, London, 1934.

Schreuder, D.M., *The Scramble for Southern Africa 1877-1895*, Cambridge University Press, 1980.

Shaun, J., *South Africa: No Turnning Back*, Macmillan Pr. Ltd., Hampshire, 1988.

Simons, H.J., *Class and Colour in South Africa*, Penguin Bocks, 1969.

Smollan, Roy ed., *Black Advancement in the South African Economy*, New York, 1986.

South Africa Communication Service, *This is South Africa*, 1993.

South Africa Foundation Occasional Paper, No.3, 2004.

South Africa: Official Yearbook.

South Africa: Time Running Out, Africa, 1981.

Stadler, A., *The Political Economy of Modern South Africa*, London, 1987.

Stow, G.W., *The Native Races of Africa*, London, 1905.

Theal, G.M. ed. *Records of South-Eastem Africa*, London, 1898-1903, Vol.2.

Theal, G.M. ed., *The Basutoland Records*, Vol.2, Cape Town, 1883.

Theal, G.M., *The History of South Africa in Nineteen Century*, London, 1902.

The Cambridge History of British Empire (South Africa), 1963.

Theodor, H., *South Africa: The Prospects of Peaceful Change*, London, 1981.

Thompson, Leonard, *A History of South Africa*, Yale University Press, 1990.

Thompson, Leonard, *The Political Mythology of Apartheid*, Yale University Press, 1985.

Trapido, S., "The Origins of the Cape Franchise Qualifications of 1853", in *The Journal of African History*, 1964.

Trop, F., *South Africa and Historical Introduction*, London, 1972.

United Nations. *Statistical Year-book (1949-1950)*, New York, 1950.

Walker, A., *A History of South Africa*, London, 1964.

Walker, Eric A., *A History of Southern Africa*, London, 1957.

Warwrick, P., *The South African War*, Longman, 1980.

Weider, D., *A History of Africa: South of the Sahara*, New York, 1962.

Wickins, P., *Africa 1880-1980, An Economic History*, Oxford, 1986.

Williams, B., *Cecil Rhodes*, London, 1921.

Williams, E.E. *From Columbus to Castro: The History of the Caribbean 1492-1969*, London, 1970.

Wilson, Labour in the South African Gold Mines, 1911-1969, Cambridge, 1972.

Wilson, M. & Thompson, L. eds., *The Oxford History of South Africa*, Vol.1-2, 1969, 1975.

Woolf, *Empire and Commerce in Africa*, 1919.

Yudelman, David, *The Emergence of Modern South Africa*, London, 1983.

图书在版编目（CIP）数据

南非通史：插图珍藏版 / 郑家馨著．— 上海：上海社会科学院出版社，2017
 ISBN 978-7-5520-1653-6

Ⅰ. ①南… Ⅱ. ①郑… Ⅲ. ①南非—历史 Ⅳ. ①K478

中国版本图书馆CIP数据核字（2016）第289229号

南非通史（插图珍藏版）

著　　者：郑家馨
配　　图：王　勤
责任编辑：王　勤
封面设计：陆红强
出版发行：上海社会科学院出版社
　　　　　上海顺昌路622号　邮编 200025
　　　　　电话总机021-63315947　销售热线021-53063735
　　　　　http://www.sassp.cn　E-mail: sassp@sassp.cn
排　　版：南京展望文化发展有限公司
印　　刷：上海新文印刷厂有限公司
开　　本：710毫米×1010毫米　1/16
印　　张：27.75
插　　页：1
字　　数：464千字
版　　次：2018年1月第1版　2021年1月第2次印刷

ISBN 978-7-5520-1653-6/K·374　　　定价：88.00元

版权所有　翻印必究